教 学 相 长

《学记》历代注释的整理与研究

孙 杰 著

图书在版编目（CIP）数据

教学相长：《学记》历代注释的整理与研究 / 孙杰著. —北京：中国社会科学出版社，2020.11
ISBN 978-7-5203-6996-1

Ⅰ.①教… Ⅱ.①孙… Ⅲ.①教育哲学—中国—古代—汉、英 ②《学记》—研究 Ⅳ.①G40-02

中国版本图书馆 CIP 数据核字（2020）第 151094 号

出 版 人	赵剑英
责任编辑	王鸣迪
责任校对	林福国
责任印制	张雪娇
出　　版	中国社会科学出版社
社　　址	北京鼓楼西大街甲 158 号
邮　　编	100720
网　　址	http://www.csspw.cn
发 行 部	010-84083685
门 市 部	010-84029450
经　　销	新华书店及其他书店
印　　刷	北京君升印刷有限公司
装　　订	廊坊市广阳区广增装订厂
版　　次	2020 年 11 月第 1 版
印　　次	2020 年 11 月第 1 次印刷
开　　本	710×1000　1/16
印　　张	19
插　　页	2
字　　数	292 千字
定　　价	118.00 元

凡购买中国社会科学出版社图书，如有质量问题请与本社营销中心联系调换
电话：010-84083683
版权所有　侵权必究

虽有嘉肴,弗食不知其旨也;虽有至道,弗学不知其善也。是故学然后知不足,教然后知困。知不足,然后能自反也;知困,然后能自强也。故曰:教学相长也。《兑命》曰:"学学半",其此之谓乎!

——《学记》

目 录

第一章 追本溯源：作者、注释者及注释版本 ……………… （1）
 第一节 《学记》作者考释 ……………………………… （1）
 第二节 《学记》注释者考释 …………………………… （11）
 第三节 《学记》注释版本考释 ………………………… （51）

第二章 返本归源：注疏、义理及考据
    ——《礼记·学记》之代表注释 ……………… （152）
 第一节 建学之旨 ………………………………………… （152）
 第二节 为师之道 ………………………………………… （162）
 第三节 为学之道 ………………………………………… （226）
 第四节 为学务本 ………………………………………… （253）

附录 《学记》代表性研究 …………………………………… （260）

后 记 ………………………………………………………… （298）

第一章　追本溯源：作者、注释者及注释版本

第一节　《学记》作者考释

《学记》位于《礼记》四十九篇中的第十八篇，《礼记》四十九篇"杂出诸儒传记，不能悉得圣人之旨。考其文义，时有抵牾。然而其文繁，其义博。学者观之，如适大通之肆，珍珠器帛随其所取；如游阿房之宫，千门万户随其所入；博而约之，亦可以弗畔。盖其说也，粗在应对进退之间，而精在道德性命之要；始十童幼之习，而终于圣人之归。惟达于道者，然后能知其言；能知其言，然后能得于礼"①，故《礼记》杂出而不乱、义理深奥。因《礼记》"杂出诸儒传记"而造成各篇作者归属之论争，"四十九篇的命名，非同一例，盖因作记者既非一人，又非一时之人所致"②，故《礼记·学记》之作者考释同样也成为历代学者论争之范围和内容。本文在借鉴历代学者关于《学记》作者前期研究成果的基础之上，试从溯源性、学科性和专门性三个层面对《学记》作者进行考释。

一　《学记》作者之溯源性考释

《学记》作为《礼记》中的一篇，学者们对《礼记》本身的认识就必然直接影响到对《学记》的认识。从东汉马融、郑幺开始为

---

① 程颐：《性理群书·礼序》，《二程集》（第二册），中华书局1981年版，第669页。
② 杨天宇：《礼记译注》，上海古籍出版社2004年版，第23页。

《礼记》作注以来，《礼记》四十九篇的篇数就成为定数，但是围绕《礼记》本身的学术讨论却才刚刚开始。自此以后，从古代学者陈邵、陆德明、孔颖达、杜佑、徐坚、戴震、钱大昕、陈寿祺等，到近现代学者王国维、吴承仕、洪业、蔡介民、周予同、钱玄、王文锦、杨天宇、李学勤、王锷等，都围绕《礼记》的编纂者和编纂年代，及《礼记》文本的来源、篇数等问题展开了持久的学术争鸣和讨论。同样，围绕《礼记》各篇作者和来源的学术争鸣和讨论也随之展开，郭沫若和冯友兰对于《学记》源头之探索就是其中的代表。

（一）洪业《礼记引得序》与杨天宇《礼记译注前言》之时空承叙

我们试选取洪业与杨天宇关于《礼记》编纂者是否为戴圣的学术讨论为个案，来局部呈现历代学者关于《礼记》所展开的学术讨论的历时性和共时性，并间接表达对于《礼记》编纂者、编纂年代及文本来源的学术认同。

洪业在《礼记引得序》中认为《礼记》非戴圣所编纂，理由有二：其一"《说文》引《礼记》辄冠以'礼记'二字，独其引《月令》者数条，则冠以'明堂月令曰'，似许君所用之《礼记》尚未收有《月令》，此可佐证《月令》后加之说也"，其二戴圣为今文《礼》学家，故"别传有《礼记》以补益其所传之经，则其《记》亦当皆从今文，而不从古文"。据此，洪业"窃疑二戴之后，郑玄之前，'今礼'之界限渐宽，家法之畛域渐泯，而记文之钞合渐多，不必为一手之所辑，不必为一时之所成，故经说之抵牾，不必整剔；文字之重叠，不会减删；甚至多而滥之《大戴礼》，以遍注三《礼》及礼纬之郑玄，且不为之注，顾尚信其为大戴所传；则其于篇幅较小之四十九篇，遂亦误会其为小戴所传者耳"，"合以上诸点观之，故曰后汉之《小戴记》非戴圣之书也。"[①] 杨天宇在《礼记译注前言》之中谈到"洪氏此论，曾使不少学者为之折服。我在十多前作《论郑玄三礼注》（发表于《文史》第21辑）时，亦曾用洪氏之说。然今细揣之，则不敢苟同矣"，在对洪业的立论依据进行反驳的基础之上，

---

① 洪业：《礼记引得》，上海古籍出版社1983年版，第29—41页。

认为"四十九篇之《礼记》初为武、宣时期的戴圣所纂辑,当无可疑"①。洪业和杨天宇围绕《礼记》是否为戴圣编纂而展开的学术争鸣,只是《礼记》所引发的各种学术论争的"小插曲"。

纵观历代《礼记》研究诸家的争鸣,"主要争论的焦点有四:1.《礼记》的编纂者和编纂年代;2.《礼记》的资料来源问题;3.戴圣是否删大戴之书;4.马融是否增加《月令》《明堂位》《乐记》三篇于《礼记》而成为四十九篇"②。关于《礼记》四个方面的学术焦点争论,虽然至今没有明确的定论,但是业已形成大致的学术共识和认同。本文依据《礼记》研究的前期成果认为:《礼记》为戴圣所编纂,大致成书于汉宣帝甘露三年(前51)以后,汉成帝阳朔四年(前21)以前的三十年间③;《礼记》文本来源于古《记》《曾子》《子思子》《明堂阴阳记》《孔子三朝记》等相关礼学文献删辑而成;《小戴记》(四十九篇)非自《大戴记》(八十五篇)删辑而成,同样,四十九篇《小戴礼》也非经马融增添三篇之后而成现今之篇数。故《礼记》(《小戴礼》)为戴圣依据古《记》等相关礼学文献编辑而成。

(二)冯友兰"荀派说"与郭沫若"孟派说"之学术论争

冯友兰在《大学为荀学说》中认为《小戴记》中之《学记》采用荀子之观点以论学,故《学记》文本应为荀派之学;而郭沫若在《儒家八派的批判》中对冯友兰观点进行反驳的基础之上,认为《学记》应为孟派之学,且明确指出《学记》为孟派高足——乐正氏(即乐正克)的作品。

冯友兰在《大学为荀学说》中认为《学记》为荀派学说,理由有二:其一"荀子为战国末年之儒家大师,后来儒者,多出其门。荀子又多言礼,故大小戴礼中诸篇,大半皆从荀学之观点以言礼。其言学者,《大戴记》中直抄荀子《劝学》篇,《小戴记》中之《学记》,亦自荀子之观点以言学";其二《学记》中之"强立而不反"即荀子

---

① 杨天宇:《礼记译注》,上海古籍出版社2004年版,第16页。
② 王锷:《〈礼记〉成书考》,中华书局2007年版,第299页。
③ 本文赞同王锷关于《礼记》编纂者和编纂年代的学术观点。

所谓"长迁而不反其初则化矣"之意①，实为性恶论的引申之意。基于上述理由，冯友兰认为《学记》为荀派之学，并因《学记》与《大学》都倡导"大学之道"，而进一步论证《大学》亦为荀学。郭沫若在《儒家八派的批判》中在论证《大学》为乐正克所作的基础之上，指出"礼记中的《学记》一篇，我也认为是乐正克所作。《学记》亦言'大学之道'，与《大学》相为表里"，所以《大学》与《学记》都为乐正克之作。郭沫若针对冯友兰认为《学记》为荀学的论断，指出："'强立而不反'即《洪范》所谓'无反无侧，王道正直'，《中庸》所谓'中立而不倚，强哉矫'，亦即《孟子》所谓'强恕而行'或'中道而立，能者从之'。行是前进，也就是'不反'。物不进必退，无所自立，必反于不学无术。故'强立而不反'一语不一定要性恶说才能适用。"况且《学记》主张学习自发为性善论所提倡，与荀子因主性恶而提倡学习外铄之说相左，故认为"要把《学记》认为荀学，依然是大有距离的"②。故此，郭沫若反对冯友兰《学记》为荀派之学的论断，而主张《学记》为孟派之学且作者为乐正克之说。

二 《学记》作者之学科性考释

近代社会以来，随着西方分科知识体系的传入及新式学堂的创办，我国出现了不同于传统经学的学术范式和课程体系。尤其是在传统学术向现代分科之学转型的过程之中，使得包括《礼记》在内的经学在现代学科体系之中失去了其存在的价值根基，而被湮没在现代学科体系范围之内。在现今高等教育学科体系范围之内，已经不存在单独以《礼记》（当然也包括《学记》）为名称的课程，《学记》或仅存在于教育学与教育史等相关教材的部分篇章之中，或仅存在于部分研究我国古代教育的论著之中。

（一）教育学与教育史等相关教材之分析

我们依据《中国教育学百年》（郑金洲、瞿葆奎著）一书中对中

---

① 冯友兰：《大学为荀学说》，《燕京学报》1930年第7期。
② 郭沫若：《儒家八派的批判》，《十批评书》，群益出版社1946年版，第122页。

国百年教育学阶段的划分，即：引入阶段（1900—1919）、教育学的草创阶段（1919—1949）、改造与"苏化"阶段（1949—1956）、中国化阶段（1956—1966）、语录化阶段（1966—1976）、教育学的复归与前进阶段（1976—），并按照各个阶段代表性教育学教材是否论述《学记》内容的标准进行选择的基础之上，择取相关教育学教材来阐述其对于《学记》作者的认识。南京师范大学教育系编的《教育学》认为，《学记》是"《礼记》中的一篇，写作年代约在战国末年，作者不详"①；王道俊、王汉澜主编的《教育学》指出，《学记》"大约出现在战国末期，是儒家思孟学派撰写的"②；胡德海在《教育学原理》中指出，《学记》"是公元前4—3世纪由战国后期儒家有关我国古代教育和教学理论、方法的论文"③。《教育学》教材之中涉及《学记》作者考释的相关内容，只是在教育学发展的历史脉络之中引用《学记》的部分内容，仅简略认为《学记》是战国时期儒家或思孟学派的作品。

同样，我们依据《中国教育史学九十年》（杜成宪等著）选取符合标准的中国教育史教材来呈现其对于《学记》作者的认识。沈灌群在《中国古代教育和教育思想》中论述道，"《学记》一篇的写作年代、作者是谁、他属于儒家哪一派——'孟学'还是'荀学'，虽还没有定论，不过比较可信的说法是：《学记》写作于战国后期，它与《礼记》中的另一篇《大学》，都是乐正氏之儒底著作，可能就是孟轲弟子乐正克所作，承袭了孟轲传统，也受了荀况观点的一定影响"④；毛礼锐、沈灌群在《中国教育通史》中谈到，《学记》是"战国后期思孟学派的作品，其中也含有荀子的思想影响"⑤；王炳照、阎国华在《中国教育思想通史》中在对高时良宗郭沫若之说而断定《学记》为乐正克的论断进行仔细斟酌之后，认为就"《学记》

---

① 南京师范大学教育系：《教育学》，人民教育出版社1984年版，第4页。
② 王道俊、王汉澜：《教育学》，人民教育出版社1989年版，第4页。
③ 胡德海：《教育学原理》，甘肃教育出版社1990年版，第95页。
④ 沈灌群：《中国古代教育和教育思想》，湖北人民出版社1956年版，第40页。
⑤ 毛礼锐、沈灌群：《中国古代教育通史》（第一卷），山东教育出版社1985年版，第407页。

的内容思想渊源体系而言，还是定为思孟学派的著作为宜，当然也不排除乐正克所作的可能性"①；孙培青、杜成宪在《中国教育史》中指出，"《学记》的作者一般认为是思孟学派，甚至可以具体说是孟轲的学生乐正克。但是，《学记》也吸取了儒家内外其他派别的思想"②。综上所述，《中国教育史》相关教材大都认为《学记》为思孟学派的作品③，对于其作者是否为乐正克没有定论。

（二）《中国教育学史遗稿》之探索

《中国教育学史遗稿》是陈元晖"寻找能把教育学托上天空去的彩云"的教育学史著作，是致力于探索具有中国教育思想的"新教育学"专著。陈元晖在《中国教育学史遗稿》的《〈礼记〉新读》第二篇《〈学记〉——儒家的"教学论"专著》，从十个方面重新解读了《学记》：一是化民成俗，其必由学；建国君民，教学为先；二是《学记》的作者是谁？三是《学记》论"教学相长"；四是教学的十二字诀；五是教学上的火候；六是教师的语言问题；七是《学记》论"论学取友"；八是"比物丑类"的含义及其在教学论上的地位和作用；九是《荀子》的《劝学》篇和《礼记》的《学记》篇；十是夸美纽斯的《大教学论》与《学记》，并在最后附录《学记》注释及语译。

陈元晖在《〈学记〉的作者是谁？》部分专门讨论了其关于《学记》作者的认识问题，并对近代以来关于《学记》作者的考释进行了较为细致的梳理。第一，他首先批判了《学记》是思孟学派作品的观点。《学记》文本之中没有出现《礼记》中诸如其他篇章大量引用"子曰"的语句，所以可以据此推断《学记》不可能是思孟学派的作品。第二，他认为杜明通举六项论据证明《学记》是汉代董仲

---

① 王炳照、阎国华：《中国教育思想通史》（第一卷），湖南教育出版社1994年版，第368页。

② 孙培青、杜成宪：《中国教育史》（第三版），华东师范大学出版社2009年版，第96页。

③ 正如张瑞璠、王承绪在《中外教育比较史纲》中指出，"《学记》究竟出自何人手笔，尚无定论。但学者们比较一致地肯定，它属于思孟学派的作品"（张瑞璠、王承绪主编：《中外教育比较史纲》（古代卷），山东教育出版社1997年版，第305页）。

舒所作的论断也是站不住脚的,况且研究董仲舒的专家钟肇鹏和周桂钿同样也不同意这种见解。第三,高时良从《孟子》书中列举与《学记》意思"略似"的句子,也不能说明《学记》是思孟学派的作品。第四,郭沫若在《儒家八派的批判》中说《学记》是乐正克所作,证据也是不足的,其中肯定的结论也是从"推论"而来的。同样,冯友兰取"强立而不反"句断定《学记》为荀学作品也是不可取的。郭沫若和冯友兰"两位《学记》研究家,一位是名学者,一位是名教授,但彼此的断定,似均过于大胆,太早地下了结论"①。据此,陈元晖认为"《学记》与《大学》都是孔学的名著,但不能说它们的作者是同一个人,佚名的著作,不能用'假设'或'猜想'去定出作者名字的"②,"如果没有发现新的根据,我看不必再费时间去考证其作者为谁,应全力去领会它的丰富内容,继承它的精华之处,用来指导当前的实践"③。陈元晖对于《学记》作者的考证虽有其独到之处,但也存在类似用此"学术论断"去反驳彼"学术推论"的学术缺陷。

三 《学记》作者之专门性考释

《大学》《中庸》和《学记》虽都同属于《礼记》中的篇章,但自朱熹从《礼记》之中专门提取《大学》和《中庸》为之分章断句、单独作注,并与《论语》和《孟子》合称为《四书章句集注》之后,后代学者在注解《礼记》之时,鉴于朱熹的学术地位和历史影响,因尊朱而回避对《大学》和《中庸》的注解。但是,在我国古代社会并没有出现专门注解《学记》的单行本,同样无论是冯友兰还是郭沫若,都是在考证《大学》作者所属学派时,因为《学记》和《大学》之间的关系才涉及对《学记》作者的考释问题,所以他们仍然是站在《礼记》(或儒学)的整体性立场来研究《学记》。直到近代社会以来才出现专门研究《学记》的著作,杜明通的《学记考释》

---

① 陈元晖:《中国教育学史遗稿》,北京师范大学出版社2001年版,第135页。
② 同上书,第137页。
③ 同上书,第135页。

和高时良的《学记研究》可以被视为对于《学记》作者进行专门性考释的代表。

（一）以杜明通《学记考释》为代表之论证

近代社会以来至新中国成立之前，单独以《学记》为题进行专门性研究的著作共有4部，分别为刘古愚的《学记臆解》（1895）、王树枏的《学记笺证》（1913）、姚明辉的《学记集义训俗》（1918）、杜明通的《学记考释》（1943）。其中：《学记臆解》为晚清关学大儒刘古愚的著作，是其托诸经典以抒救国见解的政论之作；《学记笺证》为民国时期最早的一本关于《学记》研究专著，是体现王树枏"忧世之心、复古之志"（宋育仁《学记笺证》序语）的教育著作，从其学术发展脉络上来看仍归属于晚清学术研究体系；《学记集义训俗》为国立武昌高等师范学校国文史地部豫科文学课本；《学记考释》为国立四川大学教育史教材，是第一部应用于教育史教学并以教材形式呈现的《学记》著作。在这4部著作之中，只有杜明通的《学记考释》在考证卷部分对《学记》作者进行了专门性考释。

杜明通在《学记考释》中指出，《学记》作者为汉代的董仲舒："吾人最初设想《学记》之作者，必有一神秘之想象，作奇突之假定。实则此人至为吾人所稔知，为汉代一最明朗之人物：盖子夏后学，汉经师家，孝景时博士，孝武时以贤良应举之董仲舒氏"①，并从时代相符、环境好尚、地位适合、文体类似、思想一贯、遣词比合等六个方面，来论证为何《学记》作者就是董仲舒。杜明通认为，特别是在"思想一贯"方面显得尤为重要，"若仅仅文辞结构之偶合，此原不足怪；立意全同，则不能无异耳，盖前者可习而似，若思想之出自内心者，其差异之严，有如两焉，宁可以范围哉，今学记思想，与董仲舒著书如出一辙，秉一贯之理论以立言，若尽笔春秋繁露言学之语以成篇，以与学记相衡度，其不同盖不容间发，亦云怪矣"②。《学记》在"尊儒术、崇教化、亲贤才、循次第、明考校、重志本、善复古、言术数"等八个方面，体现了与董仲舒思想的一贯

---

① 杜明通：《学记考释》，普益协社1943年版，第11页。
② 同上书，第17—18页。

性。所以，更加印证了《学记》就是董仲舒本人所作的论断。

(二) 以高时良《学记研究》为中心之考证

新中国成立以来，单独以《学记》为题进行专门性研究的著作共有6部，分别是顾树森的《学记今译》(1957)、傅任敢的《学记译述》(1957)、许椿生的《学习祖国珍贵的教育遗产——〈学记〉》(1981)、高时良的《学记评注》(1982)、刘震的《学记释义》(1984)、高时良的《学记研究》(2005)。其中，许椿生的《学习祖国珍贵的教育遗产——〈学记〉》是以《河北教育》(增刊)的辑刊方式，将发表在《河北教育》1981年第3、4、5期的文章修改和补充之后而辑成；高时良的《学记研究》是在《学记评注》的基础之上修订补充而成。

顾树森在《学记今译》中对郭沫若和杜明通关于《学记》作者进行考证的基础之上，认为"《学记》是写作于战国后期而为乐正氏一派儒者的作品，它是继承思孟一派的观点而从性善论出发的，可能是孟轲弟子乐正克所作"①。顾树森首先对杜明通"董仲舒"说的观点进行批判，认为杜明通的证据不足以支撑其结论，"董氏既有此著述，何以当时不与《春秋繁露》各篇同样发表行世？编撰《礼记》者何以必欲隐作者姓名而列入于四十九篇中？仅就文字上和主张内容上相类似来证明，实不足为董氏所作的有力根据"②；其次，杜明通赞成郭沫若的《学记》为思孟学派儒者所作的观点，但对是否就此确定《学记》为乐正克所作持怀疑态度，而认为可能是乐正克的作品。

傅任敢在《学记译述》一书中提到了郭沫若的观点，"《学记》是《礼记》中的一篇。写作年代大约在战国末年与汉初之间，也就是二千年前。作者不详；郭沫若认为像是孟子的学生乐正克所作"③，但是对《学记》之作者最终没有给出明确的论断。许椿生在《学习祖国珍贵的教育遗产——〈学记〉》中关于《学记》作者也没有给出

---

① 顾树森：《学记今译》，人民教育出版社1957年版，第7页。
② 同上。
③ 傅任敢：《学记译述》，上海教育出版社1957年版，第1页。

明确的答案,"《学记》是收集在《礼记》中的一篇教育论文。作者为谁,其说不一。据郭沫若考证,可能是孟子的弟子乐正克所作"①。刘震在《学记释义》中简要说明《学记》作者存在孔门弟子之说、有孟子弟子乐正克之说、有汉代儒家学者之说的基础之上,较为笼统地认为《学记》是我国古代儒家学派的著作。《学记译述》《学习祖国珍贵的教育遗产——〈学记〉》《学记释义》三部著作,都没有对《学记》作者进行考证,同样也没有给出明确的解答。

高时良在《学记研究》之中列有专章来讨论《学记》的成书和作者问题。高时良在对"不赞同《学记》成书于战国时期的五种论断"②进行深入剖析的基础上,指出虽然"《礼记》的个别篇章、《学记》的部分内容为汉时人补充或修改,这不仅有其可能性,也有其现实性",但是改变不了《学记》成书于战国的学术推论。其次,高时良认为《学记》为思孟学派作品。高时良指出成书于战国时期的《学记》,虽然在思想层面与战国时期的墨、道两家的思想存在彼此之间的相互影响,但是《学记》却是"地地道道"的儒家著作,具体来说乃思孟学派的著作。《学记》符合从曾参到孟子而来的一脉相承的儒家思维方式和治学之道,相传为曾参所作的《大学》与《学记》之间就充分彰显儒家思想主线的一脉相承。在此学术研究基础之上,高时良进一步指出"乐正克是孟轲弟子,他当是《学记》作者或主要作者","乐正本是学官","学官后裔论教育,既有其家学渊源,又有其亲身经历"③。

四 结语

我们从溯源性、学科性和专门性三个层面对《学记》作者进行考

---

① 许椿生:《学习祖国珍贵的教育遗产——〈学记〉》,河北教育编辑部1981年版,第1页。

② 五种主要观点为:第一,因《学记》内容主要反映"秦汉之礼",故《学记》乃"杂出于汉儒";第二,《学记》中的"大学之教""大学之法"反映汉代独尊儒术和太学建立之后的教育情形;第三,认为《学记》与《中庸》为同时代作品,而《中庸》为秦统一后儒家之作;第四,认为《学记》是继《礼记·王制》篇而作,《王制》则成书于汉代非先秦;第五,认为《学记》乃董仲舒所作。

③ 高时良:《学记研究》,人民教育出版社2006年版,第38页。

释，目的就在于对《学记》作者论争之源流问题进行学术性和专门性的梳理。《学记》作者之溯源性考释，代表性观点为冯友兰"荀派说"与郭沫若"孟派说"之学术论争；《学记》作者之学科性考释，体现为《学记》作者为思孟学派的观点；《学记》作者之专门性考释，民国时期有杜明通"董仲舒"之说、高时良持"思孟学派"作品并推断可能为乐正克之说。《学记》作者之考释研究的主旨在于，为从本源上梳理《学记》作者之论争提供学术思路，为教育研究者开展与《学记》相关的研究工作理清学术门路，并为后续研究者在结合"新史料"对《学记》作者进行更为深入的考释探索学术理路。

我们对于《学记》作者之态度，"在未能有翔实的材料证明《学记》为乐正克所作之前，还是持审慎态度，结论仍可'宜粗不宜细'，就《学记》的内容思想渊源体系而言，还是定为思孟学派的著作为宜，当然也不排除乐正克所作的可能性"①。我们认同《学记》为思孟学派作品的学术观点，同样对《学记》作者是否为乐正克持保守的态度；我们期待《学记》这本"我国和世界上第一部系统的教育理论专著"②中所内含的古代教育学范畴体系，真正能够成为托起构建具有自主意识的中国教育学范畴体系的那朵彩云！

第二节 《学记》注释者考释

从西汉戴圣传《礼记》始至清代乾嘉年间，众多古代学者对《礼记》进行了全本或分篇注解，为我们学习和研究《礼记》（包括《学记》）提供了重要的学术资源。我们对于历代《礼记》注疏著作进行历史梳理的目的在于，探寻各个历史阶段具有代表性的《礼记》著作，并以此为中心来考释西汉至清代《学记》注释者的师友渊源及其学术传承。

---

① 王炳照、阎国华：《中国教育思想通史》（第一卷），湖南教育出版社1994年版，第368页。

② 同上书，第366页。

一　前言

（一）汉代的《礼记》：戴圣传《礼记》和郑玄《礼记注》最为代表

1. 西汉时期：戴圣传《礼记》

孔颖达《礼记正义序》引郑玄《六艺论》曰："今礼行于世者，戴德、戴圣之学也。……戴德传《记》八十五篇，则《大戴礼》是也；戴圣传《礼》四十九篇，则此《礼记》是也。"① 根据郑玄的记载，戴德和戴圣分别传《大戴礼记》八十五篇和《小戴礼记》四十九篇，从而形成了《大戴礼记》和《小戴礼记》分别为戴德和戴圣所纂辑的传统认识。

学术界关于《礼记》成书问题的论争表现为：第一，"小戴删大戴，马融足三篇"之说；第二，"《大戴礼记》《小戴礼记》非戴德、戴圣所辑"之说。晋代陈邵在《周礼论序》云："戴德删古《礼》二百四篇为八十五篇，谓之《大戴礼》；戴圣删《大戴礼》为四十九篇，是为《小戴礼》。后汉马融、卢植考诸家异同，附戴圣篇章，去其繁重及所叙略而行于世，即今之《礼记》是也。郑玄亦依卢、马之本而注焉。"② 陈邵首次提出戴德删古《礼》二百四篇为八十五篇，戴圣又删八十五篇为四十九篇。《隋书·经籍志》又在陈邵的基础之上，进一步阐述为："汉末马融，遂传小戴之学。融又定《月令》一篇、《明堂位》一篇、《乐记》一篇，合四十九篇。而郑玄受业于融，又为之注"③，即"马融足三篇"之说④。近代洪业在《礼记引得序》中首次提出《礼记》并非戴圣所录，它是在大、小戴之后，郑玄之前，由多人抄合而成，非一人一时之作。⑤ 蔡介民等人同样也认为

---

① 中华书局编辑部编：《唐宋注疏十三经·礼记注疏》，中华书局1998年版，第5页。
② 吴承仕：《经典释文序录疏证》，中华书局2008年版，第91页。
③ 《隋书·经籍志》，中华书局1973年版，第925—926页。
④ 清代学者毛奇龄、纪昀、戴震、钱大昕、陈寿祺，近代学者王国维、龚道耕、吴承仕、洪业、钱玄、王文锦、杨天宇等人都力辨"小戴删大戴，马融足三篇"之说为非。
⑤ 洪业：《礼记引得序——两汉礼学源流考》，载《洪业论学集》，中华书局1981年版，第197—200页。

《大戴礼记》《小戴礼记》非戴德、戴圣所辑。各家所依据的论据为：《汉志》不载二戴《礼记》。①

西汉时期流传的《礼记》版本，主要有刘氏本、桥氏本和曹氏本。刘氏本：刘向对戴圣所纂《礼记》进行校勘故成本；桥氏本：《后汉书·桥玄传》"七世祖仁，从同郡戴德学，著《礼记章句》四十九篇"②；曹氏本：《后汉书·曹褒传》"传《礼记》四十九篇，教授诸生千余人"③。

2. 东汉时期：郑玄《礼记注》最为代表

东汉中后期出现了最早的《礼记》训释之作，《经典释文序录疏证》云："后汉马融、卢植，考诸家同异，附戴圣篇章，去其繁重及其所略，而行于世，即今《礼记》是也"④，可见马融、卢植均为《礼记》作注。同样，据朱彝尊《经义考》记载，汉代《礼记》著述共有 8 种。

资料来源	《礼记》著述
《经义考》	1. 戴圣《礼记》《礼记群儒疑义》、2. 桥仁《礼记章句》、3. 高诱《礼记注》、4. 郑玄《礼记注》《礼记音》、5. 卢植《礼记注》、6. 蔡氏《礼辨名记》，共 8 种。

其中以郑玄《礼记注》最为代表，"盖以汉时经有数家，家有数说，学者莫知所从；郑君兼通今古文，沟合为一；于是经生皆从郑氏，不必更求各家。郑学之盛在此，汉学之衰亦在此"⑤。汉代《礼记》传承的学术谱系为：（1）西汉：高堂生—萧奋—孟卿—后苍—（四名弟子）闻人通达、戴德、戴圣、庆普。戴德有弟子徐良，传徐氏学；戴圣有弟子桥仁、杨荣，传桥、杨氏之学；庆普有弟子夏侯敬、庆咸，东汉之初曹充习庆氏礼，编定《礼经》章句，之后其子曹褒习庆氏礼并参与了朝廷礼

---

① 近代学者龚道耕对《汉志》为何不载二戴《礼记》的原因进行了分析：刘向《别录》与刘歆《七略》著录方式不同，故造成二戴《礼记》不载于《汉志》之原因（参见龚道耕《礼记郑义疏发凡》，《志学月刊》1942 年第 3 期）。
② 《后汉书》，中华书局 1965 年版，第 1695 页。
③ 同上书，第 1205 页。
④ 吴承仕：《经典释文序录疏证》，中华书局 2008 年版，第 11 页。
⑤ 皮锡瑞：《经学历史》，中华书局 2011 年版，第 95—96 页。

制改革。(2) 东汉：贾逵—许慎　马融—卢植、郑玄（贾逵、马融、郑玄为东汉时期三位承上启下的经学代表人物）。

（二）魏晋南北朝的《礼记》：皇侃的《礼记义疏》和熊安生的《礼记义疏》影响较大

魏代王肃与郑玄为异，"郑学出而汉学衰，王肃出而郑学亦衰"①，王肃《礼记注》被司马氏立于学官（东晋，王学博士俱废。元帝初年，简省博士，"五经合九人"，《礼记》宗郑氏）。同样，据刘汝霖考证，魏代所立十九博士之一就是《礼记》②［魏世所立十九博士为：《易》(2)、《书》(2)、《毛诗》(2)、《周官》(2)、《仪礼》(2)、《礼记》(2)、《左传》(2)、《公羊》(2)、《谷梁》(1)、《论语》(1)、《孝经》(1)，共11经19博士］。魏代将《礼记》立为学官，标志着《礼记》地位的提升——由"记"为"经"。据朱彝尊《经义考》记载，魏晋南北朝《礼记》著述共有43种③。

资料来源	《礼记》著述
《经义考》	1. 王肃《礼记注》《礼记音》、2. 孙炎《礼记注》、3. 郑小同《礼义》、4. 杜宽《删集礼记》、5. 射慈《礼记音义隐》、6. 谢桢《礼记音》、7. 司马伷《礼记宁朔新书》、8. 孙毓《礼记音》、9. 缪炳《礼记音》、10. 蔡谟《礼记音》、11. 曹眈《礼记音》、12. 尹毅《礼记音》、13. 范宣《礼记音》、14. 徐邈《礼记音》、15. 刘昌宗《礼记音》、16. 徐爰《礼记音》、17. 雷肃之《礼记义疏》、18. 庾蔚之《礼记略解》、19. 叶遵《礼记注》、20. 何佟之《礼记义》、21. 楼幼瑜《礼记捃拾》、22. 梁武帝《礼记大义》、23. 简文帝《礼大义》、24. 贺玚《礼记新义疏》、25. 皇侃《礼记义疏》《礼记讲疏》、26. 沈重《礼记义疏》《礼记音》、27. 戚衮《礼记义》、28. 褚晖《礼记文外大义》、29. 刘芳《礼记义证》、30. 刘巂《礼记评》、31. 熊安生《礼记义疏》、32. 缑氏《礼记要钞》、33. 何氏《礼记义》、34. 无名氏《礼记音义隐》《礼记隐》《礼记义疏》《礼记疏》《礼大义》《礼大义章》《礼记类聚》，共43种。

---

① 皮锡瑞：《经学历史》，中华书局2011年版，第105页。
② 刘汝霖：《汉晋学术编年》（三），上海科学技术文献出版社2015年版，第108—109页。
③ 魏晋南北朝时期的《礼记》著述大都失传，皇侃和熊安生关于《礼记》的义疏，借助于孔颖达《礼记正义》而得以部分保留。同样，《礼记正义》成为保存魏晋南北朝时期《礼记》义疏的重要文本。

魏晋南北朝时期的《礼记》著述之中，皇侃的《礼记义疏》和熊安生①的《礼记义疏》影响最大，并成为唐代孔颖达撰定《礼记正义》的重要参照，"今奉敕删理，仍据皇氏以为本，其有不备以熊氏补焉"。正如皮锡瑞在《经学历史》中所言："今自皇、熊二家见采于《礼记疏》外，其余书皆亡佚。然渊源有自，唐人五经之疏未必无本于诸家者。论先河后海之义，亦岂可忘筚路蓝缕之功乎！"②

（三）隋唐时期的《礼记》：《礼记正义》成就最高

1. 隋代：郑学为宗

隋统一天下结束了南北朝时期经学分为南北两派的学术局面，"隋平陈而天下统一，南北之学亦归统一"③。隋代仍以郑学为宗，据《隋书·经籍志》记载：隋代研《礼》名家惟马光"尤明《三礼》"、褚辉"以《三礼》学称于江南"而已。此外，刘焯、刘炫皆曾"问礼于熊安生"，并著有《义疏》，然并非礼学专门。

2. 唐代：疏不破注

唐太宗诏孔颖达与诸儒④撰定《五经正义》（注：自唐至宋，明经取士，皆遵此本），作为《五经正义》之一的《礼记正义》成就最高，"郑玄《注》二十卷，《小戴》四十九篇，杂有古今文说，自郑氏作《注》，条例滋繁。南北章疏，义有多门，甘其臭尚，毕生无厌。孔氏略本熊、皇，博采众说，今欲上窥魏晋六朝旧义，惟恃此编，诚郑学之喉襟、礼家之渊蔽也。清儒于各经皆有新疏，唯《礼记》独阙，将由孔《疏》翔实，后儒无以加，意包孕其弘，非一人所能了也"⑤。同样，据朱彝尊《经义考》记载，唐代《礼记》著述共有10种。

---

① 熊安生师事北朝堪称大儒立宗开派的经师徐遵明，弟子以刘焯、刘炫影响显著。
② 皮锡瑞：《经学历史》，中华书局2011年版，第130页。
③ 同上书，第135页。
④ 同时修《正义》者，《周易》则马嘉运、赵乾叶，《尚书》则王德韶、李子云，《毛诗》则王德韶、齐威，《春秋》则谷那律、杨士勋，《礼记》则朱子奢、李善信、贾公彦、柳士宣、范义頵、张权。标题孔颖达一人名者，以年辈为先，名为独重耳。
⑤ 吴承仕：《经典释文序录疏证》，中华书局2008年版，第99页。

资料来源	《礼记》著述
《经义考》	1. 孔颖达《礼记正义》、2. 魏征《类礼》、3. 陆德明《礼记释文》、4. 王玄度《礼记注》、5. 王元感《礼记绳愆》、6. 王方庆《礼记正义》、7. 元行冲《类礼义疏》、8. 成伯玙《礼记外传》、9. 杨逢殷《礼记音训指说》、10. 亡名氏《礼记字例异同》,共10种。

唐以九经取士——《易》《书》《诗》、三《礼》、三《传》,其中《礼记》《左传》为大经。可见,《礼记》之学,从汉末至唐,除魏晋之际一度几为王学夺席,皆以郑《注》为中心。

（四）宋元时期的《礼记》：卫湜《礼记集说》最为赅博和陈澔《礼记集说》取便初学

1. 宋代：义理解经

经学自汉至宋初未尝大变,"谈经者守训故而不凿",至宋庆历年间"《七经小传》出而稍尚新奇矣。至《三经义》行,视汉儒之学若土梗"①。刘敞《七经小传》、王安石《三经新义》,可以被看作为庆历经学风气变化之先导,其后诸儒发明经旨拨弃传注,非前人所及——排《系辞》、毁《周礼》、疑《孟子》、讥《书》、黜《诗序》。朱熹《仪礼经传通解》,以十七篇为主,取大、小戴及它书传所载系于礼者附之,就是宋人疑经、改经、删经、移易经文以就己说的体现。虽然朱熹生前只完成了《仪礼经传通解》之家、乡、邦国、王朝礼（丧、祭二礼由弟子黄榦续成）,但是他开启了后世重新编纂三《礼》之先河。元吴澄编撰《礼记纂言》把《礼记》四十九篇分为《通礼》九篇、《丧礼》十一篇、《祭礼》四篇、《通论》十二篇②,就是宋学疑经、改经等学术思想和朱熹学术思想之延续。正如侯外庐所言,"吴澄在经学上,也确是以接续朱熹为己任,完成《五经纂

---

① 皮锡瑞：《经学历史》,中华书局2011年版,第156页。
② 《礼记纂言》不录《大学》《中庸》,将《投壶》和《奔丧》归于《仪礼》之经,《冠义》《昏义》《乡饮酒义》《射义》《燕义》《聘义》六篇,别辑为《仪礼》之传,附于《仪礼》。《曲礼》《檀弓》《杂记》三篇,各自合为一篇。然后对剩余三十六篇,按以类相从的原则重新编次。

言》。尤以其中的三礼,是完成朱熹的未竟之业"①。

宋代《礼记》著述,据朱彝尊《经义考》著录大约有二百七十余部。其中具有代表性的著述有:刘敞《七经小传》、张载《礼记说》、吕大临《礼记解》、王安石《礼记发明》、陆佃《礼记解》、方悫《礼记解》、马希孟《礼记解》、魏了翁《礼记要义》、卫湜《礼记集说》、黄震《黄氏日抄》,此外还有刘彝《礼记中义》、李格非《礼记精义》、陈祥道《礼记讲义》、周谞《礼记说》、周行己《礼记讲义》、叶梦得《礼记解》、胡铨《礼记传》、夏休《破礼记》、朱申《礼记句解》、吕祖谦《礼记详解》、辅广《礼记解》、徐自明《礼记说》、应镛《礼记纂义》等。

在宋代《礼记》著述之中,卫湜《礼记集说》成就最著,"采摭群言最为赅博,去取亦最为精审",称得上"《礼》家之渊海"②。

2. 元代:宋学之迹

元仁宗延祐定科举法,《易》用朱子本义,《书》用蔡沈《集传》,《诗》用朱子《集传》,《春秋》用胡安国《传》,《礼记》用郑注。

吴澄作《礼记纂言》重定篇次,陈澔作《礼记集说》,立说亦趋浅显。陈澔《礼记集说》编撰的目的就在于以坦明之说取便初学,以教育者的身份来诠释《礼记》,"故用为蒙训则有余",在明初被列为科举考试的标准注本。《礼记纂言》和《礼记集说》都具有鲜明的理学色彩,吴澄和陈澔从学术渊源上都可以追溯到饶鲁,而饶鲁为朱熹女婿黄榦的入室弟子,所以都可以被称作为朱熹后学。可见《礼记》一学,虽科举用古《注》《疏》,而元儒研治者,学风已大变。

(五)明清时期的《礼记》:《礼记大全》多剿旧说和《集解》与《训纂》最为代表

1. 明代:宋学之遗

明永乐十二年,敕胡广等修《五经大全》,颁行天下。《五经大全》是就《五经正义》八百余年之后,官方编撰经书之学术盛事。

---

① 侯外庐等:《宋明理学史》(上卷),人民出版社1984年版,第734页。
② 《四库全书总目》卷21。

《五经大全》之《礼记大全》以陈澔《礼记集说》为主，澔之书列于学官自此书始。由于陈澔之说大多采自宋代卫湜《礼记集说》，因此胡广在撰修《礼记大全》之时虽以陈澔《礼记集说》为主，而实是受惠于宋人。正如杨天宇在《礼记译注·前言》中指出，"明人关于《礼记》的著作，见于《四库全书》者甚夥，然几无可称道者。其中如郝敬所撰《礼记通解》二十二卷，'于郑义多驳难'，是亦宋学习气所使然"①。此外，清杭世骏所作《续卫氏礼记集说》从编纂体例上直承卫湜《礼记集说》，足见宋代《礼记》学之深远影响。从卫湜《礼记集说》到吴澄《礼记纂言》、陈澔《礼记集说》，再到胡广《礼记大全》（包括杭世骏《续卫氏礼记集说》），都能看到宋学用义理解经学术范式的传承和延续。

2. 清代：义理与考据

清初仍是宋学占上风，顺治二年所定试士例，其中《礼记》主陈氏《礼记集说》，仍沿袭元、明旧制。清初私学已启汉、宋兼采之风，王夫之《礼记章句》、万斯大《礼记偶笺》、郑元庆《礼记集说》、方苞《礼记析疑》等，皆杂采汉、宋之说。

乾隆十三年，钦定《三礼义疏》（其中《礼记义疏》八十二卷），第一次以官方名义打破了元、明以来经学诠释沿袭宋学的传统，开启了汉、宋兼采之学风。孙希旦《礼记集解》，可以被看作为汉、宋兼采之学术著作。

以复兴汉学为标志的乾嘉学派，力倡古文经学而重考据，汪永《礼记训义择言》和朱彬《礼记训纂》可为代表。但二说又过于简约，远不及《仪礼正义》（胡培翚）和《周礼正义》（孙诒让）之祥审。道咸时期，今文学派崛起，《礼记》研究重在宣言微言大义而无新的学术进展。故此，在杨天宇看来"清代虽号称'经学复胜'（皮锡瑞语），然而《礼记》的研究，则未堪其称。清人于《十三经》，唯《礼记》和《孝经》无新《疏》"②。

综上所述，郑玄、皇侃、熊安生、孔颖达，以及卫湜《礼记集

---

① 杨天宇：《礼记译注》，上海古籍出版社2004年版，第33页。
② 同上书，第34页。

说》、吴澄《礼记纂言》、陈澔《礼记集说》（包括纳兰性德《陈氏礼记集说补正》）、胡广《礼记大全》、王夫之《礼记章句》、杭世骏《续卫氏礼记集说》、孙希旦《礼记集解》、朱彬《礼记训纂》及各部著述之中所收录的《礼记》注释者，成为研究汉至清代《学记》注释的核心注释者群体。

二 正文

汉至清代核心注释者群体共45位，其中汉唐6位、宋元24位、明清15位。从学术传承的总体范式来看，遵循从汉学到宋学再到汉宋兼采的学术话语体系，及从考据到义理再到义理与考据并重的经文原典诠释方式。我们对《学记》核心注释者群体的研究，试从三个阶段四个层面来展开，其中三个阶段即汉唐时期、宋元时期、明清时期，四个层面即注释者的生平介绍、学术著作、师友渊源、历史评价（既包括对注释者本人也包括对其学术著作的评价，特别是对《礼记》注释著述的历史评价）。

朝代	注释者
汉	郑玄
南北朝	庾蔚之、贺场、皇侃、熊安生
唐	孔颖达
宋	李觏、刘敞、张载、程颐、陈祥道、马希孟、陆佃、方悫、周谞、李格非、胡铨、朱熹、吕祖谦、沈焕、辅广、沈清臣、戴溪、应镛、魏了翁、黄震、王应麟
元	熊朋来、吴澄、陈澔
明	胡广、王恕、徐师曾
清	顾炎武、王夫之、万斯大、姚际恒、纳兰性德、朱轼、陆奎勋、姜兆锡、方苞、杭世骏、孙希旦、朱彬

（一）汉唐时期：郑玄—孔颖达为代表的注释者群体

汉唐时期包括两汉、魏晋南北朝、唐三个阶段，其中：汉代以郑玄为代表、魏晋南北朝以皇侃和熊安生为代表、唐代以孔颖达为代表，构成了汉唐时期《学记》的注释者群体。

1. （汉）郑玄：《礼记注》

生平介绍	郑玄（127—200），字康成，东汉北海高密（今山东高密）人，倾毕生之力，遍注群经，终达"述先圣之元意，思整百家之不齐"之愿。被誉为中国儒家经学继孔子之后的第一人，亦有"经神""经学皇帝"等美誉。
学术著作	《后汉书》卷三十五《郑玄列传》记载："凡玄所注《周易》《尚书》《毛诗》《仪礼》《礼记》《论语》《孝经》《尚书大传》《中候》《乾象历》，又著《天文七政论》《鲁礼禘祫义》《六艺论》《毛诗谱》《驳许慎五经异义》《答临孝存周礼难》，凡百余万言。"（范晔：《后汉书·郑玄传》，中华书局1965年版，第1213页）现存《毛诗笺》《周礼注》《仪礼注》《礼记注》四种。《乾象历》《七政论》二书亡佚，今已完全无处可考，其余诸书亦多已残缺。
师友渊源	郑玄先到京城洛阳太学里，师事京兆第五元先，通《京氏易》《公羊春秋》《三统历》《九章算术》等；其后郑玄从东郡张恭祖受《周官》《礼记》《左氏春秋》《韩诗》《古文尚书》；师从马融后"自篇籍之奥，无不精研"，故郑玄辞归时，马融情不自禁地叹曰"《诗》《书》礼乐皆以东矣"。
历史评价	1. "经传洽孰，称为纯儒。"（范晔：《后汉书·郑玄传》，中华书局1965年版，第1212页） 2. "学者之师模。"（陈寿：《三国志》上册，华夏出版社2011年版，第283页） 3. "郑君康成，以博闻强记之才，兼高节卓行之美，著书满家，从学盈万。当时莫不仰望，称伊、洛以东，淮、汉以北，康成一人而已。咸言先儒多阙，郑氏道备。自来经师未有若郑君之盛者也。"（皮锡瑞：《经学历史》，中华书局1959年版，第141页）

2. (南北朝·宋)庾蔚之:《礼记略解》

生平介绍	庾蔚之,字季随,颍川人,南北朝时刘宋著名礼学家,但《宋书》与《南史》等正史均未为其立传。据《经典释文·序录》记载:"庾蔚之,《略解》十卷"(字季随,颍川人,宋员外常侍)。"[(唐)陆德明:《经典释文》]庾蔚之在刘宋孝建、大明年间,都担任过太常丞。
学术著作	《隋书·经籍志》记载庾蔚之的礼学著述有《丧服》三十一卷、《丧服世要》一卷、《礼论钞》二十卷、《礼答问》六卷、《礼记略解》十卷,此外还有《丧服要记注》与《庾蔚之集》十六卷(或二十卷)。马国翰为《礼记略解》辑佚了104条佚文,从中可以窥该书之一斑。
师友渊源	
历史评价	《宋书》记载:"元嘉十五年,征次宗至京师开馆于鸡笼山,聚徒教授,置生百余人,会稽朱膺之、颍川庾蔚之并以儒学监总诸生。"[(梁)沈约:《宋书》卷九十三《隐逸列传》,第2293页]

3. (南北朝·梁)贺玚:《礼记新义疏》

生平介绍	贺玚(452—510),字德琏,会稽山阴人,梁代著名礼学家。会稽贺氏是六朝时期著名礼学世家,贺玚乃晋代礼学大师贺循之玄孙。南齐时,贺玚曾任太学博士、太常丞等职,遭母忧去职。梁武帝天监四年(505),初开五馆,以贺玚兼五经博士。
学术著作	贺玚一生著作颇丰,著有《礼讲疏》《易讲疏》《老讲疏》《庄讲疏》《朝廷博议》《宾礼仪注》等,但这些著作均早佚,今仅《礼记新义疏》有马国翰辑佚本存世,《礼记新义疏》是南朝时期较为重要的一部《礼记》注疏。
师友渊源	
历史评价	

4.（南北朝·梁）皇侃：《礼记皇氏义疏》

生平介绍	皇侃（488—545），南朝梁吴郡人，青州刺史皇象九世孙。"皇侃，吴郡人，青州刺史皇象九世孙也。少好学，师事贺玚，精力专门，尽通其业，尤明三礼、《孝经》《论语》，为兼国子助教。于学讲说，听者常数百人。撰《礼记讲疏》五十卷。书成奏上，诏付秘阁。顷之，召入寿光殿说《礼记义》。梁武帝善之，加员外散骑侍郎。侃性至孝，常日限诵《孝经》二十遍，以拟《观世音经》。丁母忧，还乡里。平西邵陵王钦其学，厚礼迎之。及至，因感心疾卒。所撰《论语义》《礼记义》，见重于世，学者传焉。"［（唐）姚思廉：《梁书》卷四十八《儒林传》，第680页］
学术著作	皇侃曾撰《礼记讲疏》和《礼记义疏》，二书在唐代尚存，但在宋代及以后的史志目录、藏书目录中已没有关于皇侃《礼记》学著作尚存的著录条目，清人马国翰《玉函山房辑佚书》辑有《礼记皇氏义疏》四卷。
师友渊源	师事贺玚（贺玚—皇侃）。
历史评价	1. "皇氏虽章句详正，微稍繁广，又既遵郑氏，乃时乖郑义，此是木落不归其本，狐死不首其丘。"（孔颖达：《礼记正义·序》） 2. "孔氏《正义》本于皇《疏》，除所驳正，大抵皆皇义也。"（吴承仕：《经典释文叙录疏证》，中华书局1984年版，第114页）

5.（南北朝·后周）熊安生：《礼记义疏》

生平介绍	熊安生（约499—578），字植之，《周书》《北史》均入《儒林传》，长乐阜城人，历北魏、东魏、北齐、北周四朝。
学术著作	撰述有《周礼义疏》二十卷，《礼记义疏》四十卷，《孝经义疏》一卷，但这些著作均早佚。清人马国翰《玉函山房辑佚书》辑有《礼记熊氏义疏》四卷。
师友渊源	1. 初从陈达受《三传》，又从房虬受《周礼》，并通大义。后事徐遵明，服膺历年。东魏天平中，受《礼》于李宝鼎。（《周书·熊安生传》） 2. 安生既学为儒宗，当时受其业擅名于后者，有马荣伯、张黑奴、窦士荣、孔笼、刘焯、刘炫等，皆其门人焉。（《周书·熊安生传》）
历史评价	乃讨论图纬，捃摭异闻，先儒所未悟者，皆发明之。（《周书·熊安生传》）

［注］"《礼记疏》本皇、熊二家；熊安生北学，皇侃南学。孔颖达以为熊违经多引外义，释经唯聚难义，此正所谓北学深芜者。又以皇虽章句详正，微稍繁广；以熊比皇，皇氏胜矣；此则皇氏比熊为胜，正所谓南人约简者。"（皮锡瑞：《经学历史》，中华书局2011年版，第123页）

6. （唐）孔颖达：《礼记正义》

生平介绍	孔颖达（574—648），字冲远，唐冀州衡水人。隋大业初举明经，授河内郡博士，入唐，太宗引为秦王府文学馆学士，累迁国子博士、给事中、国子祭酒，封曲阜县男，是唐代著名的经学家、史学家。
学术著作	编撰《五经正义》（180卷），与魏征等撰成《隋书》。
师友渊源	曾师事隋代大儒刘焯（熊安生—刘焯—孔颖达）。
历史评价	1."《诗》《礼》《周礼》，皆主郑氏，义本祥实；名物度数，疏解亦明；故于诸经《正义》为最优。"（皮锡瑞：《经学历史》，中华书局1959年版，第203页） 2."郑注既精，孔氏与贾公彦等又承南北诸儒后，斟酌于皇熊二家，讨论修饰，委曲祥明，宜其书之垂世而行运业。"（齐召南：《礼经注疏考证跋语》） 3."自汉以来，经学统一，未有若斯之专且久也。"（马宗霍：《中国经学史》，上海书店1984年版，第94页）

（二）宋元时期：卫湜—吴澄—陈澔为代表的注释者群体

宋代卫湜《礼记集说》之中涉及《学记》文本疏解的注释者共21位，元代包括熊朋来、吴澄和陈澔3位。其中：吴澄的《礼记纂言》与陈澔的《礼记集说》，既是元代《礼记》著述的代表，又是对宋代《礼记》学说的学术传承。从卫湜的《礼记集说》到陈澔的《礼记集说》，记载了宋元时期较为完整的《礼记》注释者群体。

1. （宋）李觏：《礼论》

生平介绍	李觏（1009—1059），字泰伯，南城人，创建盱江书院，世称盱江先生，北宋建昌军南城人。李觏是与宋初三先生胡瑗、孙复、石介同时代的知名学者。北宋杰出的平民思想家，他既是范仲淹所领导的庆历新政的思想立论者，也是王安石所推行的熙宁新法的思想先驱者，有"王安石的先驱"之誉（胡适、侯外庐）。
学术著作	著有《礼论》七篇、《易论》十三篇、《删定易图序论》六篇、《周礼致太平论》五十一篇、《潜书》《平土书》《广潜书》《富国策》《强兵策》《安民策》《庆历民言》等。
师友渊源	范仲淹荐为试太学助教。
历史评价	1. "李泰伯先生先于周、程、朱数十年，尝与范希文诸先辈上下论议，畅发乎尧舜以来相传之旨，于是理学大明，儒风蔚起，识者谓濂、闽、关、洛之学，皆先生有以启其绪焉。其所以羽翼圣经，匡扶世教，岂浅鲜哉。"（李觏著，王国轩校点，《李觏集》，《李泰伯先生文集原序》，中华书局1981年版，第524页） 2. "著书立言，有孟轲、杨雄之风，实无愧于天下之士。"（范仲淹：《荐李觏并录进礼论等状》） 3. "李觏是北宋的一个大思想家。他的大胆，他的见识，他的条理，在北宋的学者之中，几乎没有一个对手！……他是江西学派的一个极重要的代表，是王安石的先导，是两宋哲学的一个开山大师。"［胡适：《记李觏德学说（一个不曾得君行道的王安石）》，《胡适文集》（3）《胡适文存二集》卷一，北京大学出版社1998年版，第25页］

2.（宋）刘敞：《七经小传》

生平介绍	刘敞（1019—1068），字原父，一作原甫，学者称公是先生，临江新喻（今江西新余）人，北宋初年的大儒，开宋儒批评汉儒的先声。
学术著作	著有《七经小传》（包括《尚书》二十二则、《诗经》三十五则、《周礼》四十一则、《仪礼》四则、《礼记》三十一则、《公羊传》十六则（包含《左传》一则、《国语》一则）、《论语》八十六则。其中《公羊传》十四，则全数为校勘《春秋》经的条文。
师友渊源	与江邻几、贾直、欧阳修、梅尧臣交游相善，而常与欧阳修论学。
历史评价	1. "元祐史官谓庆历前学者尚文辞，多守章句注数之学，至敞始异诸儒之说。"（晁公武：《郡斋读书志》） 2.《国史》云："庆历以前，多尊章句注疏之学。至刘原甫为《七经小传》，始异诸儒之说。"（吴曾：《能改斋漫录》卷二"注疏之学"条） 3. "自汉儒至於庆历间，谈经者守训故而不凿。《七经小传》出而稍尚新奇矣。"（王应麟：《困学纪闻》卷九）

3.（宋）张载

生平介绍	张载（1020—1077），字子厚，世居大梁（今河南开封），后来侨居在凤翔郿县横渠镇（今陕西宝鸡市眉县横渠乡），世称横渠先生。张载与周敦颐、邵雍、程颢、程颐被合称"北宋五子"，是宋明理学的重要奠基人物，为宋明理学中气学一派的代表人物。南宋嘉定十三年（1220），宋宁宗赐谥"明公"，淳祐元年（1241）赐封"眉伯"，从祀孔庙。明世宗嘉靖九年（1530），改称"先儒张子"。
学术著作	著有《正蒙》《东铭》《西铭》《横渠易说》《经学理窟》《张子语录》等。1978年中华书局出版的《张载集》，收录了迄今所有保存下来的张载著作。
师友渊源	与程颢、程颐切磋学问，"横渠之学是苦心得之"（朱熹：《宋元学案·横渠学案下》），与他人并无师承与渊源关系。
历史评价	1. "横渠道尽高，言尽醇。自孟子后，儒者都无他见识。"（《二程集·河南程氏遗书》卷四） 2. "其学当时盛传于关中，虽自成一家之言，然与二程昆弟首推气质之说，以明性善之本然，而汉唐以下诸儒纷议之惑泯焉。其有功性教，夫岂浅小哉！"[（清）张伯行：康熙四十七年本《张横渠集序》]

4.（宋）程颢、程颐：《二程集》

生平介绍	程颢（1032—1085），字伯淳，世称明道先生；程颐（1033—1107），字正叔，世称伊川先生。程颢程颐为同胞兄弟，合称"二程"，因居住洛阳讲学，故创立学派被称为"洛学"。"洛学"为宋明理学的奠基学派。
学术著作	著有《二程集》（中华书局版）（包括《遗书》二十五卷、《外书》十二卷、《文集》十二卷、《遗文》一卷、《易程传》四卷、《经说》八卷、《粹言》二卷）。
师友渊源	二程师事周敦颐。周敦颐（1017—1073），原名敦实，别称濂溪先生，北宋五子之一，程朱理学代表人物。
历史评价	"程颢是以后心学之先驱，而程颐是以后理学之先驱。兄弟二人，开一代思想之二大派，也是罕有的事。"［冯友兰：《中国古代著名哲学家评传》（第三卷上册），齐鲁书社1981年版，第271页］

5.（宋）陈祥道：《礼记讲义》

生平介绍	陈祥道（1053—1093），字用之，一字祐之（见《淳熙三山志》），福建闽清宣政漈上（今福州市闽清县云龙乡际上村）人。英宗治平四年（1067）进士，官至秘书省正字，馆阁校勘。北宋著名经学家和理学家，为学贯通经传，尤精于"礼"，深于《论语》之学。
学术著作	著有《仪礼注解》三十二卷、《礼记讲义》二十四卷、《周礼纂图》二十卷、《礼例详解》十卷、《（太常）礼书》一百五十卷、《论语全解》（一作《论语句解》）十卷。
师友渊源	荆公新学（荆公门人）。
历史评价	"祥道长于《三礼》之学，所作礼书，世多称其精博。"（《四库总目提要》卷三五经部四书类）

［注］据《宋元学案》之"荆公新学略"，陈祥道、陆佃、马希孟、方悫等皆出于王安石门下。王安石的学术之称谓"新学"，是因为其在熙宁六年（1073）"提举修撰经义，训释《诗》《书》《周官》，既成，颁之学官，天下号曰'新义'"（《宋元学案》卷九十八《荆公新学略》"王安石传"）。庞朴认为，《三经新义》由官方在全国正式颁布，"标志着汉唐经学的真正结束和'宋学'的全面展开"［庞朴：《中国儒学》（第二卷），东方出版社1997年版，第130页］。据《宋代疑经研究》记载："王安石个人儒学思想深邃，既援老庄和佛家思想入儒，又关注现实政治，极大丰富了儒学哲理思辨和政治理想主义内涵，使尚议论、重义理的风气走向深入，这不但使王安石身边聚集了吕惠卿、陆佃、王雱、沈季长等'新党'，形成了所谓的'新学'，而且也使苏轼、刘挚、吕陶等对王安石的学问表现了浓厚兴趣，这是'新学'得以占据主导地位达六十余年的重要原因。……王安石变法的失败又影响了'新学'的这种学术尝试，经学开始减弱政治理性因素而转向内倾化，强化了道德价值论。"（杨新勋：《宋代疑经研究》，中华书局2007年版，第98页）

6. （宋）马希孟：《礼记解》

生平介绍	马希孟（生卒年不详），字彦醇，江西庐陵人，熙宁癸丑（1073）登第。
学术著作	著有《礼记解》七十卷。
师友渊源	师从王安石（荆公门人）。
历史评价	

7. （宋）陆佃：《礼记新义》

生平介绍	陆佃（1042—1102），字农师，号陶山，越州山阴（今浙江绍兴）人，陆游祖父。
学术著作	著有《埤雅》《尔雅新义》《礼记新义》《礼象》《二典义》《春秋后传》《诗讲义》等，参与修撰《神宗实录》，文集有《陶山集》，还有对道家典籍的注解《鹖冠子解》。
师友渊源	师从王安石（荆公门人）。
历史评价	1. "自王、郑以来，言礼未有如佃者。"（神宗：《宋元学案》卷九十八《荆公新学略》） 2. "楚公精于礼学，每据经以破后世之妄。"（陆游：《家世旧闻》） 3. "精礼学，著述宏富，为宋世经儒之杰。"（李慈铭：《越缦堂读书记》，上海书店出版社2000年版，第555页）

8. （宋）方悫：《礼记解》

生平介绍	方悫（生卒年不详），字性夫，桐庐人。
学术著作	《礼记解》[徽宗政和三年（1113），悫乘进京游学上庠（古代大学）之机，上表将《礼记集解》进献朝廷，颇受赞许，下诏赐悫"上舍释褐"，住入上等馆舍，授以官职，《礼记集解》因此而天下学者宗之。他怀着喜悦之心在京攻读，学问大长，于重和元年（1118）进士及第，仕至礼部侍郎]。
师友渊源	师从王安石（荆公门人）。
历史评价	"方氏《礼记解》尽有说得好处，不可以新学而黜之。"（朱熹：《宋元学案》卷九十八《荆公新学略》）

9.（宋）周谞：《礼记解》

生平介绍	周谞（生卒年不详），字希圣，尤溪人，与王道原同郡。熙宁进士，历知广州新会县。
学术著作	著有《礼记解》《孟子解义》。
师友渊源	与王道原同郡。（王端字道原，延平人。善讲学，最为范正献祖禹所重。嘉祐八年进士。王道原为华阳学侣，周谞为王氏同调，同属华阳学案）
历史评价	"予旧习诸家训解，每病世儒剿取前人亡说，以为己出。近得周希圣《解》，一再繙阅，始知陈氏、方氏亦推衍其说者耳。"（卫栎斋：《礼记集说·后序》，《宋元学案补遗》卷二十一《华阳学案补遗》）

10.（宋）李格非：《礼记说》

生平介绍	李格非（约1045—约1105年），字文叔，北宋文学家，济南人。
学术著作	著有《礼记说》《礼记精义》十六卷、《史传辨志》五卷、《洛阳名园记》一卷、《永洛城记》一卷。
师友渊源	李清照《上枢密韩公诗二首》诗序中称"父祖皆出韩公门下"，可知其父祖辈皆为"蚤有盛名，识量英伟"（《宋史·韩倚传》）的学士韩倚的门下士。李格非是属于苏门一派，与苏轼、"苏门四学士"（黄庭坚、秦观、晁补之、张耒）、陈师道及"后四学士"（李格非、廖正一、李禧、董荣）其余三人等皆有来往。
历史评价	"先生尝以文章受知于东坡"，"女清照，自号易安居士，皆能文"。（云濠：《宋元学案》卷九十九《苏氏蜀学略》）

11. (宋)胡铨：《礼记解》

生平介绍	胡铨（1102—1180），字邦衡，号澹庵，吉州庐陵（今江西吉安县）人，谥号"忠简"。南宋著名的文学家、政论家、诗（词）人，南宋"中兴四大名臣"。
学术著作	著有《澹庵词集》《澹庵文集》一百卷传世。此外，他还在《春秋》《易》等古书研究方面有所造诣，有《春秋》《春秋集善》十一卷、《易传拾遗》十卷、《周官解》十二卷、《礼记解》三十卷、《学礼编》三卷，以及《经筵二礼讲义》一卷、《书解》四卷、《奏议》三卷、《诗话》二卷、《活国本草》三卷等。
师友渊源	初事乡先生萧子荆学《春秋》，复学于胡文定。
历史评价	1. "铨之议论，横厉振发，若决江河而下，若引星辰而上，近古以来，不多见也。"（《胡澹庵先生文集》卷二） 2. "绍兴季年，紫岩谪居于永，澹庵谪居于衡，二先生皆六十矣。此书还往，无一语不相勉以天人之学，无一念不相忧以国家之患也。"（杨万里：《跋张魏公答忠简胡公书十二纸》，文渊阁四库全书：《澹庵文集附录》，上海人民出版社1999年版）

12. (宋)朱熹：《仪礼经传通解》

生平介绍	朱熹（1130—1200），字元晦，又字仲晦，号晦庵，晚称晦翁，赐谥文，世称朱文公，祖籍徽州婺源县（今江西省婺源）人，闽学派的代表人物，儒学集大成者，世尊称为朱子。
学术著作	著有《周易本义》《周易启蒙》《大学章句》《四书或问》《论语孟子集注》《太极图说》《西铭解》《楚辞集注》等。
师友渊源	师事李侗（程颐——杨时——罗从彦——李侗）。
历史评价	1. "绪千百年绝传之学，开愚蒙而立亿万世一定之规。"（康熙：《朱子全书·序》） 2. "我朝道统中天，君师立极，颁发《理性精义》《朱子全书》，升紫阳（即朱熹）为十二哲，二百年来，名儒辈出，序序修明，为元明所未有。"[（清）沈维鐈：《清学案小识序》] 3. "道德文章，照耀千古。"[（清）李鸿章：《婺源县志·序》] 4. "其学流衍益广，所著书如《四书章句集注》及《诗》《易》两种，元明清三代皆悬之功令，定为取士标准，凡应举者皆所必读，其学影响后世之深且大。"（钱穆：《朱子新学案》，九州出版社2011年版，第149—150页）

13.（宋）吕祖谦

生平介绍	吕祖谦（1137—1181），字伯恭，尚书右丞相吕好问之孙，因吕姓郡望东莱，世称东莱先生。婺州（今金华）人，浙东金华学派创始人，与朱熹、张栻齐名，同被尊为"东南三贤"，南宋著名哲学家、文学家。
学术著作	曾参与编修《徽宗皇帝实录》卷，《宋文鉴》卷，另著有《读诗记》《大事记》（以上两部皆未成书）、《古周易》《书说》《吕氏家塾读诗记》《阃范》《官箴》《辨志录》《欧阳公本末》《春秋左氏续说》《东汉精华》《古文关键》等。
师友渊源	曾先后师从知名学者林之奇、汪应辰、胡宪。林之奇（1112—1176），福州侯官人，字少颖，自号拙斋，学者称三山先生。汪应辰（1119—1176），字圣锡，信州玉山人，学者称玉山先生。胡宪（1085—1162），建宁崇安人，字原仲，号籍溪。胡宪为胡安国从子，从胡安国习程氏学，后又学《易》于二程弟子谯定。朱熹少年时，亦曾受父之嘱从胡宪等三君子游，其中师事胡宪时间最长。吕祖谦在其二十多年短暂的学术生涯中，曾经与众多学者有过密切的交往。其中与朱熹、张栻、陆九渊、陈亮的交往颇为引人注目。
历史评价	1."宋乾、淳以后，学派分而为三：朱学也，吕学也，陆学也。三家同时，皆不甚合。朱学以格物致知，陆学以明心，吕学则兼取其长，而复以中原文献之统润色之。门庭径路虽别，要其归宿于圣人，则一也。"（全祖望：《宋元学案》卷五十一《东莱学案》） 2."兼总众说，巨细不遗，挈领提纲，首尾该贯，浑然若出一家之言。"（《宋史》本传）

14.（宋）沈焕

生平介绍	沈焕（1139—1191），字叔晦，定海崇邱乡沈家山下（今属北仑区小港镇）人，学者称定川先生，赐谥端宪。继承陆九渊心学，与杨简、袁燮、舒璘同创南宋四明学派，称淳熙四先生。
学术著作	著有《定川集》五卷、《定川言行编》《定川遗书》等。
师友渊源	师事陆九渊之兄陆九龄。
历史评价	"杨简、舒璘、袁燮、沈焕，所谓明州四先生也。"（黄宗羲：《宋元学案》卷七十六《广平定川学案》）

15.（宋）辅广：《潜庵礼记说》

生平介绍	辅广（生卒年不详），字汉卿，号潜庵。（辅广最迟生于南宋乾道年间或者稍早，最早卒于南宋嘉定或者宝庆年间）
学术著作	著有《六经集解》《四书纂疏》《语孟学庸答问》《通鉴集义》《潜庵日新录》《潜庵礼记说》等。
师友渊源	先从吕祖谦游，吕殁后拜朱熹为师，习朱子之学，常与朱熹探讨学术，问学于朱熹三月而后返。师徒两人书信往来频繁，学术与修行均深得朱熹器重。虽与朱熹"四大弟子"之一的黄干（字直卿，号勉斋）交情深厚，而在学术主张上却各有见地，相互发明，时人以"黄辅"称之。
历史评价	1. "风色愈劲，精舍诸生方幸各散去。今日辅汉卿（即辅广）忽来，甚不易。渠能自拔，向在临安相聚，见伯恭旧徒无及之者，说话尽有头绪，好商量，非德章诸人之比也。"（朱熹：《答吕子书》） 2. "汉卿身在都城俗学声利场中，而能闭门自守，味众人之所不味，虽向来金华同门之士亦鲜有见其比者。"（朱熹：《答辅汉卿书》）

16.（宋）沈清臣

生平介绍	沈清臣（生卒年不详），字正卿，盐官人。高宗绍兴丁丑（1157）进士。为国子学录。有荐为馆职者，执政不许。孝宗淳熙末，召为敕令所删定官，赞孝宗再定居忧三年之制。十六年，为嘉王府翊善，以直谅称。寻迁秘书监。
学术著作	著有《晦岩集》十二卷。解经著作：《论语解》二十卷、《孟子解》三十六卷、《尚书详说》五十卷、《大学说》《孝经解》《中庸解》（各一卷）。
师友渊源	师从张九成（1092—1159），绍兴进士，官至礼部尚书兼侍讲。
历史评价	

17.（宋）戴溪

生平介绍	戴溪（1141—1215），字肖望，亦作少望，又名谷老，谥号文端，南宋宁宗时期学者，《宋史·儒林传》谓其为永嘉人。《宋元学案》列之于《止斋学案》之后，谓之《止斋同调》（即与永嘉学派代表人物陈傅良志向或学术主张相同），可视为永嘉学派中人，世称岷隐先生。
学术著作	著有《易经总说》二卷、《续读诗记》三卷、《曲礼口义》二卷、《学记口义》三卷、《春秋讲义》四卷、《石鼓论语答问》三卷、《石鼓孟子答问》三卷等。
师友渊源	
历史评价	"然训诂义理说经者，向别两家，各有所长，未可偏废。溪能研究经意，阐发微言，于学者不为无补，正不必以各物典故相绳矣。"（《四库全书总目》，中华书局1965年版，第295—296页）

18.（宋）应镛：《礼记纂义》

生平介绍	应镛（生卒年不详），字子和，浙江兰溪人，登庆元五年（1199）进士，又平博学宏词科。
学术著作	著有《礼记纂义》二十卷、《学书约义》。
师友渊源	
历史评价	

19.（宋）魏了翁：《九经要义》

生平介绍	魏了翁（1178—1237），字华夫（华父），号鹤山，学者称鹤山先生，邛州蒲江（今属四川）人。庆元五年登进士第。历任国子正、武学博士、工部尚书、礼部侍郎等职。卒谥文靖，追赠秦国公。［魏了翁与真德秀同年进士，真德秀（1178—1235），字景元，后更希元，建之浦城人，学者称西山先生］真德秀与魏了翁并称"真魏"，时有"西山鹤山"之称。
学术著作	著有《鹤山集》《周易集义》《九经要义》《易举隅》《古今考》《周礼井田图说》《师友雅言》等。
师友渊源	曾师从理学大师章寅臣、范荪（张栻弟子）；魏了翁、真德秀与辅广交往甚密，并与功利学派代表人物叶适、陆九渊之子陆持之有学术交流。
历史评价	1. "丁生父忧，解官心丧，筑室白鹤山下以所闻于辅广、李燔者开门授徒，士争负笈从之。由是蜀人尽知义理之学。"［（元）脱脱等撰：《宋史·儒林列传》（第37册），中华书局2004年版，总第12965页］ 2. 与辅广交善："与魏了翁善，每相过，必出朱子言语文字雒诵，移暑而去。了翁外补，广以生平所得于朱子者尽畀之。"［（清）陆心源：《宋史翼》，第268页］

20.（宋）黄震：《黄氏日抄》

生平介绍	黄震（1213—1281），字东发，尊称为越公，或称于越先生，门人私谥曰文洁先生，南宋庆元府（今浙江宁波）人。南宋后期著名的学者和思想家、浙东朱子学派——东发学派的创始人。
学术著作	著有《黄氏日抄》《古今纪要》《古今纪要逸编》《戊辰修史传》。
师友渊源	师从朱熹三传弟子王文贯。
历史评价	1."四明之专宗朱氏者，东发为最。《日抄》百卷，躬行自得之言也，渊源出于辅氏。晦翁生平不喜浙学，而端平以后，闽中、江右诸弟子，支离、舛戾、固陋无不有之，其能中振之者，北山师弟为一支，东发为一支，皆浙产也。"[（清）黄宗羲、全祖望：《东发学案》，《宋元学案》（卷八六），中华书局1986年版，第2884页] 2. 姚世昌："五经，朱子于《春秋》《礼记》，无成书，东发取二经为之集解。其义甚精，盖有志补朱子未备者，且不欲显，故附于《日抄》中。其后程端学有《春秋本义》、陈澔有《礼记集说》。皆不能过之。"（《东发学案补遗》卷八十六《宋元学案补遗》）

21.（宋）王应麟：《困学纪闻》

生平介绍	王应麟（1223—1296），字伯厚，号深宁，后世多称其为厚斋先生，庆元府鄞县（今浙江鄞县）人，是宋元之际一位非常著名的博学通儒。
学术著作	著有《困学纪闻》（与《容斋随笔》《梦溪笔谈》并称宋代考据笔记三大家，被誉为"续古人之慧命，启来学之博闻"）、《玉海》《诗考》《汉艺文志考证》《词学指南》等。
师友渊源	受到程朱学派王埜（王埜之父王介是吕祖谦的门生）、真德秀（真德秀是朱熹的再传弟子，朱熹——詹体仁——真德秀）等人影响。
历史评价	1. "吾阅士良广，惟伯厚甫为真儒。"（汤东涧） 2. "册三代汉唐之事备，阐朱、张、吕、真之道行，眷九原之储孕，专一老于深宁。"（孙遂初：《同谷赋》）

22.（元）熊朋来：《五经说》

生平介绍	熊朋来（1246—1323），字与可，号天慵子，豫章（今江西丰城市秀市）人，宋末元初著名音乐家兼经学家，学者称天慵先生。
学术著作	著有《燕京志》《五经说》七卷、《魏氏乐谱》《九宫大成南北词宫谱》《瑟谱》《小学书标注》《家集》三十卷等。另有《天慵文集》三十二卷传世。（《四库全书》著录《五经说》七卷）
师友渊源	
历史评价	1. "朋来之学，恪守朱儒（朱熹），故于古义，古音多所牴牾。然其发明义理，尚为醇正。于'礼经'尤疏证分明，有裨初学。"（《四库馆简明录集评》） 2. "于《礼经》尤疏证明白，在宋学之中亦可谓切实不支矣。"（《四库全书提要》）

23.（元）吴澄：《礼记纂言》

生平介绍	吴澄（1249—1333），字幼清，宋元之际学者、理学家，为朱熹的四传弟子，与许衡齐名，并称为"南吴北许"，是元代最有声望的学者之一，被认为是南方学者之宗，追封临川郡公，谥"文正"。因其所居草屋数间，被程钜夫题为"草庐"，故后世又称之为"草庐先生"。
学术著作	著有《吴文正集》《易纂言》《易纂言外翼》《礼记纂言》《书纂言》《仪礼逸经传》《春秋纂言》《孝经定本》《道德真经注》等。
师友渊源	朱熹——黄幹——饶鲁——程若庸——吴澄
历史评价	1. "朱子门人多习成说，深通经术者甚少。草庐《五经纂言》有功经术，接武建阳（朱熹），非北溪（陈淳）诸人可及也。"而其三礼，全祖望谓其"盖本朱子未竟之绪而申之，用功最勤"。（《宋元学案》卷九二《草庐学案》） 2. "疏解《三礼》，继往开来。"（钱基博：《经学通志·三礼志》）

24.（元）陈澔：《礼记集说》

生平介绍	陈澔（1261—1341），字可大，号云住，东斋先生大猷子，人称经归先生，元都昌县（今属江西）人，系江州义门陈氏后裔。
学术著作	著有《礼记集说》。
师友渊源	朱熹——黄幹——饶鲁——陈大猷——陈澔
历史评价	1."若云庄《集说》，直兔园册子耳，独得颁于学宫三百余年不改，于其度数品节，择焉不精，语焉不详，礼云礼云，如斯而已乎？"（朱彝尊：《经义考》） 2."夫说礼之家一百四十四人，求其多不伤烦，少不伤简，则卫湜之后断提陈氏，微嫌郑、孔概行删汰，此说礼者所以不能无歉然也，余之补，所以补陈氏也，而诸书说有可引者亦参考而互证之，使陈氏无竹坨兔园之讥。"（李调元：《礼记补注·序》）

（三）明清时期：胡广—王夫之—孙希旦为代表的注释者群体

明代以胡广《礼记大全》为代表的《礼记》注释研究，在承续陈澔《礼记集说》的基础之上，增添了部分陈澔《礼记集说》之中没有采纳的《礼记》注释者，为我们更好地研究宋代以来的《礼记》注释者拓展了学术空间。清代纳兰性德《陈氏礼记集说补正》，在补正陈澔《礼记集说》的同时，为我们更全面地理解《学记》部分存在争议的注释提供了学术条件。同样，杭世骏《续礼记集说》则是对卫湜《礼记集说》注释者的传承和延续。王夫之《礼记章句》和孙希旦《礼记集解》的最大学术成就在于，王夫之和孙希旦本人都对《礼记》进行了注释，为我们理解清代《礼记》学及其注释者提供了学术便利。明清两代对《礼记》中《学记》进行注释的注释者共有15位，其中明代为3位、清代为12位。

1. （明）胡广：《礼记大全》

生平介绍	胡广（1370—1418），字光大，号晃庵，江西吉水（今属江西吉安）人。建文二年（1400）庚辰科状元，明朝第一位状元首辅，主要活动于永乐年间，官至文渊阁大学士。南宋名臣胡铨之后。赠礼部尚书，谥文穆。明朝文臣得谥号，自胡广始。
学术著作	曾奉命修撰《周易传义大全》二十四卷、《义例》一卷、《书传大全》十卷、《诗集传大全》二十卷、《礼记大全》三十卷、《春秋集传大全》三十七卷、《四书大全》三十六卷、《文丞相传》一卷、《性理大全》七十卷等理学书籍，著《胡文穆公文集》二十卷。
师友渊源	师从黄伯器，还得吴勤、聂铉、解开等人的教导，其中又以解开（解缙父亲，解缙与徐渭、杨慎一起被称为明朝三大才子）影响较深。
历史评价	"公雅善笔札，而才思敏捷，其为文温润典则，每数敕俱下。公索笔一挥，恒千百言顷刻而就，略无血指汗颜之态，至于典册之施，诏诰之播，故实之讲，所以黼黻赞襄而神益于国家者，公可谓兼尽其美者矣。"［（明）金幼孜，《金文靖集》，景印文渊阁四库书本，台湾商务印书馆1983年版］

2. （明）王恕：《礼记集注》

生平介绍	王恕（1416—1508），字宗贯，号介庵，又号石渠，三原（今属陕西）人。明代中期贤臣，英宗正统十三年（1448）进士。赠特进、左柱国、太师，谥端毅。王恕与马文升、刘大夏合称"弘治三君子"，与其子王承裕并为"三原学派"的代表人物。
学术著作	著有《王端毅奏议》十五卷，《王端毅公文集》九卷，《续集》两卷等。
师友渊源	师从朱怀德、接霞解。
历史评价	"某某公平生好学，博涉经籍，至老不倦。"［（明）李东阳：《怀麓堂集》卷八十，《明故光禄大夫柱国太子太傅吏部尚书致仕赠特进左柱国太师谥端毅王公神道碑》，《四库全书》本，上海古籍出版社1987年版，第21页。李东阳（1447—1516），字宾之，号西涯，湖南茶陵人，明中后期名臣、诗人。

3. （明）徐师曾：《礼记集注》

生平介绍	徐师曾（1517—1580），字伯鲁，号鲁庵，室名"湖上草堂"，苏州府吴江县（今属江苏）人。
学术著作	著有《周易演义》《礼记集注》《正蒙章句》《世统纪年》《湖上集》；纂集修注《文体明辨》《咏物诗编》《临川文粹》《大明文钞》《宦学见闻》《六科仕籍》《吴江县志》《小学》《史断》《经络全书》等。
师友渊源	
历史评价	"学自《易》外，旁建诸经，下至《洪范》《皇极》数法阴阳医卜籀篆诸家之言，皆能通其说；亡论经生，即世称巨儒弗过亦。"（王世懋：《王奉常集》文部卷二十《徐鲁庵先生墓表》）

4. （清）顾炎武

生平介绍	顾炎武（1613—1682），本名继坤，更名绛，字忠清，号亭林，学者尊称亭林先生，苏州昆山县人。明亡后，更名炎武，与黄宗羲、王夫之一起被称为明末清初三大思想家、民主思想的启蒙者。
学术著作	著有《日知录》三十二卷、《肇域志》一百卷、《音学五书》三十九卷、《天下郡国利病书》一百二十卷、《金石文字论》六卷、《左传杜解补正》等。
师友渊源	
历史评价	1. "清初学者虽不若乾嘉诸师之家法完密，然而筚路蓝缕，开三百年来治学涂术，厥功伟矣。亭林在诸先生中尤称贯通博瞻，纵未专一经，实集众之大成。"（支伟成：《清代朴学大师列传》，岳麓书社1986年版，第9页） 2. "我生平最敬慕亭林先生为人，想用一篇短传写他的面影，自愧才力薄弱，写不出来，但我深信他不但是经师，而且是人师。"（梁启超：《中国近三百年学术史》，中国书店1985年影印版，第55页） 3. "学有本原，博赡而能贯通，每一事必祥其始末，参以证佐而后笔之于书，故引据浩繁，而抵牾者少。"（《四库全书总目》卷一一九《子部·杂家类三》"日知录"条）

5.（清）王夫之：《礼记章句》

生平介绍	王夫之（1619—1692），字而农，号姜斋、又号夕堂，学者称船山先生，湖广衡州府衡阳县（今湖南衡阳）人。他与顾炎武、黄宗羲并称明清之际三大思想家。
学术著作	《船山遗书》七十种三百二十四卷。主要著作有：《周易外传》七卷、《尚书引义》六卷、《读四书大全》十卷、《张子正蒙注》一卷、《思问录》二卷、《黄书》一卷、《老子衍》一卷。《礼记》之学有《礼记章句》四十九卷。
师友渊源	学无所师承，推崇张载之《正蒙》。
历史评价	1."船山生当鼎革，隐居求志四十余年，是以成书最高。平生为学，神契横渠，羽翼朱子，力辟陆、王。于《易》根底最深。凡说经，必征诸实，宁凿毋陋，囊括百家，立言胥关于人心世道。在清初诸大儒中，与亭林、梨洲号为鼎足，至晚季始得同祀庙庑，昭定论焉。身既终隐，不为世知。乾隆中，始采访及之，得以著录《四库》，国史入《儒林传》。道光间，始有刊本。旋毁于兵燹。同治初年始重刊行，其学乃大显。"（徐世昌：《清儒学案》，中国书店1999年版，第167—168页） 2."船山则理趣甚深，持论甚卓，不徒近三百年所未有，即列之宋明诸儒，其博大闳括，幽微精警，盖无多让。"［钱穆：《中国近三百年学术史》（上），九州出版社2011年版，第102页］ 3."五百年来学者，真通天下之故者，船山一人而已。"（谭嗣同）

6.（清）万斯大：《礼记偶笺》

生平介绍	万斯大（1633—1683），字充宗，又作统宗，别号跛翁，时又称跛翁，浙江鄞县（今宁波）人。万泰的第六子（万泰有八子，其余分别是：斯年、斯程、斯祯、斯昌、斯选、斯备、斯同。皆受业于黄宗羲，其中以斯大、斯同的成就最大）。
学术著作	著有《经学五书》（包括：《学春秋随笔》十卷、《仪礼商》三卷、《礼记偶笺》三卷、《学礼质疑》二卷、《周官辨非》二卷）。
师友渊源	黄宗羲及门弟子。
历史评价	1. "学不患不博，患不能精。充宗之经学，由博以致精。信矣其可传也！"（黄宗羲·《万子充宗墓志铭》） 2. "根柢三礼，以释三传，较宋元以后空谈书法者殊。"（《清史稿·儒林传》） 3. "翁虑心博学，以经解经，不立异，不苟同，不为先入之言所主，不为过高之说所摇，故能推倒一世，亲见古人如此。"（郑禹梅：《清儒学案》卷三十四《鄞县二万学案上》） 4. "清代兴，礼学重光！而首开风气，驱除先路者，厥推济阳张尔歧稷若、鄞县万斯大充宗……自张尔歧、万斯大而后，风气大开，议礼之作日出。"（钱基博：《经学通志》，《三礼志第五》，中华书局1936年版）

7.（清）姚际恒：《礼记通论》

生平介绍	姚际恒（1647—约1715），字立方，一字善夫，号首源，又号首源主人，安徽桐城人。
学术著作	著有《九经通论》（包括《古文尚书通论》《易传通论》《周礼通论》《春秋通论》《诗经通论》《仪礼通论》《礼记通论》《论语通论》《孟子通论》）、《庸言录》《古今伪书考》《好古堂书目》《好古堂家藏书画记》与《续收书画奇物记》。
师友渊源	
历史评价	"时潜邱（即阎若璩）力辨晚出《古文》之伪，先生持论多不谋而合。潜邱撰《尚书古文疏证》，屡引其说以自坚。而毛西河笃信古文，作《冤词》与潜邱诘难。西河故善先生，以其同于潜邱也，则又数与争论，先生守所见，迄不下。先生又著《庸言录》，杂论经、史、理学、诸子，末附《古今伪书考》，持论虽过严，而足以破惑，学者称之。"（徐世昌：《清儒学案》卷三十九《潜邱学案》）

8.（清）纳兰性德：《陈氏礼记集说补正》

生平介绍	纳兰性德（1655—1685），满洲正黄旗人，原名成德，因避东宫太子讳改名性德，字容若，号楞伽山人。是武英殿大学士明珠长子，康熙十五年（1676）进士及第，历任正黄旗满洲都统第三参领所属之第七佐领和三等侍卫、二等侍卫、一等侍卫。
学术著作	著有《饮水诗词集》，后徐乾学将其各类作品辑刻成《通志堂集》，另编有《通志堂经解》《今词初集》《名家绝句钞》等。
师友渊源	师从徐乾学。
历史评价	"余阅世将老矣，从我游者亦众矣，如容若之天资之纯粹，识见之高明，学问之淹通，才力之敏捷，殆未有也。"（徐乾学：《通议大夫一等侍卫进士纳兰君墓志铭》，《通志堂附录》，上海古籍出版社1978年版）

9.（清）朱轼

生平介绍	朱轼（1665—1736），字若瞻，又字伯苏，号可亭，谥文端，高安人。其一生历仕三朝，为康熙、雍正、乾隆时期的名臣，誉称"帝师元老"。
学术著作	曾参与三修《明史》，与张廷玉、徐元梦一起为总裁，并为《圣祖实录》《世宗实录》总裁之一，以及主持官修各书，此外主要著述有：朱文端公藏书十三种，《朱文端公文集》四卷，《驳吕留良四书讲义》八卷，《史传三编》五十六卷，《四余堂遗稿》三卷（道光癸巳夏小沧溟馆刊：诗二卷，文一卷），《春秋抄》十卷，《孝经注》三卷，《周礼注解》，《周易注解》，《仪礼节要》二十卷，重订《校补礼记纂言》三十六卷，《吕氏四礼翼》一卷，《周易传义合订》十二卷，《钦定大清律解附例》三十卷图一卷总类六卷，《广惠编》二卷，《轺车杂录》二卷。还主持刊印了《大戴礼记》等九部前人著作。
师友渊源	
历史评价	1."先生湛深经术，尤邃于《礼》。酌古今之宜，期可躬行。家居时，尝刻《三礼》及前儒议《礼》书为《家仪》三卷。抚浙时，著《仪礼节略》三十卷，以为浙人程式。又增定《礼记纂言》《周礼注解》，订正《大戴记》《吕氏四礼翼》、温公《家范》《颜氏家训》等书。"（《清儒学案》卷四十九《高安学案》） 2."乾隆中期以前为大学士者高安文端公朱轼最著，立朝大节多人所不能及。"[（清）洪亮吉：《卷施阁集书·文正公遗事》]

10. （清）陆奎勋

生平介绍	陆奎勋（1665—1740），字聚侯，号星坡，清初浙江平湖人。因为他曾在平湖地区设帐讲学，从学者甚多，秀水朱彝尊把他讲学的地方题为"陆堂"，故又号陆堂。《四库全书总目提要》称其"颇多博考"，并将他与清初经学大家毛奇龄、汪琬、朱彝尊等相提并论。
学术著作	著有《陆堂易学》十卷、《今文尚书说》三卷、《陆堂诗学》十二卷、《戴礼绪言》四卷、《春秋义存录》十二卷、《陆堂文集》二十卷、《陆堂诗集》二十四卷、《续诗集》八卷等。
师友渊源	师从朱鹤龄、陆陇其。陆陇其（1630—1692），字稼书，浙江平湖人，学者称其为当湖先生，清朝理学名臣，又是清朝有名的清官，著有《困勉录》《读书志疑》《三鱼堂文集》等。
历史评价	"陆堂先生今之世兼古人所不能兼以立言，郁乎盛哉！《易》《尚书》《诗》《礼》《春秋》之学出而吾奉之为经神解颐。"（黄之隽：《陆堂文集序》，《四库全书存目丛书·集部·别集类》，第270册，第534页）

11. （清）姜兆锡：《礼记章义》

生平介绍	姜兆锡（1666—1745），字上均，号素清学者，江苏丹阳人，康熙二十九年（1690）举人，授内阁中书，改任蒲圻知县。姜兆锡亦承继了朱熹、黄榦等人的治学方法与问学主张，并通过分解"五礼"之礼类的方式，加强礼经文献的编纂和重构，张扬礼经的义理内蕴，在清代前期礼学发展史上，占据着极为重要的一席之地。
学术著作	著有《九经补注》（包括：《书经蔡传参义》六卷、《周礼辑义》十二卷、《仪礼经传内编》二十三卷、《外编》五卷、《礼记章义》十卷、《春秋公谷汇义》十二卷、《胡传参义》十二卷、《孝经本义》一卷、《尔雅参义》六卷）。
师友渊源	
历史评价	"其《礼记章义》谓：'汉儒掇拾成章，往往误断误连，当分章以明义'。凡所指缪，多有考证，较陈氏澔《集说》为密。"（《清儒学案》卷一百九十七《清儒学案二》）

12.（清）方苞：《礼记析疑》

生平介绍	方苞（1668—1749），字凤九，一字灵皋，晚年自号望溪，学者称望溪先生，安徽桐城人。清代著名的散文家，桐城派散文创始人，与姚鼐、刘大櫆合称桐城三祖。
学术著作	著有《周官集注》十三卷、《周官析疑》三十六卷、《考工记析疑》四卷、《周官辩》一卷、《仪礼析疑》十七卷、《礼记析疑》四十六卷、《丧礼或问》一卷、《春秋比事目录》四卷、《诗义补正》八卷、《左传义法举要》《史记注补正》《离骚正义》各一卷、《奏议》二卷、《文集》十八卷、《集外文》十卷、《补遗》十四卷，另删订了《通志堂宋元经解》。
师友渊源	徐世昌《清儒学案》列出与方苞交游者有：李光地、蔡世远、朱轼、杨名时、陈鹏年、李绂、万斯同、李塨、王源、顾栋高、韩菼、查慎行、朱书、张自超、汪份、王澍、姜宸英、戴名世等18人。又列从游者4人：全祖望、刘大櫆、叶酉、姚范。
历史评价	"有经术者未必兼文章，有文章者未必本经书，所以申毛、服、郑之于迁、固，各有沟浍。惟是经术文章之兼顾难，其用之足为斯世斯民之重，则难之尤难。桐城方公，庶几不愧于此。"（陈沧洲：《评书李习之平赋书后》，《清儒学案》卷五十一《望溪学案·附录》）

13.（清）杭世骏：《续礼记集说》

生平介绍	杭世骏（1696—1772），字大宗，号堇浦、智光居士、旧史氏，晚年自号秦亭老民，浙江仁和（今杭州）人。
学术著作	奉命校勘武英殿《十三经》《二十二史》，纂修《三礼义疏》。经学著有：《续礼记集说》一百卷、《礼记质疑》二卷、《礼例》一卷、《石经考异》一卷等。
师友渊源	师从沈世楷、方楘如；在三礼馆期间，杭世骏结识了方苞、江永、李绂等一批以礼学见长的名家。
历史评价	"两浙文人，自皇梨洲后，全谢山及先生两人而已。"（《清儒学案》卷六十五《堇浦学案·附录》）

14.（清）孙希旦：《礼记集解》

生平介绍	孙希旦（1736—1784），字绍周，号敬轩，浙江瑞安人。世称孙编修、孙太史。工诗、古文辞，是乾隆时期著名的经学研究者。
学术著作	曾参与修撰《四库全书》，著有《礼记集解》六十一卷。
师友渊源	
历史评价	1."为学务在博览，自天文地舆、历算卜筮之书，无所不研究，其于诸经尤深于《三礼》。"（《清儒学案》卷一百七《鹤皋学案·孙先生希旦》） 2."自郑氏以下及孔冲远、朱子以来，用其所长，舍其所短，辨其所误，析其所疑，复自下以己意以发明昔人之所未发，又于每节之下作为释文。于是《礼记》之义毕著矣。"（阮元评《礼记集解》）

15.（清）朱彬：《礼记训纂》

生平介绍	朱彬（1753—1834），字武曹，一字郁甫，江苏宝应人。乾隆乙卯顺天举人。
学术著作	著有《礼记训纂》四十九卷、《经传考证》八卷、《尚书异义》四卷、《尚书故训别录》一卷、《尚书是正文字》一卷、《游道堂诗文集》五卷、《游道堂诗集》一卷、《白田风雅》二十四卷等。
师友渊源	扬州早期著名学者朱泽沄是朱彬的族祖父；经学大家王懋竑与朱家为世交；汪中、王念孙、王引之父子等人也与朱彬有很多书信往来、探讨学问；其表兄刘台拱更是与其自幼交好，共同研习学问。
历史评价	"治经确有心得，于训诂声音文字之学用力尤深。"（《清儒学案》卷一百一《石臞学案下·朱先生彬》）

附：《学记》经文分句注释者①

序号	经文	注释者
1	"发虑"至"动众"	（汉）郑玄（唐）孔颖达（宋）刘敞、张载、陈祥道、马希孟、周谞、朱熹、辅广、王应麟（元）吴澄、陈澔（明）胡广（清）王夫之、姚际恒、纳兰性德、朱轼、陆奎勋、姜兆锡、孙希旦、朱彬
2	"就贤"至"化民"	（汉）郑玄（唐）孔颖达（宋）刘敞、张载、陈祥道、马希孟、陆佃、周谞、朱熹、辅广、戴溪（元）吴澄、陈澔（明）胡广（清）王夫之、纳兰性德、朱轼、陆奎勋、姜兆锡、方苞、孙希旦、朱彬
3	"君子"至"学乎"	（汉）郑玄（唐）孔颖达（宋）刘敞、张载、陈祥道、马希孟、周谞、朱熹、辅广（元）吴澄、陈澔（明）胡广（清）王夫之、阎若璩、朱轼、姜兆锡、孙希旦、朱彬
4	"玉不"至"为先"	（汉）郑玄（唐）孔颖达（宋）陈祥道、陆佃、方悫、周谞、李格非、辅广、戴溪（元）吴澄、陈澔（明）胡广（清）王夫之、姜兆锡、孙希旦、朱彬
5	"兑命"至"谓乎"	（汉）郑玄（唐）孔颖达（宋）辅广（元）吴澄、陈澔（明）胡广、王夫之（清）姜兆锡、孙希旦、朱彬
6	"虽有"至"善也"	（汉）郑玄（唐）孔颖达（宋）方悫、戴溪（元）吴澄（清）姜兆锡、孙希旦、朱彬
7	"故学"至"知困"	（汉）郑玄（唐）孔颖达（宋）张载、陈祥道、方悫、吕祖谦、戴溪（元）陈澔（明）胡广（清）王夫之、朱彬
8	"知不"至"长也"	（汉）郑玄（唐）孔颖达（宋）张载、陈祥道、马希孟、陆佃、方悫、吕祖谦、辅广、戴溪（元）吴澄、陈澔（明）胡广（清）王夫之、姜兆锡、孙希旦、朱彬
9	"兑命"至"谓乎"	（汉）郑玄（唐）孔颖达（宋）刘敞、陈祥道、方悫（元）吴澄、陈澔（明）胡广（清）王夫之、孙希旦、朱彬

① 《学记》经文分句注释者，主要包括汉至清代45位核心注释者群体。并根据各位注释者的注释情况不同，按照相应段落进行归纳和总结。

续表

序号	经文	注释者
10	"古之"至"有学"	（汉）郑玄（唐）孔颖达（宋）陈祥道、陆佃、周谞、李格非、朱熹、戴溪（元）吴澄、陈澔（明）胡广（清）顾炎武、王夫之、姚际恒、纳兰性德、陆奎勋、方苞、孙希旦、朱彬
11	"比年"至"大成"	（汉）郑玄（唐）孔颖达（宋）张载、陈祥道、陆佃、方慤、周谞、朱熹、吕祖谦、辅广（元）吴澄、陈澔（明）胡广（清）王夫之、万斯大、姚际恒、姜兆锡、方苞、杭世骏、孙希旦、朱彬
12	"夫然"至"道也"	（汉）郑玄（唐）孔颖达（宋）张载、陈祥道、方慤、周谞、辅广（元）吴澄、陈澔（明）胡广（清）王夫之、方苞、朱彬
13	"记曰"至"谓乎"	（汉）郑玄（唐）孔颖达（宋）陈祥道、陆佃、方慤、周谞、张载（元）吴澄、陈澔（明）胡广（清）王夫之、姚际恒、纳兰性德、方苞、杭世骏、孙希旦、朱彬
14	"大学"至"道也"	（汉）郑玄（唐）孔颖达（宋）刘敞、张载、陈祥道、方慤、吕祖谦、辅广、应镛（元）陈澔、熊朋来（明）胡广（清）王夫之、纳兰性德、姜兆锡、方苞、朱彬
15	"宵雅"至"始也"	（汉）郑玄（唐）孔颖达（宋）张载、陈祥道、方慤、朱熹、吕祖谦、辅广、戴溪、魏了翁（元）吴澄、陈澔（清）王夫之、姜兆锡、杭世骏、孙希旦、朱彬
16	"入学"至"业也"	（汉）郑玄（唐）孔颖达（宋）张载、陈祥道、方慤、吕祖谦、辅广、戴溪（元）吴澄、陈澔、熊朋来（清）王夫之、姜兆锡、孙希旦、朱彬
17	"夏楚"至"威也"	（汉）郑玄（唐）孔颖达（宋）陈祥道、方慤、吴沆、辅广（元）吴澄、陈澔（清）王夫之、纳兰性德、姜兆锡、杭世骏、孙希旦、朱彬
18	"未卜"至"志也"	（汉）郑玄（唐）孔颖达（宋）陈祥道、马希孟、方慤、吕祖谦、辅广、应镛（元）吴澄、陈澔、熊朋来（清）王夫之、万斯大、姚际恒、纳兰性德、陆奎勋、姜兆锡、孙希旦、朱彬

续表

序号	经文	注释者
19	"时观"至"心也"	（汉）郑玄（唐）孔颖达（宋）刘敞、张载、陈祥道、马希孟、方悫、吕祖谦、辅广（元）吴澄、陈澔（清）王夫之、姜兆锡、方苞、杭世骏、孙希旦、朱彬
20	"幼者"至"等也"	（汉）郑玄（唐）孔颖达（宋）张载、陈祥道、方悫、吕祖谦、辅广、戴溪（元）吴澄、陈澔、熊朋来（明）郝敬（清）王夫之、姜兆锡、杭世骏、孙希旦、朱彬
21	"此七"至"谓乎"	（汉）郑玄（唐）孔颖达（宋）刘敞、张载、陈祥道、方悫、吕祖谦、辅广、戴溪（元）吴澄、陈澔（明）胡广（清）王夫之、姜兆锡、方苞、孙希旦、朱彬
22	"大学"至"居学"	（汉）郑玄（唐）孔颖达（宋）陈祥道、陆佃、周谞、朱熹、王应麟（元）吴澄、陈澔（明）胡广（清）王夫之、陆奎勋、孙希旦、朱彬
23	"不学"至"乐学"	（汉）郑玄（唐）孔颖达（宋）张载、陈祥道、陆佃、方悫、朱熹、辅广（元）吴澄、陈澔（明）胡广（清）王夫之、姚际恒、纳兰性德、陆奎勋、姜兆锡、杭世骏、孙希旦、朱彬
24	"故君"至"遊焉"	（汉）郑玄（唐）孔颖达（宋）张载、陈祥道、方悫、胡铨、周谞、辅广（元）吴澄、陈澔（明）胡广（清）王夫之、纳兰性德、姜兆锡、方苞、朱彬
25	"夫然"至"不反"	（汉）郑玄（唐）孔颖达（宋）陈祥道、方悫、辅广、应镛（元）吴澄、陈澔（明）胡广（清）王夫之、纳兰性德、姜兆锡、孙希旦、朱彬
26	"兑命"至"谓乎"	（汉）郑玄（唐）孔颖达（宋）张载、辅广（元）吴澄、陈澔（明）胡广（清）王夫之、姜兆锡、朱彬
27	"今之"至"讯言"	（汉）郑玄（唐）孔颖达（宋）方悫（元）吴澄、陈澔（明）胡广（清）王夫之、纳兰性德、姜兆锡、方苞、杭世骏、孙希旦、朱彬

续表

序号	经文	注释者
28	"及于"至"其安"	(汉)郑玄(唐)孔颖达(宋)方悫、周谞、朱熹、辅广(元)吴澄、陈澔(明)胡广(清)王夫之、姚际恒、纳兰性德、朱轼、姜兆锡、方苞、杭世骏、朱彬
29	"使人"至"其材"	(汉)郑玄(唐)孔颖达(宋)张载、方悫、周谞、辅广(元)吴澄、陈澔(明)胡广(清)王夫之、纳兰性德、姜兆锡、方苞、朱彬
30	"其施"至"也佛"	(汉)郑玄(唐)孔颖达(宋)方悫、周谞、朱熹、辅广(元)吴澄、陈澔(明)胡广(清)王夫之、陆奎勋、姜兆锡、方苞、杭世骏、孙希旦、朱彬
31	"夫然"至"益也"	(汉)郑玄(唐)孔颖达(宋)方悫、周谞、朱熹、辅广(元)吴澄、陈澔(明)胡广(清)王夫之、姜兆锡、方苞、朱彬
32	"虽终"至"由乎"	(汉)郑玄(唐)孔颖达(宋)周谞、朱熹、辅广(元)吴澄、陈澔(明)胡广(清)王夫之、姚际恒、纳兰性德、姜兆锡、朱彬
33	"大学"至"谓豫"	(汉)郑玄(唐)孔颖达(宋)陈祥道、方悫、胡铨、朱熹、辅广、戴溪(元)吴澄、陈澔(明)胡广(清)王夫之、姚际恒、姜兆锡、杭世骏、孙希旦、朱彬
34	"当其"至"谓时"	(汉)郑玄(唐)孔颖达(宋)张载、陈祥道、马希孟、陆佃、方悫、胡铨、朱熹、沈焕、辅广、戴溪(元)吴澄、陈澔(明)胡广、王恕(清)王夫之、姚际恒、姜兆锡、方苞、孙希旦
35	"不陵"至"谓孙"	(汉)郑玄(唐)孔颖达(宋)陈祥道、马希孟、陆佃、方悫、胡铨、辅广、戴溪(元)吴澄、陈澔(明)胡广(清)王夫之、姜兆锡、朱彬
36	"相观"至"谓摩"	(汉)郑玄(唐)孔颖达(宋)程颐、陈祥道、马希孟、方悫、朱熹、沈焕、辅广、戴溪(元)吴澄、陈澔(明)胡广(清)王夫之、姜兆锡、杭世骏、孙希旦、朱彬

续表

序号	经 文	注释者
37	"此四"至"兴也"	(汉)郑玄(唐)孔颖达(宋)陈祥道、方悫(元)吴澄(清)朱彬
38	"发然"至"不胜"	(汉)郑玄(唐)孔颖达(宋)方悫、辅广、戴溪(元)吴澄、陈澔(明)胡广(清)王夫之、姚际恒、姜兆锡、孙希旦、朱彬
39	"时过"至"难成"	(汉)郑玄(唐)孔颖达(宋)方悫、戴溪(元)吴澄(清)王夫之、孙希旦、朱彬
40	"杂施"至"不脩"	(汉)郑玄(唐)孔颖达(宋)方悫、戴溪(元)吴澄、陈澔(明)胡广(清)王夫之、孙希旦、朱彬
41	"独学"至"寡闻"	(汉)郑玄(唐)孔颖达(宋)方悫、戴溪(元)吴澄(清)朱彬
42	"燕朋"至"其学"	(汉)郑玄(唐)孔颖达(宋)张载、陆佃、方悫、周谞、朱熹、辅广、戴溪(元)吴澄、陈澔(明)胡广(清)王夫之、姚际恒、姜兆锡、方苞、孙希旦、朱彬
43	"此六"至"废也"	(汉)郑玄(唐)孔颖达(宋)方悫、辅广(元)吴澄(明)胡广(清)姜兆锡、朱彬
44	"君子"至"师也"	(汉)郑玄(唐)孔颖达(宋)方悫、周谞、辅广、戴溪(元)吴澄、陈澔(清)王夫之、纳兰性德、姜兆锡、方苞、孙希旦、朱彬
45	"故君"至"弗达"	(汉)郑玄(唐)孔颖达(宋)方悫、周谞、辅广、戴溪(元)吴澄(明)胡广(清)王夫之、纳兰性德、姜兆锡、方苞、孙希旦、朱彬
46	"道而"至"喻矣"	(汉)郑玄(唐)孔颖达(宋)陈祥道、方悫、周谞、辅广、戴溪(元)吴澄、陈澔(明)胡广(清)王夫之、姚际恒、纳兰性德、姜兆锡、方苞、孙希旦、朱彬
47	"学者"至"同也"	(汉)郑玄(唐)孔颖达(宋)张载、陈祥道、陆佃、周谞、吕祖谦、辅广、戴溪(元)吴澄、陈澔(明)胡广(清)王夫之、姜兆锡、孙希旦、朱彬

第一章 追本溯源：作者、注释者及注释版本 49

续表

序号	经文	注释者
48	"知其"至"失也"	（汉）郑玄（唐）孔颖达（宋）张载、陈祥道、方悫、周谞、吕祖谦、辅广、戴溪（元）吴澄、陈澔（明）胡广（清）王夫之、姜兆锡、孙希旦、朱彬
49	"善歌"至"其志"	（汉）郑玄（唐）孔颖达（宋）张载、陈祥道、陆佃、方悫、朱熹、辅广、戴溪、黄震（元）吴澄（清）王夫之、姚际恒、姜兆锡、方苞、孙希旦、朱彬
50	"其言"至"志矣"	（汉）郑玄（唐）孔颖达（宋）张载、陈祥道、陆佃、方悫、李格非、朱熹、吕祖谦、辅广、戴溪、黄震（元）吴澄、陈澔（明）胡广（清）王夫之、纳兰性德、姜兆锡、方苞、孙希旦、朱彬
51	"君子"至"为君"	（汉）郑玄（唐）孔颖达（宋）周谞、张载、陈祥道、陆佃、方悫、李格非、朱熹、辅广、戴溪、应镛（元）吴澄、陈澔（明）胡广（清）顾炎武、王夫之、姚际恒、姜兆锡、方苞、孙希旦、朱彬
52	"故师"至"君也"	（汉）郑玄（唐）孔颖达（宋）张载、陈祥道、方悫、周谞、李格非、朱熹、戴溪（元）吴澄、陈澔（明）胡广（清）顾炎武、王夫之、姚际恒、孙希旦、朱彬
53	"是故"至"慎也"	（汉）郑玄（唐）孔颖达（宋）陈祥道、方悫、朱熹、戴溪（元）吴澄（清）王夫之、姚际恒、孙希旦
54	"记曰"至"谓乎"	（汉）郑玄（唐）孔颖达（宋）陈祥道、陆佃、方悫、辅广、戴溪（元）吴澄、陈澔（明）胡广（清）顾炎武、王夫之、姚际恒、孙希旦、朱彬
55	"凡学"至"为难"	（汉）郑玄（唐）孔颖达（宋）方悫、辅广、戴溪（元）吴澄、陈澔（明）胡广（清）王夫之、姜兆锡、孙希旦、朱彬
56	"师严"至"臣也"	（汉）郑玄（唐）孔颖达（宋）李觏、周敦颐、张载、方悫、辅广、戴溪（元）吴澄（清）王夫之、孙希旦、朱彬
57	"大学"至"师也"	（汉）郑玄（唐）孔颖达（宋）张载、方悫、戴溪（元）吴澄、陈澔（明）胡广、王恕（清）王夫之、姜兆锡、孙希旦、朱彬

续表

序号	经 文	注释者
58	"善学"至"怨之"	（汉）郑玄（唐）孔颖达（宋）马希孟、方悫、周谞、胡铨、辅广、戴溪（元）吴澄、陈澔（明）胡广（清）王夫之、姚际恒、姜兆锡、朱彬
59	"善问"至"反此"	（汉）郑玄（唐）孔颖达（宋）张载、马希孟、方悫、周谞、胡铨、朱熹、辅广、戴溪（元）吴澄、陈澔（明）胡广（清）王夫之、姚际恒、纳兰性德、陆奎勋、姜兆锡、方苞、孙希旦、朱彬
60	"善待"至"反此"	（汉）郑玄（唐）孔颖达（宋）张载、陆佃、方悫、周谞、胡铨、朱熹、辅广、戴溪（元）吴澄（清）王夫之、姚际恒、纳兰性德、姜兆锡、方苞、孙希旦、朱彬
61	"此皆"至"道也"	（汉）郑玄（唐）孔颖达（宋）方悫、戴溪（元）吴澄（清）王夫之、姜兆锡、朱彬
62	"记问"至"语乎"	（汉）郑玄（唐）孔颖达（宋）程颐、方悫、李格非、辅广、戴溪（元）吴澄、陈澔（明）胡广（清）王夫之、姚际恒、孙希旦、朱彬
63	"力不"至"可也"	（汉）郑玄（唐）孔颖达（宋）陆佃、方悫、李格非、辅广、戴溪（元）吴澄、陈澔（明）胡广（清）王夫之、姚际恒、孙希旦
64	"良冶"至"为裘"	（汉）郑玄（唐）孔颖达（宋）张载、陈祥道、周谞、李格非、辅广、戴溪、王应麟（元）吴澄、陈澔（明）胡广（清）王夫之、姜兆锡、杭世骏、孙希旦、朱彬
65	"良弓"至"为箕"	（汉）郑玄（唐）孔颖达（宋）陈祥道、周谞、李格非、辅广、戴溪、应镛、王应麟（元）吴澄、陈澔（明）胡广（清）王夫之、姜兆锡、杭世骏、孙希旦、朱彬
66	"始驾"至"马前"	（汉）郑玄（唐）孔颖达（宋）陈祥道、周谞、李格非、辅广、戴溪、应镛（元）吴澄、陈澔（明）胡广（清）王夫之、姜兆锡、孙希旦、朱彬

续表

序号	经 文	注释者
67	"君子"至"学矣"	（汉）郑玄（唐）孔颖达（宋）周谞、陈祥道、李格非、辅广、应镛（元）吴澄、陈澔（明）胡广（清）王夫之、姜兆锡、孙希旦、朱彬
68	"古之"至"醜类"	（汉）郑玄（唐）孔颖达（宋）张载、陈祥道、戴溪（元）吴澄、陈澔（明）胡广、徐师曾（清）王夫之、姜兆锡、方苞、孙希旦、朱彬
69	"敬无"至"不亲"	（汉）郑玄（唐）孔颖达（宋）张载、陈祥道、方悫、戴溪、应镛（元）吴澄、陈澔（明）胡广、徐师曾（清）王夫之、姚际恒、朱轼、姜兆锡、孙希旦、朱彬
70	"君子"至"不齐"	（汉）郑玄（唐）孔颖达（宋）陈祥道、陆佃、方悫、朱熹、戴溪（元）吴澄、陈澔（明）胡广（清）王夫之、姚际恒、纳兰性德、姜兆锡、孙希旦、朱彬
71	"察于"至"学矣"	（汉）郑玄（唐）孔颖达（宋）陈祥道、陆佃、沈焕、辅广、戴溪（元）吴澄、陈澔（明）胡广（清）王夫之、纳兰性德、姜兆锡、孙希旦、朱彬
72	"三王"至"务本"	（汉）郑玄（唐）孔颖达（宋）陈祥道、陆佃、方悫、朱熹、沈焕、辅广、沈清臣、戴溪（元）吴澄、陈澔（明）胡广（清）王夫之、陆奎勋、姜兆锡、方苞、孙希旦、朱彬

第三节 《学记》注释版本考释

从汉代以来，《学记》注释版本大体上分为两种类型，一是存在于《礼记》整体文本之中的《学记》注释版本，一是以《学记》单行本为版本的注释版本。《礼记》整体文本中的《学记》注释版本，是中国古代社会从汉代至清代（道咸年间）以来的通行版本，近现代社会以来还存在包含于《礼记》整本之中的《学记》注释版本。从清末至近代包括现代社会以来，以刘光蕡《学记臆解》的出版为标志，形成了脱离于《礼记》的专门注释《学记》的单行本①。同样，由于中西文化之间学术交流和研究的需要，出现了以译介《礼记》整本为版本的《学记》英文译介本，以及单独译介《学记》的单行英文译介本。以日本学者谷口武为代表的《学记论考》，形成了以日文为译介本的《学记》单行本。我们对于《学记》注释版本的考释研究，就是从版本、序言、体例、评价四个方面来展开。

一 《礼记·学记》之注释版本

从汉代至清代以来，中国古代众多学者对礼学进行研究，形成了以注解"三礼"（《周礼》《仪礼》《礼记》）为标志的礼学著述。以郑玄《礼记注》为开端，孔颖达、卫湜、吴澄、陈澔、胡广、王夫之、纳兰性德、杭世骏、孙希旦、朱彬、杨天宇、王梦鸥等学者，在前人注疏的基础之上通过编撰或补正的方式，形成了系列注解《礼记》的学术著作，《学记》注释版本正是以《礼记》专章的形态而存在。

（一）《礼记·学记》之代表注释版本

汉代以来，《礼记》代表性的注释版本及其收录情况：

朝代	著者	著作名称	收录情况
唐代	孔颖达	《礼记正义》	《文渊阁四库全书》
宋代	卫湜	《礼记集说》	《文渊阁四库全书》
元代	吴澄	《礼记纂言》	《文渊阁四库全书》
	陈澔	《礼记集说》	《文渊阁四库全书》
明代	胡广	《礼记大全》	《文渊阁四库全书》
清代	王夫之	《礼记章句》	《续修四库全书》
	纳兰性德	《陈氏礼记集说补正》	《文渊阁四库全书》
	杭世骏	《续礼记集说》	《续修四库全书》
	孙希旦	《礼记集解》	《续修四库全书》
	朱彬	《礼记训纂》	《续修四库全书》
	马国翰	《玉函山房辑佚书》	单行本
1997	杨天宇	《礼记译注》	单行本
2011	王梦鸥	《礼记今注今译》	单行本

---

① 《礼记》整本之中最为代表性的单行本，就是《四书》之中的《大学》和《中庸》单行本。

《学记》注释版本研究就是基于《礼记》代表注释版本,从版本、序言、体例、评价四个方面来展开。

1.(唐)孔颖达:《礼记正义》

《礼记正义》七十卷,是孔颖达与国子司业朱子奢、国子助教李善信、太学博士贾公彦、太学博士柳士宣、魏王东阁祭酒范义頵、魏王参军事张权等共撰。贞观十六年(642),又与前修疏人及太学助教周玄达、四门助教赵君赞、守四门助教王士雄等修改定稿,最后由赵弘智审定。

版本	1. 古代版本:《礼记正义》的单疏本即北宋监本,最早刊成于淳化五年(994),至咸平二年(999)又有修订本。 2. 四库全书版本:《文渊阁四库全书》之《礼记注疏》第116册(卷三十六):《学记》第80—93页。 3. 其他版本:影印南宋越刊八行本,孔颖达撰《礼记正义》,北京大学出版社2014年版。
序言	**礼记正义序** 国子祭酒上护军曲阜县开国子臣孔颖达等奉敕撰 夫礼者,经天纬地,本之则大一之初;原始要终,体之乃人情之欲。夫人上资六气,下乘四序,赋清浊以醇醨,感阴阳而迁变,故曰:人生而静天之性也,感物而动性之欲也。喜怒哀乐之志于是乎生,动静爱恶之心于是乎在。精粹者虽复凝然不动,浮躁者实み无所不为。是以古先圣王鉴其若此,欲保之以正宜,纳之于德义。犹襄陵之浸修堤防以制之,騕褭之马设衔策以驱之,故乃上法圆象,下参方载。道之以德,齐之以礼。然飞走之伦,皆有复于嗜欲,则鸿荒之世,非无心于性情。燔黍则大享之滥觞。土鼓乃云门之拳石,冠冕饰于轩初,玉帛朝于虞始。夏商革命,损益可知,文武重光,典章斯备。洎乎姬旦,负扆临朝,述《曲礼》以节威仪,制《周礼》而经邦国。礼者,体也,履也,郁郁乎文哉!三百三千,于斯为盛。纲纪万事,雕琢六情。非彼日月照大明于寰宇,类此松筠负贞心于霜雪。顺之则宗祐固、社稷宁、君臣序、朝廷正,逆之则纪纲废、政教烦、阴阳错于上,人神怨于下。故曰:人之所生,礼为大也,非礼无以事天地之神,辩君臣长幼之位,是礼之时义大矣哉!暨周昭王南征之后,彝伦渐坏,彗星东出之际,宪章遂泯。夫子虽定礼正乐,颓纲暂理,而国异家殊,异端并作。画蛇之说,文擅于纵横。非马之谈,辨离于坚白。暨乎道丧两楹,义乖四术。上自游夏之初,下终秦汉之际,其间歧途诡说,虽纷然竞起,而余风曩烈,亦时或独存。于是博物通人,知今温古,考前代之宪章,参当时之得失,俱以所见,各记旧闻。

续表

序言	错总鸠聚，以类相附。《礼记》之目于是乎在去圣逾远，异端渐扇。故大、小二戴共氏而分门，王、郑两家同经而异注，爰从晋、宋逮于周、隋，其传礼业者，江左尤盛。其为义疏者，南人有贺循、贺玚、庾蔚、崔灵恩、沈重、皇甫侃等；北人有徐道明、李业兴、李宝鼎、侯聪、熊安等。其见于世者，唯皇熊二家而已。熊则违背本经，多引外义，犹之楚而北行马，虽疾而去逾远矣，又欲释经文，唯聚难义犹治丝而棼之手，虽繁而丝益乱也。皇氏虽章句详正，微稍繁广又既遵郑氏，乃时乖正义，此是木落不归其本，狐死不首其丘，此皆二家之弊，未为得也。然以熊比皇，皇氏胜矣，虽体例既别，不可因循。今奉敕删理，仍据皇氏以为本，其有不备以熊氏补焉。必取文证详悉，义理精审，剪其繁芜，撮其机要。恐独见肤浅，不敢自专。谨与中散大夫守国子司业臣朱子奢、国子助教臣李善信、守太学博士臣贾公彦、行太常博士臣柳士宣、魏王东阁祭酒臣范义頵、魏王参军事臣张权等对共量定。至十六年，又奉敕与前修疏人及儒林郎守太学助教云骑尉臣周玄达、儒林郎守四门助教云骑尉臣赵君赞、儒林郎守四门助教云骑尉臣王士雄等对。敕使赵弘智覆更详审，为之《正义》，凡成七十卷，庶能光赞大猷，垂法后进，故叙其意义，列之云尔。 礼记正义 　　夫礼者，经天地，理人伦，本其所起，在天地未分之前。故《礼运》云："夫礼必本於大一。"是天地未分之前已有礼也。礼者，理也。其用以治，则与天地俱兴，故昭二十六年《左传》称晏子云："礼之可以为国也久矣，与天地并。"但于时质略，物生则自然而有尊卑，若羊羔跪乳，鸿雁飞有行列，岂由教之者哉！是三才既判，尊卑自然而有。但天地初分之后，即应有君臣治国。但年代绵远，无文以言。案《易纬·通卦验》云："天皇之先，与乾曜合元。君有五期，辅有三名。"注云："君之用事五行，王亦有五期。辅有三名，公、卿、大夫也。"又云"遂皇始出握机矩"，注云："遂皇谓遂人，在伏牺前，始王天下也。矩，法也，言遂皇持斗机运转之法，指天以施政教。"既云"始王天下"，是尊卑之礼起於遂皇也。持斗星以施政教者，即《礼纬·斗威仪》云"宫主君，商主臣，角主父，徵主子，羽主夫，少宫主妇，少商主政"，是法北斗而为七政。七政之立，是礼迹所兴也。郑康成《六艺论》云："《易》者，阴阳之象，天地之所变化，政教之所生，自人皇初起。"人皇即遂皇也。既政教所生初起於遂皇，则七政是也。《六艺论》又云："遂皇之后，历六纪九十一代，至伏牺始作十二言之教。"然则伏牺之时，《易》道既彰，则礼事弥著。案谯周《古史考》云："有圣人以火德王，造作钻燧出火，教民熟食，人民大悦，号曰遂人。次有三姓，乃至伏牺，制嫁娶，以俪皮为礼，作琴瑟以为乐。"又《帝王世纪》云："燧人氏没，包羲氏代之。"以此言之，则嫁娶嘉礼始於伏牺也。但《古史考》遂皇至于伏牺，唯经三姓；《六艺论》云"历六纪九十一代"，其又不同，未知孰是。或於三姓而为九十

续表

序言	一代也。案《广雅》云："一纪二十七万六千年。"方叔机注《六艺论》云："六纪者，九头纪、五龙纪、摄提纪、合洛纪、连通纪、序命纪，凡六纪也。九十一代者，九头一、五龙五、摄提七十二、合洛三、连通六、序命四，凡九十一代也。"但伏牺之前及伏牺之后，年代参差，所说不一，纬候纷纭，各相乖背，且复烦而无用，今并略之，唯据《六艺论》之文及《帝王世纪》以为说也。案《易·系辞》云："包牺氏没，神农氏作。"案《帝王世纪》云，伏牺之后女娲氏，亦风姓也。女娲氏没，"次有大庭氏、柏皇氏、中央氏、栗陆氏、骊连氏、赫胥氏、尊卢氏、浑沌氏、昊英氏、有巢氏、朱襄氏、葛天氏、阴康氏、无怀氏，凡十五代，皆袭伏牺之号"。然郑玄以大庭氏是神农之别号。案《封禅书》无怀氏在伏牺之前，今在伏牺之后，则《世纪》之文未可信用。《世纪》又云："神农始教天下种穀，故人号曰神农。"案《礼运》云："大礼之初，始诸饮食，燔黍捭豚，蒉桴而土鼓。"又《明堂位》云："土鼓苇籥，伊耆氏之乐。"又《郊特牲》云："伊耆氏始为蜡。"蜡即田祭，与种穀相协，土鼓苇籥又与蒉桴土鼓相当，故熊氏云：伊耆氏即神农也。既云始诸饮食，致敬鬼神，则祭祀吉礼起於神农也。又《史记》云"黄帝与蚩尤战於涿鹿"，则有军礼也。《易·系辞》"黄帝九事"章云"古者葬诸中野"，则有凶礼也。又《论语撰考》云："轩知地利，九牧倡教。"既有九州之牧，当有朝聘，是宾礼也。若然，自伏牺以后至黄帝，吉、凶、宾、军、嘉五礼始具。皇氏云："礼有三起，礼理起於大一，礼事起於遂皇，礼名起於黄帝。"其"礼理起於大一"，其义通也；其"礼事起於遂皇，礼名起於黄帝"，其义乖也。且遂皇在伏牺之前，《礼运》"燔黍捭豚"在伏牺之后，何得以祭祀在遂皇之时？其唐尧，则《舜典》云"修五礼"，郑康成以为公、侯、伯、子、男之礼。又云命伯夷"典朕三礼"。"五礼"其文，亦见经也。案《舜典》云"类于上帝"，则吉礼也；"百姓如丧考妣"，则凶礼也；"群后四朝"，则宾礼也；"舜征有苗"，则军礼也；"嫔于虞"，则嘉礼也。是舜时五礼具备。直云"典朕三礼"者，据事天、地与人为三礼。其实事天、地唯吉礼也，其馀四礼并人事兼之也。案《论语》云"殷因於夏礼"，"周因於殷礼"，则《礼记》总陈虞、夏、商、周。则是虞、夏、商、周各有当代之礼，则夏、商亦有五礼。郑康成注《大宗伯》，唯云唐、虞有三礼，至周分为五礼，不言夏、商者，但书篇散亡，夏、商之礼绝灭，无文以言，故周礼有文者而言耳。武王没后，成王幼弱，周公代之摄政，六年致大平，述文、武之德而制礼也。故《洛诰》云："考朕昭子刑，乃单文祖德。"又《礼记·明堂位》云，周公摄政六年，制礼作乐，颁度量於天下。但所制之礼，则《周官》《仪礼》也。郑作序云："礼者，体也，履也。统之於心曰体，践而行之曰履。"郑知然者，《礼器》云："礼者，体也。"《祭义》云："礼者，履此者也。"《礼记》既有此释，故郑依而用之。礼虽合训体、履，则《周官》为体，《仪礼》为履，故郑序又云："然则三百三千虽混同为礼，至於并立

续表

序言	俱陈，则曰此经礼也，此曲礼也。或云此经文也，此威仪也。"是《周礼》《仪礼》有体、履之别也。所以《周礼》为体者，《周礼》是立治之本，统之心体，以齐正於物，故为礼。贺玚云："其体有二，一是物体，言万物贵贱高下小大文质各有其体；二曰礼体，言圣人制法，体此万物，使高下贵贱各得其宜也。"其《仪礼》但明体之所行践履之事，物虽万体，皆同一履，履无两义也。于周之礼，其文大备，故《论语》云："周监於二代，郁郁乎文哉！吾从周也。"然周既礼道大用，何以《老子》云"失道而后德，失德而后仁，失仁而后义，失义而后礼。礼者，忠信之薄，道德之华，争愚之始"。故先师准纬候之文，以为三皇行道、五帝行德，三五行仁，五霸行义。若失义而后礼，岂周之成、康在五霸之后？所以不同者，《老子》盛言道德质素之事，无为静默之教，故云此也。礼为浮薄而施，所以抑浮薄，故云"忠信之薄"。且圣人之王天下，道、德、仁、义及礼并蕴于心，但量时设教，道、德、仁、义及礼，须用则行，岂可三皇五帝之时全无仁、义、礼也？殷、周之时全无道、德也？《老子》意有所主，不可据之以难经也。既《周礼》为体，其《周礼》见於经籍，其名异者，见有七处。案《孝经说》云"礼经三百"，一也；《礼器》云"经礼三百"，二也；《中庸》云"礼仪三百"，三也；《春秋》说云"礼经三百"，四也；《礼说》云"有正经三百"，五也；《周官外题》谓"为《周礼》"，六也；《汉书·艺文志》云"《周官》经六篇"，七也。七者皆云三百，故知俱是《周官》。《周官》三百六十，举其大数而云三百也。其《仪礼》之别，亦有七处，而有五名。一则《孝经说》《春秋》及《中庸》并云"威仪三千"，二则《礼器》云"曲礼三千"，三则《礼说》云"动仪三千"，四则谓"为《仪礼》"，五则《汉书·艺文志》谓《仪礼》为《古礼经》。凡此七处、五名，称谓并承三百之下，故知即《仪礼》也。所以三千者，其履行《周官》五礼之别，其事委曲，条数繁广，故有三千也。非谓篇有三千，但事之殊别有三千条耳。或一篇一卷，则有数条之事。今行於世者，唯十七篇而已。故《汉书·艺文志》云"汉初，高堂生传《礼》十七篇"是也。至武帝时，河间献王得古《礼》五十六篇，献王献之。又《六艺论》云："后得孔子壁中古文《礼》，凡五十六篇。其十七篇与高堂生所传同而字多异，其十七篇外则逸礼是也。"《周礼》为本，则圣人体之；《仪礼》为末，贤人履之。故郑序云"体之谓圣，履之为贤"是也。既《周礼》为本，则重者在前，故宗伯序五礼，以吉礼为上；《仪礼》为末，故轻者在前，故《仪礼》先冠、昏，后丧、祭。故郑序云："二者或施而上，或循而下。"其《周礼》，《六艺论》云："《周官》壁中所得六篇。"《汉书》说河间献王开献书之路，得《周官》有五篇，失其《冬官》一篇，乃购千金不得，取《考工记》以补其阙。《汉书》云得五篇，《六艺论》云得其六篇，其文不同，未知孰是。其《礼记》之作，出自孔氏。但正《礼》残缺，无复能明，故范武子不识殽烝，赵鞅及鲁君谓《仪》为《礼》。至孔子没后，七十二之徒共撰所闻，以为此《记》。或录旧礼之义，或录变礼所由，或兼记体履，或杂序得失，故编而录之，以为《记》也。《中庸》是子思伋所作，《缁衣》公孙尼子所撰。郑康成云：《月令》，吕不韦所修。卢植云：《王制》，谓汉文时博士所录。

续表

序言	其馀众篇，皆如此例，但未能尽知所记之人也。其《周礼》《仪礼》，是《礼记》之书，自汉以后各有传授。郑君《六艺论》云："案《汉书·艺文志》《儒林传》云，传《礼》者十三家，唯高堂生及五传弟子戴德、戴圣名在也。"又案《儒林传》云："汉兴，高堂生传《礼》十七篇，而鲁徐生善为容。孝文时，徐生以容为礼官大夫。瑕丘萧奋以礼至淮阳太守。孟卿，东海人，事萧奋，以授戴德、戴圣。"《六艺论》云"五传弟子"者，熊氏云："则高堂生、萧奋、孟卿、后仓及戴德、戴圣为五也。"此所传皆《仪礼》也。《六艺论》云："今礼行於世者，戴德、戴圣之学也。"又云"戴德传《记》八十五篇"，则《大戴礼》是也；"戴圣传《礼》四十九篇"，则此《礼记》是也。《儒林传》云："大戴授琅邪徐氏，小戴授梁人桥仁字季卿、杨荣字子孙。仁为大鸿胪，家世传业。"其《周官》者，始皇深恶之。至孝武帝时，始开献书之路，既出於山岩屋壁，复入秘府。五家之儒，莫得见焉。至孝成时，通人刘歆校理秘书，始得列序，著于录略。为众儒排弃，歆独识之，知是周公致太平之道。河南缑氏杜子春，永平时初能通其读，郑众、贾逵往授业焉。其后马融、郑玄之等，各有传授，不复繁言也。
体例	《礼记正义》七十卷，包括卷首的孔颖达序和正文。其中：《学记》第十八，位于《礼记正义》卷四十六。
评价	《礼记正义》在《五经正义》中成就最高。 1.《四库全书总目》卷21云："故其书务伸郑《注》，未免有附会之处。然采撷旧文，词富理博，说礼之家，专研莫尽。譬诸依山铸铜，煮海为盐，即卫湜之书尚不能窥其涯涘，陈澔之流益如莛与楹矣。"[（清）永瑢等：《四库全书总目》，中华书局1983年版，第6页] 2. 吴承仕评价说："《小戴》四十九篇，杂有古今文说，自郑氏作《注》，条例滋繁。南北章疏，义有多门，甘其臭尚，毕生厌。孔氏略本熊、皇，博采众说，今欲上窥魏晋六朝旧义，惟恃此编，诚郑学之喉襟，礼家之渊薮也。清儒于各经皆有新疏，唯《礼记》独阙，将由孔《疏》翔实，后儒无以加，意包孕其弘，非一人所能了也"（吴承仕：《经典释文序录疏证·注解传述人》"郑玄《注》二十卷"条） 3.《礼记》之列学官也，自郑康成《注》行，遂配《仪礼》《周官》，称《三礼》，自孔颖达《正义》行，遂配《周易》《尚书》《毛诗》《左氏春秋》，称《五经》。[（清）齐召南：《礼经注疏考证跋语》，见（汉）郑玄注，（唐）孔颖达疏，（唐）陆德明音义，（清）齐召南等考证，《礼记注疏》，文渊阁《四库全书》册116，上海古籍出版社1987年版，第534页。]

（补充）（清）马国翰：《玉函山房辑佚书》①，广陵书社，2005年。

---

① 魏晋南北朝时期的《礼记》注疏已佚失，包括皇侃和熊安生的《礼记》著述。马国翰的《玉函山房辑佚书》之中，保存了部分魏晋南北朝时期的礼学著述。我们从中梳理出注解《学记》章句的注疏，为研究《学记》注释版本尤其是更全面地了解孔颖达《礼记正义》提供学术便利。

共辑《礼记》十九种二十八卷：1. 后汉马融：《礼记马氏注》（一卷）。2. 后汉卢植：《礼记卢氏注》（一卷）。3. 后汉荀爽：《礼传》（一卷）。4. 后汉蔡邕：《月令章句》（一卷）。5. 后汉蔡邕：《月令答问》（一卷）。6. 魏王肃：《礼记王氏注》（二卷）。7. 魏孙炎：《礼记孙氏注》（一卷）。8. 谢氏：《礼记音义隐》（一卷）。9. 晋范宣：《礼记范氏音》（一卷）。10. 晋徐邈：《礼记徐氏音》（三卷）。11. 刘昌宗：《礼记刘氏音》（一卷）。12. 宋庚蔚之：《礼记略解》（一卷）。13. 梁何胤：《礼记隐义》（一卷）。14. 梁贺㻛：《礼记新义疏》（一卷）。15. 梁皇侃：《礼记皇氏义疏》（四卷）。16. 后周沈重：《礼记沈氏义疏》（一卷）。17. 后魏刘芳：《礼记义证》（一卷）。18. 后周熊安生：《礼记熊氏义疏》（四卷）。19. 唐成伯玙：《礼记外传》（一卷）。

朝代	著者	著作名称	《学记》章句
后汉	卢植	礼记卢氏注	夏楚二物收其威也　朴作教刑是挞犯礼者（正义）
宋	庚蔚之	礼记略解	1. 党有庠　党有庠谓夏殷礼。（正义）2. 燕朋逆其师燕辟废其学　不褒朋友及之譬喻自是学者之常理若不为燕朋燕譬则亦不足以致与言若此燕朋燕譬则学废替矣。3. 记曰三王四代唯其师此之谓乎　举四代以兼包三王所以重言者以成其辞耳言人之从师自古而然师善则己善其此之谓乎者记者证前运择师不可不慎即此唯其师之谓也。4. 察于此四者可以有志于本矣　四者谓不官为群官之本不器为群器之本不约为群约之本不齐为群齐之本言四者莫不有本人亦以学为本也。（并同上）
梁	贺㻛	礼记新义疏	强而弗抑则易　师但劝强其神识而不抑之令晓则受者和易亦易成也。（正义引贺氏）

续表

朝代	著者	著作名称	《学记》章句
梁	皇侃	礼记皇氏义疏（卷三）	1. 党有序 遂学曰庠。（正义）2. 中年考校 此中年考校亦周法（正义）谓乡遂学也。（同上）3. 大学始教 始教谓春时学士始入学也。4. 未卜禘不视学游其志也 禘大祭在于夏天子诸侯视学之时必在禘祭之后未卜禘谓未禘也禘是大祭必先卜故连言之是未为禘祭不视学所以然者欲游其志学者之志谓优游纵暇学者之志不欲急切之故禘祭之后乃视学考校优劣焉。（并同上）5. 大学之礼虽诏天子无北面 注王斋三日端冕师尚父亦端冕谓衮冕也乐记魏文侯端冕谓玄冕也（正义）注师尚父西面道书之言者王在宾位师尚父主位故西面王庭之位若寻常师徒之教则师东面弟子西面与此异也。（同上）6. 或源也或委也 河海之外源之与委也。（同上）
后周	熊安生	礼记熊氏义疏（卷三）	1. 大学始教皮弁祭菜 始教谓始立学教皮弁祭菜者谓天子使有司服皮弁祭菜先圣先师以苹藻之菜也。（正义）2. 未卜禘不视学 此禘谓夏正郊天视学谓仲春视学若郊天则不视学。（同上）

2. （宋）卫湜：《礼记集说》

《礼记集说》始作于开禧、嘉定间，自序言日编月削，历二十余载而后成。宝庆二年（1226）为武进令时表上于朝，得擢直秘阁。绍定四年（1231）赵善湘为之刻版于江东漕院，后赵九载、卫湜复加核定，自作前后序及跋尾，述撰述始末，盖首尾历三十余年。

版本	1. 古代版本：《礼记集说》一百六十卷，《统说》一卷，南宋嘉熙四年（1240）新定郡刻本24册，现藏国家图书馆。 2. 四库全书版本：《文渊阁四库全书》之《礼记集说》第118册（卷八十八到卷九十）：《学记》第832—886页。 3. 其他版本：吉林出版集团有限责任公司2005年版《礼记集说》，为摛藻堂《钦定四库全书荟要》影印版。
序言	1.《礼记集说》提要 　　【臣】等谨按《礼记集说》一百六十卷，宋卫湜撰。湜字正叔，吴郡人。其书始作于开禧嘉定间，《自序》言日编月削几二十余载而后成。宝庆二年，官武进令时，表上于朝，得擢直秘阁。后终于朝散大夫，直宝谟阁，知袁州。绍定辛卯，赵善湘为锓板于江东漕院。越九年，湜复加校订定为此本。自作《前序》《后序》，又自作《跋尾》，述其始末甚详。盖首尾阅三十余载，故采摭群言，最为赅博，去取亦最为精审。自郑《注》而下，所取凡一百四十四家，其他书之涉于《礼记》者，所采录不在此数焉。今自郑《注》孔《疏》而外，原书无一存者。朱彝尊《经义考》采摭最为繁富，而不知其书与不知其人者，凡四十九家，皆赖此书以传亦，可云《礼》家之渊海矣。明初定制，乃以陈澔《注》立于学官，而湜《注》在若隐若显间。今圣朝钦定《礼记义疏》，取于湜书者特多，岂非是非之公，久必论定乎。又湜《后序》有云："他人著书，惟恐不出于己，予之此编，惟恐不出于人。后有达者，毋袭此编所己言，没前人之善也。"其后慈谿黄震《读礼记日抄》，新安陈栎《礼记集义详解》，皆取湜书删节，附以己见。黄氏融汇诸家，犹出姓名于下方（案此见黄氏《日钞》）。陈氏则不复标出（案栎书今不传，此见《定字集》中，栎所作《自序》）。即此一节，非惟其书可贵，其用心之厚，亦非诸家所及矣。乾隆四十三年三月恭校上 总纂官【臣】纪昀【臣】陆锡熊【臣】孙士毅 总校官【臣】陆费墀 2. 钦定四库全书纪要《礼记集说序》 　　人生而莫不有仁义之性，存乎其心。经礼三百，曲礼三千，人禀诸天地所以合内外之道，而节文乎仁义者也。自周衰诸侯去籍，虽以二代之后而不足徵。犹赖夫子之所雅言，群弟子之所记录，故尚有存者。迨是古挟书之令作，而礼再厄。又得河间献王，二戴马郑，相与保残补坏。晋宋隋唐，诸儒迭为发挥，三礼得不尽亡。自正义既出，先儒全书泯不复见。自列于科目，博士诸生亦不过习其句读，以为利禄计。至金陵王氏又罢《仪礼》取士，仅存《周官》《戴记》之科。而士习于礼者滋鲜。就《戴记》而言，如《檀弓》《丧礼》诸篇，既指为凶事罕所记，省则其所业仅一二十篇耳，苟不得其义。则又诿曰此汉儒之说也，弃不复讲。所谓解说之详，仅有方马陈陆诸家，然而述王氏之说者也。惟关洛诸大儒，上接洙泗之传，乃仅与门人弟子难疑答问，而未及著为全书。呜呼！学残文阙无所因袭，

续表

驱一世而冥行焉，岂不重可叹与！平江卫氏世善为礼，正叔又自郑注孔义陆释，以及百家之所尝讲者，荟萃成书，凡一百六十卷。如范宁何晏例，各记其姓名以听览者之自择。此非特以备礼书之阙也。洒扫应对进退恭敬辞逊撙节，非由外心以生也，非忠信之薄也，非人情之伪也。凡皆人性之固有，天秩之自然，而非有一毫勉强增益也。学者诚能即是，仅存而推寻之内反诸心，随事省察充而至于动容、周旋之会，揖逊征伐之时，则是礼也。将以宅天衷而奠民，极岂形器云乎哉。正叔名湜自号栎齐今为武进令云。

宝庆元年冬十有一月甲申临邛魏了翁序

3.《礼记集说序》

礼记四十九篇，自二戴分门，王郑异注，历晋迄陈，虽南北殊隔，家传师授，代不乏人。唐正观中，孔颖达等，详定疏义，稍异郑说，岗不芟落，诸家全书，自是不可复见。繇贞观至五代逾三百年，世儒竞攻专门之陋学，礼者几无传矣。本朝列圣相承，崇显经学，师友渊源，跨越前代，故经各有解。或自名家，或辑众说，逮今日为尤详。《礼记》并列六籍，乃独阙焉。诸儒间尝讲明率，散见杂出。而又穷性理者略度数，推度数者遗性理。欲其参考并究秩然成书，未之有也。予晚学孤陋，滥承绪业，首取郑注孔义，芟除芜蔓，采摭枢要。继遂博求诸家之说，零篇碎简收拾略偏。至若说异而理俱，通言详而意有本抵排孔郑，援据明白，则亦并录，以俟观者之折衷。其有沿袭陈言，牵合字说，于义舛驳，悉置弗取。日编月削，几二十余载而后成。凡一百六十卷，名曰《礼记集说》。传礼业者，苟能因众说之浅深，探一经之旨趣。详而度数，精而性理，庶几贯通，而尽识之矣。或曰是书萃聚诸家之善，逾数十万言，毋乃务博而忘约乎？予曰：博学之审问之，夫子尝以诲人也。博我以文约我以礼，颜子亲得于师也。博学而详说之将以反说约也，孟子之所深造也。吾道一以贯之为，曾子言之也。予欲无言，子贡有未省也。陵节而求，躐等而议，越见闻以谈卓约，后学大患也。矧会礼之家，名为聚讼傥率意，以去取其能，息异同之辨，绝将来之讥乎？近世朱文公著诗传，多刊削前言。张宣公谓诸先生之见虽不同，然各自有意在，学者玩味如何尔。盖尽载程张吕杨之说，而诸家有可取者，亦兼存之。予之集说，窃取斯义。是则此书之博也，非所以为学者造约之地耶。犹愧寡闻访论，未尽然六经之典，敷畅发明至是粗备，或于圣代阙文小有补云。

宝庆丙戌七月既望吴郡卫湜正叔叙

4.《进礼记集说表》

臣湜言伏以私庭学礼，妄尝穷汗竹之劳，昭代尊经窃，欲效野芹之献辄，忘寡陋仰渎睿聪。臣惶惶惧顿首顿首。

惟六籍之旨归群言之训释。戴记虽云于后出，汉儒备述于前闻。制度文为炳，

续表

| 序言 | 若具陈道德性命，璨然毕载，倘非博习，畴克兼通。然俚笺臆说，罕识其全。故微辞奥旨，或几于晦。所可知也，犹多阙焉。臣蚤袭布韦，滥承弓冶，睟时恭俭，庄敬之教，颇得父兄、师友之传。念艺著名场者，仅止决科而业。擅专门者，又多胶柱。乃考同而辨异，爰撮要以芟繁。孔郑注疏，孰是孰非。程张讲授，或详或约，荟萃略备。编摩罔遗，阅二十余年，其书始成。凡四十九篇之义皆在，可以施于新学，庶有补于将来。

恭惟皇帝陛下，天启皇图，日新圣政。谓家欲齐国欲治，必谨范防，而帝所与，王所成不相沿袭。若朝觐会同之品式，与射乡祀飨之等威，搜举于褥仪，以铺张于景铄。有元老大臣，以赞表章之盛。有钜儒硕士，以增缉熙之光。虽简断以篇残，亦海涵而川纳。兹率录诸家之善，庸冒尘乙夜之观，举而错之维。其时矣名曰集说，敢睎先哲之纂修，悉上送官愿备秩宗之采择。臣所编《礼记集说》一百六十卷，谨缮写成五十册随表上进。以闻臣无任瞻天，望圣激切屏营之至。臣惶惧惶惧顿首谨言。宝庆二年十月日。

通直郎知常州武进县主管劝农事主管运河堤岸专一点检围填事借绯臣卫湜上表

5. 统说

孔氏曰：《礼记》之作，出自孔氏。但正礼残阙，无复能明。故范武子不识殽烝，赵鞅及鲁君谓《仪》为礼。至孔子没后，七十二子之徒共撰所闻以为此记。或录旧礼之义，或录变礼所由。《中庸》是子思伋所作，《缁衣》公孙尼子所撰。郑康成云：《月令》吕不韦所修。卢植云：《王制》汉文时博士所录。其余众篇，皆如此例，未能尽知所记之人。《周礼》《仪礼》亦是。《礼记》之书，自汉以后各有传授。郑君《六艺论》云：案《汉书·艺文志》《儒林传》云，传礼者十三家，唯高堂生及五传弟子戴德、戴圣名在也。又案《儒林传》，汉兴高堂生传《礼》十七篇，而鲁徐生善为容。孝文时，徐生以容为礼，官大夫。瑕丘萧奋以礼，至淮阳太守。孟卿东海人，事萧奋，以授戴德、戴圣。《六艺论》又云：五传弟子者，高堂生、萧奋、孟卿、后苍及戴德、戴圣为五，此所传皆《仪礼》也。今《礼》行于世者，二戴之学也。又云戴德传《礼》八十五篇，则《大戴礼》是也。戴圣传《礼》四十九篇，则此《礼记》是也。《儒林传》又云：大戴授琅邪徐氏，小戴授梁人桥仁及杨荣。仁为大鸿胪，家世传业，其《周官》始皇深恶之至。孝武帝时，始开献书之路，既出于山岩屋壁复入秘府。至孝成时，刘歆校理秘书始识之，知是周公致太平之道。永平中杜子春能通其读，郑众、贾逵往受业焉。其后马融郑玄之等，各有传授。

河南程氏曰：《礼记》杂出于汉儒，然其间传圣门绪余及格言甚多。如《礼记》《学记》之类无可议者。《檀弓》《表记》《坊记》之类，亦甚有至理，惟知 |

序言	言者择之。如《王制》《礼运》《礼器》，其书亦多传古意。若《闲居》《燕居》三无五起之说，文字可疑。又曰《礼记》除《中庸》《大学》，唯《乐记》为最近道，学者深思自得之。《礼记》之《表记》，其亦近道矣乎，其言正。 横渠张氏曰：《礼记》虽杂出于诸儒，亦无害义处。如《中庸》《大学》出于圣门，无可疑者。又曰《礼记》大抵出于圣门二三子之传，讲解各异，故辞命不能无害。至如礼文不可不信，己之言礼未必胜。如诸儒如有前后所出不同，且阙之记，有疑义亦且阙之，就有道而正焉。又曰看得《仪礼》，则晓得《周礼》与《礼记》。又曰某旧多疑《儒行》，今观之亦多善处。书一也，已见与不见耳。故《礼记》之有可疑者，姑置之。 永嘉周氏曰：《经礼》三百，《威仪》三千皆出于性，非伪貌饰情也。天尊地卑，礼固立矣。类聚群分，礼固行矣。人者位乎天地之间，立乎万物之上，尊卑分类，不设而彰。圣人循此，制为冠、昏、丧、祭、朝、聘、乡射之礼，以行君臣、父子、兄弟、夫妇、朋友之义。其形而下者，见于饮食器服之用。其形而上者，极于无声无臭之微。众人勉之，贤人行之，圣人由之。故所以行其身与其家与其国与其天下者，礼治则治，礼乱则乱，礼存则存，礼亡则亡。上自古始，下逮五季，质文不同，罔不由是。然而世有损益，惟周为备。夫子尝曰：郁郁乎文哉，吾从周。逮其弊也，忠信之薄，而情文之繁。林放问礼之本，孔子欲从先进，盖所以矫正反弊也，然岂礼之过哉，为礼者之过也。秦氏焚灭典籍，三代礼文大坏。汉兴购书，《礼记》四十九篇杂出诸儒传记，不能悉得圣人之旨。考其文义，时有牴牾。然而其文繁，其义博，学者博而约之，亦可弗畔。盖其说也，粗在应对进退之间，而精在道德性命之要。始于童幼之习，而卒于圣人之归。惟达古道者，然后能知其言。能知其言，然后能得丁礼。然则礼之所以为礼，其则不远矣。 延平周氏曰：夫礼者，性命之成体者也。盖道德仁义同出于性命，而所谓礼者又出乎道德仁义，而为之节文者也。方其出于道德仁义，则道德仁义者礼之本也。故曰：仁者，人也，亲亲为大。义者，宜也，尊贤为大。亲亲之杀，尊贤之等，礼所生也。方其为之节文，则道德仁义反有资于礼也。故曰：道德仁义，非礼不成。呜呼！此礼之所以为礼者也。若夫吉凶之殊，军宾之别，其言不尽于意，其意必寓于象。故一服饰一器械，有以存于度数之间者象也，象则文也。及推而上之有以见于度数之表者意也，意则情也。所谓意者，归于性命而已矣。《书》曰：天秩有礼，自我五礼有庸哉。盖其以故灭命以人废天者，圣人不为惟其天秩之所有，是乃圣人之所庸者也。然圣人所以庸之者，岂特使天下后世，知有尊卑之分，而苟自异于禽兽耳？盖又将为人道之贤也。圣人既没，礼经之残阙久矣。世之所传曰《周礼》曰《仪礼》曰《礼记》，其间独《周礼》为太平之成法，《仪礼》者又次之，《礼记》者杂记先王之法言，而尚多汉儒附会之疵，此学者所宜精择。 新安朱氏曰：六经之道同归，而礼乐之用为急。遭秦灭学，礼乐先坏。汉晋以来，

续表

序言	诸儒补缉，竟无全书，其颇存者三礼而已。《周官》一书，固为礼之纲领。至其仪法度数，则《仪礼》乃其本经。而《礼记》《郊特牲》《冠义》等篇，乃其义防耳。前此犹有三礼，通礼学究诸科，礼虽不行，而士犹得以诵习而知其说。熙宁以来，王安石变乱旧制，废罢《仪礼》而独存《礼记》之科，弃经任传，遗本宗末，其失已甚。而博士诸生，又不过诵其虚文，以供应举。至于其间，亦有因仪法度数之实而立文者，则咸幽防而莫知其源一。有大议率用耳，学臆断而已。若乃乐之为教，则又绝无师授。律尺短长，声音清浊，学士大夫莫有知其说者，而不知其为阙也。 虑氏曰：《礼记》乃《仪礼》之传，《仪礼》有《冠礼》，《礼记》则有《冠义》以释之。《仪礼》有《昏礼》，《礼记》则有《昏义》以释之。《仪礼》有《乡饮酒礼》，《礼记》则有《乡饮酒义》以释之。《仪礼》有《燕礼》，《礼记》则有《燕义》以释之。《仪礼》有《聘礼》，《礼记》则有《聘义》以释之。其他篇中，虽或杂引四代之制，而其言多与《仪礼》，相为表里。但《周礼》《仪礼》皆周公所作，而《礼记》则汉儒所录。虽曰汉儒所录，然亦《仪礼》之流也。何以言之？《周礼》虽得之于河间献王时，无有传之者。武帝以为末世渎乱之书，何休以为六国阴谋之书，至于汉末乃行于世。惟《仪礼》之书，汉初已行。故高堂生传之萧奋，萧奋传之孟卿，孟卿传之后苍，后苍传之戴德、戴圣。二戴因习《仪礼》，而录《礼记》。故知《礼记》，《仪礼》之流也。 江陵项氏曰：《礼记》诸篇有相抵牾者，盖诸家之书各记其师说。如本朝诸臣之家，丧祭之礼，各成一书，亦不能以相似也。世之好礼者总而集之，以资考订可也。必欲曲为之说，使贯为一家，则妄之甚者也。今之解《礼记》者何以异此。《春秋五传》《毛诗四家》，至今不能一也。而况聚讼之书，独奈何欲一之乎？所可惜者当时记载之初，不题所作之人。如《春秋传》所载尸子、鲁子、沈子、女子之类，则善矣。今案《檀弓》之言丧，或以为大功，或以为齐衰，或以为当使之丧，或以为不使之丧，或以为可反，或以为不可反，如此之类甚多。惟其各载姓名，故后人不以为疑，而得以置议论取舍于其间，未有合为一说，而并用之者。自余诸篇不载姓名，则遂以为此皆古之成礼也。而一切强解而曲通之，如合众医之说，汗下攻补通为一方，而以为此秦越人之意也，不已谬乎。
体例	《礼记集说》共一百六十卷，书前有纪昀等撰写的《礼记集说提要》、魏了翁《礼记集说序》、卫湜《礼记集说序》、卫湜《进礼记集说表》；正文包括《统说》《集说名氏》和一百六十卷。其中：《学记》第十八，位于《礼记集说》卷八十八、八十九。
评价	1. 卫氏《集说》援引解义，凡一百四十家，不专采成书也，如文集、语言、杂说及群经讲论，有涉于《礼记》者，皆裒辑焉。（《经义考》卷142） 2. 今自郑注孔疏而外。原书无一存者。朱彝尊《经义考》采撮最为繁富，而不知其书与不知其人者，凡四十九家，皆赖此书以传，亦可云《礼》家之渊海矣。（《四库全书总目》）

3. （元）吴澄：《礼记纂言》

《礼记纂言》三十六卷，吴澄晚年仿魏征《类礼》之例，每卷为一篇，每一篇中，其文皆以类相从，俾上下意义联属相通，而释其章句于左。以《大学》《中庸》，程子、朱子与《论语》《孟子》并为《四书》，固不取；以《投壶》《奔丧》为礼之正经，认为不可杂于记，亦不取，而编入澄所作《仪礼逸经传》的经文部分；以《冠义》《昏义》《乡饮酒义》《射义》《燕义》《聘义》六篇正释《仪礼》，别辑为传以附《仪礼逸经》后。三十六篇次第亦以类相从，凡通礼九篇、丧礼十一篇、祭礼四篇、通论十二篇，各为标目，即将《礼记》篇目重新排比归类，与世传本异。

版本	1. 古代版本：《礼记纂言》有元刻本（1334年）、明正德刻本（1520年）、明嘉靖刻本（1530年）、明崇祯刻本（1629年）和《四库全书》本。 2. 四库全书版本：《文渊阁四库全书》之《礼记纂言》第121册（卷三十五）：《学记》第640—648页。 3. 其他版本：上海古籍出版社1987年版《礼记纂言》为《四库全书》本，《经部》四礼类三《礼记》之属。
序言	《礼记纂言》提要 【臣】等谨案《礼记纂言》三十六卷，元吴澄撰。澄有《易纂言》，已着录。案危素作澄《年谱》载，至顺三年澄年八十四，留抚州郡学，《礼记纂言》成。而虞集《行状》则称，成于至顺四年，即澄卒之岁，其言颇不相合。然要为澄晚年手定之本也。其书每一卷为一篇，大致以戴《记》经文庞杂，疑多错简。故每一篇中，其文皆以类相从，俾上下意义联属贯通，而识其章句于左。其三十六篇次第，亦悉以类相从。凡《通礼》九篇，《丧礼》十一篇，《祭礼》四篇，《通论》十一篇，各为标目。如《通礼》首《曲礼》，则以《少仪》《玉藻》等篇附之，皆非小戴之旧。他如《大学》《中庸》，依程朱别为一书。《投壶》《奔丧》，归于《仪礼》。《冠仪》等六篇，别辑为《仪礼传》，亦并与古不同。虞集称其始终先后，最为精密。先王之遗制，圣贤之格言，其仅存可考者，既表而存之，各有所附。而其纠纷，固泥于专门名家之手者，一旦各有条理，无复余蕴，其推重甚至。考《汉书·艺文志》《礼记》本一百三十一篇，戴德删为八十五，戴圣删为四十九。与《易》《书》《诗》《春秋》，经圣人手定者固殊然。《旧唐书·元行冲传》载，行冲上《类礼义疏》。张说驳奏曰："今之《礼记》，历代传习，著为经教，不可刊削。魏孙炎始改旧本，先儒所非，竟不行用。贞观中，魏征因孙炎所修更加整比，兼为之注，其书竟亦不行。今行冲等改征所注，勒成一家。然与先儒第乖，章句隔绝，若欲行用，窃恐未可"云云。则古人屡经修缉，迄不能变汉

续表

序言	儒旧本。唐以前，儒风淳实，不摇惑于新说，此亦一征。澄复改并旧文，俨然删述，恐亦不免僭圣之讥。以其排比贯串，颇有伦次，所解亦时有发明，较诸王柏删《诗》，尚为有间，故录存之，而附论其失如右。乾隆四十五年五月恭校上 总纂官【臣】纪昀【臣】陆锡熊【臣】孙士毅 总校官【臣】陆费墀 2.《礼记纂言》原序（吴澄） 　　小戴记三十六篇，澄所序次。汉兴得先儒所记礼书二百余篇，大戴氏删合为八十五，小戴氏又损益为四十三。《曲礼》《檀弓》《杂记》分上下，马氏增以《月令》《明堂位》《乐记》。郑氏从而为之注，总四十九篇。精粗杂记，靡所不有。秦火之余，区区掇拾，所存什一于千百。虽不能以皆醇然先王之遗制，圣贤之格言往往赖之而存。第其诸篇出于先儒著作之全书者无几多。是记者旁搜博采，勤取残篇断简，会稡成书，无复铨次，读者每病其杂乱而无章。唐魏郑公为是作类礼二十篇，不知其书果何如也？而不可得见。朱子尝与东莱先生吕氏商订三礼篇次，欲取戴记中有关于仪礼者附之经，其不系于仪礼者仍别为记。吕氏既不及答，而朱子亦不及为。幸其大纲存于文集，犹可考也。晚年编校仪礼经传，则其条例与前所商订又不同矣，其间所附戴记数篇，或削本篇之文而补以他篇之文，今则不敢。故止就其本篇之中，科分栉剔，以类相从。俾其上下章，文义聊属，章之大旨，标识于左，庶读者开卷了然。若其篇第，则《大学》《中庸》，程子朱子既表章之，《论语》《孟子》并而为四书，固不容复厕之礼篇。而《投壶》《奔丧》，实为礼之正经，亦不可以杂之记。其《冠义》《昏义》《乡饮酒义》《射义》《燕义》《聘义》六篇正释仪礼，别辑为传以附经后矣，此外犹三十六篇。曰通礼九：《曲礼》《内则》《少仪》《玉藻》通记小大仪文而《深衣》附焉，《月令》《王制》专记国家制度而《文王世子》《明堂位》附焉；曰丧礼者十有一：《丧大记》《杂记》《丧服小记》《服问》《檀弓》《曾子问》六篇既丧，而《大传》《间传》《问丧》《三年问》《丧服四制》五篇则丧之义也；曰祭礼者，《四祭法》一篇既祭，而《郊特牲》《祭义》《祭统》三篇，则祭之义也；曰通论者十有二：《礼运》《礼器》《经解》一类，《哀公问》《仲尼燕居》《孔子闲居》一类，《坊记》《表记》《缁衣》一类，《儒行》自为一类，《学记》《乐记》其文雅驯非诸篇比，则以为是书之终。呜呼！由汉以来，此书千有余岁矣，而其颠倒纠纷，至朱子欲为之是正而未及，竟岂无所望于后之人。与用敢窃取其意，修而成之篇章，文句秩然有伦，先后始终颇为精审。将来学礼之君子，于此考信，或者其有取乎，非但戴氏之忠臣而已也。 3.《礼记纂言》原序（王守仁） 　　礼者，理也；理也者，性也；性也者，命也。维天之命于穆不已而。其在于

序言	人也，谓之性；其粲然而条理也，谓之礼；其纯然而粹善也，谓之仁；其截然而裁制也，谓之义；其昭然而明觉也，谓之知。其浑然于其性也，则理一而已矣。故仁也者，礼之体也；义也者，礼之宜也；知也者，礼之通也。经礼三百，曲礼三千，无一而非仁也，无一而非性也。天叙天秩，圣人何心焉？盖无一而非命也。故克己复礼，则谓之仁。穷理则尽性，以至于命。尽性则动容，周还中礼矣。后之言礼者吾惑焉？纷纭器数之争，而牵制形名之末，穷年矻矻弊精于祝史之糟粕，而忘其所谓经纶，天下之大经，立天下之大本者。礼云礼云，玉帛云乎。而人之不仁也，其如礼何哉？故老庄之徒，外礼以言性，而谓礼为道德之衰仁义之失，既已堕于空虚滞荡。而世儒之说，复外性以求礼，遂谓礼止于器制度数之间，而议拟仿像于影响形迹，以为天下之礼尽在是矣。故凡先王之礼，烟蒙灰散而卒，以煨烬于天下要，亦未可专委罪于秦火者僭不自度。尝欲取礼记之所载，揭其大经大本，而疏附其条理节目，庶几器道，本末之一致，又惧德之弗任，而时亦有所未及也。间尝为之说曰，礼之于节文也，犹规矩之于方圆也，非方圆无以见规矩之用，非节文则亦无从，而睹所谓礼矣。然方圆者规矩之所出，而不可遂以方圆为规矩，故执规矩以为方圆，则方圆不可胜用。舍规矩以为方圆，而遂以方圆为之规矩，则规矩之用息矣。故规矩者无一定之方圆，而方圆者有一定之规矩。此学礼之要，盛德者之所以动容周还而中也。宋儒朱仲晦氏，慨礼说之芜乱，尝欲考次而删正之，以仪礼为之经，礼记为之传，而其志竟亦弗就。其后吴幼清氏因而为之纂言，亦不数数于朱说，而于先后重轻之间，固已多所发明。二子之见，其规条指画，则既出于汉儒矣；其所谓观其会通，以行其典礼之原，则尚恨吾生之晚，而未及与闻之也。虽然后圣而有作也，则无所容言矣。后圣而未有作也，则如纂言者，固学礼者之箕裘筌蹄也，而可以少之乎。姻友胡汝登忠信而好礼，其为宁国也，将以是而施之刻纂言，以敷其说而属序于予，予将进汝登之道而推之于其本也，故为序之若此云。 正德庚辰冬至后学，余姚王守仁序。
体例	《礼记纂言》三十六卷，书前有《礼记纂言提要》、吴澄《礼记纂言原序》、王守仁《礼记纂言原序》，其中《礼记纂言》卷三十五《学记》。

续表

评价	1. 考朱子门人多习成说，深通经术者甚少，草庐《五经纂言》，有功经术，接武建阳，非北溪诸人可及也。（黄百家：《宋元学案》卷九十二，中华书局1986年版，第3037页） 2. 草庐之著书，则终近乎朱。（全祖望：《宋元学案》卷九十二，中华书局1986年版，第3036页） 3. 若夫备《集说》之未备，可为礼家之所采录者，盖不能不取于吴公之《纂言》也。愚尝就四经之《纂言》而读之，尤于《礼》而三复之，其辞古，其论博，其考订精，其分类详拘且泥焉，无有也。学礼者以《集说》为正而复资之以此，则诸家疏释宏通之论，制度文为品佚之迹，皆可不劳而得矣。（明嘉靖刻本，高梃序，《经义考新校》，第2642页） 4. 澄复删改并旧文，俨然删述。恐亦不免僭圣之讥。以其排比贯串，颇有伦次，所解亦时有发明，较诸王柏删诗，尚为有间，故录存之，而附论其失如右。（《四库全书总目》评价）

4.（元）陈澔：《礼记集说》

陈澔《礼记集说》为现存完整的元代《礼记》著作之一。明永乐年间，胡广等奉旨撰修《五经四书大全》，其中《礼记大全》即以陈澔《礼记集说》为基本，书成，明成祖亲为制《序》并颁行天下，科举试士以此为则。从此，陈澔《礼记集说》成为官方指定教材，并垄断长达三百余年，直至清乾隆元年（1736）《礼记义疏》的颁行。[陈澔在雍正二年（1724）获得从祀孔庙的最高荣誉]因此书与宋代卫湜《礼记集说》同名，故又称《礼记陈氏集说》或《云庄礼记集说》，以示区别。

版本	1. 古代版本：《礼记集说》的版本主要有十六卷本、三十卷本和十卷本之别，但内容相同。现存最早的刻本是元天历元年（1328）建安郑明德宅的十六卷刻本，也是初刻本。有清以来，十卷本最为流行。 2. 四库全书版本：《文渊阁四库全书》之《陈氏礼记集说》第121册（卷六）：《学记》第874—879页。 3. 其他版本：上海古籍出版社1987年出版的陈澔注《礼记》，此书是根据1936年世界书局本影印的，而世界书局是根据清代武英殿的本子影印（属于十卷本），所用的对校本就是明初的十六卷本。

续表

| 序言 | 1.《礼记集说》提要
【臣】等谨案《礼记集说》十卷，元陈澔撰。澔字可大，都昌人。宋亡不仕，教授乡里，学者称云庄先生。其书衍绎旧闻，附以己见。欲以坦明之说，取便初学。而于度数品节，择焉不精，语焉不详，后人病之。盖自汉以来，治戴《记》者百数十家，惟卫湜《集说》，征引极审，颇为学者所推许。澔是书虽袭其名，而用意不侔，博约亦异。观其《自序》谓：郑氏祖谶纬，孔《疏》惟郑之从为可恨。又以应镛《纂义》于《杂记》等篇，阙而不释为非，亦不为无见第。述其家学，称其父师事双峰，以是经三领乡书，为名进士，则其志趣固专为帖括之助耳。明初与《注疏》并颁学官，用以取士，后乃专用是书。迄今因之朱睦㮮《授经图》作十六卷，朱彝尊《经义考》作三十卷，殆本各不同。今卷盖仍明时监版之旧云。乾隆四十六年十月恭校上
总纂官【臣】纪昀【臣】陆锡熊【臣】孙士毅
总校官【臣】陆费墀
2.《礼记集说》原序（陈澔）
前圣继天立极之道，莫大于礼；后圣垂世立教之书，亦莫先于礼。"礼仪三百，威仪三千"，孰非精神心术之所寓，故能与天地同其节。四代损益，世远经残，其详不可得闻矣！《仪礼》十七篇，《戴记》四十九篇，先儒表章《庸》《学》，遂为千万世道学之渊源。其四十七篇之文，虽纯驳不同，然义之浅深同异，诚未易言也。郑氏祖谶纬，孔疏惟郑之从，虽有他说，不复收载，固为可恨。然其灼然可据者，不可易也。近世应氏《集解》，于《杂记》《丧大小记》等篇，皆阙而不释。噫！慎终追远，其关于人伦世道，非细故而可略哉？先君子师事双峰先生十有四年，以是经三领乡书，为开庆名进士，所得于师门讲论甚多，中罹煨烬，只字不遗。不肖孤，僭不自量，会萃衍绎，而附以臆见之言，名曰《礼记集说》。盖欲以坦明之说，使初学读之即了其义，庶几章句通，则蕴奥自见，正不必高为议论，而卑视训故之辞也。书成，甚欲就正与四方有道之士，而衰年多疾，游历良艰，姑藏巾笥。以俟来哲，治教方兴，知礼者或有取焉。亦愚者千虑之一尔。至治壬戌良月既望后学东汇泽陈澔序。 |

序言	3.《云庄礼记集说》·十卷（通行本） 元陈澔撰。澔字可大，都昌人。云庄其号也。是书成於至治壬戌。朱彝尊《经义考》作三十卷。今本十卷，坊贾所合并也。初，延祐科举之制，《易》《书》《诗》《春秋》皆以宋儒新说与古注疏相参，惟《礼记》则专用古注疏。盖其时老师宿儒，犹有存者，知《礼》不可以空言解也。澔成是书，又在延祐之后，亦未为儒者所称。明初，始定《礼记》用澔注。胡广等修《五经大全》，《礼记》亦以澔注为主，用以取士。遂诵习相沿。盖说《礼记》者，汉唐莫善於郑、孔，而郑《注》简奥，孔《疏》典赡，皆不似澔注之浅显。宋代莫善於卫湜，而卷帙繁富，亦不似澔注之简便。又南宋宝庆以后，朱子之学大行。而澔父大猷师饶鲁，鲁师黄榦，榦为朱子之婿。遂藉考亭之馀荫，得独列学官。其注《学记》"术有序"句，引《周礼·乡大夫》"春秋以礼会民而射於州序"，《周礼·乡大夫》实无此文。注《檀弓》"五十以伯仲"句，引贾公彦《仪礼疏》，乃孔颖达《礼记疏》文，正与贾说相反。颇为论者所讥。然朱子注《诗》"駉牡三千"引《礼记》"问国君之富，数马以对"，《礼记》无此文。注《孟子》"神农之言"引史迁"所谓农家者流"，《史记》无此文。蔡沈注《书》"厘降二女於妫汭"引《尔雅》"水北曰汭"，《尔雅》无此文。又注《西伯戡黎》引《史记》"紂使胶鬲观兵"，注"星有好雨"引《汉志》"轸星好雨"，《史记》《汉书》亦均无此文。是皆偶然笔误，未足以累全书。且何休汉代通儒，号为学海，而注《公羊传》"舟中之指可掬"句，引"天子造舟，诸侯维舟，卿大夫方舟，士特舟"语，尚误记《尔雅》为《礼》文，又何有於澔？澔所短者，在不知礼制当有证据，礼意当有发明，而笺释文句，一如注《孝经》《论语》之法。故用为蒙训则有馀，求以经术则不足。朱彝尊《经义考》以"兔园册子"诋之，固为已甚，要其说亦必有由矣。特《礼》文奥赜，骤读为难。因其疏解，得知门径，以渐进而求於古。於初学之士，固亦不为无益。是以国家定制，亦姑仍旧贯，以便童蒙。然复钦定《礼记义疏》，博采汉唐遗文，以考证先王制作之旨，并退澔说於诸家之中，与《易》《诗》《书》三经异例。是则圣人御宇，经籍道昌，视明代《大全》抱残守匮，执一乡塾课册以锢天下之耳目者，盛衰之相去，盖不可以道里计矣。
体例	《礼记集说》共十卷，书前有陈澔《礼记集说序》。正文按照陈澔的重新编排共分为十卷，《学记》第十八（同《玉藻》《明堂位》《丧服小记》《大传》《少仪》）位于卷六。

评价	1. 自汉以来治小戴之《礼》者不为多矣，以公论揆之，自当用卫氏《集说》取士，而学者厌其文繁，全不寓目。若云庄《集说》，直兔园册子耳，独得颁于学官三百余年不改，其于度数品节，择焉不精，语言不祥，礼云礼云，如斯而已呼？（《经义考》卷143） 2. 盖说《礼记》者，汉唐莫善于郑、孔，而郑《注》简奥，孔《疏》典赡，皆不似澔注之浅显。宋代莫善于卫湜，而卷帙繁富，亦不似澔注之简便。又南宋宝庆以后，朱子之学大行，而澔父大猷师饶鲁，鲁师黄榦，榦为朱子之婿，遂籍考亭之余荫，得独列学官。（《四库全书总目·礼类三》）

5.（明）胡广：《礼记大全》

《礼记大全》以陈澔《礼记集说》为宗，所采诸儒之说，凡四十二家，陈氏书略度数而推义理，疏于考证，舛误相仍，"大全"皆存其旧。其所援引亦不过笺释文句，与陈氏说相发明。

版本	1. 古代版本：《礼记集说大全》30 卷，有明初刊本、永乐刻本（1415年）、嘉靖刻本（1530年）和《四库全书》本。 2. 四库全书版本：《文渊阁四库全书》之《礼记大全》第122册（卷十七）：《学记》第478—489页。
序言	1.《礼记大全》提要 【臣】等谨案《礼记大全》三十卷，明胡广等奉敕撰。元延祐科举之制，《易》用程朱子，《书》用蔡氏，《诗》用朱子，《春秋》用胡氏，仍许参用古注疏。然郑注古奥，孔疏浩博，均猝不能得其要领。故广等作是书，独取其浅近易明者，以陈澔《集说》为宗，澔书之得列学官实自此始。其采掇诸儒之说，凡四十二家。朱彝尊《经义考》引陆元辅之言谓，"当日诸经《大全》，皆攘窃旧书以罔其上，此亦必元人之成书，非诸臣所排纂"云云，虽颇涉邻人窃斧之疑，然空穴来风，桐乳来巢，以他经之盗袭例之，或亦未必无因与。诸经之作皆以明理，然理非虚悬而无薄。故《易》之理丽于象数，《书》之理丽于政事，《诗》之理丽于美刺，《春秋》之理丽于褒贬，《礼》之理丽于节文，皆不可以空言说，而《礼》为尤甚。陈澔《集说》略度数而推义理，疏于考证，舛误相仍。纳喇性德至专作一书以考之，凡所驳诘多中其失。广等乃据以为主，根柢先失，其所援引亦不过笺释文句，与澔说相发明。顾炎武《日知录》曰，"自八股行而古学弃，《大全》出而经说亡。洪武、永乐之间，亦世道升降之一会"，诚深见其陋也。特欲全录明代《五经》，以见一朝之制度，姑并存之云尔。乾隆四十六年四月恭校上 总纂官【臣】纪昀【臣】陆锡熊【臣】孙士毅 总校官【臣】陆费墀

续表

序言	2.《礼记大全》总论
	程子曰：《礼记》杂出于汉儒，然其间传圣门绪余及格言甚多。如《礼记》《学记》之类无可议者。《檀弓》《表记》《坊记》之类，亦甚有至理，惟知言者择之。如《王制》《礼运》《礼器》，其书亦多传古意。若《闲居》《燕居》三无五起之说，文字可疑。又曰《礼记》除《中庸》《大学》，唯《乐记》为最近道，学者深思自得之。《礼记》之《表记》，其亦近道矣乎，其言正。
永嘉周氏曰：《经礼》三百，《威仪》三千皆出于性，非伪貌饰情也。天尊地卑，礼固立矣。类聚群分，礼固行矣。人者位乎天地之间，立乎万物之上，尊卑分类，不设而彰。圣人循此，制为冠、昏、丧、祭、朝、聘、乡射之礼，以行君臣、父子、兄弟、夫妇、朋友之义。其形而下者，见于饮食器服之用。其形而上者，极于无声无臭之微。众人勉之，贤人行之，圣人由之。故所以行其身与其家与其国与其天下者，礼治则治，礼乱则乱，礼存则存，礼亡则亡。上自古始，下逮五季，质文不同，罔不由是。然而世有损益，惟周为备。夫子尝曰：郁郁乎文哉，吾从周。逮其弊也，忠信之薄，而情文之繁。林放问礼之本，孔子欲从先进，盖所以矫正反弊也，然岂礼之过哉，为礼者之过也。秦氏焚灭典籍，三代礼文大坏。汉兴购书，《礼记》四十九篇杂出诸儒传记，不能悉得圣人之旨。考其文义，时有牴牾。然而其文繁，其义博，学者博而约之，亦可弗畔。盖其说也，粗在应对进退之间，而精在道德性命之要。始于童幼之习，而卒于圣人之归。惟达古道者，然后能知其言。能知其言，然后能得于礼。然则礼之所以为礼，其则不远矣。
延平周氏曰：夫礼者，性命之成体者也。盖道德仁义同出于性命，而所谓礼者又出乎道德仁义，而为之节文者也。方其出于道德仁义，则道德仁义者礼之本也。故曰：仁者，人也，亲亲为大。义者，宜也，尊贤为大。亲亲之杀，尊贤之等，礼所生也。方其为之节文，则道德仁义反有资于礼也。故曰：道德仁义，非礼不成。呜呼！此礼之所以为礼者也。若夫吉凶之殊，军宾之别，其言不尽于意，其意必寓于象。故一服饰一器械，有以存于度数之间者象也，象则文也。及推而上之有以见于度数之表者意也，意则情也。所谓意者，归于性命而已矣。《书》曰：天秩有礼，自我五礼有庸哉。盖其以故灭命以人废天者，圣人不为惟其天秩之所有，是乃圣人之所庸者也。然圣人所以庸之者，岂特使天下后世，知有尊卑之分，而苟自异于禽兽耳？盖又将为入道之资也。圣人既没，礼经之残阙久矣。世之所传曰《周礼》曰《仪礼》曰《礼记》，其间独《周礼》为太平之成法，《仪礼》者又次之，《礼记》者杂记先王之法言，而尚多汉儒附会之疵，此学者所宜精择。
朱子曰：或谓《礼记》是汉儒说，恐不然。汉儒最纯者莫如董仲舒，仲舒之文最纯者莫如《三策》，何尝有《礼记》中说话来。如《乐记》所谓天高地下，万物散殊，而礼制行矣。流而不息，合同而化、而乐兴焉。仲舒如何说到这里，想必是古来流传，得此个文字如此。

	续表
序言	虞氏曰：《礼记》乃《仪礼》之传，《仪礼》有《冠礼》，《礼记》则有《冠义》以释之。《仪礼》有《昏礼》，《礼记》则有《昏义》以释之。《仪礼》有《乡饮酒礼》，《礼记》则有《乡饮酒义》以释之。《仪礼》有《燕礼》，《礼记》则有《燕义》以释之。《仪礼》有《聘礼》，《礼记》则有《聘义》以释之。其他篇中，虽或杂引四代之制，而其言多与《仪礼》，相为表里。但《周礼》《仪礼》皆周公所作，而《礼记》则汉儒所录。虽曰汉儒所录，然亦《仪礼》之流也。何以言之？《周礼》虽得之于河间献王时，无有传之者。武帝以为末世渎乱之书，何休以为六国阴谋之书，至于汉末乃行于世。惟《仪礼》之书，汉初已行。故高堂生传之萧奋，萧奋传之孟卿，孟卿传之后苍，后苍传之戴德戴圣。二戴因习《仪礼》，而录《礼记》。故知《礼记》，《仪礼》之流也。
体例	《礼记大全》共三十卷。《钦定四库全书·经部四》礼类三《礼记大全》，书前有纪昀等人撰写的提要和《礼记大全总论》。其中：《学记》第十八位于《礼记大全》卷十七。
评价	1. 谓当日诸经大全，皆攘窃成书，以罔其上，此亦必元人成书，非诸臣所排纂。（陆元辅：《经义考》卷144） 2. 自八股行而古学弃，大全出而经说亡，洪武、永乐之间，亦世道升降之一会，诚深见其陋也。（顾炎武：《日知录》） 3. 《礼》之理丽于节文，皆不可以空言说，而《礼》为尤甚。陈澔《集说》略度数而推义理，疏于考证，舛误相仍。纳兰性德至专作一书以考之，凡所驳诘，多中其失。广等乃据以为主，根柢先失。其所援引，亦不过笺释文句，与澔说相发明。顾炎武《日知录》曰："自八股行而古学弃，《大全》出而经说亡。洪武、永乐之间，亦世道升降之一会。诚深见其陋也"。特欲全录明代五经，以见一朝之制度，姑并存之云尔。（《四库全书总目》评价）

6.（清）王夫之：《礼记章句》

《礼记章句》完成于康熙十六年（1677），是年王夫之五十九岁。王夫之原欲尽注三《礼》，后感时局不靖，且避居穷山，见闻不广，遂决定只注《礼记》；且定此书体裁为章句体，不广征博引，只顺原书解释疏通文字语句，间亦就原书发挥自己的见解。此书每篇篇端皆解释题目及本篇大意，章末有本章小结，颇有发明。

版本	1. 四库全书版本：《续修四库全书》之《礼记章句四十九卷》第98册（卷十八）：《学记》第331—337页。 2. 其他版本：《船山遗书》本，岳麓书社1991年将《船山遗书》重印。
序言	《礼记章句》序（此序惟见于嘉恺钞本，各印本俱无之） 《易》曰："显诸仁，藏诸用。"缘仁制礼，则仁体也，礼用也；仁以行礼，则礼体也，仁用也。体用之错行而仁义之互藏，其宅固矣。人之所以异于禽兽，仁而已矣；中国之所以异于夷狄，仁而已矣；君子之所以异于小人，仁而已矣。而禽兽之微明，小人之夜气，仁未尝不存焉；唯其无礼也，故虽有存焉者而不能显，虽有显焉者而无所藏。故子曰："复礼为仁。"大哉礼乎！天道之所藏而人道之所显也。 仁之经纬斯为礼，曰生于人心之不容已，而圣人显之。逮其制为定体而待人以其仁行之，则其体显而用固藏焉。《周礼》六官、《仪礼》五礼，秩然穆然，使人由之而不知。夫子欲与天下明之而发挥于不容已，精意所宣，七十子之徒与知之，施及于七国、西汉之初，仅有传者，斯戴氏之《记》所为兴也。故自始制而言之，则《记》所推论者体也，《周官》《仪礼》用也；自修行而言之，则《周官》《仪礼》体也，而《记》用也。《记》之与《礼》相倚以显天下之仁，其于人之所以为人，中国之所以为中国，君子之所以为君子，盖将舍是而无以为立人之本，是《易》《诗》《书》《春秋》之实缊也。 天下万世之为君子，修己治人，皆是以为藏身之固，而非是则人道不显，而生人之理息矣。是以先儒莫不依礼为躬行之密用，而论譔姑缓焉，非徒悯于礼经之阙佚而无以卒其业，亦以是为道之藏而不可轻也。虽然，沿此而俗儒纂诂以应科举者，乃以其支离弇鄙之言附会成书，文义不属，而微言之芜敝也愈以远。明兴，诏定《五经》，徒取陈氏之书，盖文学诸臣之过，而前无作者，不能阙以姑待，取办一时学宫之用，是其为失盖有由然，而亦良可憾已。 夫之生际晦冥，遭闵幽怨，悼大礼之已斩，惧人道之不立，欲乘未死之暇，上溯《三礼》，下迄汉、晋、五季、唐、宋以及昭代之典礼，折衷得失，立之定断，以存先王之精意，征诸实用，远俟后哲，而见闻交讧，年力不遑，姑取戴氏所记，先为章句，疏其滞塞，虽于微言未之或逮，而人禽之辨、夷夏之分、君子小人之别，未尝不三致意焉。天假之年，或得卒业，亦将为仁天下者之一助。倘终不逮，则世不绝贤，亦以是为后起者迩言之资也。 岁在癸丑日长至衡阳王夫之序。
体例	《礼记章句》四十九卷。书前有王夫之《礼记章句序》，正文四十九卷。其中：《学记》第十八。
评价	是编于《礼记》经文，逐句逐章，祥为笺释，颇有发明。寻其意旨，盖将合《大学》《中庸》章句为一书，以还《戴记》之旧也。惟其于每篇之首，列举一篇之大旨，大抵短长互见……其《衍中庸》一篇，所得经义为多，尤为详晰。（《续修四库全书总目提要》评价）

第一章 追本溯源：作者、注释者及注释版本　　75

7.（清）纳兰性德：《陈氏礼记集说补正》

《陈氏礼记集说补正》是一部专门批评补正陈澔《礼记集说》的书，最早收在《通志堂经解》中，成书时间应该在康熙二十四年（1685）至康熙三十一年（1692）之间。

版本	1. 古代版本：《陈氏礼记集说补正》有《通志堂经解》本、《四库全书》本和刻本。 2. 四库全书版本：《文渊阁四库全书》之《陈氏礼记集说补正》第127册（卷二十二）：《学记》第182—187页。
序言	《陈氏礼记集说补正》提要 【臣】等谨案陈氏《礼记集说补正》三十八卷，国朝头等侍卫纳喇性德撰。性德有删补合订《大易集义粹言》已着录。是编因陈澔《礼记集说》舛陋太甚，乃为条析而辨之。凡澔所遗者谓之补，澔所误者谓之正。皆先列经义，次列澔说，而援引考证，以着其失。其无所补正者，则经文与澔说并不载焉。颇采宋元明人之论，于郑注孔疏，亦时立异同。大抵考训诂名物者十之三四，辨义理是非者十之六七。以澔注多主义理，故随文驳诘者亦多也。凡澔之说，皆一一溯其本自何人，颇为详核。而爱博嗜奇，亦往往泛采异说。如《曲礼》席间函丈，澔以两席并中间为一丈。性德引《文王世子》席之制，三尺三寸三分寸之一驳之是也。而又引王肃本，丈作杖，谓可容执杖以指挥，则更谬于《集说》矣。《月令》群鸟养羞，性德既云《集说》未为不是，而又引夏小正，丹鸟羞白鸟，及项安世人以鸟为羞之说云，足广异闻。则明知《集说》之不误，而强缀此二条矣。《曾子问》鲁昭公慈母一条，既用郑注孔疏以补澔注，又引陆佃之谬解，蔓延于《集说》之外，是正陆氏非正《集说》矣。凡斯之类，皆征引繁富，爱不能割之。故然，综核众论，原委分明，凡所指摘，切中者十之八九，即其据理推求者。如《曲礼》很毋求胜分毋求多，澔《注》称况求胜者未必能胜，求多者未必能多。性德则谓此乃不忮不求，惩忿窒欲之事。陈氏所云不免计较得失，若是则可以必胜，可以必多，将不难于为之矣。是虽立澔于旁，恐亦无以复应也。然则读澔《注》者又何可废。是编与乾隆四十六年九月恭校上 总纂官【臣】纪昀【臣】陆锡熊【臣】孙士毅 总校官【臣】陆费墀
体例	《陈氏礼记集说补正》依《礼记》四十九篇之旧次为序，根据篇幅大小，或一篇一卷，或一篇若干卷，或若干篇合为一卷，共三十八卷。其中，卷二十二为《学记》。
评价	是编因陈澔《礼记集说》舛陋太甚，乃为条析而辨之。凡澔所遗者谓之'补'，澔所误者谓之'正'。皆先列经文，次列澔说，而援引考证，以著其失。其无所补正者，则经文与澔说并不载焉。颇采宋、元、明人之论，于郑注、孔疏亦时立异同。大抵考训诂名物者十之二四，辨义理是非者十之六七。以澔多主义理，故随文驳诘者亦多也。凡澔之说，皆一一溯其本自何人，颇为详核。……然综核众论，原委分明，凡所指摘，切中者十之八九。……然则读澔注者，又何可废是编与？（《四库全书总目提要》）

8.（清）杭世骏：《续礼记集说》

《续礼记集说》选取《永乐大典》中与《三礼》有关的内容，在除去已见于卫湜《礼记集说》中的部分，依次成编，体例与卫书相同，故又名《续卫氏礼记集说》。《续礼记集说》以资料繁多见称，所采凡217家，其中清代学者46家。在《续礼记集说·姓氏》中，杭世骏详细列举了自万斯大以来的礼学名家或涉及礼学的学者，基本含括清初的《礼记》学成果。

版本	1. 古代版本：《续礼记集说》有清光绪刻本、影印本和各类手抄本。 2. 四库全书版本：《续修四库全书》之《续礼记集说》第102册（卷六十七）：《学记》第210—225页。
序言	续《礼记集说》自序 余成童后，始从先师沈似裴先生受《礼》经，知有陈澔，不知有卫湜也。又十年，始得交郑太史筼谷，筼谷赠以《卫氏集说》。穷日夜观之，采茸虽广，大约章句训诂之学为多。卓然敢与古人抗论者，惟陆农师一人而已。通籍后，与修《三礼》，馆吏以《礼记》中《学记》《乐记》《丧大记》《玉藻》诸篇相属。条例既定，所取资者，则卫氏之书也。京师经学之书绝少，从《永乐大典》中，有关于《三礼》者，悉皆录出。二礼吾不得寓目，《礼记》则肄业及之。《礼记外传》一书，唐人成伯玙所撰，海宁藏书家未之有也，然止于标列名目，如郊社、封禅之类。开叶文康《礼经会元》之先，较量长乐陈氏《礼书》，则长乐心精而辞绮矣。他无不经见之书。至元人之经疑，迂缓庸腐，无一语可以入经解。而《大典》中至有数千篇，益信经窟中，可以树一帜者之难也。明年，奉两师相命，诣文渊阁搜捡遗书，惟宋刻陈氏《礼书》，差为完善，余皆残阙，无可携取。珠林玉府之藏，至是亦稍得其崖略已。在卫氏后者，宋儒莫如黄东发，《日抄》中诸经，皆本先儒，东发无特解也。元儒莫如吴草庐，《纂言》变乱篇次，妄分名目，乃经学之骈枝，非郑孔之正嫡也。广陵宋氏，有意驳经；京山郝氏，居心难郑，姑存其说。为迂儒化拘墟之见，而不能除文吏深刻之习。宋元以后，千喙雷同，得一岸然自露头角者，如空谷之足音，跫然喜矣。国朝文教罩敷，安溪、高安两元老潜心《三礼》，高安尤为杰出。《纂言》中所附解者，非草庐所能颉颃。馆中同事编蒉者，丹阳姜孝廉上均、宜兴任宗丞启运、仁和吴通守廷华，皆有撰述，悉取而备录之，贤于胜国诸儒远矣。书成，比于卫氏减三分之二。不施论断，仍卫例也。

续表

体例	《续礼记集说》共一百卷，书前有杭世骏撰《自序》和《姓氏》。其中姓氏包括卫湜《礼记集说》之中所采纳者及卫湜书中没有采纳而杭世骏书中所采纳者。杭世骏还特别对清朝以来注解《礼记》者的姓名、字号、著述进行了简要说明。其中：《学记》位于卷六十七和六十八。
评价	1. 礼家之渊海，足与卫书并传［《钦定礼记义疏》卷首，江南书局光绪戊子年（1888）十月刊本］ 2. 先生读书五行俱下，博综广览，于学无所不贯。所藏书拥揭积几，不下千万卷，沈酣其中，几忘暑夕。故发为文章，宏肆奥博，一时莫与抗者。（李富孙：《鹤征后录》卷一，《杭世骏》） 3. 堇浦说经，裒然钜编；注史长于考证，一时推为博洽。（徐世昌·《清儒学案小传》卷七《堇浦学案》） 4. 案杭氏是书，采辑自汉至清共二百余家，析为四类，皆以不雷同旧说，及发明新义者为主。清儒以姚氏际恒、姜兆锡、方苞、任启运为多。（吴廷燮：《续修四库全书总目提要》） 5. 杭书之功德（梁启超语）（清初学者姚际恒的大量文字在此书中得以保存，此书存姚氏《礼记通论》佚文，多达五十余万字）（梁启超：《中国近三百年学术史》，人民出版社2008年版，第212页）

9. （清）孙希旦：《礼记集解》

《礼记集解》六十一卷，是清代《礼记》研究的代表作。孙希旦在注解《礼记》时，能汉宋兼采，打破门户之见，对《礼记》中除《大学》《中庸》以外的四十七篇，从篇名到经文，参考郑玄、孔颖达、吕大临、朱熹、卫湜、陈澔、戴震等人之说，进行了详尽集释，是一部具有很高学术价值的《礼记》注本。

版本	1. 古代版本：清刻本（最早为咸丰十年至同治七年孙氏盘谷草堂刻本）。 2. 四库全书版本：《续修四库全书》之《礼记集解》第104册（卷三十六）：《学记》第172—181页。 3. 其他版本：中华书局1989年版的十三经清人注疏《礼记集解》，是以咸丰庚申瑞安孙氏盘谷草堂本为底本，并在参照其他相关版本的基础之上编撰而成。

续表

序言	《小戴》之学，郑注、孔义而外，宋枥齐卫氏之书综罗最博，而无所折衷，黄东发以为浩瀚未易遍观。自元云庄陈氏《集说》出，明人乐其简易，遂列学官，至今承用，然於礼制则援据多疏，礼意则发明未至，学者弗心厌也。我家敬轩先生，乾隆戊庚廷对，以第三人及第，为学一宗程、朱，研精覃思，於书无所不窥，旁涉天官、地舆、钟律、历算，而致力於《三礼》尤深，注《礼记集解》六十一卷。余舅氏雁湖、几山两先生屡谋锓版而未果。咸丰癸丑，锵鸣自粤右归，被朝旨治团於乡，从其曾孙裕昆发箧出之，则累然巨编。首十卷，几山先生所精校，录藏其副，余则朱墨杂糅，涂乙纷纠，盖稿虽屡易，而增改尚多，其间剪纸黏缀，岁久脱落，往往而是。乃索先生所治《三礼注疏》本及卫氏《集说》於裕昆所，皆逐字逐句，丹黄已遍，雠勘驳正之说，札记於简端者几满，遂为之参互考订，逾岁而清本定。庚申六月开雕，中更寇乱，迄同治戊辰三月始成，集赀鸠工，藉同人之力为多。夫《礼》四十九篇，先生之遗志，圣贤之格言赖是传焉。而杂出於汉儒之所辑，去圣已远，各记所闻，其旨不能尽一，於是训诂家纷纭聚讼，莫决从违。是书首取郑注、孔义，芟其繁芜，掇其枢要，下及宋、元以来诸儒之说，靡不博观约取，苟有未当，裁以己意。其於名物制度之详，必求确有根据，而大旨在以经注经，非苟为异同者也。至其阐明礼意，往复曲畅，必求即乎天理人心之安，则尤笃实正大，粹然程、朱之言也。先生易箦时，年未逾五十，於是书已三易稿。於乎！功亦勤矣。今距先生之卒不及百年，其在馆阁时，清节峻望，无有能道之者，读是书，抑可想见先生之为人也。族子锵鸣谨序。
体例	《礼记集解》（点校本）共六十一卷，分上、中、下三册，书前有沈啸寰撰写的《本书点校说明》，次为《本书检目》、孙锵鸣《序》、孙衣言《敬轩先生行状》，再次为《礼记集解》正文，书后附有项琪《跋》、孙希旦《尚书顾命解》一卷及孙锵鸣的《尚书顾命解跋》。其中，卷三十六为《学记》。
评价	是书颇宗程朱，本经学家义理一派……所引解释，自郑孔迄清戴氏震，搜采亦极广博。（《续修四库全书总目提要》评价）

10.（清）朱彬：《礼记训纂》

《礼记训纂》以考据为基础，采用汉唐训诂考证与宋明义理阐发相结合的治经方法，对郑玄、孔颖达、吕大临、朱熹、吴澄、刘台拱、王懋玆等九十多位学者的观点进行引用、辨析，荟萃了清代考据学的最新成果，在《礼记》学史上独具一格，对《礼记》的理解和传承发挥了重要作用。朱彬"年逾知命"开始《礼记训纂》的撰写，于道光壬辰（1832年）写序完稿，前后经历三十年时间，至逝世前两年方才写完全书，可以说《礼记训纂》一书倾注了朱彬后半生的心力。

版本	1. 古代版本：清咸丰刻本，咸丰元年朱士达宜禄堂刻本。 2. 四库全书版本：《续修四库全书》之《礼记训纂》第105册（卷十八）：《学记》556—561页。 3. 其他版本：《礼记训纂》点校本，饶钦农点校，1996年中华书局版十三经清人注疏，以咸丰元年宜禄堂刻本为底本，用《四部丛刊》影宋本《纂图互注礼记》、阮元刻《十三经注疏》中之《礼记注疏》《四部备要》本《礼记训纂》校勘。
序言	1. 序 　　汉唐以来，说礼诸家精奥无如郑注，博赡无如孔疏，详且明者无如卫湜集说。至明永乐中，专以陈澔集说列于学官，科举宗之，而郑、孔之义微矣。缀学之士去古日远，绝鲜师法，遂不免空虚浮滥与钩棘章句之病。 　　我朝经学昌明，乾隆初，钦定《礼记义疏》，嘉惠士林，而古义始旷然复明于世。第卷帙繁巨，寒畯或不能尽购。他若纳喇性德之《陈氏集说补正》，李光坡之《礼记述注》，方苞之《礼记析疑》诸书，亦足以发郑、孔之遗义，订陈澔之讹漏。然《补正》一书，意主纠驳。李则专采注、疏，方专断以己意。求其博而精，简而赅，足以荟众说而持其平，牖占毕而扩其识者，则郁甫朱先生所著《礼记训纂》一书是已。 　　先生承其乡先进王氏懋竑经法，又与刘端临台拱、王石臞念孙、伯申引之父子切劘有年，析疑辨难，奥窔日辟。故编中采此四家之说最多。复旁证国初讫乾、嘉间诸家之书，亦不下数十种，而仍以注、疏为主。撷其精要，纬以古今诸说，如肉贯串。其附以己意者，皆援据精确，发前人所未发，不薄今而爱古，不别户而分门，引掖来学之功，岂浅鲜哉！ 　　先生旧有《经传考证》八卷，刊入《皇朝经解》中。玆编成于晚年，复有改定。如《考证》解"越国而问焉"，谓致仕之臣，问于它国，玆仍从《正义》作"它国来问"。《考证》解"视瞻毋回"，谓"毋回邪"，玆仍从《正义》作"不得回转"。《考证》解"及丧荓而后辞于殡"，驳郑注"殡"当为"宾"，玆则仍依郑说。《考证》解"立容辨"为分辨，玆仍从注读为"贬"。其他类此者尚多。盖年益高，学益邃，心亦益虚，不专以一说而矜创解。然则《训纂》之与《考证》，正如朱子《集注》之与《或问》，可以参观互证也。抑又见此书皆先生手稿，是

续表

序言	时年八十矣，犹作蝇头细楷。昔司马温公纂《资治通鉴》，削稿盈屋，皆正书，先生殆其伦与？古经师如伏生、申、辕之流，率皆耆年大耋。盖其精邃专一之学，醰粹默沈之养，足以通微畅古，故神明久而不衰。观于先生益信。则徐昔在词垣，从长公文定公后，继又承乏先生之乡，窃闻先生之学行，起敬起慕。 兹次公恕齐方伯出是编嘱序，不敢以弇陋辞，然适以兹扣盘扪籥之愧也夫！ 时道光壬寅夏六月，后学林则徐载拜谨序。 2.《礼记训纂序》 汉艺文志云："《礼古经》五十六卷，《经》十七篇，《记》一百三十一篇。"景十三王传称："献王所得皆古文先秦旧书，《周官》《尚书》《礼》《礼记》《孟子》《老子》之属，皆经传说记，七十子之徒所论"。郑康成《六艺论》云："戴德传《记》八十五篇，则《大戴礼》是也。戴圣传《礼》四十九篇，则此《礼记》是也。"儒林传："小戴授梁人桥仁、杨荣子孙，由是小戴有桥、杨之学"。《后汉书》《桥玄传》云："七世祖仁，著《礼记章句》四十九篇，号曰'桥君学'。"是则《礼记》传授远有端绪如是。 陆德明《经典释文叙录》引陈邵《周礼论序》云："戴德删古《礼》二百四十篇，谓之《大戴礼》；戴圣删《大戴礼》为四十九篇，是为《小戴礼》"。后儒翕然信之。然《大戴礼》《哀公问》《投壶》，《小戴记》亦列此二篇。他如《曾子》《大孝篇》见于《祭义》，《诸侯衅庙》见于《杂记》，《朝事篇》自"聘礼"至"诸侯务焉"见于《聘义》，《本命篇》自"有恩有义"至"圣人因教以制节"见于《丧服四制》，则非小戴删取大戴书甚明。孔冲远《乐记正义》亦云："按《别录》，《礼记》四十九篇，《乐记》第十九，则《乐记》十一篇在刘向前矣。"观此，则自汉以来，无谓小戴删取大戴以成书者。 唐初诏孔氏作《正义》，《礼记》最为详赡。凡所徵引，如二贺氏、庾氏，以及皇氏、熊氏之说，备著于篇。自唐《类礼》已亡，后之释经者多苦其文繁。唯宋末卫正叔《集说》始释全经，然详于议论，而略于训故。元吴草庐《礼记纂言》割裂删并，自成一家之书，不可颁在学宫，以时习肄。余束发受书，病陈氏《集说》之疏略。 本朝经学昌明，诏天下诸生习《礼记》者兼用古注、疏，于是洪哲后彦之伦，钻研经义，遐稽博考，盖彬彬矣。不揣梼昧，年逾知命，始取《尔雅》《说文》《玉篇》《广雅诸书》之故训，又刺取《北堂书钞》《通典》《太平预览》诸书之涉是《记》者，虎观诸儒所论议，郑志师弟子之问答，以及魏、晋以降诸儒之训释，撮其菁英，以为辑略。管窥蠡测，时有一得，亦附于编。郑君注《礼》，如日月之在天，江河之行地，而千虑之失，亦间有之。后儒规其阙失，补其瑕间，用是知经传之文，非一人一家之学所能尽也。唯《大学》《中庸》不加训释，仍依郑《注》，列经文于次，以还四十九篇之旧焉。 道光壬辰七月自序。

第一章　追本溯源：作者、注释者及注释版本　　81

续表

体例	《礼记训纂》仍依《礼记》为四十九篇，其中《大学》《中庸》两篇因已被朱熹《四书章句集注》收录，作者未做训解。全书基本上是先列篇名解题与卷次，而后列经文，最后列朱彬注解。注解内容主要是征引他说，或训诂字词，或疏通经意，注释中作者有时以按语的形式表明自己观点。最后，标明读音。其中：卷十八为《学记》。
评价	1. 求其博而精，简而赅，足以荟众说而持齐平，庸佔毕而扩其识者，则郁甫朱先生所著《礼记训纂》一书是已。发前人所未发，不薄今而爱古，不别户而分门，引掖来学之功，岂浅显哉！（林则徐语）［（清）朱彬撰，饶钦农点校：《礼记训纂》，中华书局2011年版，第1页］ 2. 朱彬为《训纂》，义不师古。（章太炎：《章太炎全集》第三册，上海人民出版社1995年版，第478页） 3. 治经确有心得，于训诂声音文字之学，用力尤深……是可为不分汉宋之证……综览全帙，朱氏自抒所见者殊少……于义理既有阐发，于训诂亦有根据。得简要而鲜芜杂。（《续修四库全书总目提要》评价）

11. 杨天宇：《礼记译注》（1997年）

版本	《礼记译注》（上、下册），上海古籍出版社2004年版。
序言	一、关于《礼记》的来源与编纂 　　《礼记》，亦称《小戴礼记》或《小戴记》，凡四十九篇，是一部先秦至秦汉的礼学文献选编。该书最初为西汉时期的戴圣所纂辑。 　　戴圣本是《仪礼》学的专家。《汉书·儒林传》曰： 　　汉兴，鲁高堂生传《士礼》（案即今所谓《仪礼》）十七篇，……而瑕丘萧奋以《礼》至淮阳太守。……孟卿，东海人也，事萧奋。以授后仓、鲁闾丘卿。仓说《礼》数方言，号曰《后氏曲台记》，授沛闻人通汉子方、梁戴德延君、戴圣次君（案据《后汉书·儒林传下》，戴圣为戴德之兄子）、沛庆普孝公。孝公为东海太傅。德号大戴，为信都太傅；圣号小戴，以博士论石渠，至九江太守。由是《礼》有大戴、小戴、庆氏之学。 　　《汉书·艺文志》亦曰： 　　汉兴，鲁高堂生传《士礼》十七篇。讫孝宣世，后仓最明，戴德、戴圣、庆普皆其弟子，三家立于学官。 　　可见戴圣师事后仓，本为今文《仪礼》博士。 　　然而《仪礼》仅十七篇，而其中《既夕礼》为《士丧礼》的下篇，《有司》为《少牢馈食礼》的下篇，实际只有十五篇。这十五篇所记又大多为士礼，只有

续表

序言	《觐礼》记诸侯朝觐天子而天子接见来朝诸侯之礼,算是涉及天子之礼,这对于已经实现了天下大一统的西汉王朝来说,欲建立一整套朝廷礼制,显然是不够用的。所以当时礼学家便采取了三个办法来加以弥补。其一是"推《士礼》而致于天子"(《汉书·艺文志》)。又《汉书·礼乐志》曰:"今学者……但推士礼以及天子。"),即从十七篇《仪礼》所记诸士礼以推导出朝廷天子之礼。其二是经师自撰礼文或礼说。这种做法从汉初的叔孙通就开始了。叔孙通曾撰《汉仪十二篇》(见《后汉书·曹褒传》,而王充《论衡·谢短篇》则称其书为《仪品十六篇》),魏张揖在其《上广雅表》中还称他"撰置礼《记》,文不违古"。而后仓撰《曲台记》(《汉志》载有"《曲台后仓》九篇")亦其显例。其三是杂采当时所可能见到的各种《记》文,以备朝廷议礼或制礼所用。如汉宣帝甘露三年(前51)诏诸儒讲五经同异于石渠阁,后仓弟子闻人通汉、戴圣等皆与其议。其议有曰: 《经》云:"宗子孤为殇。"言"孤"何也?闻人通汉曰:"孤者,师傅曰:'因殇而为孤也。'男子二十冠而不为殇,亦不为孤,故因殇而见之。"戴圣曰:"凡为宗子者,无父乃得为宗子。然为人后者,父虽在,得为宗子,故称孤。"圣又问通汉曰:"因殇而为孤者,冠则不为孤者,《曲礼》曰:'孤子当室,冠衣不纯采。'此孤而言冠,何也?"对曰:"孝子未曾忘亲,有父母,无父母,衣服辄异。《记》曰:'父母存,冠衣不纯素;父母殁,冠衣不纯采。'故言孤。言孤者,别衣、冠也。"圣又曰:"然则子无父母,年且百岁,犹称孤不断,何也?"通汉曰:"二十而冠不为孤。父母之丧,年虽老,犹称孤。"(《通典》卷七十三:《继宗子议》) 此所谓《经》云者,见于《仪礼·丧服》。所谓《曲礼》者,见今《礼记·曲礼上》。所谓《记》曰者,盖《曲礼》逸文。 石渠……又问:"庶人尚有服,大夫臣食禄反无服,何也?"闻人通汉对曰:"《记》云:'仕于家,出乡不与士齿。'是庶人在官者也,当从庶人之为国君三月服制。"(《通典》卷八十一:《诸侯之大夫为天子服议》) 此所谓《记》云,见今《礼记·王制》。 汉石渠议。闻人通汉问云:"《记》曰:'君赴于他国之君曰不禄;夫人,曰寡小君不禄。'大夫、士或言卒、死,皆不能明。"(《通典》卷八十三:《初丧》) 此所谓《记》曰者,见今《礼记·杂记上》。可见当时的礼家,皆各掌握有若干礼的《记》文(如《曲礼》《王制》《杂记》等)的抄本。这些《记》文当为礼家所习见,而且具有实际上不亚于经的权威性,故在石渠这种最高级别的议论经义的场合,能为礼家所公开引用以为议论的依据。今所见《礼记》四十九篇的初本,很可能就是在这个时期由戴圣抄辑而成的。 必须指出的是,当时有关礼的《记》文是很多的。洪业先生有"《记》无算"的说法,曰:

续表

序言	所谓《记》无算者，以其种类多而难记其数也。且立于学官之礼，经也，而汉人亦以"礼记"称之，殆以其书中既有经，复有记，故混合而称之耳。……兹姑略论其他。案《汉书·艺文志》列《礼》十三家，其中有"记百三十一篇"，原文注云："七十子后学者所记也。"明云记者，仅此而已。然"王史氏二十一篇"，而后云"王史氏记"；"曲台后仓九篇"，而如淳注曰："行礼射于曲台，后仓位记，故名曰《曲台记》"：是亦皆记也。至于"明堂阴阳三十三篇"，"中庸说二篇"，后人或指其篇章有在今《礼记》中者，是亦记之属欤？又礼家以外，《乐》家有《乐记》二十三篇，《论语》家有《孔子三朝》七篇，亦此类之记也。略举此数端，已见"礼记"之称甚为广泛矣（《礼记引得序》）。 如此众多的《礼》，礼家根据自己的需要，选抄其一定的篇数，以为己用，于是就有了戴圣的四十九篇之《礼记》，以及戴德的八十五篇之《礼记》。戴圣之《礼》学既以"小戴"名家[见前引《汉书·儒林传》及《汉书·艺文志》（下简称《汉志》）]，故其所抄辑之《记》，后人也就称之为《小戴礼记》。同样道理，戴德所抄之辑《记》，后人称之为《大戴礼记》。 戴圣的四十九篇《礼记》，据郑玄《礼记目录》（下简称《目录》），每篇都有"此于《别录》属某类"的记载。如《曲礼上第一》下《目录》云"此于《别录》属制度"，《檀弓上第三》下《目录》云"此于《别录》属通论"，《王制第五》下《目录》云"此于《别录》属制度"，等等。《别录》是刘向所撰。由郑玄《目录》所引《别录》，可以说明两个问题：其一，《礼记》四十九篇的抄辑时间，当在成帝命刘向校书之前；其二，由《别录》的分类可见，四十九篇之《礼记》是从各种《记》书中抄合而成的。如《月令第六》下《目录》云："此于《别录》属《明堂阴阳记》。"《明堂位第十四》下《目录》云："此于《别录》属《明堂阴阳》。"说明这两篇都是抄自《汉志》"《礼》家"的"《明堂阴阳》三十三篇"。《乐记第十九》下《目录》云："此于《别录》属《乐记》。"说明此篇是抄自《汉志》"《乐》家"的"《乐记》二十三篇"。《汉志》的"《论语》家"有"《孔子三朝》七篇"，颜师古《注》曰："今《大戴礼》有其一篇，盖孔子对[鲁]哀公语也。三朝见公，故曰《三朝》。"是可见大、小《戴记》名异而实同的此篇都抄自《孔子三朝》。其他诸篇盖如此，只是后人已不可一一考明其出处罢了。 至于大、小二《戴记》的关系，旧有"小戴删大戴"之说，始于晋人陈邵。《经典释文·序录》引其说云： 　陈邵（原注：字节良，下邳人，晋司空长史）《周礼论序》云："戴德删古礼二百四篇为八十五篇，谓之《大戴礼》。戴圣删《大戴礼》为四十九篇，是为《小戴礼》。后汉马融、卢植考诸家同异，附戴圣篇章，去其繁重，及所叙略，而行于世，即今之《礼记》是也。郑玄亦依卢、马之本而注焉。"

续表

序言	后来《隋书·经籍志》更附益其说，曰： 汉初，河间献王又得仲尼弟子及其后学者所记一百三十一篇献之，时亦无传之者。至刘向考校经籍，检得一百三十篇（姚振忠《汉书艺文志条理》曰："案'一'在'十'之下，写者乱之。"），向因第而叙之。而又得《明堂阴阳记》三十三篇、《孔子三朝记》七篇、《王史氏记》二十一篇、《乐记》二十三篇，凡五种，合二百十四篇（陈寿祺《左海经辨·大、小戴礼记考》以上五种《记》合为二百十五篇，此处减少一篇，失之）。戴德删其繁重，合而记之，为八十五篇，谓之《大戴记》。汉末马融遂传小戴之学。融又定《月令》一篇、《明堂位》一篇、《乐记》一篇，合四十九篇；而郑玄受业于融，又为之注。是《隋志》虽采陈邵"小戴删大戴"之说，而删后的篇数则异，非四十九篇，而为四十六篇，于是又生出马融足三篇之说。 清代学者如纪昀、戴震、钱大昕、陈寿祺等皆力驳所谓小戴删大戴以及马融足三篇之说。如纪昀曰： 其说不知所本。今考《后汉书·桥玄传》云："七世祖仁，著《礼记章句》四十九篇，号曰桥君学。"仁即班固所谓小戴授梁人桥季卿者，成帝时尝官大鸿胪（案据《汉书补注》，桥仁为大鸿胪在平帝时，此误）。其时已称四十九篇，无四十六篇之说。又孔《疏》称《别录》："《礼记》四十九篇，《乐记》第十九。"四十九篇之首，《疏》皆引郑《目录》，郑《目录》之末，必云此于刘向《别录》属某门。《月令》，《目录》云"此于《别录》属《明堂阴阳记》"。《明堂位》，《目录》云"此于《别录》属《明堂阴阳记》"。《乐记》，《目录》云"此于《别录》属《乐记》"。盖十一篇，今为一篇，则三篇皆刘向《别录》所有，安得以为马融所增？《疏》又引玄《六艺论》曰："戴德传《记》八十五篇，则《大戴礼》是也。戴圣传《礼》四十九篇，则此《礼记》是也。"玄为马融弟子，使三篇果融所增，玄不容不知，岂有以四十九篇属于戴圣之理？况融所传者，乃《周礼》，若小戴之学，一授桥仁，一授杨荣。后传其学者，有刘祐、高诱、郑玄、卢植。融绝不预其授受，又何从而增三篇乎？知今四十九篇，实戴圣之原书，《隋志》误也（《四库提要》卷二十一：《礼记正义》下《提要》）。 戴震曰： 郑康成《六艺论》曰："戴德传《记》八十五篇。"《隋书·经籍志》曰："《大戴礼记》十三卷，汉信都王太傅戴德撰。"今是书传本卷数与《隋志》合，而亡者四十六篇。《隋志》言"戴圣删大戴之书为四十六篇，谓之《小戴记》"，殆因所亡篇数傅合为是言欤？其存者，《哀公问》及《投壶》，《小戴记》亦列此二篇，则不在删之数矣。他如《曾子大孝》篇见于《祭义》，《诸侯衅庙》篇见于《杂记》，《朝事》篇自"聘礼"至"诸侯务焉"见于《聘义》，《本命》篇自"有恩，有义"至"圣人因杀以制节"见于《丧服四制》。凡大小戴两见者，文字

第一章 追本溯源：作者、注释者及注释版本

续表

| 序言 | 多异。《隋志》以前未有谓之小戴删大戴之书者，则《隋志》不足据也（《东原集·大戴礼记目录后语一》）。
又陈寿祺曰：
《礼记正义》引《六艺论》云："戴德传《记》八十五篇，则《大戴礼》是也。戴圣传《记》四十九篇，则此《礼记》是也。"寿祺案：二戴所传《记》，《汉志》不别出，以其具于百三十一篇《记》中也。《乐记·正义》引《别录》有《礼记》四十九篇，此即小戴所传；则大戴之八十五篇，亦必存其目，盖《别录》兼载诸家之本，视《汉志》为详矣。《经典释文·序录》引陈邵《周礼论序》云："戴德删古礼二百四篇为八十五篇，谓之《大戴礼》。戴圣删《大戴礼》为四十九篇，是为《小戴礼》。后汉马融、卢植考诸家同异，附戴圣篇章，去其繁重及所叙略，而行于世，即今之《礼记》是也。"邵言微误。《隋书·经籍志》因傅会，谓戴圣删大戴之书为四十六篇，马融足《月令》《明堂位》《乐记》为四十九篇。休宁戴东原辨之曰："孔颖达《义疏》于《乐记》云：'按《别录》：《礼记》四十九篇。'《后汉书·桥玄传》：'七世祖仁著《礼记章句》四十九篇，号曰桥君学。'仁即班固所说小戴授梁人桥仁季卿者也。刘、桥所见篇数已为四十九，不待融足三篇甚明。康成受学于融，其《六艺论》亦但曰戴圣传《礼记》四十九篇。作《隋书》者徒谓大戴阙篇，即小戴所录，而尚多三篇，遂聊归之融耳。"寿祺案：桥仁师小戴，《后汉书》谓从同郡戴德学（案《后汉书·桥玄传》有"七世祖仁，从同郡戴德学"之文），亦误。又《曹襃传》："父充持《庆氏礼》，襃又传《礼记》四十九篇，教授诸生千余人，庆氏学遂行于世。"然则襃所受于庆普之《礼记》亦四十九篇也。二戴、庆氏皆后仓弟子，恶得谓小戴删大戴之书耶？《释文·序录》云："刘向《别录》有四十九篇，其篇次与今《礼记》同。"然则谓马融足三篇者，妄矣（《左海经辨》"《大戴记》八十五篇，《小戴记》四十九篇"条）。
以上诸说，驳小戴删大戴、马融足三篇之说，可谓有力。不过陈氏谓大、小二《戴记》皆取自《汉志》所载百三十一篇之《记》中，则非是。其实二《戴记》皆各从多种《记》书中抄合而成，前已论之。又其仅据《后汉书·曹襃传》谓曹"父充持《庆氏礼》，……襃……又传《礼记》四十九篇"，遂断言"襃所受于庆普之《礼记》亦四十九篇"，亦属臆说。曹襃传其父之《庆氏礼》，是《仪礼》而非《礼记》。《后汉书》并无其父充习《礼记》四十九篇的记载，又怎能由曹襃"传《礼记》四十九篇"一语，即断言是传自一百余年前西汉武、宣时期的庆普呢？且庆普既自以《礼》学名家，与大、小二戴之《礼》学鼎足为三，则其如抄辑有《记》，篇目与篇数，亦必自有取去，正如《小戴记》之不同于《大戴记》一样，何乃至于恰同于小戴？因此曹襃所传的《礼记》四十九篇，其渊源所自，尚难遽定。颇疑小戴之四十九篇，传至东汉中期，已为众多学者所共 |

续表

| 序言 | 习，曹褒亦不例外。故周予同说："曹褒于传受庆氏《仪礼》学之外，又兼传小戴《礼记》学。"（《群经概论》四：《三礼——周礼、仪礼与礼记》）然曹褒对此四十九篇的解说，则皆依己见，使之成为充实其《庆氏礼》学的一大方面军，故《曹褒传》曰："又传《礼记》四十九篇，教授诸生千余人，庆氏学遂行于世。"可见《庆氏礼》之盛行于东汉，与曹褒传授《小戴礼记》关系甚大。如果此说可以成立，就更可证东汉中期以前即已流传有《小戴礼记》四十九篇，而不待马融凑足其数。

至于说《汉志》不载二戴《记》，学者颇有以此为据而否认西汉有二戴《礼记》的（如清人毛奇龄的《经问》即持此说）。我以为此实不足为据，然亦非如陈寿祺所说"以其具于百三十一篇《记》中"。但陈氏说"盖《别录》兼载诸家之本，视《汉志》为详"，倒是可信的。因为《汉志》是班固根据刘歆《七略》"删其要"而撰作的（见《汉志·序》），而刘歆的《七略》，又是在其父所撰《别录》的基础上删要而成的。故姚名达说："先有《别录》而后有《七略》，《七略》乃摘取《别录》以为书，故《别录》详而《七略》略也。"（《中国目录学史·溯源篇》之《〈别录〉与〈七略〉之体制不同》节）故《汉志》未载之书，不等于《七略》未载，更不等于《别录》亦无其书。且《释文·序录》明云"汉刘向《别录》有四十九篇，其篇次与今《礼记》同"，复何可疑？再则西汉时代的书，而《汉志》未收录的甚多，董仲舒的《春秋繁露》就是显例。如果我们再翻翻姚振忠的《汉书艺文志拾补》，则《汉志》未收录的，又岂止《繁露》和二《戴记》呢！

近人洪业不信戴圣纂辑四十九篇《礼记》之说。他在《礼记引得序》中，除提出诸多可疑之点外，主要有两条看似无可辩驳的证据。其一曰："《说文》引《礼记》辄冠以'礼记'二字，独其引《月令》者数条，则冠以'明堂月令曰'，似许君所用之《礼记》尚未收有《月令》，此可佐证《月令》后加之说也。"洪业自注其所引关于《说文》引《礼记》的说法，是依据丁福保《说文解字诂林》，是可见洪氏本人并未取《说文》加以详核。今考《说文》所引《礼记》，并无一定义例，情况较为复杂。据1963年12月中华书局影印陈昌奉刻本，明引《礼记》者，凡六处。一，《示部》"禜"字注曰："《礼记》曰：'雩禜祭水旱。'"然段《注》以为此处是"误用错语为正文"。二，《艸部》"苄"字注曰："《礼记》：'铏毛，牛藿，羊苄，豕薇。'"王筠《说文句读》说，此处所引是《仪礼·公食大夫礼》后边的《记》文。三，《羽部》"翣"字注曰："棺羽饰也。天子八，诸侯六，大夫四，士二。"王筠以为这是引的《礼器》之文。四，《鸟部》"鹬"字注曰："《礼记》曰：'知天文者冠鹬。'"王筠说此处引文出自《逸礼》，而非《礼记》。五，《血》部"衁"字注曰："《礼记》有衁醢。"王筠以为"衁醢"出 |

序言	《仪礼》《周礼》，不出于《记》。段注本于此条则删去《礼记》之"记"字，而曰："各本'礼'下有'记'字，误，今依《韵会》本。"六，《人部》"俾"字注曰："《少仪》曰：'尊壶者俾其鼻。'"由以上诸条可见，《说文》所引而确可信为出于《礼记》的，只有三、六两条，而第三条中未标《礼记》书名，第六条则仅举其篇名（《少仪》）可见洪氏所谓《说文》引《礼记》而皆冠以"礼记"二字之说，并不符合事实。又考《说文》全书凡十一引《月令》，其九处皆曰《明堂月令》，而《耳部》"鹰"字下则曰："一曰若《月令》'靡草'之'靡'。"又《酉部》"酋"字注曰："《礼》有大酋，掌酒官也。"此处所谓《礼》，实据《月令》，王筠曰："《月令》'仲冬乃命大酋'，《注》：'酒熟曰酋。大酋者，酒官之长。'"可见《说文》引《月令》，并非皆冠以《明堂月令》，而以此作为许慎所用《礼记》尚未收有《月令》的证据，也就不能成立了。 　　洪氏的第二个、也是最重要的证据就是，戴圣是今文《礼》学家，如果他"别传有《礼记》以补益其所传之经，则其《记》亦当皆从今文，而不从古文"。然而《礼记》中的文字颇多从古文者，且收有《奔丧》《投壶》二篇，出于古文《逸礼》，而《燕义》首段百余字，又出于《周礼·夏官·诸子》，作为今文《礼》家的戴圣，其所编《礼记》，何至于此？"合以上诸点观之，故曰后汉之《小戴记》非戴圣之书也。"因此洪氏认为四十九篇之《小戴礼记》的编纂成书，当是在"二戴之后，郑玄之前，'今礼'之界限渐宽，家法之畛域渐泯"以后的事，且"不必为一手之所辑，不必为一时之所成"，而之所以名之为《小戴礼记》，不过是"误会"，是"张冠而李戴"（末语见《仪礼引得序》）。 　　洪氏此论，曾使不少学者为之折服。我在十多年前作《论郑玄三礼注》（发表于《文史》第21辑）时，亦曾用洪氏之说。然今细揣之，则不敢苟同矣。这里首先涉及的，就是一个对于汉代的今古文之争究竟应当怎样认识的问题。其实，认为汉代今古学两派处处立异，"互为水火"（廖平《今古学考》），不过是清代学者的看法。而真正使今古学两派壁垒分明，互为水火的，也只是清代学者的事。特别是到了晚清，借经学以为政治斗争的武器，更是如此。所以清代的今古文之争，已非单纯的学术宗派之争，实具有政治斗争的性质，有其极端的严峻性。康有为所著《新学伪经考》，三次被清廷降旨毁版（参见钱玄同《重论经今古文学问题》），就是显例。因为清代的今古学两派都打着复兴汉学的旗号，所以也就不免夸大汉代今古文之争的严重性。其实汉代的今古文之争，是纯粹的学术宗派之争，并不带政治斗争的性质。关于这一点，我们从王莽改制既用古文经，又用今文经，虽立古文经博士而不废今文经博士，其所建新朝对于今古文两派学者并加重用，一视同仁（参见拙作《论王莽与今古文经学》，载《文史》第53辑），以及东汉建武初年刘秀准立《左氏春秋》博士，而汉章帝竟至"特好《古文尚书》《左氏传》"（《后汉书·贾逵传》）等，都可以说明这一点。又汉代的今古文之

续表

| 序言 | 争，突出地表现在古文学家欲为古文经争立学官上。今文学博士为保持其在学术上的统治地位，以及为本学派垄断利禄之途，则竭力反对立古文经学博士。然而古文经学派只要不争立博士，今古文两派就可相安无事。因此自成帝时诏谒者陈农"求遗书于天下"（《汉志·序》），并诏刘向等校书，对于所搜集和校理的大量古文经籍，今文博士并无异议或以为不可。相反，博士们所可以读到的朝廷藏书（据《汉志·序》注引刘歆《七略》说，武帝时，"外则有太常、太史、博士之藏，内则有延阁、广内，秘室乡府"），可见自武帝时已为博士官建有专门的藏书处。至于太常、太史所藏书，博士们大概也是可以读到的，对于其中的古文经记，实早已暗自抄辑，并公开引用了。如前举《通典》所载石渠阁之议，戴圣和闻人通汉即已引用了《曲礼》《王制》《杂记》等《记》，其中《曲礼》和《杂记》，据廖平《今古学考》的分类，即属于古学之书（此问题下面还要谈到）。况且古文经的提出以及今古文之争，发生在哀帝建平元年刘歆奏请朝廷为古文经立博士之后，此前并无今古学的概念，更无今古文之争。所以遭秦火之后，经籍残缺而孤陋的博士们，因不敷大一统王朝之需而于所可能发现的、出于山岩屋壁的古文经记，皆"贪其说"而抄辑之以为己用，本是很自然的事，并没有门户之见从中作梗。由此可见，今古文之争未起，而生当武、宣时期的大、小二戴所抄辑的《礼记》，混有古文经记，并不足为奇。

　　关于四十九篇《礼记》的今古文属性问题，廖平在其所著《今古学考》中认为最为驳杂，而将其划分为今文学、古文学、今古学混杂的、今古学相同的四大类，并一一列其篇目。然廖氏仅作了简单的篇目分类，并未说明理由或加以论证，因此当时以及后来的学者们对廖氏的分类颇多非议，以为不可据信。如廖氏以《礼运》属古文学，而康有为则以为属今文学，并特为之作《注》，就是显例。然对于廖氏的分类尽管非议颇多，不能得一般学者的承认，而认为四十九篇之《礼记》是一部今古文混杂的著作，则为一般学者所公认。这种看法亦始于清代学者，也确有一定道理。但我们的看法和立场，与清代学者不同。如清代今文学者以《王制》为今文学之大宗（如皮锡瑞在其所撰《三礼通论》中就专立有《论王制为今文大宗即春秋素王之制》一节），是因为《王制》所设计的制度与《周礼》不同，而《周礼》为古文经，这是无可争议的，那么《王制》自然就属今文之作了。其实这种划分，本出于清代学者的门户之见，汉人并无以《王制》为今文之说。至于《王制》与《周礼》的矛盾，就郑《注》所见，是以所记为"夏制"或"殷制"来加以解释的。如果我们再考查一下《礼记》四类之说的不可靠，《礼记》中可以肯定有今文《记》。今可考者，则出自今《礼》博士、二戴之师后仓。《汉志》有《后氏曲台记》九篇。王应麟在其《汉艺文志考证》中说： |

第一章 追本溯源：作者、注释者及注释版本

续表

| 序言 | 本《传》："仓说《礼》数万言，号曰《后氏曲台记》，授大、小戴。"服虔曰："在曲台校书著《记》，因以为名。"《七略》曰："宣皇帝时行射礼，博士后仓为之辞，至今记之曰《曲台记》（自注：颜氏曰（曲台在未央宫））。"初礼唯有后仓，孝宣世复立大、小戴《礼》（自注：案《大戴·公符篇》载孝昭冠辞，宣帝时《曲台记》也）。

由上可见，二戴既传后仓之学，则取其师所撰之《记》，以入已所纂辑之《记》，自是理所当然的事。王氏已列举大戴抄取《曲台记》之例（孝昭冠辞），小戴盖亦然，只是今天已不可考知四十九篇中何篇或某篇中之何章节取自《曲台记》了。而以王氏所引《七略》度之，则四十九篇中有关射礼或射义的文字（如《射义》所载，以及散见于其他篇章中者），或许有取自《曲台记》的文字。又据朱彝尊《经义考》引孙惠蔚说："曲台之《记》，戴氏所述，然多载尸灌之义，牲献之数。"据此，则二戴《记》中确可信抄辑有《曲台记》的内容，这些内容盖涉及祭义或祭法。又任铭善《礼记目录后案》以为《曲礼上第一》的开头自"毋不敬"以下的十二字，即录自《后仓曲台记》，亦是一例。

然而除抄录自《曲台记》的部分外，四十九篇的大部分篇章，实皆抄辑自古文《记》。考汉代诸多礼《记》的来源，实皆出自古文。如《汉书·河间献王传》曰：

河间献王德以孝景前二年立，修学好古，实事求是。从民得善书，必为好写与之，留其真，加金帛赐以招之。……献王所得书皆古文先秦旧书，《周官》《尚书》《礼》《礼记》《孟子》《老子》之属，皆经传说记，七十子之徒所论。

案河间献王所得古文《礼记》，盖指有关礼的《记》文，非指专书，故师古注曰："《礼记》者，诸儒记礼之说也。"又《汉志》曰：

武帝末（案当为"武帝初"之讹。恭王以孝景前三年徙王鲁，薨于武帝元光六年），鲁恭王坏孔子宅，欲以广其宫，而得《古文尚书》及《礼记》《论语》《孝经》凡数十篇，皆古字也。

是鲁恭王所得古书，亦有《礼记》，盖亦"诸儒记礼之说"。又《释文·序录》曰：

郑《六艺论》："公后得孔氏壁中河间献王古文《礼》五十六篇，《记》百三十一篇，《周礼》六篇，其十七篇与高堂生所传同，而字多异。"刘向《别录》云："古文《记》二百四篇。"

案郑玄所谓《记》百三十一篇，即《汉志》"礼家"类所载"《记》百三十一篇"。至于《别录》所谓"古文《记》二百四篇"，陈寿祺曰："百三十一篇之《记》，合《明堂阴阳》三十三篇，《王史氏》二十一篇，《乐记》二十三篇，《孔子三朝记》七篇，凡二百十五篇，并见《艺文志》。而《别录》言二百四篇，未 |

续表

序言	知所除何篇。疑《乐记》二十三篇，其十一篇已具百三十一篇《记》中，除之，故为二百四篇。"又曰："《隋志》言刘向考校经籍，检得一百三十篇，向因第而叙之，又得《明堂阴阳记》《孔子三朝记》《王史氏记》《乐记》五种（案陈氏原文如此），合二百十四篇。减少一篇，与《别录》《艺文志》不符，失之。"（《左海经辨》之"刘向《别录》古文《记》二百四篇，《汉书·艺文志》《记》百三十一篇"条）可见大、小二戴《记》就其来源而言，本多为古文《记》。至于其中所收《投壶》《奔丧》二篇原出《逸礼》，则更不待言。故蒋伯潜曰： 　　《景十三王传》，言河闻献王所得皆古文先秦旧书，中有《礼记》；鲁恭王坏孔子宅而得古文书凡数十篇，皆古字，中亦有《礼记》。《经典释文·序录》引郑玄《六艺论》述孔氏壁中及河间献王书，亦以《礼记》与古文《礼》《周礼》并举；又引刘向《别录》，亦曰古文《记》二百四篇。四十九篇之《小戴礼记》，辑自《记》百三十一篇及《明堂阴阳》等五种，则亦为古文，明甚。 　　还有一事，不可不明，即自先秦流传至汉代的经、记，原本皆先秦古文。汉代的经学家以当时流行的文字（隶书）抄而读之，以为己用，即成今文。故大、小二戴《记》尽管从其来源说，多为古《记》，甚至还有古经《逸礼》（《投壶》《奔丧》），然既为今古文之争未起时之二戴所抄辑而用之，也就成今文了，不当用哀帝时始兴起的今古学二派的立场，去推论二戴必不可抄辑古文《记》。至于说《燕义》首节全录《周礼·夏官·诸子》之文，不过是《注》文误录入正文，不足为据。关于这一点，顾实先生有一段话说得很好，曰： 　　《戴记》为古文之证颇多。司马迁以《五帝德》《帝系姓》为古文（自注：《史记·五帝本纪》），而《大戴礼》有之，其证一。本《志》（案谓《汉书·艺文志》）明言《礼古经》出鲁淹中，及《明堂阴阳》《王史氏记》（自注：承上古经而言，故亦为古《记》），而《小戴记》之《月令》《明堂位》，《别录》属明堂阴阳，其证二。则岂独其间有糅自逸经者为古文哉？成帝绥和元年，立二王后，推迹古文，以《左氏》《穀梁》《世本》《礼记》相明（自注：本书《梅福传》），则凡《礼记》，明皆古文。二戴先成帝之世（自注：当宣帝世，见《儒林传》），岂便特异？且《穀梁》后为今文，则《礼记》之后为今文，亦宜也（自注：凡诸经、记，原本皆古文，后易而隶书，遂为今文耳。彼今古文之争，非其本然也）。（《汉书艺文志讲疏》二：《六艺略·礼》之"《记》百三十一篇"条） 　　综上述可见，洪业因为《礼记》中混有古文，从而否认作为今文《仪礼》博士的戴圣辑有《礼记》，是不能成立的。四十九篇之《礼记》初为武、宣时期的戴圣所纂辑，当无可疑。 　　二、关于《礼记》的内容与分类 　　《礼记》四十九篇的内容，十分驳杂，其篇目编次，也最无义例。故刘向校书

序言	撰《别录》时，曾将《礼记》诸篇加以分类。兹列举四十九篇之目，附孔《疏》引郑玄《礼记目录》所述《别录》的分类如下： 　　《曲礼上第一》，《目录》云："此于《别录》属制度。" 　　《曲礼下第二》，《目录》云："义同前篇。简策重多，分为上下。" 　　《檀弓上第三》，《目录》云："此于《别录》属通论。" 　　《檀弓下第四》，《目录》云："义同前篇，以简策繁多，故分为上下二卷。" 　　《王制第五》，《目录》云："此于《别录》属制度。" 　　《月令第六》，《目录》云："此于《别录》属明堂阴阳记。" 　　《曾子问第七》，《目录》云："此于《别录》属丧服。" 　　《文王世子第八》，《目录》云："此于《别录》属世子法。" 　　《礼运第九》，《目录》云："此于《别录》属通论。" 　　《礼器第十》，《目录》云："此于《别录》属制度。" 　　《郊特牲第十一》，《目录》云："此于《别录》属祭祀。" 　　《内则第十二》，《目录》云："此于《别录》属子法。" 　　《玉藻第十三》，《目录》云："此于《别录》属通论。" 　　《明堂位第十四》，《目录》云："此于《别录》属明堂阴阳。" 　　《丧服小记第十五》，《目录》云："此于《别录》属丧服。" 　　《大传第十六》，《目录》云："此于《别录》属通论。" 　　《少仪第十七》，《目录》云："此于《别录》属制度。" 　　《学记第十八》，《目录》云："此于《别录》属通论。" 　　《乐记第十九》，《目录》云："此于《别录》属乐记。" 　　《杂记上第二十》，《目录》云："此于《别录》属丧服。" 　　《杂记下第二十一》（案《目录》无辞，义同上）。 　　《丧大记第二十二》，《目录》云："此于《别录》属丧服。" 　　《祭法第二十三》，《目录》云："此于《别录》属祭祀。" 　　《祭义第二十四》，《目录》云："此于《别录》属祭祀。" 　　《祭统第二十五》，《目录》云："此于《别录》属祭祀。" 　　《经解第二十六》，《目录》云："此于《别录》属通论。" 　　《哀公问第二十七》，《目录》云："此于《别录》属通论。" 　　《仲尼燕居第二十八》，《目录》云："此于《别录》属通论。" 　　《孔子闲居第二十九》，《目录》云："此于《别录》属通论。" 　　《坊记第三十》，《目录》云："此于《别录》属通论。" 　　《中庸第三十一》，《目录》云："此于《别录》属通论。"

续表

序言	《表记第三十二》，《目录》云："此于《别录》属通论。" 《缁衣第三十三》，《目录》云："此于《别录》属通论。" 《奔丧第三十四》，《目录》云："此于《别录》属丧服之礼。" 《问丧第三十五》，《目录》云："此于《别录》属丧服。" 《服问第三十六》，《目录》云："此于《别录》谓丧服。" 《间传第三十七》，《目录》云："此于《别录》属丧服。" 《三年问第三十八》，《目录》云："此于《别录》属丧服。" 《深衣第三十九》，《目录》云："此于《别录》属制度。" 《投壶第四十》，《目录》云："此于《别录》属吉礼。" 《儒行第四十一》，《目录》云："此于《别录》属通论。" 《大学第四十二》，《目录》云："此于《别录》属通论。" 《冠义第四十三》，《目录》云："此于《别录》属吉事。" 《昏义第四十四》，《目录》云："此于《别录》属吉事。" 《乡饮酒义第四十五》，《目录》云："此于《别录》属吉事。" 《射义第四十六》，《目录》云："此于《别录》属吉事。" 《燕义第四十七》，《目录》云："此于《别录》属吉事。" 《聘义第四十八》，《目录》云："此于《别录》属吉事。" 《丧服四制第四十九》，《目录》云："此于《别录》属丧服。" 综上《别录》所划分，凡九类，其中属"制度"的六篇，属"通论"的十六篇，属"明堂阴阳记"的二篇（案《月令第六》之"明堂阴阳记"与《明堂位第十四》之"明堂阴阳"当属一类，或前者衍一"记"字，或后者脱一"记"字，今已不可考），属"丧服"的十一篇，属"世子法"的一篇，属"祭祀"的四篇，属"子法"的一篇，属"乐记"的一篇，属"吉事"的七篇（案《投壶第四十》之"吉礼"，盖"吉事"之误，故合之于"吉事"类）。这种分类法，显然很不恰当。首先，刘向所依以分类的根据就不确定：制度、丧服、祭祀、世子法、子法五类，是根据内容来分类的；明堂阴阳记（或明堂阴阳）、乐记，则是根据记文的出处来分类；通论，是根据文体来分类；吉事，则又是根据所记内容的性质来分类。若论其分类之不合理处，那就更多了。如《曲礼》多记琐细的仪节以及有关为人处世的态度，而纳之于制度；《檀弓》主要杂记丧礼，而归之于通论；《学记》主要是谈学校教育的，亦属之通论等。因此可以说，《别录》的分类，对于帮助人们理解《礼记》的复杂内容，作用并不大，有些地方反而更加淆乱了。 后来的学者鉴于《礼记》内容的驳杂，不少人也相继做过分类整理工作。如郑玄门人孙炎曾作《礼记类钞》，"始改旧本，以类相比"（见王应麟《困学纪闻》卷五及《旧唐书·元行冲传》）；唐魏徵则"因炎之书，更加整比，兼为之注"，

续表

| 序言 | 撰成《类礼》二十卷（见《旧唐书》之《元行冲传》及《魏徵传》）。孙、魏二人之书皆亡。南宋朱熹作《仪礼经传通解》，以《礼记》分类隶于《仪礼》篇章之次，其意虽在解经（《仪礼》），也是对《礼记》一书的一种分类整理。元吴澄所撰《礼记纂言》三十六卷，则是保留至今的一部分类整理《礼记》的重要著作。清代学者对《礼记》做分类整理工作的也不乏其人，如江永的《礼经纲目》、沈元沧的《礼记类编》、王心敬的《礼记汇编》等皆是。然而《别录》的分类尽管不如人意，尚保留着《礼记》的原貌。自孙炎以后的分类整理者，或割裂原文，或更易篇次，则使原书面目全非，而成另一著作了。

《礼记》内容的驳杂，不仅表现在篇次的不伦上，更主要的还是表现在各篇所记内容的杂乱上。四十九篇中，除少数外，大部分很少有突出的中心内容，而且同一篇的前后节之间也很少有逻辑联系，往往自成段落，表达一个与上下文皆不相关的意思。即以《曲礼》为例，其上篇61小节，下篇43小节，总计104小节，就记载了104条互不相关的内容。郑玄《礼记目录》将这104条内容概括为吉、凶、宾、军、嘉五礼，说："名曰《曲礼》者，以其五礼之事。祭祀之说，吉礼也；丧荒去国之说，凶礼也；致贡朝会之说，宾礼也；兵车旌鸿之说，军礼也；事长敬老执贽纳女之说，嘉礼也。"然《目录》所谓五礼，实皆散见于上下两篇之中，并非以类相从而记之。但此外还有大量内容，则非五礼所可概括。兹仅举其上篇前五节为例，以见其余。

第1节曰："毋不敬，俨若思，安、定辞，安民哉。"这是教人君处事、说话所应有的态度。

第2节曰："敖不可长，欲不可从，志不可满，乐不可极。"这是教人当谦谨节俭。

第3节曰："贤者狎而敬之，畏而爱之。爱而知其恶，憎而知其善。积而能散，安安而能迁。临财毋苟得，临难毋苟免，很毋求胜，分毋求多，疑事毋质，直而勿有。"这是教人以爱敬之道和为人处事之理。

第4节曰："若夫坐如尸，立如齐，礼从宜，使从俗。"这是教人坐、立的仪态及礼俗之所宜。

第5节曰："夫礼者，所以定亲疏、决嫌疑、别异同、明是非也。礼，不妄说人，不辞费。礼，不逾节，不侵侮，不好狎。修身、践言，谓之善行。行修，言道，礼之质也。礼闻取于人，不闻取人；礼闻来学，不闻往教。"这是记礼的作用，说明人的言行皆当依礼，以及学礼之法。

上述五节的内容皆各不相关，而且既不可属之于《别录》所谓制度之类，亦不可属之于《目录》所谓五礼的任何一礼。

《礼记》中有些篇，虽有相对集中的内容，侧重于某一方面，然所记亦多杂乱而无伦次。如《檀弓》上下两篇总计218节，主要是记丧礼或丧事的，而节节 |

续表

序言	各有独立的内容，互不相关。自《冠义》以下的六篇，从篇名看，当是记载冠、婚、乡（谓乡饮酒礼，下同）、射、燕、聘六种礼的意义的。然所记之义，多杂乱而无序。如《昏义》凡9节，第1节总论婚礼的意义；第2节是就亲迎的若干仪节阐明其义；第3节又论婚礼是礼的根本，按理说，当序之于第1节之后，或合之于第1节之中；第4节则泛论冠、婚、丧、祭、朝、聘、射、乡等"礼之大体"，其义盖在说明婚礼在上述诸礼中的地位，还不算完全离题；第5节又回到婚礼的仪节上来，而论成婚后妇见舅姑（公婆）诸礼仪之义；第6节论妇孝顺公婆之义，这就超出婚礼本身了；第7节记对女子进行婚前教育的时间、地点、内容和意义，按理当置于第2节之前，却倒置于后。以上七节虽无伦次，大体上还是围绕婚礼来谈的。第8、9两节就不然了，却是记王后的六宫与天子的六官分掌内外，阴阳相济，相辅相成义，这就完全离题了。再如被宋代理学家所特别欣赏而被朱熹列于《四书》的《中庸》篇，凡30节，其实只有前8节基本上是围绕中庸之道来发挥的，以下22节的内容就与中庸无关，而相当广泛了，就连朱熹本人也不得不承认该篇"始言一理，中散为万事"（见《四书章句集注》之《中庸》篇"题解"）。总之，杂乱而无伦次，是《礼记》四十九篇所记内容的主要特点。梁启超在其所著《要籍解题及其读法·礼记、大戴礼记》中，曾试将大、小二《戴记》的内容混合在一起，而将它们划分为十类，曰： （甲）记述某项礼节条文之专篇。如《诸侯迁庙》《诸侯衅庙》《投壶》《奔丧》《公冠》等篇，《四库提要》谓"皆《礼古经》遗文"，虽无他证，要之当为春秋以前礼制书之断片，其性质略如《开元礼》《大清通礼》等之一篇。又如《内则》《少仪》《曲礼》等篇之一部分，亦记礼节之条文，其性质略如《文公家礼》之一节。 （乙）记述某项政令之专篇。如《夏小正》《月令》等，其性质略如《大清会典》之一部门。 （丙）解释礼经之专篇。如《冠义》《昏义》《乡饮酒义》《射义》《燕义》《聘义》《丧服》《丧服四制》等，实《仪礼》十七篇之传注。 （丁）专记孔子言论。如《表记》《缁衣》《仲尼燕居》《孔子闲居》等，其性质略如《论语》。又如《哀公问》及《孔子三朝记》之七篇——《千乘》《四代》《虞戴德》《诰志》《小辨》《用兵》《少间》——皆先秦儒家所传，孔子传记之一部。其专记七十子言论如《曾子问》《子张问入官》《卫将军文子》等篇，亦此类之附属。 （戊）记孔门及时人杂事。如《檀弓》及《杂记》之一部分，其性质略如《韩非子》之《内、外储说》。 （己）制度之杂记载。如《王制》《玉藻》《明堂位》等。

（庚）制度礼节之专门的考证及杂考证。如《礼器》《郊特牲》《祭法》《祭统》《大传》《丧服记》《奔丧》《问丧》《间传》等。

（辛）通论礼意或学术。如《礼运》《礼察》《经解》《礼三本》《祭义》《三年问》《乐记》《学记》《大学》《中庸》《劝学》《本命》《易本命》等。

（壬）杂记格言。如《曲礼》《少仪》《劝学》《儒行》等。

（癸）某项掌故之专记。如《五帝德》《帝系》《文王世子》《武王践阼》等。

梁氏的划分，较有利于人们理解二《戴记》的复杂内容，虽未为尽当，但比起前人的分类来，要合理得多了。

这里，我们还要再谈一谈《礼记》四十九篇的篇名与内容之间的关系。《礼记》各篇，一部分是依据其所记内容来命名的，但此外还有多种情况，读者决不可仅据篇名而望文生义，去判断该篇的内容。《礼记》中多数篇的命名，带有很大的随意性，因此许多篇的篇名，都只可视为该篇的代号，而并不能反映该篇的实际内容。综观四十九篇的命名，大体可以分为以下几种情况。

第一、依据篇中所记主要内容命名。《王制》《月令》《礼运》《内则》《丧服小记》《学记》《乐记》《祭法》《祭义》《坊记》《三年问》《奔丧》《深衣》《投壶》《儒行》《冠义》《昏义》《乡饮酒义》《射义》《燕义》《聘义》《丧服四制》等二十二篇皆是。

第二、仅据首节或仅据篇中部分内容命名。《檀弓》（上、下）、《文王世子》《祭统》《经解》《中庸》《表记》《问丧》等八篇皆是。

第三、取篇首或首句中若干字，或取篇中若干字命名。《曾子问》《礼器》《郊特牲》《玉藻》《明堂位》《哀公问》《仲尼燕居》《孔子闲居》《缁衣》《大学》等十篇皆是。

第四、以所记内容的性质命名。《曲礼》（上、下）、《大传》《少仪》《杂记》（上、下）、《丧大记》等七篇皆是。

第五、命名之由不详者。《服问》《间传》两篇皆是。

由上可见，四十九篇的命名，非同一例，盖因作记者既非一人，又非一时之人所致。

三、《礼记》在汉代的传本与郑注《礼记》

《礼记》一书在辗转传抄过程中，衍生出许多不同的本子，盖因传抄者有意或无意地对其所抄之本进行改字、增删所致。如前引《通典》所载石渠奏议数条，盖戴圣初本之文（而其所抄录之古《记》，当与闻人通汉所共见），即与今传郑注本《礼记》不同。如《通典》卷七十三记闻人通汉引《记》曰："父母存，冠衣不纯素；父母殁，冠衣不纯采。"此条为今本《礼记》所无，颇疑为《曲礼》

续表

| 序言 | 初本之文而为后人传抄所删或所遗漏。又《通典》卷八十一记闻人通汉引《王制》云："仕于家，出乡不与士齿。"今本《王制》"家"下有"者"字（见第39节），盖为传抄者所增。《通典》卷八十三记闻人通汉引《杂记上》曰："君赴于他国之君，曰不禄；夫人，曰寡小君不禄。"今本《杂记上》则曰："君讣于他国之君，曰：'寡君不禄，敢告执事。'夫人，曰：'寡小君不禄。'"（第3节）《通典》所载，盖闻人通汉所约引，而"赴"字今本作"讣"，则为传抄者所改。又前引《说文》中可确信为出自《礼记》的两条，也有类似的情况。《羽部》"翣"字注曰："棺羽饰也。天子八，诸侯六，大夫四，士二。"王筠以为这里是引《礼器》之文。查今本《礼器》此条曰："天子崩七月而葬，五重，八翣；诸侯五月而葬，三重，六翣；大夫三月而葬，再重，四翣；此以多为贵者也。"（第5节）《说文》所引，盖约《礼器》之文。然今本无"士二"之说，则可能为后世传抄者所遗。又《人部》"偭"字注曰："《少仪》曰：'尊壶者偭其鼻。'"而今本《少仪》此句作"尊壶者面其鼻"（第54节）。是《说文》所据本"偭"字，今本作"面"显为传抄者所改。

关于这一点，大量的证据，还在今本《礼记》郑《注》中。郑《注》于《礼记》正文某字之下，往往《注》曰"某，或为某"或"某，或作某"。陈桥枞《礼记郑读考》引其父陈寿祺之言曰："郑氏《礼记注》，引出本经异文，及所改经字，凡言'或为某'者，《礼记》他本也。"兹仅以《曲礼上》为例。"宦学事师，非礼不行"，《注》曰："学，或为御。""席间函丈"，《注》曰："丈，或为杖。""敛发毋髢"，《注》曰："髢，或作肆。""跪而迁屦"，《注》曰："迁，或为还。""其饭不泽手"，《注》曰："泽，或为择。""生与来日，死与往日"，《注》曰："与，或为予。""前有士师"，《注》曰："士，或为仕。""交游之雠不同国"，《注》曰："交游，或为朋友。""筴为筮"，《注》曰："筴，或为蓍。""立视五"，《注》曰："巂，或为鐷。"仅此一篇之中，所引异文就达十条之多。据台湾学者李云光统计："如此者，全书《注》中共计二百零六条。其中时有一字连举二种异文者，如《檀弓上》云：'衽每束一。'《注》云：'衽或作漆，或作緅。'《郊特牲》云'乡人裼。'《注》云：'裼或为献，或为傩。'此一字而举二或本异文者共十一条。"（《三礼郑氏学发凡》第二章第一节）由上即可见，《礼记》在其流传过程中所衍生出来的异本、异文之多。

《礼记》之异本，见于文献而今可考知者，有刘向《别录》本。《释文·序录》自注曰："向《别录》有四十九篇，其篇次与今《礼记》同。"案刘向校书在二戴之后，经刘向校后的《礼记》，与戴圣的初本自不能无异。《汉书·儒林传》曰："小戴授梁人桥仁季卿、杨荣子孙（师古曰："子孙，荣之字也。"）……由是……小戴有桥、杨氏之学。"而《后汉书·桥玄传》曰："七世祖仁，从同郡戴德（案"德"乃"圣"字之误）学，著《礼记章句》四十九篇，号曰桥君学。" |

| 序言 | 是《礼记》又有桥氏本。而杨荣既与桥仁同师于小戴，且学成后亦独自名家，则可想见《礼记》当亦有杨氏本，不过史书缺载罢了。据《后汉书·曹褒传》，褒"持庆氏《礼》"，又"传《礼记》四十九篇，教授诸生千余人"，是《礼记》又有曹褒传本。据《后汉书·马融传》，马融所注诸书有《三礼》，当是兼《周礼》《仪礼》《礼记》而言。又《释文·序录》曰："后汉马融、卢植，考诸家异同，附戴圣篇章，去其繁重及所叙略，而行于世，即今《礼记》是也。"是《礼记》又有马融校注本（案前引纪昀《四库提要》驳《隋志》所谓小戴删大戴为四十六篇而马融足三篇之说固为的论，而谓马融绝不预《礼记》之授受，似过于武断）。据《后汉书·卢植传》记载，卢植所著书，有《三礼解诂》，盖亦兼《周礼》《仪礼》《礼记》言。又载卢植上书曰："臣少从通儒故南郡太守马融受古学，颇知之《礼记》特多回冗。……故率愚浅，为之解诂。"《释文·序录》即载有"卢植注《礼记》二十卷"，可知《礼记》又有卢植校注本。至于流传于当时，今已不可征考者，尚不知几倍于此。而东汉末年郑玄的一大功绩，就在于他将当时流传的《礼记》诸本相互参校，并为之作《注》，从而使《礼记》大行于世，并流传至今。

郑玄校订《礼记》的一大特点，就是既于诸异本、异文中择善而从，又在《注》中存其异文。正如李云光先生所说："郑氏不没别本异文，以待后贤考定，亦多闻缺疑之意，与他家之有伪窜经文流传后世者异其趣矣。"（《三礼郑氏学发凡》第二章第一节）又李氏对于郑玄校书的体例，考述甚为详密。其书第二章，专论《郑氏对三礼之校勘》，凡十节，兹仅录其目如下：
第一节以别本校之。
第二节以他书校之。其中又有三细目，曰：
一、以所引用之书校之。
二、以相因袭之书校之。
三、以相关之书校之。
第三节以本书内他篇经文校之。
第四节以本书内上下经文校之。
第五节以字形校之。
第六节以字音校之。
第七节以字义校之。
第八节以文例校之。
第九节以算术校之。
第十节以审定正字之法校之。
其中仅第九节"以算术校之"未举《礼记》之例。是可见郑校《礼记》体例之严密。|

续表

序言	郑玄不仅对《礼记》四十九篇的文字进行校订，又对《记》文作了注解。郑玄的《注》，博综兼采，择善而从，且一反有汉以来学者（尤其是今文学家）解经愈益烦琐化的趋向，而欲以一持万，"举一纲而万目张，解一卷而众篇明"（《诗谱·序》），力求简约，以至于往往《注》文少于《记》文。如《学记》《乐记》二篇，凡6495字，而《注》仅5533字；《祭法》《祭义》《祭统》三篇，凡7182字，《注》仅5409字等。这种"括囊大典，网罗众家，删裁繁诬，刊改漏失"，而又至为简约的《注》，比起那些"章句多者乃至百余万言"，致使"学徒劳而少功"（《后汉书·郑玄传》）的烦琐的旧《注》来，其优越性自然不言而喻。因此郑注本《礼记》一出，即深受广大学者欢迎。与此同时，篇目繁多的《大戴礼记》，则很少有人研习，后来逐渐佚失，到唐代，原书的八十五篇，就只剩下三十九篇了。 至于郑注《礼记》的体例，李云光先生在其所著《三礼郑氏学发凡》中，自第三章至第六章，凡七十八节，作了更为详密而出色的考述，兹以文繁不录。又已故学者张舜徽在其所著《郑学丛书》中，有《郑氏校雠学发微》和《郑氏经注释例》两篇，对于郑玄校、注《礼记》的体例亦考述精详，可参看。 四、汉以后的《礼记》学 东汉末年，由于党锢之祸迭起，继之以军阀混战，三国鼎立，经学急剧衰落。然而郑玄所注诸经，当时称为郑学，却大行于世。皮锡瑞说，在此儒风寂寥之际，唯郑学"当时莫不仰望，称伊、雒以东，淮汉以北，康成一人而已矣。咸言先儒多阙，郑氏道备，自来经师，未有若郑君之盛者"。又说："郑君徒党遍天下，即经学论，可谓小统一时代。"（《经学历史》五：《经学中衰时代》）据刘汝霖考证，曹魏所立十九博士，除《公羊》《穀梁》和《论语》三经外，《易》《书》《毛诗》《周官》《仪礼》《礼记》和《孝经》，初皆宗郑学（《汉晋学术编年》卷六，"魏文帝黄初五年"条），是皮氏所谓郑学"小统一时代"，确非虚言。值得注意的是，在汉代，《礼记》本是附属于经（《仪礼》）的，而自郑玄为之作《注》以后，始与《仪礼》《周礼》鼎足为三，而魏时又第一次为之立学官。《礼记》在经学中这种地位的变化，实由郑《注》的影响所致。 然而魏时王肃小好郑氏学。王肃亦博通今古，遍往群经（其中包括《礼记》三十卷，见于《释文·序录》《隋志》以及二《唐志》），却处处与郑玄立异，且"集《圣证论》以讥短玄"（《三国志·魏志·王肃传》），当时称为王学。王肃党于司马氏，其女又嫁给了司马昭，因此凭借政治势力和姻戚关系，其所注诸经"皆列于学官"（同上）。案司马氏控制曹魏政权，当在正始十年司马懿杀了曹爽之后，第二年即改元为嘉平，是王肃所注经立学官，盖不早于嘉平年间，这时已是曹魏中后期。据《三国志·魏书·高贵乡公纪》，甘露元年，高贵乡公临幸太学，问诸儒经义，帝执郑氏说，而博士之对，则以王肃之义为长，"故于此之

续表

序言	际，王学几欲夺郑学之席"（马宗霍《中国经学史》第七篇：《魏晋之经学》）。晋承魏绪，崇奉儒学，而尤重王学，因此晋初郊庙之礼，"一如宣帝所用王肃议"（《晋书·志第九·礼上》），而不用郑氏说，是王学盛而郑学衰。然王学之盛，仅昙花一现。到了东晋，王学博士俱废。元帝初年，简省博士，"博士旧制十九人，今五经合九人"（《晋书·荀崧传》）。而所置九博士中，除《周易》《古文尚书》《春秋左传》三经外，其他六经，即《尚书》《毛诗》《周礼》《礼记》《论语》《孝经》，皆宗郑氏（见《通典》卷五十三：《礼》十三）。可见东晋经学虽衰，郑学则复兴。值得注意的是，《三礼》中唯独盛行于两汉的《仪礼》未立博士，原来附属于《仪礼》的《礼记》反而立了博士，可见魏晋《礼记》学的传习，已胜过《仪礼》了。 南北朝时期，天下分为南北，经学亦分为"南学""北学"。据《隋书·儒林传·序》，"南北所治，章句好尚，互有不同"，然于《三礼》，"则同遵于郑氏"。南朝疆域狭小，人尚清谈，家藏释典，经学益衰。到梁武帝时，始较重视经学，经学出现了一个相对繁荣的时期。但到了陈朝，又迅速衰落了。南朝的经学，最可称者，要数《三礼》学了。《南史·儒林传》于何佟之、严植之、司马筠、崔灵恩、孔佥、沈俊、皇侃、沈洙、戚衮、郑灼诸儒，或曰"少好《三礼》"，或曰"遍习郑氏《礼》"，或曰"尤明《三礼》"，或曰"尤精《三礼》"，或曰"尤长《三礼》"，或曰"通《三礼》"，或曰"善《三礼》"，或曰"受《三礼》"，而张崖、陆诩、沈德威、贺德基诸儒，也都以礼学称名于世。 北朝经学，稍盛于南朝，其间如魏文帝、周武帝，崇奖尤至。北朝号称大儒，能开宗立派的，首推徐遵明。徐遵明博通群经，北朝诸经传授，多自徐遵明始。据《北史·儒林传·序》，"《三礼》并出遵明之门"。徐遵明的《三礼》学传李铉等人，李铉又传熊安生等人，熊安生又传孙灵晖、郭仲坚、丁恃德等人。值得注意的是，"诸儒尽通《小戴礼》（案即指《礼记》），于《周礼》《仪礼》兼通者，十二三焉"。可见北朝诸儒于《三礼》中，尤重《礼记》学。 又南、北学虽趣尚互殊，而于治经方法，则大体相同。汉人治经，多以本经为主，所作传注，本为解经。魏晋以后人治经，则多以疏释经注为主，名为经学，实则注学，于是义疏之体日起。只要稍翻看《隋书·经籍志》和南、北史《儒林传》，即可见南北朝时期义疏体著作之多。其间为《礼记》郑《注》作义疏而声名较著的，南有皇侃，北有熊安生。《隋志》著录有皇侃《礼记义疏》四十八卷，又有《礼记讲疏》九十九卷。熊安生著《礼记义疏》三十卷，见于《北史·儒林传》。皇、熊二氏的著作，即为唐初《礼记正义》所取材。 隋、唐统一天下，经学亦归于统一。隋朝祚短，经学罕可称道者。隋立博士，《三礼》学仍宗郑氏。然据《隋书·儒林传》所载，以礼学名家者，唯称马光"尤明《三礼》"，褚辉"以《三礼》学称于江南"而已。又隋朝大儒，共推刘焯、

序言	刘炫，二刘于诸经皆有《义疏》，并曾"问礼于熊安生"，然并非礼学专门。 唐朝统治者十分重视儒教，于是自汉末以来经历四百年后，经学重又振兴。贞观四年，唐太宗以经籍去古久远，文字多讹谬，诏颜师古考订《五经》文字。师古奉诏校订经文，撰成《五经定本》。太宗又以儒学多门，章句繁杂，诏孔颖达与诸儒撰定《五经义疏》，以统一经说。贞观十六年，书成，凡一百八十卷。博士马嘉运驳正其失，于是有诏更令裁定，功未成。到高宗永徽二年，又诏诸臣考订，加以增删，永徽四年，以《五经正义》之名正式颁布于天下。据《新唐书·艺文志》，《五经正义》包括《周易正义》十六卷（据《旧唐志》则为十四卷），《尚书正义》二十卷，《毛诗正义》四十卷，《礼记正义》七十卷，《春秋正义》三十六卷（据《旧唐志》则为三十七卷），总计一百八十二卷（据《旧唐志》则为一百八十一卷）。自《五经定本》出，而后经籍无异文；自《五经正义》出，而后经学无异说。每年明经，依此考试，于是天下士民，皆奉以为圭臬。自汉以来，经学的统一，未有如此之专者。值得注意的是，《五经正义》于《三礼》独收《礼记》，这是第一次以朝廷的名义正式将其升格为经，且拔之于《仪礼》《周礼》二经之上。于是《三礼》之学，在唐代形成了《礼记》独盛的局面。《礼记正义》亦宗郑《注》，而以皇侃《义疏》为本，以熊安生《义疏》为辅。孔颖达在《礼记正义序》中批评皇、熊二氏之书说："熊则违背本经，多引外义，犹之楚而北行，马虽疾而去逾远矣。又欲释经文，唯聚难义，犹治丝而棼之，手虽繁而丝益乱也。皇氏虽章句详正，微稍繁广，又既遵郑氏，乃时乖郑义，此是木落不归其本，狐死不首其丘。此二家之弊，未为得也。然以熊比皇，皇氏胜矣。"可见孔颖达之学宗郑氏，而偏尚南学。又孔氏作《正义》，守《疏》不驳《注》的原则，因此《四库提要》批评说："其书务伸郑《注》，未免附会之处。" 由上可见，《礼记》之学，自汉末至唐，除魏晋之际一度几为王学夺席，皆以郑《注》为中心。然而这种情况，到宋朝庆历以后，为之一变。王应麟说："自汉儒至于庆历间，谈经者守训故而不凿。《七经小传》（案作者为刘敞）出而稍尚新奇矣。至《三经新义》（案作者为王安石）行，视汉儒之学若土梗。"（《困学纪闻》卷八：《经说》）可见庆历以后，宋儒治经，务反汉人之说，治《礼记》亦不例外。皮锡瑞举例说："以礼而论，如谓郊禘是一，有五人帝，无五天帝，魏王肃之说也。"（案参见《礼记·祭法》"有虞氏禘黄帝而郊喾，祖颛顼而宗尧"下郑《注》以及孔《疏》所引王肃《圣证论》之说）禘是以祖配祖，非以祖配天，唐赵匡之说也（案参见同上郑《注》及陆淳《春秋纂例》卷一所引赵匡说）。此等处，前人已有疑义，宋人遂据以诋汉儒。"（《经学历史》八：《经学变古时代》）案皮氏所举之例，其中的是非姑且不论，宋人的《礼记》学不再宗郑《注》，则于此可见一斑。 宋儒治《礼记》而用功最勤、成就最著的，当推卫湜。卫湜撰《礼记集说》一

序言	百六十卷，日编月削，历二十余载而后成。《四库提要》说，该书"采摭群言，最为赅博，去取亦最为精审。自郑《注》而下，所取凡一百四十四家，其他书之涉于《礼记》者，所采录不在此数焉。今自郑《注》、孔《疏》而外，原书无一存者。朱彝尊《经义考》采摭最为繁富，而不知其书与不知其人者，凡四十九家，皆赖此书以传，亦可云礼家之渊海矣"。从以上《提要》的评价，可见此书的价值。然此书不宗《注》《疏》，以《注》《疏》与所采众家相并列而举之，也是宋学风气所使然。 　　宋人不仅不信《注》《疏》，进而至于疑经、改经、删经，或移易经文。如《礼记》的《大学》篇，先有二程"为之次其简编"，继而朱熹为之"更考经文，别为次序"（见朱熹《大学章句序》及首章后语），即其显例。又程朱既以倡明道学自任，因复特重《大学》《中庸》，将此二篇从《礼记》中抽出，以与《论语》《孟子》并行，以为这是道统之所在。朱熹撰《大学章句》《中庸章句》《论语集解》《孟子集解》，合称《四书》，遂使《大学》《中庸》离《礼记》而独自成学。朱熹死后，朝廷以其所撰《四书》立于学官，于是《四书》亦为一经，此亦可谓《礼记》学之一变。此后治《礼记》而宗宋学者，即皆置《大学》《中庸》二篇而不释（如元陈澔的《礼记集说》），且于其原文亦不录，以示对朱熹《章句》的尊崇，遂使《礼记》由四十九篇而变为四十七篇了。 　　元代崇奉宋学。仁宗于皇庆二年十一月颁布的"考试程序"，即明确规定：《大学》《中庸》《论语》《孟子》用朱熹《四书章句集注》，《诗》用朱熹《集传》为主，《尚书》用蔡沈（朱熹弟子）《集传》为主，《周易》用程颐《传》和朱熹《本义》为主，《春秋》用《三传》及胡安国《传》为主（案胡安国学宗二程），《礼记》用郑《注》、孔《疏》（见《元史·选举一·科目》）。由此可见元人经学所尚。然因《礼记》朱熹无所作，故仍用古《注》《疏》。又所立考试科目，《三礼》亦仅用《礼记》，益可见自唐以来，统治者重《礼记》之学，远胜其他二《礼》。 　　元儒研治《礼记》之作，影响较著的，当数吴澄的《礼记纂言》和陈澔的《礼记集解》。吴澄当时号称大儒，于诸经皆有著述。其《纂言》到晚年始成。吴氏治经，虽不为朱熹之学所囿，然其所述作，于诸经文字率皆有所点窜，而于《礼记》，则以意改并，以成通礼九篇，丧礼十一篇，祭礼四篇，通论十一篇，"各为标目。如通礼首《曲礼》，则以《少仪》《玉藻》等篇附之，皆非小戴之旧。他如《大学》《中庸》依程、朱别为一书，《投壶》《奔丧》归于《仪礼》，《冠义》等六篇别辑为《仪礼传》，亦并与古不同。……改并旧文，俨然删述"（《四库提要》）。可见吴澄之学，实蹈宋学之迹。陈澔《集说》，浅显简明，然详于礼义而疏于名物。据《四库提要》，其父大猷师饶鲁，饶鲁师黄榦，而黄榦为朱熹高足弟子且为朱熹之婿，是陈澔之学渊源甚明。可见《礼记》一学，虽科举

续表

序言	用古《注》《疏》，而元儒研治者，学风已大变。 　　明初所颁"科举定式"，经书所主，仍沿元代之旧，《礼记》仍用古《注》《疏》。到永乐年间，《礼记》始改为"止用陈澔《集说》"（《明史·选举二》）。据《明成祖实录》，永乐十二年十一月，命胡广等修纂《五经四书大全》。十三年九月书即告成，计有《书传大全》十卷，《诗大全》二十卷，《礼记大全》三十卷，《春秋大全》七十卷，《四书大全》三十六卷。成祖亲为制《序》，颁行天下，科举试士，以此为则，而"废《注》《疏》不用"（《明史·选举二》）。皮锡瑞批评说，修纂《大全》，"此一代之盛事，自唐修《五经正义》，越八百余年而得再见者也。乃所修之书，大为人姗笑"，不过"取已成之书，钞誊一过"，而所取之书，不过是"元人遗书，故谫陋为尤甚"（《经学历史》九：《经学积衰时代》）。其中《礼记大全》，采诸儒之说凡四十二家，而以陈澔《集说》为主。可见明代经学，不过是宋学之遗，而较元尤陋。明人关于《礼记》的著作，见于《四库存目》者甚夥，然几无可称道者。其中如郝敬所撰《礼记通解》二十二卷，"于郑义多所驳难"，是亦宋学习气所使然。 　　清代号称汉学复兴，然清初仍是宋学占上风。顺治二年所定试士例，"《四书》主朱子《集注》，《易》主程、朱二《传》，《诗》主朱子《集传》，《书》主蔡《传》，《春秋》主胡《传》，《礼记》主陈氏《集说》"（《清通典》卷十八：《选举一》）。是仍袭元、明旧制。然清初私学，以王夫之、顾炎武、黄宗羲为代表，已启汉、宋兼采之风。如王夫之论学，以汉儒为门户，以宋五子为堂奥，著述宏富，于礼则有《礼记章句》（参见阮元《国史儒林传》卷上）。其后治《礼记》者，如万斯大撰《礼记偶笺》、郑元庆撰《礼记集说》、方苞撰《礼记析疑》等，皆杂采汉、宋之说。乾隆十三年，钦定《三礼义疏》（其中《礼记义疏》八十二卷），广摭群言，混淆汉、宋，第一次以朝廷名义，打破了元、明以来宋学对于经学的垄断。其时孙希旦著《礼记集解》，博采郑《注》、孔《疏》及宋、元诸儒之说，而断以己意，实亦汉、宋兼采之作。清代真正以复兴汉学为标帜的，始于乾嘉学派，这是清代的古文经学派。然乾嘉学派重考据，《礼记》的研究不及《仪礼》《周礼》之盛。如江永的《礼记训义择言》（仅自《檀弓》撰至《杂记》），短促而不具大体；朱彬的《礼记训纂》，又过于简约，远不及胡培翚《仪礼正义》、孙诒让《周礼正义》之详审。道咸时期今文学派崛起，又以《春秋公羊》学为主，对《礼记》的研究，不过重在其中若干篇（如《礼运》《王制》等）的"微言大义"，以宣扬所谓孔子托古改制之义以及儒家的大同理想。因此清代虽号称"经学复盛"（皮锡瑞《经学历史》十：《经学复盛时代》），然而《礼记》的研究，则未堪其称。清人于《十三经》，唯《礼记》和《孝经》无新《疏》。

续表

| 序言 | 五、怎样读《礼记》
以上所述，意在使读者对《礼记》一书的来源、编纂、内容和学术源流有一个概貌的了解，希望能对读者阅读和利用这部重要的典籍有所裨益。至于怎样读《礼记》，我们提出以下几点意见，供读者参考。
（一）《礼记》与《仪礼》的关系至为密切。我们虽不同意《礼记》是解经（《仪礼》）之作的看法，因为《礼记》中除《冠义》以下若干篇，大体上可以看作是解释《仪礼》中有关篇的礼义的，绝大部分篇章，都同《仪礼》没有直接关系，但要真正理解《礼记》的内容，却非先读懂《仪礼》不可。因为《礼记》基本上是一部杂记性的著作，其所记礼制、礼事和礼义，都是零星、片断而不成系统的，如果读者对于《记》文中所涉及的某种礼仪没有全面的了解，就很难理解《记》文的内容。如《礼记》中记丧礼、丧事或阐明其意义的篇章很多，四十九篇中，《檀弓》（上、下）、《曾子问》《丧服小记》《杂记》（上、下）、《丧大记》《奔丧》《问丧》《服问》《间传》《三年问》《丧服四制》等十三篇都是。还有的篇虽然主要不是记丧礼的，但也颇涉丧礼，《大传》即其显例。如果事先没有读过《仪礼》中的《丧服》《士丧礼》《既夕礼》以及《士虞礼》等篇，就很难真正读懂《礼记》中上述诸篇的内容。即就《冠义》以下六篇而论，虽非专为释《仪礼》而作，但如果没有读过《仪礼》中的《士冠礼》《士昏礼》《乡饮酒礼》《乡射礼》《大射》《燕礼》《聘礼》等篇，也就很难真正理解这些篇的内容。《礼记》中还有许多篇，所记甚杂，亦颇涉冠、婚、丧、祭、燕、聘、朝觐等礼，也必须对《仪礼》中相关篇章内容有所了解。总之，《礼记》必须结合《仪礼》来读，才能收到较好的效果。然而《仪礼》本身就是一部很难读的书，若能参考拙作《仪礼译注》，或能帮助读者解决阅读中的不少困难。
（二）《礼记》四十九篇，字数较多，在唐代号称"大经"，如果再加上《注》《疏》，确乎庞然大物，如果毫无目的地通读，费时既多，效果也不一定好。所以读者当先确定自己的阅读目的。如果你是从文献学的角度来研究《礼记》，自当通读无疑，而且还不能只读一种版本。如果你是以研究中国古代的礼制或儒家学术思想史为目的，自亦当通读无疑。由于《礼记》内容驳杂，为理清眉目，最好分类抄纂，以便比较研究，如元吴澄的《礼记纂言》之例。但对于一般读者来说，就没有必要逐篇通读了。然而一般读者读书，也须有个目的，如为增长知识、提高文化素养或借鉴古代的为人处世之道等。《礼记》中有许多封建糟粕，如强调建立在亲亲尊尊基础上的等级制度、丧服制度、祭祀制度，以及宣扬男尊女卑等，这些对于近现代社会来说，早已失去了它们赖以存在的社会基础，对于今人已经成为无用的东西了，虽然可以作为历史知识去了解它们，但对于一般读者来说，有关这些方面的内容，毕竟可以缓读或不读。《礼记》中还有许多说得很 |

续表

序言	好的有关学习、教育、生活、修养身心和为人处世的道理，其中有不少精粹的语言，对今人仍有教益，很值得一般读者去读。梁启超在《要籍解题及其读法》中，曾为"以常识或修养应用为目的而读《礼记》者"，即我们所谓一般读者，分等级（即阅读的先后顺序）开了一个阅读篇目，兹抄录如下： 第一等：《大学》《中庸》《学记》《乐记》《礼运》《王制》。 第二等：《经解》《坊记》《表记》《缁衣》《儒行》《大传》《礼器》之一部分、《祭义》之一部分。 第三等：《曲礼》之一部分，《月令》《檀弓》之一部分。 第四等：其他。 梁启超说："吾愿学者于第一等诸篇精读，第二、三等摘读，第四等或竟不读可也。"又说："右所分等，吾自知为极不科学的极不论理的极狂妄的，吾并非对于读者有所轩轾，问吾以何为标准，吾亦不能回答。吾惟觉《礼记》为青年不可不读之书，而又为万不能全读之书，吾但以吾之主观的意见设此方便耳。通人责备，不敢辞也。"梁氏的意见，至今仍可供一般读者参考。 （三）《礼记》四十九篇，非出于一时一人之手，又属于杂记性质，因此各篇之间，矛盾柢牾处甚多。如祭天礼，《礼器》说"至敬不坛，埽地而祭"（第10节），而《祭法》则说"燔柴于泰坛"（第2节）；四季宗庙祭祀之名，《王制》说"夏日禘"（第29节），《祭义》则说"春禘"（第1节）；丧礼哭师之处，《檀弓上》说"师，吾哭诸寝"（第39节），《奔丧》则说"哭……师于庙门外"（第11节）；服丧期间朝君之礼，《曲礼下》说"厌冠，不入公门"（第8节），则固当去首而绖入，而《服问》则说"凡见人无免绖，虽朝于君无免绖"（第12节）；为君服丧之礼，《杂记上》说"大夫次于公馆以终丧，士练而归"（第4节），《丧大记》则说"公之丧，大夫俟练，士卒哭而归"（第51节），如此等等，不一而足。至于《礼记》所记与其他典籍（如《周礼》《仪礼》等）的矛盾处，更不可胜数。我们读《礼记》，对于这些矛盾的地方，只需随文研索，切勿强求会通。正如王引之所说："大抵礼家各记所闻，不能尽合。……学者依文解之而阙疑可矣。必欲合以为一，则治丝而棼也。"（《经义述闻·礼记下》"曰祖考庙"条）当然，如果意在做某种专门的研究，于某项矛盾处，寻出证据，以考辨其是非正谬，或指出两种不同说法各自的根据所在，自然是大有益于学术之事。但这是专家们的工作，对于一般读者来说，就没有这个必要了，更不必因为不明其矛盾之缘由而苦恼。 （四）自古注释《礼记》的书籍很多，堪称浩如烟海。要之，读《礼记》或研究《礼记》者，仍当以郑《注》为主，辅之以孔《疏》。郑《注》集两汉经学之大成，而得其精要。孔《疏》博采唐以前学者研究的成果，并着重对郑《注》作了阐释。《注》《疏》近古，较得作《记》者原意。当然，《注》《疏》中的

序言	缺点错误也不少，且郑玄迷信谶纬，注《月令》《郊特牲》《祭法》等篇而贯穿纬书所谓"感生说"和"六天说"，说近诞妄，虽汉代风气所使然，终是其一短。孔《疏》则曲为之回护，是又张大其短。当然，若要作深入的研究，仅读《注》《疏》还不够，唐以后学者的著作，有代表性的，也应当读。宋人不信《注》《疏》，务出新意，除道学的说教外，也甚多创获，颇能启人之思。清人的著作，又集汉、宋学研究之大成，而少元、明学者空疏之弊，虽《礼记》的研究在清代未能称"盛"，然亦有许多值得重视的成果。宋以后学者的代表性著作，上节已经作了简要的介绍，这里就不赘述了。 我们希望这部《礼记译注》，或许对初学者能有所帮助，而对有志于深入研究的人，也或许可以提供某种方便和参考。但由于本人的学识和功力所限，错谬之处，在所难免，恳请读者不吝赐教。 最后，我们想说明几点：一、本书的《礼记》原文部分，依据的是中华书局1980年影印阮校《十三经注疏》本，《注疏》本偶有讹误，则予以订正。二、本书1997年曾出过繁体字版，凡80余万字，这次改为简体字再版，篇幅亦作了压缩。为节省篇幅，原书中的"题解"和每节后"小结"都删去了，注释中凡引用前人之说，也一律未标明出处。读者如欲作深入探讨，则可参考繁体字本及本书末所附《主要参考书目》。三、对于《礼记》中的字词和名物概念，为节省篇幅，只在第一次出现时加以注释，除极少数十分重要者外，以后重复出现，一般不再注，有时仅注明参看某篇第几节，以便读者查看。
体例	《礼记译注》四十九卷，书前有杨天宇《前言》，书后附录《主要参考书目》。其中：《学记》第十八。
评价	

12. 王梦欧:《礼记今注今译》(2011年)

版本	台湾商务印书馆王云五主编,王梦欧注译,《礼记今注今译》,新世界出版社2011年版。
序言	叙《礼记今注今译》 　　王云五先生为推行中华文化复兴运动,选择了若干种足以代表中华文化的典籍,拟用现代的观点和语言加以注释,并做翻译;冀使多忙少暇的现代人,容易了解中华文化的实质;同时亦使先人的德业日新又新。当时,老先生把计划中的工作,分一部分让我们尝试;那就是现在写成的这一部《礼记》的今注今译。 　　说到《礼记》这部书,原只是儒家经典的一部分,而且,在早还只是那些经典中属于"礼经"的一部分。礼经的传授,倘依时代先后排列;西汉讲"仪礼",东汉兼讲"周礼";差不多到了三国以后才开始讲"礼记"。换言之,《礼记》一书之取得经典地位,是较晚的事。然而《仪礼》《周礼》二书所记载的,都只是上古的礼俗仪式和一套理想的建国制度。仪式和当时的生活习惯关系密切,经过时移世变,即在儒家的伦理上,亦认为可以"与民变革"的;更不消说,在现实生活中时有事实上的改变。因此,《仪礼》《周礼》二书所记载的东西,和人们的常识日渐疏远,差不多到了唐代,有的学者竟直率地承认它之"难读"。学者们尚且如此,则其他人更可想而知了。当然,这里面重要的原因,乃是那些仪文制度,多已不见于后代人的日常生活,所以亦渐不为一般人所了解。 　　如果要问儒者们为什么要记载而且传授那些不为后世所实行的仪文制度?这却是极重要的一点,我们知道:儒家之所以为"儒家",为后代执政者所尊重,既在于他们不但有淑世拯人的抱负,同时还想出一套可以实行的具体办法。只可惜他们生存着的时代很古,那是个农业的封建时代。他们在那样的生活环境中,能选择参考和可依据的生活行为资料,就只有那些现实的东西。他们在那环境中,要依其理想来选择一套可以辅导人们走向幸福的生活之路,遂亦只有那些礼俗仪文了。那些礼俗仪文,由后人看来,虽有许多是落伍的,不合实际的;然而,这都无关紧要;而最紧要的,乃在他们欲借助于那些礼俗仪文以达成淑世拯人的理想。他们早就说过礼俗仪文可以随时变革,唯独不变的,就是他们要用和平的教育的方法,造就每个人健全的心理和合理的行为。这样地,由扩充小我而为大我,由个人至于整个人类。这是他们的理想,亦即他们所称为"义"者。他们说:"礼也者,义之实也,协诸义而协,则礼虽先王所未之有,可以义起也。"这不是说得十分明白了吗?"礼"是指那些礼俗仪文,而"义"则是他们的理想。 　　《礼记》在礼经中虽为后起之书,但所记载的,恰就是那种理想。理想不变,所以《礼记》不特不因时世的迁易而没落,反而显得后来居上的地位。自北宋时代,《礼记》便正式列为礼经之唯一要籍,而且一直相沿至近代。在清代经学复兴期间,就有学者直认:《仪礼》《周礼》二书已不能复行于后世,但那两部书的

续表

| 序言 | "会通",则在于《礼记》。质言之,《礼记》不但是打通《仪礼》《周礼》二书之内蕴的钥匙,同时亦是孔子以后发展至于西汉时代,许多孔门后学所共同宣说儒家思想的一部丛书。

《礼记》在经典中的地位既是如此,现在还要考察一下,关于这部丛书的实际状况,并借以说明我们所作的今注今译的大体情形。

从历史上看来,现存于《礼记》中的文辞,在西汉时代,即已常常被人引述,显然那是很早就有的典籍了。但是到了东汉,这部后来被称为"小戴礼记"的书,仍未见于正式的记录。所以它的流行时代,可能是在东汉中晚期。如今唯一可以确定的:那就是东汉末年由郑玄编注而成的这个本子。虽然在郑玄前后亦有人批注过这部书,而且郑玄编注此书时亦还引用过别的本子来校对,但这都只够说明那时已有此书;至于此书和流传至今的这个本子,是否完全一样?因文献不足,我们仍只能说:现在的这个本子,是郑玄编辑和注解的本子,而称之为"郑注礼记",俾不至误。

郑注《礼记》,经历三国两晋南北朝,逐渐受到学者们的重视,而继续为之作讲疏的人亦逐渐增多。到了隋末唐初,先是,陆德明整理经典文字,连带为《礼记》本文做了一番校对文字音读的工夫。接着,孔颖达等人,又把郑注以下的许多讲疏,做了一番厘定的工作,编成所谓"礼记正义",礼记正义和郑注《礼记》,大约在南宋初年被合成一部书;那时,正迎上印刷术发达,因之,这部书乃得以不同的版式在各地普遍翻印流传。现在我们称为"礼记注疏"的,叮说是各式版本中之一母本。此外,南宋人翻印的"郑注礼记"和近代从敦煌发现的"郑注礼记"之零星抄本,都可供参考之用。因为礼记注疏本,清代阮元曾经参用国内外所藏的许多版本和前人用北宋本校对过的记载,编为"礼记注疏校勘记"。这种附有校勘记的注疏本,种类非一,而我们用作今注今译的底本的,则是目前坊间翻印的石印本。

郑玄使用极简练的文字为《礼记》作注;所以他的注语,全部字数,仅比本文多出千余字。孔颖达等人则相反地,他们用最详细的语句为"郑注"作说明。这样极简与极繁的"注"和"疏"自古以来被认为"双绝",而阮元即据此而为之校勘,照理该是最完善的本子了。然而,如果要问这本子究竟完美到怎样的程度?却是个很难肯定回答的问题,因为这里面还有好几层的关系:

第一,郑玄时代,他所据以作注的那个底本,是否完善,即已可疑。郑玄作注,同时虽很细心地用当时流传的其他抄本对他所用的那个底本的本文,凡是经他看出显然有错的文字,便明白地记下某字"当为"某字;但亦有他不能断定,于是就记下某字"或为"某字。仅从郑玄所记的许多"错字"看来,即已够说明他所用的底本并非十分完美的。而且他在注注《礼记》时,又似乎很匆促,有些参考的书籍,他没有看到。这在他的学生问答记录里,已有交代。由今看来,《礼记》 |

续表

序言	的本文，有许多地方亦散见于其他古书中。倘用其他古书互校，则又可见除了郑玄已发明的疑问以外，仍有不少的疑问。这就是郑注《礼记》底本的实际情形。 第二，孔颖达等人疏解郑注时，所据用的"郑注礼记"，则又是经过三国六朝，数百年间辗转抄录下来的本子。我们单看陆德明所作的"礼记释文"，即可看出：他记下许多"本为某字""或为某字"的字，往往和现在这本孔疏所用的字又有不同，这又可以说明孔疏所据的底本，亦非十分完美的。此外，本非郑注而乱入郑注中者，犹不在话下。 第三，现行的注疏本，虽经过多人校勘，但于《校勘记》所记载者之外，扔可检出一些错字。更严重的是：郑玄的注语，却不见于现有的郑注中，偶因孔疏之引述，始能于"疏语"中看到。然而，未经孔疏引述出来的，是否仍有脱落的"郑注"呢？这就不无可疑了。再者，倘依孔颖达等人详为"郑注"作疏证的原则；而现在可以看到的，有些地方必然有疏语的，但这"注疏本"却一字不提。这是否说明了"郑注"有脱落，甚至连"孔疏"亦有脱落呢？则又不无可疑了。有了这层层的疑问，不特使人不能肯定回答这本"礼记注疏"的完善程度；而且，在替他作今注今译时，还不得不分外审慎；因为这些地方，前人尚未及注意。 如果要问：《礼记》既是千余年来的经典而为读书人必读之书，不可能有这种不可信靠的成分在。因为此书本文之外有注语，注语之外有疏语，层层说明，互相保证，决不致有什么大错。然而，大错虽必没有，只是在我国"一字一义"的文章结体中，片词只字的出入，就会影响整个的语意。郑玄最早便已注意到片词只字之是非；到了孔疏，他们虽极忠实地为郑注作疏解，但亦尝发现郑玄为本文上的错字所蒙混而写下望文起义的曲解。孔疏以下，经历宋元明清，许多热心攻读此书的学者们，差不多随时都在发现郑注以及孔疏的错失。虽其中有因错字而发生的；但最多的地方，还是在于"语意"的误解。从后代学者的著述中，我们可以看到"郑注"误解了本文的地方，又看到"孔疏"误解了郑注的地方。这样的，由本文而注语而疏语，本意虽在于层层说明，而实际却未必即可互相保证。因此，自宋代以下，有的学者或竟撇开注疏，而径向本文做"直解"和"别解"的。这样一来，使那将近十万字的礼记本文，便附着上"数以千万计"的解说了。其中除去复述别人的意见者外，具有真知灼见的著述，即不在少数。现在我们为说明《礼记》本文而作今注今译，在探讨前人的意见时，虽不因其著述之多而感到困难；但是，他们太多不同的，甚或相反的，而又同具价值的解说，在选择取舍上，不能不煞费踌躇了。 孔颖达等人之疏解"郑注礼记"，是罗列前人的意见然后加以仲裁（名曰正义），而其仲裁，即又代表一种意见。到了后代，读者愈多而意见愈加分歧。但分歧到了无从仲裁，就只好编为"集说"了。不过，如卫湜的"礼记集说"，卷帙浩繁，无法使其书与大众接近，当然，这不是我们"今注"所宜采取的方式。其

续表

序言	次如陈澔的"礼记集说"算是要约而不繁了,然而他的集"说",必须参看后人给他做的许多辨惑补正的著作,始不至跟着错误。而且,这种补正的意见,时在增加。清代学者更能利用文献学的、文字学的、文法学的种种方法,为"注""疏""集说"做下不少补正工夫。如果把许多意见罗列起来,不免又要成为卫氏"集说"那样的庞然大物了。这都是"今注"时所面对着的麻烦。 还有比这更加困难的事:第一,上古的一些特殊仪式、器物、建筑,以及社会组织上的种种名词:有的须表演,有的须绘图,有的须长篇讲解,始能看得明白。倘若单用"白话",而白话中没有相当的词汇可以翻译。第二,本文的涵义,既有种种不同的解释;解释既已不同,当然不容"混说"。然而"今译"之目的,是要把本文一句是一句地用白话说起来,倘求其不陷于偏执,就只好把不同的解释列于"今注"项下,而"今译"仅就其中之一面而翻译。这又是无可奈何之处。现在为着补救上述第一第二两点缺憾,我们就尽量列载参考书籍,把权威的著作,演礼图,近代人所作名物图考等等,作为附录,以备有兴趣作进一步研究此书的读者参考之用。 最后,不,应当说是首先,我们得向王老先生表达歉意。因为老先生的委托,我们未能如期完成。虽然老先生原谅我们译注此书,因篇幅较长而参考的材料甚众,爬罗剔抉,刮垢摩光,既需时日;而本人又因外出讲学,逆旅生涯,亦略有耽搁。其间,还感谢罗宗涛、张棣华、谢海平,诸位年轻朋友热忱协助,如今幸得杀青斯竟。既得诸位朋友的助力,所以在这里应称为"我们的"工作了。 早在郑玄时代,卢植曾经说过:"今之礼记,待多回穴。"我们虽不能指实他说即是这部"礼记"。但细检此书,其中无论文字、章节、讲义,以及其牵涉到古代文化生活各方面的记载,皆因传世久远,本文断烂,章节错乱,字词讹脱,确实够称"待多回穴"的。所以我们的今注今译,只算是在前世学者的余荫下略尽绵薄。至于如何使得此书更其系统化,而赋以现代的意义,则有待海内外贤达的指教。 王梦鸥谨叙 1969 年 4 月
体例	《礼记今注今译》共四十七卷。书前有:台湾商务印书馆董事长王学哲《新版古籍今注今译序》(2009),台湾商务印书馆编审委员会《重印古籍今注今译序》(1981),王云五《编纂古籍今注今译序》(1969),王梦欧《叙礼记今注今译》(1969)。附录一:《庙祭秩序单》,附录二:《参考书目》。其中:《学记》第十八。
评价	

(二)《礼记·学记》之补充注释版本

《礼记·学记》之补充注释版本大多为非通篇注释《礼记》之注释版本，它们以或注释部分篇章或注释篇章中的部分章句的形式呈现。其中较为代表性的注释版本为：

朝代	著者	著作名称	收录情况
宋	魏了翁	《礼记要义三十三卷》	《续修四库全书》
	黄 震	《黄氏日抄》	《文渊阁四库全书》
	熊朋来	《经说》	《文渊阁四库全书》
明	赵 僎	《礼记思五卷》	《续修四库全书》
	徐师曾	《礼记集注》	《文渊阁四库全书》
	郝 敬	《礼记通解》	《续修四库全书》
清	姜兆锡	《礼记章义十卷》	《续修四库全书》
	万斯大	《礼记偶笺三卷》	《续修四库全书》
	李光坡	《礼记述注》	《文渊阁四库全书》
	方 苞	《礼记析疑》	《文渊阁四库全书》
	任启运	《礼记章句十卷》	《续修四库全书》
	吴廷华	《礼记疑义七十二卷》	《续修四库全书》
	汪 绂	《礼记章句十卷》	《续修四库全书》
	潘 相	《礼记厘编》	《续修四库全书》
	翁方纲	《礼记附记十卷》	《续修四库全书》
	李调元	《礼记补注四卷》	《续修四库全书》
	郝懿行	《礼记笺四十九卷》	《续修四库全书》
	焦 循	《礼记补疏三卷》	《续修四库全书》
	刘 沅	《礼记恒解四十九卷》	《续修四库全书》
	丁 晏	《礼记释注四卷》	《续修四库全书》
	陈寿祺	《礼记郑读考六卷》	《续修四库全书》
	郭嵩焘	《礼记质疑四十九卷》	《续修四库全书》
	俞 樾	《礼记郑读考一卷》	《续修四库全书》
	张廷玉	《日讲礼记解义》	《文渊阁四库全书》

二 《学记》之单行注释版本

近代社会以来,以西学为载体的西方学术术语和研究范式的传入,为近代学者研究中国古代传统文化提供了新方法和新范畴。近代知识分子试图在挖掘传统文化中所包含的近代文化因子的过程中,寻求中国传统文化的立足之地以及中西文化之间的文化共性,并以此为文化基础来探寻适应近代社会的学术话语体系。刘光蕡之《学记臆解》,就是近代知识分子利用传统文化经典来构建近代学术话语体系的尝试。同样,由于近代新式教育的创办和发展,西方教育术语伴随着新式教育而传入中国,《学记》因其自身所包含的古代教育范畴,而受到倡导新式教育的近代学者的高度关注。《学记》是"中国古代教育的雏形"或"中国古代教育学"的称谓,就是近代学者在中国教育学科形成过程之中所达成的学术共识。而近现代学者对《学记》进行注释和体认的历史过程,可以视为中国教育学科自身发展历程的历史浓缩,同样也可以视为中国传统教育原典在中国教育学科自身发展历程中地位的历史浓缩。

《学记》之单行注释版本为:

年代	作者	著作名称
1895	刘光蕡	《学记臆解》
1913	王树枏	《学记笺证》
1918	姚明辉	《学记集义训俗》
1943	杜明通	《学记考释》
1957	顾树森	《学记今译》
1957	傅任敢	《学记译述》
1982	高时良	《学记评注》
1984	刘震	《学记释义》
2005	高时良	《学记研究》

我们试从注释者的简要生平、注释版本的基本情况等方面,对《学记》之单行注释版本展开研究。

1. 刘光蕡:《学记臆解》

刘光蕡(1843—1903),咸阳人,字焕唐,自号古愚。光绪元年

（1875年）中举，后因会试不第，遂绝意仕途，潜心教育事业。先后主讲味经书院、崇实书院、甘肃大学堂，历时十余年。1896年与康有为、梁启超订交，被康、梁誉为"博大文儒""关学后镇"。戊戌变法中，他于陕中积极倡扬，素有"南康北刘"之称。1902年应聘甘肃大学堂总教习，呕血执教，1903年病逝于兰州。刘氏一生躬耕园圃，留下了许多卓有见地的著述，《学记臆解》是其晚年著作，作者感慨国家衰危，因借重读、新解《学记》来阐述其教育思想。

	学记臆解序
序言	呜呼！今日中国贫弱之祸谁为之？划兵、吏、农、工、商于学外者为之也。以学为士子专业，讲诵考试以鹜为利禄之途，而非"修齐治平"之事，日用作习之为。故兵不学而骄，吏不学而贪，农不学而惰，工不学而拙，商不学而愚而奸欺。举一国为富强之实者，而悉锢其心思，弊其耳目，系其手足。怅怅惘惘，泯泯棼棼，以自支持于列强环伺之世。而惟余一士，焉将使考古证今，为数百兆愚盲疲苶之人指示倡导，求立于今世，以自全其生？无论士驰于利禄，溺于词章，其愚盲苶，与彼兵、吏、农、工、商五民者无异也。即异矣，而以六分之一以代其六分之五之用，此亦百不及之势矣。告之而不解，令之而不从，为之而无效，且弊遂生焉，彼六分之一士，其奈此数百兆愚盲疲苶之民何哉？然则，兴学无救于国之贫弱乎？曰："救国之贫，孰有捷且大于兴学者？"特兴学以化民成俗为主，而非仅造士成材也。风俗为人材，犹江河之蛟龙也，江河水积而蛟龙生，风俗醇美而人材出焉；无江河之水，即有蛟长亦与鱼鳖同枯于肆，而安能显兴云致雨以润大千之灵哉？故世界者，人材之江河，而学其水也。化民成俗，则胥纳士、吏、兵、农、工、商于学，厚积其水，以待蛟龙之生也。兵练于伍，吏谨于衙，农勤于野，工巧于肆，商智于市，各精其业，即各为富强之事。而又有殊异之材，挺然出于群练、群谨、群勤、群巧、群智之中，以率此练、谨、勤、巧、智之群，自立于今日之世界，不惟不患贫弱，而富强且莫中国若矣！以地大物博，民众而质美，白种之所以深忌我黄种者此也。 尧、舜、禹、汤、文、武、周公以来，其终日忧勤惕厉者，皆为此事。其曰勤民，非君相一手一足代亿兆人之手足，而启其心思也，纳民于学，使皆为有用之材，以治其业而已，所谓化民成俗也。故《大学》言"治平"曰"明明德"于天下，政与教不分，故士皆出于民。而"士"训曰"事"，"仕"训曰"学"。九流十家之学，皆出于古之官也。桀、纣、幽、厉，不以德教民，而以力制之，数百年有政无教，中国疲弊。孔子欲起而救之，布衣不得位，陈尧、舜、禹、汤、文、武、周公之治，力不能及民，仅与民之秀者讲明之，故言学不言政，学不及兵、吏、农、工、商而专属于士。后世为政之失，非圣人言学之本义。化民成俗

续表

序言	之本义不明，而造士育材之作用亦隐，士日因于记诵词章，民则困于愚盲疲苶，国势散涣阢陧，屡受制于外人，而无可如何。呜呼！其所关岂鲜哉？ 乙未岁，马关约成，中国赔费二万万，予傍徨涕泗，无能为计。其腊，幼子瑞马吾之师解馆，予代督课，时读《学记》，予阅一过，旧书重读，新解特生。盖身世之悲，有不能自己于言者，强附经训以告稚子，故题曰"臆解"。观者若执古训以绳予，则予之戚滋深矣！ （全书·文集 卷二、十六—十八页）
体例	《学记臆解》由序和正文两部分组成。其中：序文主要论述对《学记》进行臆解的原因；正文部分从对《学记》整体解读入手，采用王夫之《礼记章句》之中对《学记》全文的分类方法，将《学记》全文分为十六章，然后对各章进行臆解，以期达到救国救民之目的。

2. 王树枏：《学记笺证》

王树枏（1851—1936），字晋卿，晚号陶庐老人，河北新城县人，光绪十二年（1886）进士，官至新疆布政使。王树枏博通经史，著述颇丰，凡经学、史学、文学无所不通。

王树枏学术成就评价：

钱基博称其"于义理、考据、辞章三者皆有深得"（钱基博：《现代中国文学史》，中国人民大学出版社2004年版，第132页）。

张舜徽评价"树枏早岁读书，仍沿乾嘉诸儒蹊径，而尝肆心力治朴学。故于文字、训诂，亦复研绎甚精"（张舜徽：《清人文集别录》，华中师范大学出版社2004年版，第565页）。

《学记笺证》：

（1）最早刊登于《中国学报》，1913年第5期，第29—199页；第6期，第21—181页。

（2）集辑成书为《学记笺证》（1914年刊，见《陶庐丛刻》）。

	宋育仁：《学记笺证序》
序言	今《礼记》出淹中，汉称为淹中古记。刘子政考订谓七十子后学所记也。《学记》《乐记》《坊记》《表记》特题为记，其为七十子后学所记尤明。四记皆条理该备，博而有要。《学记》其称首彰，彰矣。新城王晋卿推学教之原，合以今教科师范之本，末知其为出于三代之遗，而七十子之所传也。特为记作笺，引今为证。育仁读而题之，乃为之叙。 曰：三代之学，士与民分途而教，即今列邦学制之善者，何独不然。自肤者为之不究，士与民之分理别异也，一概而相量，貌似将使民皆有士行，以为美谈，而卤莽耕且获，适足以驱士，使同于氓耳。以余观先王之为教者异矣。别年、分科、迁地、辨等，而授之。既设其程，即随文而释其理，深浅不相羼逾。观于《学记》之粲然可以知，士与民各及之程，杂而不越者矣。夫普及之教育，欲其普及于众庶，非浅近莫由从之抑。普及之教育，欲以普及于众庶，非速期而毕，又何术以使之周易而遍乎。而造士深远将使为政，又以教民，非湛之于学久不能使器成，而达先王知之矣。 故为之教民之学曰：家有塾，党有庠，此间学程统名为小学。入学之年，以八岁为正，八岁入小学是也。迟者以十岁为期，十年出就外傅是也。外傅即塾师。古之致仕者，归而教其乡，大夫为父师，士为少师。百家而合立一塾，一塾设于里之门。农事毕登，余子皆入学。三年毕业进于党庠，五年毕业不获书行能于党正者，不与考射于州序，是为教民学校之正等。通率八年而易一班。凡族百家之间，子以次而遍，前此为家庭教育之期，则自六龄始矣。六年教之数与方名，比于今之儿童初级小学，则专授以书数。资有敏钝，故入塾就傅之期差以二年。入学期迟以二年者，出学期迟亦二年，此教民之大较也。为造士之学曰：术有序，国有学。术序即州序，序者射也。但以校射选士，入国学为主务，有考校而无课程。射不中程者，不入选。不选者，不入国学。国学者，统乡于国，以国为名。此间学程统谓之大学。于稽《周官》之制，比间族党州乡。四间为族，乃始立塾。五族为党，乃立之庠。其学为教民高级，服于学者皆廪其中，故曰庠者养也，善乎。 《笺证》之言曰：受普通教育之后，则人民可以出校自谋生业，不必悉入大学。故乡大夫兴贤能与询众庶，分别言之。盖五比之间，仅书其敬敏任卹。四闾之族，仅书其孝弟睦姻。德行道艺，不必兼全而已。足为学道易使之，民而无不帅教者矣。兹语诚然哉。顾余见教民之学校，与国学之教科，深浅时地固殊焉。而更考经文乃见乡之所属，惟族党有学教之官。所其下比间，则但有间师之书记其敬敏任卹之考。其上之乡则设校，而无课学之舍。故乡饮者饮于党，乡射者射于州。所谓习射尚功，习乡尚齿，皆为考试。故国老皆朝于庠。稽《周官》之文，党正始书其敬敏有学者，此若生员等未录遗送乡试矣。有学无学之分途，即造士教民之分界。与于党正之书者，始与于三年大比之考，考之于州射。《周礼》

续表

序言	乡大夫之职，三年大比考其德行道艺，而兴贤能是也。不与于党正之书者，谓之众庶。所谓退而以乡射之礼，五物询众庶是也。是以本经于州序之后，独标国学之目。而《左传》隐括其词，乃有乡校之文。由此其选者，即入于国学。又徵之《王制》，曰命乡论秀士升之司徒曰选士，司徒论选士之秀者而升之学曰俊士，升于司徒者不征于乡升于学者不征于司徒曰造士。学即言国学，乡即言州序，其为不设教科，而专考试经制甚明。然后乃言曰：乐正崇四术，立四教，顺先王诗书礼乐以造士。如此其深切著明也。则教民与造士，各有其程限，而适得其分量。夫安同之于一涂，要之以无限，相率而竞者哉，善乎。 《笺证》有曰：三代学校无中学之名，皆由小学以入大学，又诚哉。其然第举本经，所谓七年小成者，以今中学当之，则不无异同之辨。以育仁观之，不得书于党正之籍者，即不得与于州射，是为小学教民之终期。其与于射而获选者，乃为造士之始进矣。由斯以谈，则本经所举七年小成之业，皆国学造士之初程。射御礼乐，惟舞勺在成童以前，与书数并授入小学。教科其主课，则皆入国学。而学为士者之始有事也。其斯为国之俊选，通率年及二十，而冠礼行焉。荣其选于众庶而为士也，乃与王太子王子群后之太子卿大夫元士之适子同入学，而论齿非氓庶之子概得而与列。言古验于今，虽欧美质邦王子，其甘与牧竖齿乎哉。夫亦为其俊而选也。按《大传》之文，公卿大夫士谓之四选。公侯君也，而与士同为选人。士之位诚，卑要其进而莅官，退而师于里，皆君道也。故曰：学也者，学为君也，学为师然后可以为人君，其词微而曲以达。故于始列于士籍，特殊其名，谓之俊选，由小学以经入大学义无疑焉。 今之抵掌而谈欧化者，转输于日本。增中学之一级，遂统以教民之学校，合于造士之一途。视普及之教育，为造士之预备，大惑莫甚于此，而迷者举世从之。夫亦思教民为普及之教育，尽人而纳之，学限年而止，斯义取于强迫。造士者，深造之以道，欲其自得之乎。窃闻之：德之储备专门者，三年至九年；英之储备实业者，四年至六年。其为文科、为道科、为法科，由斯为政教之选。每终身于所学，而非徒恃学堂之课授以为功。于古所云之博习亲师论学取友，盖可稽焉。其执农工商之业者于小学，普及之教育限年而迄。其程分业，而治其事。治事者，治生也，与学者各不相谋。譬若庤钱镈者，习其播耰；制轮舆者，司其矩物。而于土化之法，闻声而可悟。于度涂之执司契而符，亦即出门而合辙也，是职政教之枢。 举古今中外，未有无分事，而能合群治者耶，不可以冥行适埴为矣。教科之分合异同，详略轻重，《笺证》列表具于篇，各适所宜。其得失之数，从变而移，又不得铢称而寸度也。抑闻之管子有言，处工就官府，处农就田野，处商就市井，处士就燕间，迁乎地弗能为良焉。今各国未知其然，而概设四民之学俱处以燕间，

	续表
序言	燕间则坐谈，坐谈则坐驰。是教物竞，而安有不竞。以是求化民成俗，必无冀矣，危矣。虽然吾知其危，其执此与天下辩乎，其又必无冀矣。学为农工商者，自有奠其学之居，无取乎处之燕间为也。昔之隐几者，非今之隐几者也。夫今之抵掌而谈欧政者，坐淄中议稷下，非昔之隐几者也。足以动众，不足以化民，不可以不深长思也。 晋卿此书，有忧世之心，复古之志。备古今中外学校之掌故，可谓明备。而育仁窃考古今中外学校之原委又有异同，微此书无以发吾因。书以质晋卿先生，即书之叙。 甲寅夏正秋七月富顺宋育仁谨撰
体例	《学记笺证》（1914版）包括序言和正文两部分。其中：《学记笺证序》由宋育仁撰写；正文四卷，分"笺"和"证"两部分，"笺"为注释，"证"为考证（考证部分主要探求古代文献所载的"先王教民之大略"，并与当时各国学校的"教育之法"相证）。

3. 姚明辉：《学记集义训俗》

姚明辉（1881—1961），号孟坰，江苏省嘉定县南翔镇（现属上海市）人。先后就读于上海求志书院、龙门书院、广方言馆。清光绪二十七年（1901）起，历任上海澄衷学堂教员、教科书编纂员。光绪三十年起，历任上海南洋中学和龙门师范教员，兼中国图书公司地理编审员。光绪三十三年当选为上海县教育会第一副会长兼城厢学董。宣统元年（1909）起，任南京两江优级师范地理部主任、教授，兼宁海师范教员。民国元年（1912）起，历任江苏省立苏州、扬州、淮安等地师范学校校长和筹办员。民国四年（1915）起，历任国立武昌高等师范学校国文史地部副主任、代理校长。1920—1945年历任上海暨南大学、大同大学、大夏大学、持志大学、上海大学等校教授及正风文学院院长。抗战胜利后，专事学术研究。1957年6月受聘为上海文史馆馆员。1961年在上海寓所病逝。姚明辉曾编著多种中外地理教科书及文史、地方志、音韵学等著作。已出版的有《中国近三百年国界图志》《中国民族志》《汉书艺文志注解》《中国发明地图百证》《反切源流考略》《声韵学说明详解》《学记集义训诂》《禹贡注解》《上海乡土地理》《蒙古志》及高小、中学、师范地理教科书等。

版本	《学记集义训俗》（据民国七年序铅印本影印），国立武昌高等师范学校国文史地部豫科文学课本，民国时期经学丛书（第四辑），林庆彰主编，台湾文听阁图书有限公司，2009 年。
序言	《学记集义训俗》序 予一不知夫世俗教育者之，何以皆废经也。予自成童时，为三礼之学，《学记》一篇既熟读矣。弱冠后出入教育学说且十年，而反求于经。则世俗所谓教育者，其精义已具于《学记》。予一不知夫世俗教育者之，何以皆废之也。丁巳春，武昌高等师范学校校长张君，以予手定国文史地部课程，送教育部得其可。《学记》一篇，予所定为预科之文学课也。翼年春，既令诸生熟读其白文。又合录汉唐注疏音义、宋卫氏集说，搜罗近儒经解，且附以己意为一书而授之。凡教学要义具于此矣，而教育学说之是非，悉奉记文以平正之。窃以此为集，学记义理之大全，可以训世俗之废经教育。故题曰：《集义训俗》。夫世俗所谓教育者，其精义已具于此矣，此固无庚于教育也。百家腾跃终入环内，教育家而不学也，则已而学也，其必相与同归。夫此予之所厚望也。 戊午天中节明辉自序
体例	《学记集义训俗》包括序文、例言、目录、正文、补遗和再补遗、校勘记。其中：序文部分简要介绍《学记》作为武昌高等师范学校国文史地部豫科文学课本的过程，并说明以集义训俗为题的原因——"集《学记》义理之大全可以训世俗之废经教育"；例言部分则是说明撰写该书的体例；目录部分主要是将《学记》全文分为十九个段落，并注明各个段落的起始顺序；正文部分主要是对十九个段落进行注释研究，依据音义、孔疏、历代疏解的顺序来呈现，并在每个段落之后运用教育学理论阐释其蕴涵的教育意义；补遗和再补遗以及校勘记部分，则是对正文部分的再次补充研究。

4. 杜明通：《学记考释》

杜明通（1910—2002），号草堂退士，1937 年毕业于四川大学中文系，后执教大学中学多年，集诗人、学者、书法家、教育家、气功师等于一身。

《学记考释》曾作为四川大学教育史教材。

版本	《学记考释》，国立四川大学教育研究会出版，中华民国三十二年二月初版。
体例	《学记考释》由考证卷一、注释卷二、引义卷三组成。其中：考证卷一包括学记在礼记中之位置、学记之家法、学记之作者、学记之理论背景等四部分内容；注释卷二从解题《学记》入手，分节来注释各部分要义，在各节注释中采用注释和要旨相互结合的方式来展开；引义卷三包括学记之教育目的论、学记之教育方法论、学记之教育心理学三个部分。

5. 顾树森：《学记今译》

顾树森（1886—1967），又名顾荫亭，江苏省嘉定县西门外钱门塘镇（今属上海市）人。1917年，顾树森与黄炎培等教育界人士在上海发起了中华职业教育社，从而掀开了近代中国职业教育史上新的篇章。1918年至1922年上半年，顾树森出任由中华职业教育社所创办的中华职业教育学校的第一任校长。1930年，顾树森由蒋梦麟、朱经农介绍至国民政府教育部出任普通教育司司长，兼任蒙藏教育司司长，直到1946年退休。

顾树森在任职期间，主要负责整理和修订教育法案与措施，修订了《中小学课程暂行标准》《高级中学示范科课程暂行标准》《小学法》《中学法》《师范学校法》《职业学校法》《实施义务教育暂行办法大纲》等法规制度。1952年2月，顾树森从苏州华东革命大学"政治研究院"学习结业，7月，由华东教育部分配至江苏师范学院担任教育学教授。在马克思主义唯物史观的指导下，顾树森编著了《中国教育史》《学记今译》《中国古代教育家》《中国古代教育家语录类编》《中国历代教育制度》《论语新译注》等教育史学专著。其中：《学记今译》和《中国古代教育家》是作为师范院校的教材以及中小学教师的参考用书的。在这两本书的基础上，顾树森又编写了共计60万字的《中国古代教育家语录类编》上下册及补编三册（1983年，上海教育出版社将这三个分册合编出版）。

1962年，顾树森编写完成的《中国历代教育制度》，是新中国成立后第一部系统地研究中国历代教育制度产生和发展的专著。

顾树森生平、时间及事件等参阅顾树森1966年编写完成但并未发表的年谱——《我的八十年》；在杜成宪等编写的《中国教育史学九十年》中，提到了顾树森在新中国教育史学研究方面的诸多贡献。

版本	《学记今译》：人民教育出版社 1957 年版。
序言	<p style="text-align:center">前言</p><p>首先，我要说明从事《学记今译》的动机。我在去年暑期中编写《世界教育史》讲稿时，曾翻阅一些西方国家出版的世界教育史书籍，其中对于中国古代的材料，往往一字不提。这是因为资产阶级历史学家们违反事实，夸张西欧文化的作用，并且把西方文化和东方文化对立起来，认为西方文化好像是更高和更古的文化，东方古代文化是比较原始和后起的文化。它们在谈到古代学校教育时，仅举希腊雅典为例；谈到古代教育思想和学说时，仅举苏格拉底、柏拉图和亚里士多德为例。因之，就引起我无限的怀疑！难道东方各国学校的产生真是落后于西方么？中国古代的教育思想和学说真是落后西方么？我们根据事实来证明，这种说法，可以肯定是错误的！</p><p>近来苏联教育史学家米定斯基在他所著的《世界教育史》中曾说："学校最初是在奴隶占有制社会形成时期的古代东方各国产生的。……最初关于学校的记载，是在纪元前二千五百年前埃及'古王国'的史料中看到的。……后来，由于商业的媒介，把萌芽期的文化和学校，从东方移到希腊。"（米定斯基著，叶文雄译：《世界教育史》，生活·读书·新知三联书店出版社，第9—11页）从此足以证明世界上最初的学校，是在纪元前几千年首先产生于古代东方各国，这就对资产阶级历史学家们的谬说作了彻底的驳斥。</p><p>又学校的产生与象形文字是有关联的。苏联专家杰普莉茨卡娅教授在她所编的《世界教育史讲义》中曾说："若从文字的历史来讲，可断定说，在象形文字以前，就有图形文字，只是在图形文字的基础上才出现了象形文字，出现了古代东方各民族的楔形文字，出现了字母文字。中国各民族的象形文字的出现，比公元前二千五百年前还要早得多，所以认为学校产生在公元前二千五百年前的埃及的这种看法，就值得怀疑了！……而中国的文字和学校，在更早的时期已经出现。"（杰普莉茨卡娅著：《世界教育史讲义》，第15页）</p><p>又据我国古籍的记载，董仲舒、孔颖达一派学者，也曾说唐、虞以前五帝时代（公元前二千七百年间）已有大学，名曰成均（《文王世子》注：董仲舒曰，五帝名大学曰成均，则虞庠近是也。又大司乐疏：孔颖达云，尧以上当代学亦各有名，无文可知；但五帝总名成均，当代则各有别称）。从此更足以证明世界古代的学校，不但最早产生于古代东方各国中的埃及，而且最早产生于古代东方的中国。</p><p>由于中国图形文字和象形文字的出现最早，从而断定中国古代学校的产生在世界各国历史上亦为最早，这是无可置辩的事实。由于中国古代学校产生得最早，从而学校制度、教育理论和教学方法，也必然最早就形成、发展起来。发掘和整理我国教育遗产，以丰富教育理论并充实教育史的内容，是我们研究中国教育史的人当前最重要的责任。</p>

续表

| 序言 | 《学记》是我幼时的读物，至今还能背诵。它的内容，主要是记载我国古代教人授学的方法，以及教学上的成功和失败的教训，所以就用《学记》这个名称。它首先阐明教育的目的，教育的任务与作用，古时教育的制度，视学与考查学生学业成绩的方法；其次，述及教与学的相互作用；正课学习与课外作业的相互结合，教育上得失的原由，以及问答方法的运用；最后，则提出教师在教育中的重要作用，和尊师重道的必要性。它的文字虽然很简约，但含义却很深奥，其中所阐明的教育原理和方法，与近代教育学上所讲述的，颇多近似之处。因此，《学记》这一篇著作，可称为中国古代教育学的雏形，也可以说是中国教育史甚至是世界教育史上的第一篇非常辉煌的有关教育理论和方法的伟大著作。这是极可宝贵的教育遗产，值得我们研究并予以发扬光大的。可是，它的文字虽然并不是很长（全部只有二十节，总计字数不过一千二百二十九字），但由于古今语文的不同，有若干部分过于简约、艰深，使人不容易了解，实有加以释译的必要。因之就引起我从事今译的动机。
其次，我在讲译之前，必须说明《礼记》一书的来源，因为"学记"是《礼记》四十九篇中的一篇。《礼记》一书，究为何人所著，其说不一。有人说："《礼记》之作，出自孔氏，但正礼残阙，无复能明。……至孔子殁后，七十二子之徒，共撰所闻以为此记。或录变礼所由，或兼记体履，或杂序得失，故编而录之以为记也。"（郑玄著：《六艺论》）这是说《礼记》一书，是孔门弟子各就自己所闻而作的一种记录。也有人说："《礼记》之作，杂出于汉儒，然其间圣门绪余其格言甚多，如《乐记》《学记》《大学》之类，无可议者。"（卫湜著：《礼阳集说·统说》中河南程颐和张横渠所述。）这是说《礼记》中的大部分为汉儒所作，惟其中《乐记》《学记》《大学》《中庸》各篇，出于孔门弟子所传的记录。
自从秦始皇焚书之后，我国古代的经典记载留存在世间的很少。到了汉代，就改变先秦政策，"大收篇籍，广开献书之路"（《汉书·艺文志》卷十）。到了汉孝武帝时，"于是建藏书之策，置写书之官，下及诸子传说，皆充秘府"（《汉书·艺文志》卷十）。因之各地民间，就把从"山岩屋壁"中所发现的古书，都捐献给政府。至《礼记》四十九篇的来源，为历来经学家争论很烈的问题。据《汉书·艺文志》所载"汉兴，高堂生传《士礼》十七篇"；至汉武帝时，河间献王得孔氏壁中的古《礼》五十六卷，《记》百三十一篇，捐献出来（郑玄著：《六艺论》）。从此以后，汉人对于古礼的研习，各有专家传授。据《汉书·艺文志》《儒林传》所载，"传《礼》者十三家，唯高堂生及五传弟子戴德戴圣名在也。"到了汉末郑玄撰《六艺论》云："五传弟子者高堂生、萧奋、孟卿、后苍及戴德戴圣为五，……今《礼》行于世者，二戴之学也。"又云："戴德传《记》八十五篇，则《大戴礼》是也。（今所存于世者仅三十九篇）戴圣传《礼》四十九篇，则|

续表

序言	此《礼记》是也。"从此可知后人把这《礼记》一书，认为大部分是汉儒所作，是不无相当理由的。 但是，到了唐初陆德明在《经典释文·叙录》中，又引晋司空长史陈邵《周礼论序》云："戴德删古礼二百十四篇为八十五篇，谓之《大戴记》，圣删《大戴礼》为四十九篇，是为《小戴记》，后汉马融卢植考诸家同异，附戴圣篇章，去其繁重及所叙略而行于世，即今之《礼记》是也。"从此以后，就有小戴删《大戴礼》以成《礼记》的说法。而在《隋书·经籍志》中更加附会此说，以为"汉初河间献王又得仲尼弟子及后学者所记一百三十一篇献之，时亦无传之者。至刘向考校经籍，检得一百三十篇，向因第而叙之，又得《明堂阴阳记》三十三篇，《孔子三朝记》七篇，《王氏史氏记》二十一篇，《乐记》二十三篇，凡五种合二百十四篇。戴德删其繁重，合而记之为八十五篇，谓之《大戴记》，而戴圣又删大戴之书为四十六篇，谓之《小戴记》；汉末马融又足《月令》一篇《明堂位》一篇《乐记》一篇合为四十九篇。"从此又有小戴删《大戴记》为四十六篇，而由马融增益三篇而为四十九篇的说法。 到了清代，各家学者始力驳小戴删改《大戴记》的说法。戴东原以为刘向《别录》已说《礼记》为四十九篇，小戴弟子桥仁（汉武帝时人）已著《礼记章句》四十九篇，（见《戴东原集》《大戴礼记》目录后语）依此，则所说马融增益三篇始成为《小戴礼》四十九篇之说，绝不可靠。此后，钱大昕亦以为《小戴记》并非删《大戴记》而成（详见《廿二史考异·汉书考异》），陈寿祺在《左海经辨》中亦力斥小戴删《大戴记》说法的谬误。从此，方知《周礼论序》与《隋书·经籍志》所载戴圣删《大戴礼》为四十九篇，以及戴圣删《大戴记》初为四十六篇；后由马融增加三篇而成为四十九篇之说，都是不足信的。 再次，要说明的《学记》作者的学派和它的要求。根据上面所述，《礼记》一书四十九篇中大部分为汉儒所作，惟《乐记》《学记》《大学》《中庸》等各篇，都是出于孔门弟子所传的记录，似无可置议者。但孔门弟子众多，孔子殁后，自成派别。据《韩非子·显学篇》所载，儒家分八派：有子张之儒，有子思之儒，有颜氏之儒，有孟氏之儒，有漆雕氏之儒，有仲良氏之儒，有孙氏之儒，有乐正氏之儒。而子思之儒、孟氏之儒和乐正氏之儒，这三系是有相互关联，实出于一系。因为孟氏是无疑的指孟轲而言，他是子思的私淑弟子，而乐正氏当即为孟子的弟子乐正克（郭沫若著：《十批判书》，科学出版社出版1956年，第128页），《学记》是属于这一派儒者所作的。 依照郭沫若先生的主张，《礼记》中《大学》和《中庸》二篇，是属于孟学的，尤其是《大学》一篇，以性善为出发点，且断定为"乐正氏之儒的典籍"（郭沫若著：《十批判书》，科学出版社出版1956年，第137页）。《学记》与《大学》相为表里，《大学》所述的是大学的目的，而《学记》所述的，是大学教学的

	续表
序言	方法；《大学》中所要达到的最终目标，在"齐家""治国""平天下"，而《学记》则主张做到"化民成俗，近者悦服而远者怀之"的理想，这足以证明《大学》与《学记》实有相互发明之处。由于《大学》既属于孟学而为乐正氏所作，因之就可推想到《学记》的作者，可能出于乐正克（郭沫若著：《十批判书》，科学出版社出版1956年，第138页），而属于思孟学派这一体系的。 又有人认为"学记"为子夏后学汉经师家董仲舒氏所作。董氏确是汉儒中的纯儒（《朱子语类》卷87），与鲁共王、河间献王同时。他所发表的主张，俱见于《春秋繁露》一书中。清陆奎勋云："《王制》略言建学之法，孝景俱未举行。武帝举贤良方正，董广川乃以设庠序、兴大学、置严师为急务，此篇（指《学记》）殆继《王制》而作者欤。"（《续礼记集说》引）从此就有人认为《学记》中文字，与董氏所著《春秋繁露》和《对策》中的文体语句颇多类似之处。如《学记》中常引用古书而加以结论曰，"此之谓也，""其此之谓乎，"而《春秋繁露》中亦多用同样的语句。还认为董氏的思想和主张，亦往往与《学记》中所载有相互发明之处。如《学记》主张"化民成俗"，董氏《对策》中有"古者修教训之官，务以德化民"；（对策三）《学记》有"玉不琢不成器，人不学不知道，"董氏则说"常玉不琢，不成文章，君子不学，不成其德"；（对策二）《学记》中特别强调"继志""务本"，董氏则有"重志""重本"（玉环第二）的主张，因之就认定《学记》为董仲舒所作（杜通明著：《学记考译》）。 但董氏既有此著述，何以当时不与《春秋繁露》各篇同样发表行世？编撰《礼记》者何以必欲隐作者姓名而列入于四十九篇中？仅就文字上和主张内容上相类似来证明，实不足为董氏所作的有力根据，今姑附此说以待今后的考证。 从上面所述，可知《学记》是写作于战国后期而为乐正氏一派儒者的作品，它是继承思孟一派的观点而从性善出发，可能是孟轲弟子乐正克所作。作者鉴于政教分工官师分立以后，公家教育无人注意，而私人讲学，虽一时风起云涌，但亦仅注意记诵之学。因之，作者就一方面总结过去私人教学的宝贵经验，提出了有关教学方法和教育原理的主张，来说明教育的可能性；另一方面，又反对当时统治者对教育的轻视，要求统治者从"建国君民"的目的出发，提出了"化民成俗必由于学"的教育任务，来说明教育的重要性，以实现"近悦远怀"的理想政治，是具有现实的积极因素的。 又次，要述明讲述时参考资料的依据。由于《礼记》全部文字的深奥，读者不易了解，《学记》当然不能例外。因此，后人对于《礼记》的注释很多，而且各家所注解的也颇不一致，所谓"训诂家纷纭聚讼，莫决从违"。其中比较最著名的，在汉代的末年，有马融的弟子郑玄（康成）作《礼记注》；南北朝时为郑注义疏的，南有皇侃，北有熊安生。到了唐代贞观年间孔颖达修《礼记正义》，亦宗郑注而以皇氏为本，以熊氏为辅，即后人所称"郑注孔疏"，为一般学者研习

第一章　追本溯源：作者、注释者及注释版本　　123

续表

序言	《礼记》的重要依据。到了宋代则有昆山卫湜所撰的《礼记集说》，是集合各家经说凡百四十四家，各著其姓氏，成为百六十卷，颇可称为赅博之书。到元代则有吴澄作的《礼记纂言》，重定篇第；陈澔作的《礼记集说》，力求浅显。清代汉学以考证为主，清初乾隆时，有孙希旦所著的《礼记集解》，道光时又有朱彬所著的《礼记训纂》。以上这些著述，大都以"郑注孔疏"为主，吸取它的精华，删除它的繁芜，并酌加历代各家解释而附以己意，都可作为研习《礼记》的重要参考资料。我在今释中的注释，都是以上列各节为依据，凡经文释义有合于理而于义可通的则取之，凡有牵强附会而于理不可通的则舍之，然后再就原文的顺序和语气，释为现代语以阐明书中大意。末了加以案评，作为研究我国古代教育的参考。 　　最后，要说明此稿屡经修改的经过。我在初草此稿时，已经再三易稿，嗣经江苏师范学院代为印出，分送各师范院校熟友，请求提出意见以备修正。我院于去年十二月举行全校性科学讨论会，这篇亦提出作为教育学教研组论文之一。参加这次讨论的，有华东师范大学、浙江师范大学、南京师范学院、上海第一第二师范学院、安徽师范学院、扬州师专、无锡师专等十三个兄弟师范院校，和本校担任教育学和历史系的各位教授，发言颇为热烈，不论对前言和总结方面，或对注释和译述方面，都提出些宝贵的意见。我都一一加以深切的考虑，尽量采纳，以完成此稿。由于我水平的限制，可能还有不妥或错误的地方，希望读者不吝指教！ 　　　　　　　　　　　　　　　一九五七年一月于江苏师范学院
体例	《学记今译》包括前言、今译、总结三部分。其中：前言部分包括说明从事《学记今译》的动机、《礼记》的来源、《学记》作者的学派及译述的参考资料等；今译部分按照注释、译述、案评的方式对《学记》全文进行译述；总结部分从应行批判的部分和发扬光大的部分两个方面，来分析《学记》所包含教育思想。

6. 傅任敢：《学记译述》

傅任敢（1905—1982），浙江湖州人，是中国现代教育史上一位爱国、民主、进步的教育家。1925年秋考入清华大学第一级本科教育心理系，1929年毕业于清华大学教育心理系。1929年任长沙明德中学教导处主任。1933年任校长办公室秘书，期间曾兼任成府小学校长。1938年，受梅贻琦委派，傅任敢创办重庆清华中学并任校长，后又兼任湖南长沙清华中学校长。新中国成立后先后曾任北京市第十一中学校长,北京市四中副校长,北京师范学院教育教研室主任、院工会主席。"文革"后,任北京师范学院教育科学研究所顾问、教授,并兼任中国民主促进会中央文教委员会委员。

傅任敢注释和译述了我国古代的教育名著《学记》,《〈学记〉译述》出版后得到了教育界的好评。

版本	《〈学记〉译述》,上海教育出版社,1962年新1版。(1957年新知识出版社第1版)
序言	引言 　　《学记》是《礼记》中的一篇。写作年代大约在战国末年与汉初之间,也就是两千年前。作者不详。郭沫若认为,像是孟子的学生乐克正所作(参见郭沫若:《十批判书》,《儒家八派的批判》,人民出版社1954年版)。 　　《学记》是早期儒家学派的教育理论概括和教育实践总结,是我国最早的一本教育学。它是中国教育史上一篇极重要的作品,值得好好研究。为什么呢?第一,因为它是中国古代教育文献中很早而又很全面的一篇。它从教育的作用、教育的目的、学校制度、视导制度、教育原则、教学原则、教学方法以至教师问题等等方面,都作了系统的阐述。它是我们研究中国古代教育实践与教育思想的宝贵资料。除此之外,很难找出更有系统的材料。第二,因为它有许多有益的经验和意见,虽然相隔两千多年,对于今天的教育工作,还是富有现实意义的。例如,教学相长与藏息相辅的道理,豫、时、孙、摩与注重启发等原则,以及提问和答问的方法等,无不给我们以极大的启示。第三,它不只是中国的一篇很早很全面的教育文献,也是世界上一篇很早很全面的教育文献。这是人类的宝贵财富,是我国的骄傲。我们没有理由不重视这份祖传的宝贵遗产。 　　但是,我们对于《学记》的估计应该是实事求是的,既不可以估计不足,也不可以过分夸大。《学记》的内容实际上包括三种成分:第一种成分是古代教育现实的反映。例如它所称誉的"大学之教"和"大学之法"以及它所指责的"今之教者",就不可能是纯粹的虚构,不可能没有一定的事实依据。这一种成分是有实际史料与借鉴价值的。第二种成分是作者对于教育的意见。例如它所提出的"继志""博喻""善问""听语"等等主张,就是作者个人及其同派儒者的意见。这种成分是具有思想史料与参考价值的。这两种成分中好的东西很多,但也不能一概搬用,只能批判地加以继承与发扬。第三种成分则是出于一般传述,事实真相尚待考证,我们只能存疑的。例如援引"古之教者,家有塾,党有庠,术有序,国有学"的说法,就是一例。古代似难有如此整齐划一的行政区划与学校配备,这是不可遽尔置信的。 　　把《学记》译成今文,与译其他古籍一样,是有一定困难的。《学记》虽则只是一篇二千多字的短文,但对某些章句,人们的看法是很分歧的。前人今人,都

续表

序言	是如此。其至句读也不一致。例如："大学之教也，时教必有正业，退息必有居学。不学操缦……"王夫之却认为应该读作"大学之教也时。教必有正业，退息必有居。学，不学操缦……"（王夫之：《船山遗书·礼记章句》）又如"今之教者，呻其占毕，多其讯言，及于数进而不顾其安。"郑康成原读作"今之教者，呻其占毕，多其讯，言及于数，进而不顾其安。"（郑康成注，孔颖达疏：《礼记注疏》）因此，很多地方，各家说法极不一致。近人中以邱椿教授的译解较为精允，可惜只译解了一小部分，不完全。最近有顾树森教授的译文，其中尚有可以商榷之处。所以，斟酌取舍，颇不容易，只好力求在"文""理"上说得过去。因为在"文""理"上说得过去才有可能符合作者的本意，正如王引之引他父亲所说的，"说经者期于得经意而已。前人传注，不皆合于经，则择其合经者从之。其皆不合，则以己意逆经意，而参之他经，证以成训，虽别为之说，亦无不可。"（王引之：《经之述闻》）这段话很使人向往，可惜自己学力不够，达不到这个境地。
体例	《〈学记〉译述》分为引言、译注、述义三个部分。其中：引言部分主要交代了研究《学记》的缘由；译注部分将《学记》本文与译文进行一一对应的解释，并用引注的方式对本文中的关键字词进行注解；述义部分主要记述了作者研究《学记》的体会，从教育作用与教育目的、教育制度与学校管理、教育与教学的基本原则、教学方法、教师问题和当时教育的五大弊端等六个方面论述了《学记》所包括的教育思想。
评价	在一九六二年由上海教育出版社出版的傅任敢先生的《〈学记〉译述》里对《学记》做了对译、注释和阐述，付出了辛勤的劳动。的确做到了"参之他经，证以成训。"《〈学记〉译述》中的译文绝大部分贴切，言简意赅。注释、述义分析得相当深刻，富有启发性。——齐树森：《〈学记〉译述》辨疑，《内蒙古民族师范学报》（社会科学汉文版），1981年第2期（齐树森在论文之中，对傅任敢《〈学记〉译述》中部分存在争议的译注进行了辨疑，以期对《学记》的注解更为恰当）

7. 高时良：《学记评注》

高时良（1912—），福建省福州市人，福建师范大学教授。1933—1937年就读于厦门大学教育系，在校四年均获陈嘉庚奖学金。曾担任福建省教育厅研究室主任兼编辑委员会主任，福建省新教育研究所研究员，福州大学副教授，中央教育科学研究所副研究员，福州师范专科学校教授，华东师范大学教育科学研究所兼职研究员，福建师范大学教育史教研室主任、教授、研究生导师，福建省教育志编委会顾问、终审，民革福建省委顾问。另担任全国教育史研究会、中华孔子学会、中国陶行知研究会理事，福建省教育史研究会顾问，《中国古代教育文献丛书》编委，《中国大百科全书》教育卷教育史学科组成员，《教育与心理辞典·中国教育史》主编。在《新教育》《中华教育界》《教育研究》《课程·教材·教法》《人民教育》《教育史研究》等刊物发表论文约百篇，多篇被《新华文摘》《人大复印资料》等转载。个人专著和主编的著作有《学记评注》《中国古代教育史纲》《苏联国民教育》《明代教育论著选》《洋务运动时期教育》《中国教会学校史》《中国近代教会学校》，合作编著有《中国近代教育大事记》《教育科学研究方法》《中国教育家评传》《中国近代学制史料》《先秦教育论著选》《中国书院辞典》《中国师范教育通览》等。

版本	《学记评注》，人民教育出版社，1982年版。（《学记研究》，人民教育出版社，2006年版。《学记研究》是在《学记评注》的基础之上修订补充而成。）
体例	《学记评注》分为《学记》全文、《学记》分节评注、《学记》研究及附录四个部分。其中：《学记》全文部分，就是依据《礼记》相关版本，摘录《学记》原文内容；《学记》分节评注部分，整体上是从校文、注音、组句、释义、译意、节评等六个方面，对《学记》每节内容进行研究；《学记》研究部分，主要研究七个相关方面的内容，第一，《学记》——我国和世界第一部教育专著；第二，从《礼记》看《学记》；第三，《学记》是思孟学派的作品；第四，《学记》成篇于战国后期；第五，《学记》属于封建地主阶级的教育思想范畴；第六，正确看待《学记》这份遗产；第七，关于《学记》的注释；附录部分包括《学记评注》引用的历代《学记》注释——注释者略历及引注出处简介和历代学者对《学记》的评述。 《学记研究》包括《学记》思想考释、《学记》章句训义（上、下）、《学记》的历史评估四个主体部分以及附录。其中：《学记》思想考释包括《学记》产生的社会历史背景、从《礼记》看《学记》《学记》成于战国时期、《学记》为思孟学派作品、《中庸》——《学记》思想的哲学方法论基础、《黄帝内经》对《学记》思想的启示；《学记》章句训义（上、下）则是从二十二章来注解《学记》全文内容，依据章句、注音、释义、译意、评说的体例展开研究；《学记》的历史评估包括：经学演变历史与《学记》注释、《学记》对我国教育学史的影响、《学记》在世界教育学史中的地位、结论——弘扬《学记》珍贵教育遗产；附录部分包括：历代《学记》注释者简历及注释出处简介、历代学者对《学记》的评述、国外学者译述《学记》举隅。

8. 刘震：《〈学记〉释义》

版本	《〈学记〉释义》，山东教育出版社，1984年版。
序言	<p align="center">前　言</p>《学记》是我国古代著名的教育论著，是《礼记》的一篇。《礼记》四十九篇，记述了孔丘、孟轲之后儒家学派的各种学说，后世历代视为儒家的经典，是封建教育的基本教科书，也是我们研究古代文物制度的重要参考书。其中《学记》《乐记》《大学》《中庸》《内则》等篇，主要的是论述教育工作的。 我国古代的教育学说，大都以语录形式，散见于《论语》《孟子》《荀子》《墨子》《管子》以及诸子百家的著述中，很少系统的论述。《学记》一篇，与《荀子》的《劝学》篇比较起来，《学记》一篇，尤为全面系统而内容精辟。 《学记》的作者和成书年代，各家说法不一。有人认为大约在战国末年孔门弟子所作，或者说是孟子的学生乐克正所作（郭沫若《十批判书》人民出版社1954年版）。还有人认为是汉代儒家学者的著作，其中记述的学校制度和教学方法等，很可能是汉代太学教学的一部分实际情况的反映。总之，《学记》一书，是我国古代儒家学派的著作。它代表了我国古代教育学者在教育和教学问题上的观点和方法，从理论以至实际，是对当时的教育工作的全面的系统的总结。最早从哲学分离出来，成为教育专著。它的内容丰富，观点新颖，至今仍有某些参考价值，堪称我国古代的教育学。 《学记》的内容，论述教育工作，比较全面而系统。它从教育目的、教育制度、到教育原则和教学方法以至如何选择和尊重教师等问题，都做了比较全面的、深刻的论述。《学记》与《大学》一书所讲，各有自己的重点、互相补充。《大学》一书，主要是讲述正心、修身、齐家、治国、平天下的大道理，而《学记》则偏重于教学原则和教学方法的讲述。同时，《学记》与《论语》《孟子》《中庸》等书内容，也有许多相通之处，可以互相参照研究。 为了适应我国"四化"建设的需要，对我们的教育工作，必须进行坚决的稳步的改革，在马克思列宁主义、毛泽东思想的理论指导下，建立具有中国特色的教育学，新中国的教育学，是建设有中国特色的社会主义的一个重要的组成部分，它必然要随着社会主义建设的步伐，逐步形成和发展起来。 创建新中国的教育学，要求我们善于学习，总结经验，从几方面吸取营养。 首先，是总结中国革命中的教育工作经验。在我国革命历史上，在各个不同时期，如红军时期、抗日战争时期，都曾有过丰富的教育工作经验。尤其在全国解放以后，又经历了十年内乱的反面经验，应该认真地回顾。在总结经验的基础上，进一步发展提高。 其二，是学习外国的经验。无论是社会主义国家的，资本主义国家的，以及发展中国家的教育工作经验，我们都要好好学习，作为我们教育改革和教育建设的借鉴。新中国成立后，我们曾经普遍地学习过苏联的凯洛夫《教育学》，后来又学习了赞可

续表

序言	夫和苏霍姆林斯基的教育学说。我们曾经向西方国家学习过苏格拉底、柏拉图、亚里士多德，又学习过比纳、西蒙和桑戴克，以及布鲁纳和斯金纳的教育学和心理学等等。这些都是十分必要的，我们今后还要继续学习。 　　其三，是承受祖国古代的文化遗产，继承和发扬我国古代的优良教育传统。我国历史悠久，有着光辉灿烂的古代文化，其中有不少的东西，可以作为我们建设社会主义的参考。认真地学习，批判地继承和发扬我国古代文化遗产，以创建有我国民族特色的教育学，是我们应做的工作，在这方面，我们做的还很不够，远不能适应当前教育改革工作的需要，有待于加紧步伐，迅速赶上。 　　《学记》一书，内容涉及很广，从教育理论到教育方法，尤其是其中有关谈及教学原则和教学方法方面，一般认为是此书的精华所在，是极为可贵的。如："教学相长"的原则，"藏、修、息、游"的原则，"豫、时、孙、摩"的原则，"长善救失"的原则，"和易以思"的原则，"因材施教"的原则，"启发诱导"的原则以及"尊师重道"的原则等等。 　　《学记》的作者，虽然很难确定是什么人，但就其内容来看，大概可以肯定是孔门弟子之作，是代表了孔孟学派的教育学说。对于孔丘、孟轲以及诸子百家之说，我们还应学习研究，下一番分析鉴别工夫，不可一笔抹煞。对于这样一篇古代教育专著，我们更应该好好学习研究它，使之为我所用，使之有助于我们今天的教育建设。 　　古语有云："家有敝帚，享之千金。"我们提倡学习《学记》，是不是妄自尊大，把自己历史上遗留下来的一点封建遗物，奉若神明而推崇过分呢？我们的回答是：不会。"四人帮"统治时期的否定历史歪曲历史的流毒，至今还没有全部肃清，由来已久的"左"的思想影响，还没有很好地清除。我们对于自己历史的宝贵遗产的学习，还远远不够，更谈不到推崇过分了。当然，我们也不能把古代的东西全盘肯定，认为尽善尽美。 　　中华民族是一个优秀的民族，在全世界古代文化领域里，曾经做出了卓越的不可磨灭的贡献。两千年前，象《学记》这样的教育学著作，在各国古代教育史上也是极其罕见的。任何一个民族的文化，总会具有其不同一般的民族的特色，可以含英咀华，独放异彩。 　　《学记》一书总结了我国古代的教育工作经验，应视为是当时的千百万教育工作者辛勤劳动的结晶，是千百万人创造的结果，反映了我国古代千百万教育工作者的勤劳和智慧，绝不只是少数人的闭门造车，更不能简单地认为是"孔孟之道"而加以摒弃。二千年前，我们的祖先创造了光辉灿烂的古代文化，在我国长时间封建社会中，为封建的统治者所利用，为封建的统治阶级服务；今天到了人民手中，就应该使其发扬光大，结出丰硕之果，更好地为社会主义建设服务。

第一章 追本溯源：作者、注释者及注释版本

续表

序言	这就是我们重新学习《学记》，希图把《学记》介绍给读者的意义和目的。 《学记》一书虽然文字不多，但是用文言写成，初学起来，就不免有些困难，所以我们进行了"注释"和"译意"。 历代注家对《学记》的注释多有不同，甚至在标点断句方面也有分歧。如"今之教者，呻其占毕，多其讯言，及于数进而不顾其安"一节，有的注解断句为："今之教者，呻其占毕，多其讯，言及于数，进而不顾其安"。又如："大学之教也，时教必有正业，退息必有居学。不学操缦，……"一节，有的注解断句为："大学之教也时。教必有正业，退息必有居。学，不学操缦，……"。我们在注释时，也参考了几家的注释。主要的有顾树森《学记今译》，傅任敢《学记译述》，许椿生《学习祖国珍贵的教育遗产——学记》等书。还参阅了《十三经注疏》《学记》部分的郑康成注和孔颖达疏等。我们不敢说注解完全符合原作者的原意，但斟酌去取，力求其理通义顺，并通俗易懂。对各家不同注释，不过多引证，以求简单明了，便于学者阅读。 《释义》部分则要求尽可能地深入挖掘《学记》一书内容的精髓，加以阐述，联系我们当前教育工作的一些实际问题，古为今用，说明其在当前现实工作中的意义。但也不能引申过多，把古人现代化，离开原作含义，把今人观点牵强附会的加于古人。 《学记》之外，我国还有更多更丰富的教育遗产。我国古代的许多教育学者，如孔丘、孟轲、荀况、墨翟、管仲、颜之推、张载、朱熹、王守仁等，他们的学说主张，可以与《学记》所讲互相补充，互相发明。所以择要引证，并尽可能引用原文，便于在我们学习中对照参考。 两千年前的我国历史，不过是刚刚离开了奴隶社会，初步进入封建社会的历史发展阶段。当时产生的教育学说，必然地不可避免地带有其所属阶级的印记，并有其时代的局限性，要求它完全符合现代科学的论点，当然是不可能的，也是不应当和不必要的。今天我们学习古代文化遗产，应该弃其糟粕，取其精华，吸收其合理部分。两千年前遗留下来的古代文化遗产，至今还有被视为合理的东西，这已经是难能可贵的了。我们的任务，就在善于学习。 创建新中国的教育学，创建具有中国民族特色的教育学，是一项巨大的工程，它不可能一蹴而就。对当前教育工作，在原有的基础上，需要进行一系列的改革工作。党中央指出，应当从实际出发，全面而系统地改，坚决而有秩序地改。改革的过程，也就是一个在实践中不断发展我国社会主义建设特色的过程。 笔者不揣简陋，在前人注释的基础上，写成《学记》释义，向读者介绍，希望在我们进行教育改革，建成具有中国民族特色的教育学过程中，能起到一定作用。 <div style="text-align:right">刘 震 一九八四年三月 于山东师范大学</div>

续表

体例	《〈学记〉释义》由前言、《学记》全文、《学记》分节释义三个部分。其中：前言部分主要说明进行《学记》释义的缘由；《学记》全文主要是摘录原文内容；《学记》分节释义，主要从校文、注释、译意、释义四个部分来展开《学记》各节研究。

三 《学记》之外文译介版本

《学记》之外文译介版本，共包括英文和日文两种译介版本。其中：英文译介版本包括整本和单行译介本。

（一）《学记》之英文译介版本

1. 《学记》之整本英文译介版本

《学记》之整本英文译介本，来源于英国著名汉学家理雅各所翻译的《礼记》。詹姆斯·理雅各（James Legge，1815—1897）是近代英国著名汉学家，是第一个系统研究、翻译中国古代经典的人，从1861年到1886年的25年间，以《中国经书》（The Chinese Classic）和《中国圣典》（The Sacred Books of China）为标题，将中国儒家的"四书五经"和道家的《道德经》《庄子》等经典著作全部译成英文。1885年英国牛津大学出版社出版发行的《礼记》英译本，是《学记》最早以《礼记》整本形式被翻译成英文，是我们现今所能见到的最早正式出版发行的《学记》全文英译本。《HSIO KÎ》（《Record on The Subject of Education》）（《学记》）是《HSUEH CHI》（《礼记》）的 CHAPTER XVIII 部分。《学记》译文分为两部分：第一部分是关于《学记》的整体介绍，第二部分是对《学记》全文的翻译。

（1）《学记》之整体介绍

Book XVI　Hsio KÎ

The Hsio KÎ, or 'Record of Studies,' is a treatise of very considerable interest and importance. *Khăng-ze*, whom *Kû* Hsi was accustomed to call his 'Master,' considered it to be, after Books XXVIII and XXXIX, the *K*ung Yung and T Hsio, the most correct and orthodox Book in the LÎ KÎ.

The *Kh*ien-lung editors say that in paragraphs 4 and 5 we have the institutions of the ancient kings for purposes of education; in 6 to 19, the laws for teachers; and in what follows, those for learners. The summary is on the whole correct, but the compiler (who is unknown) did not always keep his subjects distinct. In the three commencing paragraphs the importance of education to the moral well-being of the people is strikingly exhibited. The whole displays an amount of observation and a maturity of reflection on the subject, which cannot but be deemed remarkable. The information about ancient schools and higher institutions may be found in the earlier Books, but we are glad to have this repetition of it.

(2)《学记》之全文翻译

BOOK XVIHSIO KÎ

HSUEH CHI [CHAPTER XVIII]

RECORD ON THE SUBJECT OF EDUCATION①

1. When a ruler is concerned that his measures should be in accordance with law, and seeks for the (assistance of the) good and upright, this is sufficient to secure him a considerable reputation, but not to move the multitudes.

When he cultivates the society of the worthy, and tries to embody the views of those who are remote (from the court), this is sufficient to move the multitudes, but not to transform the people.

If he wish to transform the people and to perfect their manners and customs, must he not start from the lessons of the school?

2. The jade uncut will not form a vessel for use; and if men do not learn, they do not know the way (in which they should go). On this account the ancient kings, when establishing states and governing the people, made instruction and schools a primary object;—as it is said in the Charge to Yüeh, 'The thoughts from first to last should be fixed on learning.②'

3. However fine the viands be, if one do not eat, he does not know

---

① See the introductory notice, vol. xxvii, page32

② Vol. iii, page117

their taste; however perfect the course may be, if one do not learn it, he does not know its goodness. Therefore when he learns, one knows his own deficiencies; when he teaches, he knows the difficulties of learning. After he knows his deficiencies, one is able to turn round and examine himself; after he knows the difficulties, he is able to stimulate himself to effort. Hence it is said, 'Teacher and learning help each other;' as it is said in the Charge to Yüeh, 'Teaching is the half of learning①.'

4. According to the system of ancient teaching, for the families of (a hamlet) ②there was the village school; for a neighbourhood there was the hsiang; for the larger districts there was the hsü; and in the capitals there was the college.

5. Every year some entered the college, and every second year there was a comparative examination. In the first year it was seen whether they could read the texts intelligently, and what was the meaning of each; in the third year, whether they were reverently attentive to their work, and what companionship was most pleasant to them; in the fifth year, how they extended their studies and sought the company of their teachers; in the seventh year, how they could discuss the subjects of their studies and select their friends. They were now said to have made some small attainments. In the ninth year, when they knew the different classes of subjects and had gained a general intelligence, were firmly established and would not fall back, they were said to have made grand attainments. After this the training was sufficient to transform the people, and to change (anything bad in) manners and customs. Those who lived near at hand submitted with delight, and those who were far off thought (of the teaching) with longing desire. Such was the method of the Great learning; as is said in the Record, 'The little ant con-

---

① Vol. iii, page117

② The hamlet was supposed to contain twenty-five families; the neighbourhood 500; and the district 2500. For the four institutions, P. Callery adopts the names of school, college, academy, and university. It would be tedious to give the various explanations of the names Hsiang and Hsü.

tinually exercises the art (of amassing)①. '

6. At the commencement of the teaching in the Great college, (the masters) in their skin caps presented the offerings of vegetables (to the ancient sages), to show their pupils the principle of reverence for them; and made them sing (at the same time) the (first) three pieces of the Minor Odes of the Kingdom, as their first lesson in the duties of officers②. When they entered the college, the drum was beaten and the satchels were produced, that they might begin their work reverently. The cane and the thorns③ were there to secure in them a proper awe. It was not till the time for the summer sacrifice④ was divined for, that the testing examination was held; —to give composure to their minds. They were continually under inspection, but not spoken to, —to keep their minds undisturbed. They listened, but they did not ask questions; and they could not transgress the order of study (imposed on them). These seven things were the chief regulations in the teaching. As it is expressed in the Record, 'In all learning, for him who would be an officer the first thing is (the knowledge of) business; for scholars the first thing is the directing of the mind.'

7. In the system of teaching at the Great college, every season had its appropriate subject; and when the pupils withdrew and gave up their lessons (for the day), they were required to continue their study at home.

8. If a student do not learn (at college) to play in tune, he cannot quietly enjoy his lutes; if he do not learn extensively the figures of poetry, he cannot quietly enjoy the odes; if he do not learn the varieties of dress, he cannot quietly take part in the different ceremonies; if he do not acquire the various accomplishments, he cannot take delight in learning.

---

① See the note of Callery in loc. The quotation is from some old Record; it is not known what.
② The three pieces were the Lü Ming, the ze Mu, and the Hwang-hwang Kë hw, the first three pieces in the first decade of the Shih, Part II; shoeing the harmony and earnestness of officers.
③ Callery calls these 'la latte et la baguette.'
④ Khung Ying-t thought this was the quinquennial sacrifice. See the *Khien-lung* editors on the point.

8. Therefore a student of talents and virtue pursues his studies, withdrawn in college from all besides, and devoted to their cultivation, or occupied with them when retired from it, and enjoying himself. Having attained to his, he rests quietly in his studies and seeks the company of his teachers; he finds pleasure in his friends, and has all confidence in their course. Although he should be separated from his teachers and helpers, he will not act contrary to the course; —as it is said in the Charge to Yüeh, 'Maintain a reverent humility, and strive to be constantly earnest. In such a case the cultivation will surely come.①'

10. According to the system of teaching now-a-days, (the masters) hum over the tablets which they see before them, multiplying their questions. They speak of the learners' making rapid advances, and pay no regard to their reposing (in what they have acquired). In what they lay on their learners they are not sincere, nor do they put forth all their ability in teaching them. What they inculcate is contrary to what is right, and the learners are disappointed in what they seek for. In such a case, the latter are distressed by their studies and hate their masters; they are embittered by the difficulties, and do not find any advantage from their (labour). They may seem to finish their work, but they quickly give up its lessons. That no results are seen from their instructions: —is it not owing to these defects?

11. The rules aimed at in the Great college were the prevention of evil before it was manifested; the timeliness of instruction just when it was required; the suitability of the lessons in adaptation to circumstances; and the good influence of example to parties observing one another. It was from these four things that the teaching was so effectual and flourishing.

12. Prohibition of evil after it has been manifested meets with opposition, and is not successful. Instruction given after the time for it is past is done with toil, and carried out with difficulty. The communication of lessons in an undiscriminating manner and without suitability produces injury and

---

① Vol. iii, p. 117. But the quotation is a little different from the text of the Shū.

disorder, and fails in its object. Learning alone and without friends makes one feel solitary and uncultivated, with but little information. Friendships of festivity lead to opposition to one's master. Friendships with the dissolute lead to the neglect of one's learning. These six things all trend to make teaching vain.

13. When a superior man knows the causes which make instruction successful, and those which make it of no effect, he can become a teacher of others. Thus in his teaching, he leads and does not drag; he strengthens and does not discourage; he opens the way but does not conduct to the end (without the learner's own efforts). Leading and not dragging produces harmony. Strengthening and not discouraging makes attainment easy. Opening the way and not conducting to the end makes (the learner) thoughtful. He who produces such harmony, easy attainment, and thoughtfulness may be pronounced a skillful teacher.

14. Among learners there are four defects with which the teacher must make himself acquainted. Some err in the multitude of their studies; some, in their fewness; some, in the feeling of ease (with which they proceed) and some, in the readiness with which they stop. These four defects arise from the difference of their minds. When a teacher knows the character of his mind, he can save the learner from the defect to which he is liable. Teaching should be directed to develope that in which the pupil excels, and correct the defects to which he is prone.

15. The good singer makes men (able) to continue his notes, and (so) the good teacher makes them able to carry out his ideas. His words are brief, but far-reaching; unpretentious, but deep; with few illustrations, but instructive. In this way he may be said to perpetuate his ideas.

16. When a man of talents and virtue knows the difficulty (on the one hand) and the facility (on the other) in the attainment of learning, and knows (also) the good and the bad qualities (of his pupils), he can vary his methods of teaching. When he can be a teacher indeed, he can be the Head (of an official department). When he can be such a Head, he can be

the Ruler (of a state) . Hence it is from the teacher indeed that one learns to be a ruler, and the choice of a teacher demands the greatest care; as it is said in the Record, 'The three kings and four dynasties were what they were by their teachers①.'

17. In pursuing the course of learning, the difficulty is in securing the proper reverence for the master. When that is done, the course (which he inculcates) is regarded with honour. When that is done, the people know how to respect learning. Thus it is that there are two among his subjects whom the ruler does not treat as subjects. When one is personating (his ancestor), he does not treat him as such, nor does he treat his master as such. According to the rules of the Great college, the master, though communicating anything to the son of Heaven, did not stand with his face to the north. This was the way in which honour was done to him.

18. The skilful learner, while the master seems indifferent, yet makes double the attainments of another, and in the sequel ascribes the merit (to the master) . The unskilful learner, while the master is diligent with him, yet makes (only) half the attainments (of the former), and in the sequel is dissatisfied with the master. The skilful questioner is like a workman addressing himself to deal with a hard tree. Frist he attacks the easy parts, and then the knotty. After a long time, the pupil and master talk together, and the subject is explained. The unskilful questioner takes the opposite course. The master who skilfully waits to be questioned, may be compared to a bell when it is struck. Struck with a small hammer, it gives a small sound. Struck with a great one, it gives a great sound. But let it be struck leisurely and prop-

---

① 'The three kings' are of course the Great Yü, founder of the Hsi dynasty; Thang the successful, founder of the Shang; and Wăn and Wû, considered as one, founders of K u. The four dynasties is an unusual expression, though we shall meet with it again, as we have met with already. They are said to be those of Yü (the dynasty of Shun), Hsi, Shang, and K u. But how then have we only 'the three kings?' I should rather take them to be Hsi, Shang (considered as two, Shang and Yin), and K u.

erly, and it gives out all the sound of which it is capable①. He who is not skilful in replying to questions is the opposite of this. This all describes the method of making progress in learning.

18. He who gives (only) the learning supplied by his memory in coversations is not fit to be a master. Is it not necessary that he should hear the questions (of his pupils)? Yes, but if they are not able to put questions, he should put subjects before them. If he do so, and then they do not show any knowledge of the subjects, he may let them lone.

20. The son of a good founder is sure to learn how to make a fur-robe. The son of a good maker of bows is sure to learn how to make a sieve. Those who first yoke a (young) horse place it behind, with the carriage going on in front of it. The superior man who examines these can by them instruct himself in (the method of) learning②.

21. The ancients in prosecuting their learning compared different things and traced the analogies between them. The drum has no special relation to any of the musical notes; but without it they cannot be harmonised. Water has no particular relation to any of the five colours; but without it they cannot be displayed③.

---

① P. Callery makes this sentence refer to the master, and not to the bell, and translates it: - '(Mais quelle que soit la nature des questions qu'on lui adresse, le maître) attend que l'élève ait fait à loisir toutes ses demandes, pour y faire ensuite une réponse complète.' He appends a note on the difficulty of the passage, saying in conclusion that the translation which he has adopted was suggested by a citation of the passage in the Pei-wǎn Yun-fû (佩文韵府), where there is a different reading of (学), 'instruction,' for (声), 'sound.' I have not been able to find the citation in the great Thesaurus, to which he refers. Yen Yüan does not mention any different reading in his examination of the text (皇清经解, chapter 917); and I do not see any reason for altering the translation which I first made.

② The Khien-lung editors say that this paragraph is intended to show that the course of learning must proceed gradually. So far is clear; but the illustrations employed and their application to the subject to the subject in hand are not readily understood. In his fifth Book (towards the end), Lieh-ze gives the first two illustrations as from an old poem, but rather differently from the text: — 'The son of a good maker of a sieve, and the son of a good potter must first learn to make a fur-robe.' In this form they would more suitably have their place in paragraph 18.

③ That is, in painting. The Chinese only paint in water colours. 'Water itself,' says Khung Ying-t, 'has no colour, but the paint requires to be laid on with water, in order to its display.' I cannot follow the text so easily in what it says on the other illustrations.

Learning has no particular relation to any of the five senses; but without it they cannot be regulated. A teacher has no special relation to the five degrees of mourning; but without his help they cannot be worn as they ought to be.

22. A wise man has sai, 'The Great virtue need not be confined to one office; Great power of method need not be restricted to the production of one article; Great truth need not be limited to the confirmation of oaths; Great seasonableness accomplishes all things, and each in its proper time.' By examining these four cases, we are taught to direct our aims to what is fundamental.

When the three sovereigns sacrificed to the waters, they did so first to the rivers and then to the seas; first to the source and to its result. This was what is called 'Paying attention to the root.'

2.《学记》之单行英文译介版本

《学记》之单行英文译介版本，作者是美国明尼苏达州大学王威廉（WILLIAM S. WONG）副教授，刊登在美国《教育研究季刊》（1976年第十六卷二号刊），论文标题为：《The Hsiieh Chi, An Old Chinese Document on Education》。论文分为两部分：第一部分为整体介绍《学记》情况，第二部分为《学记》全文翻译。

（1）INTRODUCTION（《学记》整体介绍）

The Analects of Confucius begin with the Master saying: "To learn and frequently practice what has been learned—is this not a pleasure?"

THIS SAYING captures the essence of the Chinese concern for education. China's greatest early thinker, Confucius, is known for his life as a teacher and scholar. But for him, and for the continuation of his tradition, learning alone was not enough. One had to practice what was learned. There is here no refuge into art or learning for art's and learning' sake. The intellectual in China was charged with the mission to use his learning not only to cultivate himself but to order society.

During the French "discovery" of China in the 18th century, the philosophes were envious of China's ruling class-an elite, a literati, which based their status and authority on their knowledge and not upon their blood line or their military power. No other long lasting civilization, principles, and purpose of that learning.

The Hsüeh Chi or "Record of Learning" is the eighteenth chapter of the Li Chi or "Book of Rites." This book was considered a major Confucian Classic in traditional China. It was probably compiled in the first century B. C. From early Confucian texts which dated from the fourth to first century B. C. The origins of the "Record of Learning" are still unclear. Although there is no doubt that it was written by a follower of Confucius, the debate centers on which follower-Mencius (372—289B. C.) or Hsün Tzu (340—245 B. C.) influenced it.

First let us place the "Record of Learning" in the historical context of the Confucian School. Confucius (551—479 B. C.) grew up in a period of turmoil. The old feudal state of Chou had lost its power. The consequences were that both the society and the polity were warring with changing. Warfare became endemic. Confucius, who may have been the bastard child of a declasse lord, grew up in a period of social and political disorder. He approached learning as an intellectual and teacher. He looked to the past for a legendary sense of order and wanted to revive the quality of relations which had existed in a feudal society-a hierarchy of relationships, a deep sense of responsibility for others, and a concern with filial piety. But he also looked to the future. He was well aware of the faults of feudalism. Birth alone did not guarantee honesty, integrity, judgement, and humaneness. The feudal order also promoted martial values which soon contributed to the destruction of the feudal order. Consequently Confucius argued that "In education there is no class distinction." Anyone could become a lord who had studied and cultivated himself. Not only did he eliminate blood line as a basis for feudal rank, but he also argued that only after one became seventy years old could one be thoroughly righteous. This meant that respect should go not to the young filled with martial spirit but to the elderly filled with learning and wisdom.

There was other reactions to this period of chaos. Taoism preached anti-intellectualism. "The more knowledge people have, the harder they are to rule." The ruler "learns to be unlearned... He supports all things in their natural state but does not take any action." Taoism viewed all creations of culture as departures from the natural way of the world—as a hydraulic jackhammer tearing into the Uncarved Block of the world. Better to leave society and return to nature than struggle with the wars of the decrepit feudal order.

Although Confucius' followers remained loyal to his teachings, they split regarding two aspects of Confucius' teachings. The first great teacher of China had argued that the content of man's education should be found in jen. The Chinese character for jen is two people supposedly facing each other. The stress is on the humaneness of relationship. Jen is described as "a person who possesses the five virtues. They are reverence, kindness, sincerity, sagacity and generosity." Mencius was the disciple most famous for teaching about jen. He believed that men were basically good and that they could cultivate their own goodness.

However, Confucius also believed that there was some need for structure—often called li or rites. Some institutions and customs had to be created which would provide for the practice and continuation of jen. In sociological terms we might call it the routinization of jen. The foremost promoter of this view was Hsün Tzu. He believed that men were basically bad and that only through constant learning could they become good.

It is in the "Book of Rites" that we find the "Record of Learning." It seems logical that this chapter would reflect Hsün Tzu's views. Yet the book is a compilation and it would not be a surprise to find some of Mencius' works therein. It is my view that the emphasis on the institutional aspect of learning makes the work closer aligned with Hsün Tzu concerns. If it were Mencian, one would expect more allegories, more philosophying about the inherent goodness in man, more reliance upon the intuitive response of man to the good, and less discussion of li.

The "Record of Learning" is, however, true to the main traditions of Confucian thinking. The first section ends with a justification for studying which recalls the Confucian Analects. "If the ruler wishes to transform the people and perfect their customs, he must indeed rely upon learning/education."

My translation of the "Record of Learning" is an attempt to introduce the reader one of the earliest accounts in Chinese history of the justification for education and for the establishment of specific institutions to promote education. Although much has changed in China since Confucius, there is still the spirit that education is essential in order to organize society and to rule. The following will help us understand where China began and where she is going.

(2) TRANSLATION (《学记》全文翻译)

Ⅰ. When a ruler sets to pondering (on the affairs of the state), and seeking the good and excellent, this suffices to win him renown; it is not sufficient to move the masses.

If he reveres the worthy and endears the distant, this suffices to move the masses; it is not sufficient to transform the people. If the ruler wishes to transform the people and perfect their customs, he must indeed rely on education.

Ⅱ. Jade unworked cannot be used as a vessel; people untutored cannot know the Tao. Therefore the rulers of old, in establishing states and administering people, used education as their primary method. The "Mandate to Yüeh" of the Book of Documents states: "Thoughts from beginning to end should concentrate on education!" "This is the meaning of it!"

Ⅲ. Although there be fine meats, if one does not taste them he will not know their fine flavor. Although there be the highest principles, if one does not study them he will not know one's shortcomings; only after teaching does one know the difficulties of study. When one knows one's shortcomings, only then can one examine oneself. When one knows the difficulties of study, only then can one strengthen oneself. Therefore it is said: "Mandate to Yüeh" of the Book of Documents states: "Teaching is half of learning". This is the meaning of it!

IV. In the ancient system of education, each twenty-five family unit had its shu school; each five-hundred family unit had its hsiang school; each 12500-family district had its hsü school; and each capital had its college.

V. Every year students entered the college, and in alternate years the students were examined. In the first year it was seen whether they could explicate the texts and discriminate their meaning. In the third year it was seen whether they revered their studies and esteemed their fellow students. In the fifth year it was seen whether they were broadening their learning and cherishing their teachers. In the seventh year it was seen whether they could discourse on their studies and distinguish the achievements of their friends; this was called the "minor accomplishment". In the ninth year, if they know their various subjects and had acquired a general understanding, and if they were firmly set and not likely to regress, this was called the "major accomplishment". After this, they were able to transform their people and perfect their customs. Those near at hand gladly submitted and those in distant places took it to heart. This is the principle of the Great Learning. The Record says: "The little ant continually studies the art of amassing dirt". This is the meaning of it!

VI. At the commencement of instruction in the college, ritual garb was donned and an offering of vegetables made to demonstrate the principle of reverence. The students intoned the first three odes from the "Lesser Ya" of the Book of Odes to signify the beginning of official responsibilities. Upon entering the college, students opened their satchels to the beat of a drum to solemnify their vocation. The cane and thorns maintained in them a sense of awe. Only after the summer sacrifice had been divined for were the students examined; this was so that their minds would be relaxed. They were regularly supervised but not drilled; this was so that their minds would be undisturbed. The younger students listened but did not ask questions so that in their studies they did not transgress their rank. These seven things are great precepts of instruction. The Record says: "In all matters concerning education, the official gives priority to affairs of government and the scholar gives priority to the direction of the mind."

Ⅶ. The method of instruction at the college was such that for each season there were particular courses, and when the students retired to rest there were maters for study at home. If the student did not practice playing his tunes, he would be unable to master his stringed instruments. If he did not study the various devices of poetry, he could not master the odes. If he did not study the various modes od dress, he could not master ritual. And if he did not devote himself to these arts, he could not take delight in his studies. Therefore, the good student greatly exerted himself while studying and, when resting, sought diversion in the arts. In this fashion the students would enjoy their studies and be fond of their teachers, take pleasure in their friends and trust in the Tao, so that, though they might be separated from their teachers and friends, they would never reject their teachings. The "Mandate too Yüeh" states:" Respect your vocation, be orderly and exert yourself. Only then will cultivation come!" This is the meaning of it!

Ⅷ. The teachers of today only chant their texts and ask many questions; they are concerned only with advancing rapidly, not with the students' ability to follow. In teaching their students they are not sincere; in education their students they do not exhaust their talents. What they disseminate is contrary to what is right; what their students seek is unrealistic. So it is that the students despise their studies and resent their teachers; they are embittered about their travail and fail to see the benefit of it. Although they may finish their studies, they will certainly quickly forget what they have learned. If education is not successful, it is because of these reasons!

Ⅸ. The methods of the college teaching were: precluding events before they occurred (this was called prevention); carrying out education when most suitable (this was called timeliness); carrying out education in good order (this was called conforming to nature); studying one another and correcting each other's faults (this was called learning from others). These four items were the reason that education flourished.

X. Waiting until after something has occurred before trying to prevent it would only mean that it had become an established habit, difficult to overcome. Education carried out after the appropriate time has passed will prove bitterly difficult, and results will be hard-won. If education is carried out in a confused and disorderly manner it will lead to turmoil and achieve no results. Learning alone and without companions causes one to be narrow and vulgar, endowed with little information. If one is indiscreet in one's friendships, how-ever, this leads to opposition to one's teachers. Friendships with the disreputable lead to the neglect of one's studies. These six points are the cause of the failure of education.

XI. When the true gentleman knows the reasons for the success of education and also knows the reasons for its failure, then he will be able to be a teacher. Therefore the gentleman in his teaching relies on leading. He guides but does not drag the student; he encourages but does not push the student; he opens the way but does not supersede the student. If he guides but does not drag, there will be harmony them; if he encourages but does not supersede, the student will think for himself. If harmony, and independent thinking are produced, it may be said that the gentleman is good at leading.

XII. Among students there are four defects which must be known by the teachers. In studying, some study too much; some study too little, some study too facilely; some are too ready to stop. These four types of defects arise from the differences in the students' natures. If the students' natures are known, the teacher can correct these defects. The purpose of education is to develop a student's good points and correct his defects.

XIII. The good singer causes others to join in his song; the good teacher causes others to share his mind. His speech is concise yet penetrating, profound yet appropriate, spare in examples but instructive. In this way he may be said to share his mind.

XIV. When the gentleman comes to know they difficulty and facility of learning and the good and bad points of his students, then he can greatly increase his skill in leading. When he has greatly increased his skill in leading he may then be a teacher. When he can be a teacher he can then be a had official. And when he can be a head official he may then become a ruler. The art of being a teacher may be studied to learn the art of being a ruler. Thus in selecting a teacher one must be very cautious. The Record states:" The three kings and the four dynasties relied on their teachers". This is the meaning of it!

XV. In the process of education, the most difficult part is reverence for the teacher. When the teacher is reverenced the Tao is respected. When the Tao is respected the people revere study. Therefore among this subjects there are two whom the ruler does not treat as subjects: when a subject is taking the role of recipient of funeral rites, he is not treated as a subject ; and when a subject is acting as teacher, he is not treated as a subject. In the rites of the college, the teacher when addressing the ruler did not face north. This was to show respect for the teacher.

XVI. The skillful learner, even though the teacher does not exert himself, achieves double success and ascribes it to the teacher. The unskillful learner, even though the teacher exhausts himself, achieves but half and blames the teacher. The skillful questioner is like a woodsman attacking a hard tree: he first takes on the easy part and then the knotty branches. After a long time the student and teacher speak together and the question is explained. The unskillful questioner goes about it in the opposite way. The teacher who skillfully waits to be questioned is like a bell waiting to be struck: if struck lightly it produces a light tone; if struck hard it produces a heavy tone. But if it is struck just right, it will produce its fullest sound. The teacher who unskillfully waits to be questioned is just the opposite of this. These are all methods for the advancement of education.

XVIII. He who relies solely on a bit of rote learning for his education is not adequate to be a teacher of men. He must also be able to listen to the questions of his students. And if they are unable to ask questions, he should discourse with them. If they do not understand his discourse, he may thereafter leave them on their own.

XVIII. The son of a good founder must first learn to make a fur robe. The son of a good bowmaker must first learn to make a sieve. The colt, in learning to pull a cart, does things in a reverse fashion: he is made to follow behind the cart. The gentleman who investigates these three examples will be able to direct his mind to education.

XIX. The ancients in pursuing their education were able to compare things and see their interrelatedness. The drum is not intrinsically related to the five notes, but without those five notes it cannot be harmonized. Water is not intrinsically related to the five colors, but without the water the five colors cannot be displayed. Education is not intrinsically related to the five senses, but without education the five sense cannot be controlled. A teacher is not intrinsically related to the five types of mourning garments, but without the five types of mourning garments the teacher cannot display his relationships.

XX. The gentleman states:" The Great Virtue does not pertain to a particular office; the Great Tao does not pertain to the form of a particular vessel; the Great Faith does not pertain to a particular contract; the Great Seasonableness does not pertain to a particular regularity. By examining these four items, we may direct our minds to what is fundamental. When the three kings sacrificed to the river, they first sacrificed to the streams and then sacrificed to the seas, for the one was the source and the other the destination. This is what is called "getting to the source".

（二）《学记》之日文译介版本

《学记》之日文译介版本，出自日本学者谷口武的《学记论考》。谷口武《学记论考》出版于日本昭和十七年，全书共分为：自序、序说、正文及附录（汉语《学记》全文）。作者在正文部分主要从四章①二十小节来论考《学记》全文，每节的内容为：汉语《学记》段落、译读（日文版《学记》段落）、字义、节意、通译、讲论等六部分。《学记

---

① 《学记论考》四章正文分别为：国民教化与兴学、教育方针及教授法、师法及修学法、结论等四部分，这是迄今为止首位国外学者对《学记》全文进行的章节划分。

论考》在把《学记》全文分为二十小节的基础之上，在每节之中都对相应的《学记》内容进行翻译，《学记》全文就分布在四章二十小节正文之中。

谷口武版的《学记》全文翻译：

第一章　國民教化と興学

一　教化と興学

慮を獲すこと憲あり、善良を求むるときは、以て譁く聞ゆるに足るも、以て衆を動かすに足らず。賢に就き、遠に體するときは、以て衆を動かすに足るも、未だ以て民を化するに足らず。君子如し民を化し俗を成さんと欲せば、其れ必ず學に由るか。

二　治國と教學

玉琢かざればきと成らず、人學ばざれば道を知らず。是の故に、古の王者、國を建て民に君たるには、教學を先と爲す。兌命に曰く、終始を念ひて學に典にすと、其れ此の謂か。

三　教學相長ず

嘉肴有りと雖も、食はざれば其の旨さを知らざるなり。至道ありと雖も、學ばざれば其の善きを知らざるなり。是の故に、學びて然る後に足らざるを知り、教へて然る後に困しむを知る。足らざるを知りて然る後に能く自ら反るなり。困しむを知りて然る後に能く自ら強むるなり。故に曰く、教學相長ずるなりと。兌命に口く、敦ふるは學ぶの半なりと。其れ此の謂か。

四　教學の制度及次第

古の教ふる者は、家に塾あり、黨に庠あり、術に序あり、國に學あり。比年に學に入り、年を中て、考校し、一年に經を離ち志を辨ずるを視、三年に業を敬し君を楽しむを視、五年に博く習ひ師を親しむを視、七年に學を論じ友を取るを視る。之を小成と謂ふ。九年に類を知りて通達し、強立して反らず。之を大成と謂ふ。夫れ然る後に、以て民を化し俗を易ふるに足る。近き者は説び服し、遠き者は之に懷く。此れ大學の道なり。記に曰く、蛾子時に之を術ふと、其れ此の謂か。

第二章　教育方針及教授法

五　教の大倫

大學にて、始めて教ふるとき、皮弁して祭菜するは、道を敬すべきを示すなり。宵雅三を肄はしむるは、其の始を官にするなり。學に入るに鼓篋するは、其の業に孫はしむるなり。夏楚二物は、其の威を收むるなり。未だ禘をトせざれば、學を視ざるは、其の志を游ならしむるなり。時に觀て語らざるは、其の心を存せしむるなり。幼者は聽きて問はざるは、學ぶこと等を躐えざるなり。此の七者は教の大倫なり。記に曰く、凡そ學は、官は事を先にし士は志を先にすと。其れ此の謂ひか。

六　學藝の涵養

大學の教や、時教は必ず正業あり、退息には必ず居學あり。操縵を學ばざれば、弦に安ずる能はず。博依を學ばざれば、詩に安んずる能はず。雜服を學ばざれば、禮に安ずる能はず。其の藝に興らざれば、學を樂しむこと能はず。故に君子の學に於けるや、藏子、脩子、息子、遊す。夫れ然り、故に其の學に安じて其の師を親しみ、其の友を樂しみて、其の道を信ず。是を以て、師輔を離ると雖も反かざるなり。兌命に曰く、敬み孫ひて務めて時に敏するときは、厥の脩まること乃ち來るがごとしと。其れ此の謂ひか。

七　教の刑らざる原因

今の教ふる者は、其の估畢に呻ひて、其の訊を多くし、言、數に及び、進みて其の安を顧ず、人をして其の誠を由ひざらしめ、人を教ふるに、其の材を盡さず、其の之を施すや悖れ、其の之を求むるや佛れり。夫れ然り、故に其の學を隱みて其の師を疾み、其の難に苦みて其の益を知らざるなり。其の業を終ふと雖も、其の之を去ること必ず速なり。教の刑らざること、其れ此に之れ由るか。

八　教の由りて興る所

大學の法、未だに發せざるに禁ずる之を豫と謂ひ、其の可に當る之を時と謂ひ、節を陵えずして施す、之を孫と謂ひ、相觀て善する、之を摩と謂ふ。此の四者は教の由りて興る所なり。

九　教の由りて廢する所

發して然る後に禁ずれば、則ち扞格して勝へず。時過ぎて然後に學べば則ち勤苦して成り難し。雜へ施して孫ならざれば、壞亂して修らず。獨學して友無ければ、孤陋にして聞くこと寡し。朋に燕るれば其の師に逆ひ、辟に燕るれば其の學を廢つ。此の六つの者は教の由りて廢する所なり。

第三章　師法及修學法

十　修學指導要領

君子既に教の由りて興る所を知り、又教の由りて廢する所を知りて、然して後に以て人の師と爲るべし。故に君子の教喩するや、道き牽かず、強めしめて抑へず、聞きて達せず。道きて牽かざれば、則ち和ぎ、強めしめて抑へざれば則ち易く、聞きて達せざれば則ち思ふ。和易にして以て思はしむるは、善く喩すと謂ふべし。

十一　學生の個人性

學ぶ者四失あり、教ふる物必ず之を知るべし。人の學ぶや、或は多きに失し、或は寡きに失し、或は易きに失し、或は止まるに失す。此の四者は心の同じきこと莫ければなり。其の心を知りて然して後に能く其の失を救ふ。教なる者は善を長じて、其の失を救ふ者なり。

十二　教師の志念

善く歌ふ者は、人をして其の聲を繼がしめ、善く教ふる者は、人をして其の志を繼がしむ。其の言や、約にして達し、微にして臧く、譬罕にして喩すは、志を繼ぐと謂ふべし。

十三　師法の重要性

君子は學に至るの難易を知りて、其の美悪を知る。然る後に能く博く喩す。能く博く喩して然る後に能く師と爲る。能く師と爲りて然る後能く長と爲る。能く長と爲りて然る後に能く君と爲る。故に師なる者は君たることを學ぶ所以なり。是の故に師を擇ぶは慎まざるべからざるなり。記に曰く、三王四代は唯其れ師なりと。其れ此の謂ひか。

十四　尊師の禮

凡そ學の道は、師を嚴にするを難しと爲す。師、嚴にして然る後に道尊し。道尊くして然る後に、民、學を敬するを知る。是の故に、君の其の臣を臣とせざる所のものは二あり。其の尸たるに當りては、則ち臣とせざるなり。其の師たるに當りては、則ち臣とせざるなり。大學の禮、天子に詔ぐと雖も北面することなきは、師を尊ぶ所以なり。

十五　進學の道

善く學ぶ者は、師、逸して、功、倍す。又從ひて之を庸とす。善く學ばざる者は、師、勤めて、功、半なり。又從ひて之を怨む。善く問ふ者は堅木を攻むるが如し、其の易きものを先にし、其の節目を後にす。其の久しきに及びてや、相説きて以て解る。善く問はざる者は此に反す。善く問を待つ者は、鐘を撞くが如し、之を叩くに小なる者を以てせば、則ち小さく鳴り、之を叩くに大なる者を以てせ、ば則ち多きく鳴る。其の從容を待ちて然る後に其の聲を盡くす。善く問に答へざる者は此に反す。此れ皆學に進むの道なり。

十六　記問の學

記問の學は、以て人の師となるに足らず、必ずや其れ語を聽かんか。力問ふこと能はず、然る後に之に語ぐ。之に語げて知らざれば、之を舍くと雖も可なり。

十七　自學體得

良冶の子は必ず裘を爲るを學び、良弓の子は必ず箕を爲るを學ぶ。始めて馬を駕する者は、之を反して、車、馬の前に在り。君子此の三者を察にせば以て學に志しあるべし。

十八　比較系統

古の學ぶ者は物を比ぶるに類を醜ぶ。

十九　師は道の本源

鼓は五聲を當ること無けれども、ご聲得ざれば和せず。水は五色を當ること無けれども、五色得ざれば章かならず。學は五官を當ることなけれども、五官得ざれば治まらず。師は五服を當ることなけれども、五服得ざれば親しまず。

結　論

二十　學は衆事の本源

　君子曰く、大徳は官せず、大道は器ならず、大信は約せず、大時は齊しからず。此の四者を察にせば、以て本に志しあるべし。三王の川を祭るや、皆、河を先にして、海を後にす。或は源なり。或は委なり。此を之れ本を務むと謂ふ。

第二章　返本归源：注疏、义理及考据
——《礼记·学记》之代表注释

第一节　建学之旨①

［经文］发虑宪，求善良，足以謏闻，不足以动众。就贤体远，足以动众，未足以化民。君子如欲化民成俗，其必由学乎！玉不琢，不成器；人不学，不知道。是故古之王者，建国君民，教学为先。《兑命》曰："念终始典于学"，其此之谓乎！

［分段注释］
（一）
发虑宪，求善良，足以謏闻，不足以动众。就贤体远，足以动众，未足以化民。君子如欲化民成俗，其必由学乎！

---

① 本书采用王夫之《礼记章句》中将《学记》全文划分为四部分共十六章的标准，把《学记》全文分为四节（因本书写作的需要将四部分改为四节），其中第一节（第一章）、第二节（第二章至第九章）、第三节（第十章至第十五章）、第四节（第十六章）。

第二章　返本归源：注疏、义理及考据

版　本	注释者	注释内容①
《礼记注疏》卷三十六《学记》第十八	（汉）郑　玄	发虑宪，求善良，足以謏闻，不足以动众。宪，法也，言发计虑当拟度於法式也。求，谓招来也。謏之言小也。动众，谓师役之事。就贤体远，足以动众，未足以化民。就，谓躬下之。体，犹亲也。所学者，圣人之道在方策。
	（唐）孔颖达	"发虑"至"学乎"正义曰：此一节明虽有余善，欲化民成俗，不如学之为重。发虑宪者发，谓起。发虑，为谋虑。宪，谓法式也。言有人不学而起发谋虑，终不动众。举动必能拟度于法式，故云发虑宪。求善良者良亦善也，又能招求善良之士。足以謏闻者謏之言小。闻，声闻也。言不学之人，能有片识谋虑法式，求善以自辅。此是人身上小善，故小有声闻也。不足以动众者众，谓师役也。虽有以小善，恩未被物，若御军动众则不能，故云"不足以动众"也。就贤体远者贤，谓德行贤良，屈下就从之。远，谓才艺广远，心意能亲爱之也。足以动众者以恩被于外，故足以动众也。未足以化民者虽复恩能动众，识见犹浅，仁义未备，故未足以化民也。君子如欲化民成俗者君，谓君于上位。子，谓爱下民。谓天子诸侯及卿大夫欲教化其民，成其美俗，非学不可，故云其必由学乎。学则博识多闻，知古知今，既身有善行，示民轨仪，故可以化民成俗也。 　·注：宪，法也。言发计虑当拟度于法式也。求，谓招来也。謏之言小也。动众谓师役之事。正义曰："宪，法"。《释诂》文，謏之言小也，言謏音近小，故"謏之言小也"。云"动众谓师役之事"者。动众以与化民相对，化民事难，动众稍易，故知是师役之事。注所学者，圣人之道在方策。正义曰：郑恐所学惟小小才艺之事，故云"所学者，圣人之道"。以其化民成俗，非圣人之道不可。云"在方策"者，下篇"文武之道，布在方策"是也。

---

① 本书注释内容的选取标准：所有注释内容仅包括历代注释者本人，对照《学记》经文的章节段落进行注疏、义理或考据的研究内容，不包括历代注释者本人重复（原本或简要）罗列前人《学记》注释的相关内容。

续表

版本	注释者	注释内容
《礼记集说》卷八十八《学记》第十八（宋）卫湜	（宋）张载	求善良。求为良善之人也。就贤体远。就，谓躬下之。体，谓体远大之事。足以动众，若燕昭下士，可以有闻于人也，未足以化民。就贤下士，在乎他人，而不在乎己，未能成德也。其必由学乎！何谓学？成德谓之学。学在乎推广，而不可以不思。
	（宋）刘敞	发虑宪者，言发动知虑能求宪法也。动读如《中庸》明则动之动，言此皆徒善，未足以动人也。就贤体远，贤，谓贤于人之贤；远，谓远于人之远；可以动人矣，未能使人化也。凡动者，言矜式之；化者，言心服之。唯学可以化民成俗，谓其所传者博，所教者众，见之者详也。
	（宋）陈祥道	致防患之思为虑，则德义之经为宪，存其可欲为善，充善之至为良。友天下之善士，就贤者也。尚论古之人，体远者也。古之论，诚则形，形则著，著则明，明则动，动则变，变则化，是动之所发为化，化之所始为动。《诗序》言：风以动之，教以化之。杨子言："鼓众动化天下，虽皆始终相成，要之本于诚，一也。"孟子曰："诚而不动者，未之有也。"不诚未有能动者也，不诚未有能动，则动本于诚可知。子思云："唯天下至诚为能化"，则化本于诚可知。由是观之，唯诚为能动，唯至诚为能化。
	（宋）周谞	宪与宪章文武之宪同。发己之所虑与己之所宪，求人之善与人之良者，足以小有闻而不足以动众。盖善良者未至于贤，故止于有闻而已。就其贤者而师之，体其远者而行之，足以动众而未足以化民。盖就贤体远，则止于成己而已。如欲化民成俗，则必由学。盖学者一道德之源，道德一然后可以化民成俗。
	（宋）马希孟	虑者，求诸己者也。宪者，法先王者也。求善良，资于人者也。虽然此细行而已。《中庸》言：为天下国家之经，而以尊贤继修身之后。所谓贤者，非特如善良而已。动众，政也；化民，道也。学以致其道，而以教之则足以化民成俗矣。
	（宋）陆佃	就贤进于求善，体远进于发虑，变言未足，非不足以化民也。

续表

版　本	注释者	注释内容
《礼记集说》 卷八十八 《学记》 第十八 （宋）卫湜	（宋） 朱　熹	动众，谓耸动众听，盖守常法，用中材其效不足以致大誉。远，谓疏远之士，下贤亲远，足以耸动众听，使知贵德而尊士，然未有开导诱掖之方也，故未足以化民。唯教学可以化民，使成美俗。
	（宋） 戴　溪	夫求贤以自辅，屈己以下贤，人君之治莫先于此。而皆不如建学之功，何也？盖求贤以自辅，足以资人君多闻之益。屈己以下贤，足以兴起天下之为善之心。然学校不立，教养阙然，天下之人虽欲为善，而无所考德问业。其贤者固已用矣，而未贤者将孰从而成就之？故化民成俗必由学校，其所及者广，所传者远也。大抵天之生贤实难，其生贤也所以扶植国家以为民命。其既生也，又赖上之人，教养成就之。若舍之不教，使之斫丧戕贼，则自暴自弃，往往而是国家何赖焉，此建学之功所以为大也。
	（宋） 辅　广	发虑宪，谓所发之志虑合乎法式。求善良，乃是发虑宪之事也。动，与风以动之之动同，小小声闻，不足以动众也。就贤，如孟子所谓欲有谋焉，则就之也。体，与《中庸》体群臣之体同。体远，如武王不忘远之意。古之教者，家有塾，党有庠，术有序，国有学，所以体远也。就贤，则尊德之诚至；体远，则爱民之仁深。其仁心仁闻，固足以感动天下矣。然法度未立，政事未举，故未足以化民。故曰：尧舜之道，不以仁政不能平治天下，教学政之先务也。
《续礼记集说》 卷六十七 《学记》 （清）杭世骏	（宋） 王应麟	《学记》以发虑宪为第一义，谓所发之志虑合于法式也。一年视离经辨志。一年，学之始。辨云者，分别其心所趋向也。虑之所法必谨，志之所趋必辨。为善不为利，为己不为人，为君子儒不为小人儒，此学之本也。能辨志，然后能继志，故曰："士先志"。 又曰：畿内为学二，为序十有二，为庠三百，诸侯之国半之。王无咎之言也，陆farming观取焉。天子诸侯有君师之职，公卿有师保之义，里居有父师、少师之教。

续表

版本	注释者	注释内容
《礼记集说》卷六《学记》第十八	（元）陈澔	发虑宪，谓致其思虑以求合乎法则也。求善良，亲贤也。此二者，可以小致声誉，不能感动众人。謏，读为小。闻，去声。就贤，礼下贤德之士也，如王就见孟子之就。体，如《中庸》体群臣之体，谓设以身处其地而察其心也。远，疏远之臣也。此二者，可以感动众人，未能化民也。处，上声。化民成俗，必如唐虞之於变时雍乃为至耳。然则舍学何以哉？此学乃《大学》之道，明德新民之事也。
《礼记纂言》卷三十五《学记》	（元）吴澄	发，与《内则》发虑同。虑，谓心所计画。宪，法也。求，与求仁之求同。善，谓性所固有。充善之至为良，如良知、良能、良心之良。謏，与小同。闻，闻声誉闻于人。动，与《论语》动之斯和，《中庸》动则变，《孟子》不诚未有能动之动同，谓能感动人也。就，如有道之就。就贤，谓友善士。体，如体群臣之体，谓用人惟己，人之有技，若己有之也。远贤之在远者，谓友天下之善士也。化，犹所过者化之化，谓民日迁善而不知为之者。学，谓设为学校、庠序以教之。言发心之虑而合于法，求性之善而全其良，此能修己矣，而未能及人也。就贤师友而兼有众善，则有诸中形诸外，足以感动众人而未能使之化也。必有学校庠序之教，开导诱掖熏陶涵养，使之耳濡目染之深，日渐月渍之久，则民之迁善不期然而然。人人有士君子之行，而成美俗矣。长乐陈氏曰："动则变，变则化，动之所终为化，化之所始为动。"永嘉戴氏曰："学校不立，教养阙然，天下之人虽欲为善，而无所考德问业。故化民成俗必由学校，其所及者广，所传者远也。"
《陈氏礼记集说补正》卷二十二《学记》	（清）纳兰性德	发虑宪，求善良，《集说》谓致其思虑，以求合乎法则也。求善良，亲贤也。 窃案：宪，如宪章文武之宪，发虑，犹俗言发心，言其发心合乎宪典，以求为善良之人，二句一贯，非两事也。《集说》以亲贤释求善良，则侵下就贤矣。吴氏知其难，通而以求，为求仁之求。善，为性之所固有。良，为良心之良言，充善之至为良，以对上句亦属牵强。

续表

版　本	注释者	注释内容
《礼记章句》卷十八《学记》	（清）王夫之	发，发政也。虑，度也。宪，法也。謏闻，谓小有声闻。就，即而取正也。体远，谓体悉四方之利病也。由，用也。言人君饬法求贤，民悦其治而德不及远者，法未宜民而求之未必其用也；用贤宜民，四方归之而民不乡善者，政立而教未先，无以移民之志也。唯立学校以教其俊士，而德明于天下，则民日迁善而美俗成矣。
《续礼记集说》卷六十七《学记》（清）杭世骏	（清）姚际恒	謏，《说文》小也，诱也，此宜主诱字，解谓诱致闻誉也。与下动字亦有关，今郑氏主小言，未协。
	（清）闫若璩	按吴文正谓：《易》者，占筮之爻辞；《春秋》者，侯国之《史记》。自夫子赞《易》《春秋》，后学者始以《易》《春秋》合先王教士之四术，而为六经。余亦谓《孔子世家》，孔子以《诗》《书》《礼》《乐》教弟子，盖三千焉，此遵乐正之常法。至及门高弟，方授以《易》《春秋》，故曰：身通六艺七十有二人，六艺乃六经，非周官之所云六艺也。
	（清）朱轼	发虑宪，犹言中虑中伦。发，即中也。射者，发而后中，必言行无过，而后可以求善良。否则，善良不为我用矣。善良，即贤就亲之至也。体若己有之也，就之体之，则不啻求之己，感人之道无过。尚贤浅之而颂扬称美，深之而鼓舞振兴，故曰謏闻。曰动众，动则兴起其好善恶恶之心矣。终不能家喻户晓，使之迁善改恶而成美俗。故学校不可不设，化即变意。旧注，谓过化之化，未当。
	（清）陆奎勋	謏闻体远，字句生造，皆不似经，而似子。求善良，依《集说》，则与就贤相近。不如横渠说，求为善良之人也。以体远为体察疏远之臣，义亦偏。不如辅、潜溪云，如武王不忘远之意。

续表

版本	注释者	注释内容
《续礼记集说》卷六十七《学记》（清）杭世骏	（清）姜兆锡	宪，法则也。虑，存乎法制而求致乎善良，此二者可谓慕善矣。然非学，则足以小致声誉，不足以感动众人也。就，如孟子欲有谋焉则就之就。贤，谓才德之士。体，如《中庸》体群臣之体。远，谓疏远之臣也。此二者，可谓亲贤矣。然非学，则足以感动众人，犹未足以教化斯民也。 又曰，朱子曰：动众，谓耸动众听。守常法，用中材，其效不足致此。下贤亲远乃足以动众，使知贵德而尊士也。但未有开导诱掖之方，故未足以化民耳。 又曰，化民成俗，如唐虞之於变时雍是也。而其道则舍学何以哉？盖此学乃大学之道，明德新民之事也。
	（清）方苞	体远，体恤幽远小民之疾苦也。乃曰：教学之法，莫备於周。凡有地治者皆兼教事，不独师儒也。虽农工商贾，少时皆受小学於里塾，不独秀民也。是以无人不明於伦理，而仁让之心易生，无事不为之防制，而邪恶之途自闭。故化民成俗，其本由於圣人之德化。而人专由於学者，文武周公之德化，至昭穆而不能承矣。而赖其礼教，以相维持者且数百年。东汉及前明之衰，政乱於上，而义明於下，以其开国之初，君臣上下皆知，教学为治本，而积为礼俗也。
《礼记集解》卷三十六《学记》第十八	（清）孙希旦	愚谓人君而能就贤体远，亦可谓有志于治矣。然苟未知学，则所以化民者无其本也。唯由学，则明德以新民，而可以化民成俗矣。

[分段注释]

（二）

玉不琢，不成器；人不学，不知道。是故古之王者，建国君民，教学为先。《兑命》曰："念终始典于学"，其此之谓乎！

版本	注释者	注释内容
《礼记注疏》卷二十六《学记》第十八	（汉）郑玄	玉不琢，不成器；人不学，不知道。是故古之王者，建国君民，教学为先谓内则设师保以教，使国子学焉；外则有大学、庠序之官。琢，丁角反，治玉曰琢。大音泰，后"大学"皆同。《兑命》曰："念终始典于学"，其此之谓乎！典，经也。言学之不舍业也。兑，当为说字之误也。高宗梦傅说，求而得之，作《说命》三篇，在《尚书》，今亡。兑，依注作说，音悦。下《兑命》仿此，舍音捨。
	（唐）孔颖达	"玉不"至"谓乎"正义曰：此一节论喻学之美，故先立学之事。王者建国君民教学为先者建国，谓建立其国；君民，谓君长其民。内则设师保，外则设庠序以教之，故云教学为先。《兑命》曰："念终始典于学"者《记》者明教学事重，不可暂废，故引《兑命》以证之。言殷相傅说告高宗云：意恒思念，从始至终，习经典于学也。其此之谓乎者言此经所谓教学为先，则《兑命》念终始典于学也。 ·注"典经"至"今亡"。正义曰：典，经也。《释言》文：学不舍业，即经云：终始思念经典，是不舍业也。言"高宗梦傅说"者，《书序》云："高宗梦得说，作《说命》三篇。"高宗，殷王武丁，其德高可尊，故号"高宗"。其事具《尚书》篇，见在。郑云"今亡"者，郑不见《古文尚书》故也。
《礼记集说》卷八十八《学记》第十八（宋）卫湜	（宋）陈祥道	玉，则璞之至美者也。人，则性之至贵者也。器，待琢而后成，苟不琢焉，虽其质至美，不成器者有矣。道，待学而后知，苟不学焉，虽其性至贵，不知道者有矣。《聘义》曰：君子比德于玉，终之以天下莫不贵者道也。《经》曰：大道不器，是则以器明道非大道也，特就所学者言耳。 又曰：《诗》云鲁侯戾止，在泮饮酒，顺彼长道，屈此群丑。由是知，鲁侯非特在泮教人，抑又在泮学而受教焉。顺彼长道，学而受教之谓也。岂非念终始典于学之意欤。
	（宋）方慤	道，则器之所出也；器，则道之所寓也，故以器比道。天子则有辟雍，诸侯则有泮宫，始于学，终于教。教亦学也。
	（宋）陆佃	以玉取譬，玉之质美者也，故曰大匠不能斫冰。

续表

版 本	注释者	注释内容
《礼记集说》卷八十八《学记》第十八（宋）卫湜	（宋）戴溪	玉不琢而碔砆，琢之则碔砆犹为可用，玉盖不及也。大抵资质之美不足恃，资质之美而未尝学问，其与资质不美者均尔。夫子曰：好仁不好学，其蔽也愚；好知不好学，其蔽也荡；好信不好学，其蔽也贼；好直不好学，其蔽也绞；好勇不好学，其蔽也乱；好刚不好学，其蔽也狂。好仁、好知、好信、好直、好刚、好勇，此天下至美之质也。愚、荡、贼、绞、乱、狂，此天下至不美之事也。有天下至美之质，一不好学陷于天下之至恶。况夫资质不美而又不学，小而害身，大而害人，其祸岂不大可畏乎！夫人之所以贵于为学者，谓其知道也。道本在我，人唯不学，故有所不知，则道与人为二物。苟不知道，则触事面墙，其意皆以善为之，而卒陷于不义者多矣，况于死生祸福之际乎！昔者子游举夫子之言曰，君子学道则爱人，小人学道则易使。由此语观之，三代之时，小人固亦知学矣。小人贱隶之诗，圣人取焉，则小人固知学也。盖自党庠遂序，以达于学。民之秀异者，固己举而用之。而其下焉者，亦知有义理，天下安得，而不易治。盖三代之学如人堂室然，寝于斯，生长于斯，未尝一日不葺。后之学校如园圃然，有之徒为美观也。
	（宋）李格非	建国以教为先，君民以学为先，故曰：建国君民，教学为先也。《诗》曰：镐京辟雍，自西自东，自南自北，无思不服。言辟雍成，而天下服教也。访落成王谋于庙，而群臣进戒曰：学有缉熙于光明。言学日益，缉熙于光明，学也。
	（宋）辅广	由此观之，则古之王者以君子长者待天下，而务使天下皆为君子长者之归。至于用刑法以治不轨者，皆非得已也。教学，谓在上者教之，在下者学之。典，常也，《兑命》曰。此断章取义。
《礼记集说》卷六《学记》第十八	（元）陈澔	建国君民，谓建立邦国以君长其民也。教学为先，以立教立学为先务也。《兑命》，商书。典，常也。兑，读作说，音悦。

续表

版　本	注释者	注释内容
《礼记纂言》卷三十五《学记》	（元）吴　澄	澄曰：治玉，曰琢。玉质虽美，然不以玉工琢之，则不能成有用之器。学之为言效也。道者，人伦日用所当行之路，人性所固有。然惟上知之资，生而知之，无所亏欠。大贤已下，知而不徧。百姓之愚，由而不知。苟非有以教之，使之效乎先觉者，则不能知人伦日用所当行之道何如也。古者建王国，天子自君其几内之民；又建侯国，命诸侯各君其封内之民。其民饱暖逸居，而无以教之，则近于禽兽。故天子诸侯之国，皆必建学立师，以教其民，使之知有理义。子游宰小邑，犹且以弦歌教民。夫子问，而子游引昔者所闻，君子学道则爱人，小人学道则易使之语以对。盖教民者，使之学而知道也。典，常也。《说命》所言谓人之为学，念念不忘，自始及终，当有常而不间断。此引之谓君之教民为学，亦当终始有常，而不暂废也。
《礼记章句》卷十八《学记》	（清）王夫之	玉质虽美而必待琢之以成，人性固善而必导之以学。内则有大学以教国子，外则有乡州之庠序以达郊遂，施于侯国，莫不有学，斯道一而俗美。《兑命》，傅说告高宗之书。典，常也。人君自力学以先民，而学校可兴也。
《续礼记集说》卷六十七《学记》（清）杭世骏	（清）姜兆锡	道，下义所谓至道，盖事理当然之极也，承上言学以致道。故王者建立邦国，以君长其民。必以设学立教，为先务也。《说命》，商书。石梁王氏曰：六经言学，莫先於《说命》也。典，常也。
《礼记集解》卷三十六《学记》第十八	（清）孙希旦	愚谓玉之质美矣，然不琢则不成器。人而不学，虽有美质，不可恃也。教学，以大学之道教人而使学之也。古之王者，既尽乎脩己治人之道，又以为化民成俗非一人之所能独为，故立为学校以教人，而使人莫不由乎学。故其进而为公、卿、大夫者，莫非圣贤之徒，而民莫不蒙其泽矣。典，常也。言人君当始终思念常于学，而不舍也。

第二节　为师之道①

教学相长

[经文] 虽有嘉肴，弗食不知其旨也；虽有至道，弗学不知其善也。是故学然后知不足，教然后知困。知不足，然后能自反也；知困，然后能自强也。故曰：教学相长也。《兑命》曰："学学半"，其此之谓乎！

[注释]

版本	注释者	注释内容
	（汉）郑玄	虽有嘉肴，弗食不知其旨也；虽有至道，弗学不知其善也旨，美也。是故学然后知不足，教然后知困。学则睹己行之所短，教则见己道之所未达。知不足，然后能自反也；知困，然后能自强也。故曰：教学相长也。自反，求诸己也。自强，修业不敢倦。《兑命》曰："学学半"，其此之谓乎！言学人乃益己之学半。学学，上胡孝反，下如字。学人，胡孝反。又音教。
《礼记注疏》卷三十六《学记》第十八	（唐）孔颖达	"虽有"至"谓乎"正义曰：此一节明教学相益。虽有嘉肴，弗食不知其旨也者嘉，善也。旨，美也。虽有嘉美之肴，兼陈列于前，若不食，即不知其肴之美也。虽有至道，弗学不知其善也者至，谓至极。虽有至极大道，若不学，则不知大道之善。是故学然后知不足者若不学之时，诸事荡然，不知己身何长何短。若学，则知己之所短，有不足之处也。教然后知困者不教之时，谓己诸事皆通。若其教人，则知己有不通，而事有困弊，困则甚于不足矣。知不足然后能自反也者凡人皆欲向前相进，既知不足，然后能自反向身，而求诸己之困，故反学矣。知困然后能自强也者凡人多有解怠，既知困弊，然后能自强学其身，不复解怠也。故曰：教学相长也者谓教能长益于善，教学之时，然后知己困而乃强之，是教能长学善也。学则道业成就于教益善，是学能相长也。但此礼，本明教之长学。《兑命》曰："学学半"者上学为教，音教；下学者，谓习也，谓学习也。言教人乃是益己学之半也。《说命》所云"其此之谓乎"，言学习不可暂废，故引《说命》以证之。言恒思念，从始至终，习礼典于学也。

---

① 因《礼记章句》中仅对每部分的标题给予诠释，所以第二章至第十五章的标题为本书作者根据每章的具体内容而确定，以便从整体上更好地理解每章的大致内容。

续表

版 本	注释者	注释内容
《礼记集说》卷八十八《学记》第十八（宋）卫湜	（宋）方慤	肴有味，唯食之然后可以辨其味。道有理，唯学之然后可以穷其理。然而味有旨否，唯肴之嘉者为旨。理有善恶，唯道之至者为善。人莫不饮食，鲜能知味也。此以食喻道者也，以道之难明，故所况如此。若夫造道之全，则淡乎其无味，又岂肴之可比哉？足则厌矣，故学以不厌为知。困则倦矣，故教以不倦为仁。知其不足，然后能自反，以求其足。知其困，然后能自强，以济其困。自反，若所谓自反而仁之类。自强，若所谓自强不息之类。教人之功得学之半，故引《说命》之言以证之。上"学"字宜读曰"教"，《说命》亦作敩。敩，即教也。孔子曰："起予者，商也。"又曰："回也，非助我者也。於吾言无所不说"，岂非教学半之谓乎！
	（宋）戴溪	天下之事，履之而后知，故闻见之与身亲其知不同。如罗列盛馔，非不美也，人皆见之，而食者为知味。道在天下，非不高且美也，人皆仰之，而学者为知善。《中庸》曰："人莫不饮食也，鲜能知味也"。食者犹未必能知味，况未尝食者乎！夫子谓冉有曰："力不足者，中道而废，今汝画。"盖冉子以画为不足，故夫子责之。譬如行百里者，至中道而止，力不足也。画则未尝出门，安知力之不足也。故曰：学然后知不足，人唯知不足，然后能自反。若以为足，岂复有反己之功。
	（宋）陈祥道	人皆有所不足，非学无以知；皆有所困，非教无以觉。是以颜渊学孔子之道，然后知其卓然不可及，此学而后知不足者也。任人问"礼食之重"，而屋庐子於不能答，此教然后知困者也。夫彼不足，而求於我之教，所以长於彼。我之知困，自强则学者，所以长於我。故曰："教学相长也。"方其学也，未尝不教；及其教也，未尝不学。此《说命》所以言"教学半也。"
	（宋）张载	困者，益之基也。学者之病，正在不知困。尔自以为知，而问之不能答，用之不能行者，多矣。

续表

版本	注释者	注释内容
《礼记集说》卷八十八《学记》第十八（宋）卫湜	（宋）吕祖谦	人皆病学者自以为是，但恐其未尝学耳。使其果用力於学，则必将自进之，不足而何敢自是哉？又曰：不能自反自强，皆非真知者也。若疾痛之在吾身，然后为真知。盖未至圣人安能无欠阙，须深思欠阙在甚处，然后从而进之。苟汎然以为我有所未足，夫何益哉。
	（宋）辅广	此因上教者学者而推言之，能自反，则在己无不足者。能自强，则亦未有力不足者。
	（宋）马希孟	能自强而兴之，则进於学矣，是以教长学也。自反而得之，则优於教矣，是以学长教也。
	（宋）陆佃	所谓教学，教之中有学，学之中有教，是之谓相长。
《礼记集说》卷六《学记》第十八	（元）陈澔	学然后知不足，谓师资于人，方知己所未至也。教然后知困，谓无以应人之求，则自知困辱也。自反，知反求而已。自强，则有黾勉倍进之意。教学相长，谓我之教人与资人，皆相为长益也。引《说命》教学半者，刘氏曰：教人之功，居吾身学问之半。盖始之修己所以立其体，是一半，终之教人所以致其用，又是一半。此所以终始典于学，成己成物合内外之道，然后为学问之全功也。
《礼记纂言》卷三十五《学记》	（元）吴澄	肴，肉未去骨，骨肉相杂者。"学学"上学，读作效，教也。郑氏曰：旨，美也。学则睹己行之所短，教则见己道之所未达。自反，求诸己也。自强，修业不敢倦也。"学学半"言学人乃益己之学半。孔氏曰：此一节明教学相益。马氏曰：自反而得之，则优於教矣，是以学长教也；能自强而兴之，则进於学矣，是以教长学也。
《礼记章句》卷十八《学记》	（清）王夫之	学而不易至，故知不足。教者或无以自喻，则问焉而穷，故知困。自反者，求诸己。强，力也。长，助成也。学日益其所不足，则教不困。教以困而自强，则学益充。兑命曰：学学半。其此之谓乎！上学，胡教反。学，书作教，教也。敩以自强而研理益精，足以当学之半也。

版 本	注释者	注释内容
《续礼记集说》卷六十七《学记》（清）杭世骏	（清）姜兆锡	善，犹大学止於至善之善，知其善，则物格知至而知所止矣。知不足者，在己有未至。困者，於人无所应也。能自反求则学不厌，能自勉强则诲不倦。而教人与教於人，皆相为长益也。敩犹教也。
《礼记集解》卷三十六《学记》第十八	（清）孙希旦	郑氏曰：旨，美也。学则睹己行之所短，教则见己道之所未达。自反，求诸己也。自强，修业不敢倦。学学半，言学人乃益己之学半。张子曰：困者，益之基也。学者之病，正在不知困尔。自以为知，而问之不能答，用之不能行者多矣。吕氏大临曰：人皆病学者自以为是，但恐其未尝学耳。使其果用力於学，则必将自进之不足，而何敢自是哉。

大学之道

[经文] 古之教者，家有塾，党有庠，术有序，国有学。比年入学，中年考校：一年视离经辨志，三年视敬业乐群，五年视博习亲师，七年视论学取友，谓之小成。九年知类通达，强立而不反，谓之大成。夫然后足以化民易俗，近者说服而远者怀之。此大学之道也。《记》曰："蛾子时术之"，其此之谓乎！

[分段注释]

（一）

古之教者，家有塾，党有庠，术有序，国有学。

版本	注释者	注释内容
《礼记注疏》卷三十六《学记》第十八	（汉）郑玄	术，当为遂，声之误也。古者仕焉而已者，归教於间里，朝夕坐於门，门侧之堂谓之塾。《周礼》五百家为党，万二千五百家为遂。党属於乡，遂在远郊之外。
	（唐）孔颖达	"古之"至"谓乎"正义曰：此一节明国家立庠、序上下之殊，并明人学年岁之差。古之教者谓上代也。家有塾者此明学之所在。《周礼》百里之内，二十五家为间，同共一巷，巷首有门，门边有塾，谓民在家之时，朝夕出入，恒受教於塾，故云家有塾。《白虎通》云："古之教民，百里皆有师，里中之老有道德者，为里右师，其次为左师，教里中之子弟以道艺、孝悌、仁义也"。党有庠者党，谓《周礼》五百家也。庠，学名也。於党中立学，教间中所升者也。术有序者术，遂也。《周礼》万二千五百家为遂。遂有序，亦学名。於遂中立学，教党学所升者也。国有学者国，谓天子所都及诸侯国中也。《周礼》天子立四代学，以教世子及群后之子，及乡中俊选所升之士也。而尊鲁，亦立四代学。余诸侯於国，但立时王之学，故云国有学也。 ・注："术当为遂，声之误也。古者仕焉而已者，归教於间里"至"在远郊之外"。正义曰：此云"术"，《周礼》作"遂"者，此《记》与"党"连文，故知"术"当为"遂"，以声相近而错误也。云"古者仕焉而已者归教於间里，朝夕坐於门"者，已犹退也，谓仕年老而退归者。案《书传说》云："大夫七十而致仕，而退老归其乡里。大夫为父师，士为少师。新谷已入，馀子皆入学，距冬至四十五日始出学。上老平明坐於右塾，庶老坐於左塾，馀子毕出，然后皆归，夕亦如之。"云"门侧之堂谓之塾"者，《尔雅・释宫》文。引《周礼》者，证党、遂之异。案《周礼》：六乡之内，五家为比，五比为间，四间为族，五族为党，五党为州，五州为乡。六遂之内，五家为邻，五邻为里，四里为鄼，五鄼为鄙，五鄙为县，五县为遂。今此经六乡举党，六遂举序，则馀间里以上，皆有学可知，故此注云"归教於间里"。其比与邻近，止五家而已，不必皆有学。云"遂在远郊之外"者，案《周礼》遂人，掌野之官，百里之外。故知遂在远郊之外。郑注《州长职》云："序，州党之学。"则党学曰"序"。此云"党有庠"者，乡学曰"庠"，故《乡饮酒》之义云："主人拜迎

续表

版 本	注释者	注释内容
《礼记注疏》卷三十六《学记》第十八	(唐)孔颖达	宾于庠门之外。" ·注云："庠，乡学也。"州党曰序，此云"党有庠"者，是乡之所居党为乡学之庠，不别立序。凡六乡之内，州学以下皆为庠。六遂之内，县学以下皆为序也。皇氏云"遂学曰庠"，与此文违，其义非也。庾氏云"党有庠，谓夏殷礼，非周法"，义或然也。
《礼记集说》卷八十八《学记》第十八(宋)卫湜	(宋)朱熹	或问：古者庶人子弟入学者，亦皆有以养之否？答曰：不然，古者教士，其比闾之学，则乡老坐于门，而察其出入，其来学也。有时既受学，则退而习于其家，及其升而上也。则亦有时春夏耕耘，余时肄业。未闻上之人，复有以养之也。夫既给之以百亩之地矣，又给之以学粮，亦安得许多粮给之邪。《周礼》自有士田可考。
	(宋)陈祥道	董氏言：王者立大学以教于国，设庠序以化于邑，则家塾党庠术序，所谓乡学而化于邑也。国有学，所谓大学而教于国也。大司乐掌成均之法，以治建国之学政，则成均之学，岂非国有学之谓欤？以义求之塾者，孰也？言习孰乎洒扫应对进退之事，将由末以致本者也。序者，养也。言养人材而成之，非特口体而已。序者，射也。言以射别行能而进，非特主皮而已。学则本天人之道而觉之，非特为利而已。又曰：家言其塾，则凡乡遂之家，皆塾也。遂言其序，则凡乡遂之路，皆序也。学者自比而至于乡，自邻而至于遂。近而出入之所习孰，远而往来之所次序，文德之盛无大于此。
	(宋)陆佃	党有庠，则鄙有序。遂有序，则乡有庠。乡有庠，则州有序。州有序，则县有庠。六乡贵庠，则以养之为义。六遂贵序，则以别之为义。又《新说》曰："周人设庠序、学校，具于六乡、六遂之中，非谓于一处设一学而已。"《周官》州长言："射于州序则所谓序者，州亦有之，而不独有于遂也。"《党正》言："饮酒于序，则所谓党者又有序矣，不独有于庠也。"《王制》曰："耆老皆朝于庠，习射上功习乡尚齿。"《乡饮酒》曰："迎宾于庠门之外，则所谓庠者，乡亦有之，不独于党也。"《春秋传》曰："子产不毁乡校。"则乡又有校矣，不独有乎庠也。由是言之则庠序学校之制其于乡遂，盖各具矣，不必于乡有庠于遂有序也。故孟子设为庠序学校以教之，

续表

版本	注释者	注释内容
《礼记集说》卷八十八《学记》第十八（宋）卫湜	（宋）陆佃	而不分所在之地，盖此数学乡遂中通有也。《学记》曰："国有学，家有塾，党有庠，术有序。"盖术之言路也，读如经术之术。郑氏谓术为遂，非也。盖记此者言古之教人者，以外则国有学，以内则家有塾。于党则有庠，以待其居者；于路则有序，以待其行者，以明先王之教人其大略如此，非以尽天下之学而已也。宗郑氏者，遂以为乡有庠，遂有序而已。此不该不徧一曲之论也。
	（宋）李格非	古者国有学，州有序，族党有庠，比闾有塾。县遂同于州乡，鄙鄙同于党族，邻里同于比闾。此经于六遂言序，以见乡之党；于六乡言党，以见遂之鄙；于县遂之学言遂，于族党之学言党，举大以兼于小，比闾邻里之学言家，举小以见大。此先王之法言。所以常约而详也。康成谓：六乡之学，皆曰：庠，六遂之学，皆曰序，则误矣。
	（宋）戴溪	班固云：里有序，乡有庠，序以明教，庠则行礼而视化焉。《周礼》于乡遂独不载，序庠事止于州党。言春秋以礼会民，而射于州序。党正亦言，国索鬼神而祭祀，则以礼属民而饮酒于序。《说》者以为序者，州党之学也。《礼记》曰：耆老皆朝于庠。《说》者曰：此庠，乡学也。既曰党庠术序，又曰里序乡庠，又曰州党有序。虽所载不同，要之州乡里之间通谓之庠序，不得谓之学尔，唯天子诸侯得称学尔。孟子曰：夏曰校，殷曰序，周曰庠。《礼记》又有上庠、下庠、东序、西序、左学、右学、东胶、虞庠之名。四代之学，其名又多不同，大抵后人多祖述前人之名也。
	（宋）周谞	养人之有序，故自家至国皆立之学。
	（宋）真德秀	案古教法，其近民者教弥数。故二十五家为闾，闾有塾，民朝夕处焉。四闾为族，则岁之读法者十有四。法者何？大司徒所颁之三物也。士生斯时，不待舍去桑梓，而有学有师，敬敏任恤，则闾胥书之；孝弟睦姻，则族师书之。其所以教，又皆因性诱民，而纳诸至善之域，礼镕乐冶，以成其德，达其材。古者作人之功，盖如此。今之世，里为民最近而无学，士常轻去土著而事远游，行之修窳无所乎考。至其设教，则以琢辞锼句为巧，诡圣僻说为能，非惟无以淑其人，抑且重斫丧之也。

续表

版本	注释者	注释内容
《礼记集说》卷六《学记》第十八	（元）陈 澔	古者二十五家为闾，同在一巷，巷首有门，门侧有塾。民在家者，朝夕受教于塾也。五百家为党，党之学曰庠，教闾塾所升之人也。术，当为州。万二千五百家为州，州之学为序。《周礼》乡大夫春秋以礼会民，而射于州序，是也。序，则教党学所升之人。天子所都，及诸侯国中之学，谓之国学，以教元子众子及卿大夫士之子，与所升俊选之士焉。
《礼记纂言》卷三十五《学记》	（元）吴 澄	澄曰：《乡饮酒》迎宾于庠门之外，则乡学亦称庠，不但党有庠也。州长言射于州序，则州之学亦称序，不但遂有序也。《党正》言饮酒于序，则党之学亦称为序。孟子言：殷曰序周曰庠，则不分所在之地，然则曰庠曰序，盖乡遂州县党鄙之学可通称之也。真氏曰：按古教法，其近民者教弥数，故二十五家为闾，闾有塾，民朝夕处焉。四闾为族，则岁之读法者十有四。士生斯时，不待舍去桑梓，而有学有师。敬敏任恤，则闾胥书之；孝弟睦姻，则族师书之。其所以教，又皆因性诱民，而纳诸至善之域，礼镕乐冶，以成其德，达其材。古者教人之功盖如此。今之世，里于民最近而无学，士常轻去土著而事远游，行之修窳无所可考。至其设教，则以琢辞锼句为巧，诡圣僻说为能，非惟无以淑其人，抑且重斫丧之也。朱子曰：古者比闾之学，则乡老坐于门而察其出入，春夏耕耘，余时肄业其来学也。有时既受学，则退而习于其家。
《续礼记集说》卷六十七《学记》（清）杭世骏	（清）顾炎武	注：术，当为遂声之误也。按《周礼》万二千五百为遂，《水经注》引此作遂有序，周人遂人之职。五家为邻，五邻为里，四里为酂，五酂为鄙，五鄙为县，五县为遂，皆有地域树沟之，使各掌其政令。又按《月令》审端径遂。注《周礼》作遂，夫间有遂，遂上有径，径小沟也。《春秋》文公十二年，秦伯使术来聘。《公羊传》《汉书·五行志》并作遂。《管子·度地篇》百家为里，里十为术，术十为州。术音遂，此古术遂二字通用之证。陈可大《集说》，改术为州，非也。陈氏《礼书》曰，《周礼》州长会民，射於州序，则州曰序。而《记》言遂有序，何也？《周礼》遂官各降乡官一等，则遂之学亦降一等矣。降乡一等，而谓之州长，其爵与遂大夫同，则遂之学其名，与州序同。可也。

续表

版　本	注释者	注释内容
《陈氏礼记集说补正》卷二十二《学记》	（清）纳兰性德	《集说》古者二十五家为闾，同在一巷，巷首有门，门侧有塾，民在家者，朝夕受教於塾也；五百家为党，党之学曰庠，教闾塾所升之人也；术当为州，万二千五百家为州，州之学曰序。《周礼》乡大夫春秋以礼会民，而射於州序是也，序则教党学所升之人。 窃案：《学记》党庠、州序似有定制，考之诸经则又不然。吴氏云：乡饮酒迎宾於庠门之外，则乡学亦称庠，不但党有庠也。州长言射於州序，则州之学亦称序，不但遂有序也。党正言饮酒於序，则党之学亦称为序。孟子言：殷曰序，周曰庠，则不分所在之地，然则曰庠、曰序，盖乡遂州县党鄙之学可通称之也。又案郑注云：术当为遂，万二千五百家为遂，党属于乡，遂在远郊之外。孔疏云：六乡之内，五家为比，五比为闾，四闾为族，五族为党，五党为州，五州为乡。六遂之内，五家为邻，五邻为里，四里为鄼，五鄼为鄙，五鄙为县，五县为遂。今此，六乡举庠，六遂举序，则闾里以上皆有学。可知其比与邻近止五家不必有学。愚谓郑以术为遂，与《集说》以术为州者不同。遂有万二千五百家，州不过二千五百家而已，非万二千五百家也。术者邑中道径也，道径者人所遵循，故术述通用。下文蛾子时术之术，即述之义，遂与述相似，由此而讹耳。《集说》改为州字，则不惟家数不相符，字形亦大径庭矣。 熊明来曰：术有序，注云术当为遂声之误也。《月令》审端径术，则本注直云。《周礼》作遂径术，即周礼遂上有径，初不以为声之误。愚案：遂术古字通用，非字之误，亦非声之误也。《春秋》文十二年，秦伯使术来聘。《公羊》作遂。《诅楚文》：遂取我边城，遂字书作述，术字从行，述字从辵，皆人所径行之地。术，述亦同义也。万二千五百家为遂。三年兴甿必有学。《周礼》党正州长之官其学亦名序，此经举遂可以见乡，不以乡遂对说，而言二十五家之闾，五百家之党皆互文见义也。 近顾氏炎武亦云，《春秋》文公十二年，秦伯使术来聘。《公羊传》《汉书·五行志》并作遂。《管子·度地篇》百家为里，里十为术，术十为州。术音遂，此古术遂二字通用之证。陈可大《集说》，改术为州，非也。

第二章 返本归源：注疏、义理及考据

续表

版本	注释者	注释内容
《礼记章句》卷十八《学记》	（清）王夫之	此谓先王立学建师之道也。古之仕而已者，归教於闾里，旦夕坐于门以教焉。门侧之堂谓之塾。五百家为党，六乡之属也。万二千五百家为术，在远郊之外。堂有室曰庠，以养老为主；无室曰序，以射为主。国，国中。学，大学也。
《续礼记集说》卷六十七《学记》（清）杭世骏	（清）姚际恒	此云：党术与《周礼》六卿之党，六遂之遂不同。郑孔执《周礼》为解，非也。术遂古字通。《月令》审端经术。盖以术从行，街衢之类，又与述同，述从辵，故又与遂同耳。郑谓术当为遂声之误，非也。陈可大改术为州，以合《周礼》。州长春秋以礼会民而射於州序，盖妄矣。按《周礼》州长射於州序，州学亦称序，党正饮酒於序，党学亦称序，固不足据。若《王制》耆老皆朝於庠。习射尚功、习乡尚齿，乡饮酒迎宾於庠门之外，乡学亦称庠，与此亦不合。孔氏为之斡旋，而且以党有庠为夏殷礼，谬。
	（清）陆奎勋	郑注改术为遂，万二千五百家。熊朋来谓术遂，古字通用。近昆山顾炎武引《管子·度地篇》证之，百家为里，里十为术，术十为州，则术字本不必改，百减为一千家耳。陈氏《集说》术作州，引《周礼》乡大夫春秋以礼会民，而射於州序为据。余谓由家而党、而州，以类相属。陈氏之说为优，而术与州字形径庭，按《周礼》五州为乡，其数乃极，不如直云乡字之讹。
	（清）姜兆锡	术当为州者。《周礼·州长职》，春秋以礼会民而射於州序是也。古者二十五家为闾，同在一巷，巷首有门，门侧有塾，民朝夕皆受教於塾。五百家曰党，其学曰庠。则教闾塾所升之人。二千五百家为州，其学曰序，则教党庠所升之人。其王都及侯国之学为国学，则又以教元子众子及卿大夫士之子与卿大夫所升州属俊选之士也。
	（清）方苞	陈氏《集说》谓术宜为州，不若注易为遂之当也。盖举州党而遗乡学，则事无统纪，且未知野法之异同。於乡举细，于野举大，则知互举以见义。而凡家稍县鄙之未地，及散在乡遂稍县疆之公邑，苟地邑民居相等，则建学立师考校宾兴，更无异法矣。《周官》司徒考德兴宾详於六乡，劝耕课织详於六遂，正此义也。
《礼记集解》卷三十六《学记》第十八	（清）孙希旦	愚谓遂有序者，言六遂之中，县鄙之属有序也。六乡之中，闾侧有塾，州、党有序，乡有庠，则六遂之中，里侧有塾，县鄙有序，遂有序。此於乡但言党，於遂但言术，略举而互见之也。

[分段注释]

(二)

比年入学,中年考校:一年视离经辨志,三年视敬业乐群,五年视博习亲师,七年视论学取友,谓之小成。九年知类通达,强立而不反,谓之大成。夫然后足以化民易俗,近者说服而远者怀之。此大学之道也。《记》曰:"蛾子时术之",其此之谓乎!

版本	注释者	注释内容
《礼记注疏》卷三十六《学记》第十八	(汉)郑玄	比年入学学者每岁来入也。中年考校中犹间也。乡遂大夫间岁,则考学者之德行道艺。《周礼》三岁大比乃考焉。一年视离经辨志,三年视敬业乐群,五年视博习亲师,七年视论学取友,谓之小成。九年知类通达,强立而不反,谓之大成离经,断句绝也。辨志,谓别其心意所趣向也。知类,知事义之比也。强立,临事不惑也。不反,不违失师道。夫然后足以化民易俗,近者说服,而远者怀之。此大学之道也怀,来也,安也。说音悦。记曰:"蛾子时术之",其此之谓乎!蛾,蚍蜉也。蚍蜉之子,微虫耳。时术,蚍蜉之所为,其功乃复成大垤。蛾,鱼起反,注同,本或作蚁。蚍音毗。蜉音孚。《尔雅》云:"蚍蜉,大蚁。"
	(唐)孔颖达	"古之"至"谓乎"正义曰:此一节明国家立庠、序上下之殊,并明入学年岁之差。比年入学者比年,谓每年也,谓年年恒入学也。中年考校者中,犹间也。谓每间一岁,乡遂大夫考校其艺也。一年视离经辨志者谓学者初入学一年,乡遂大夫於年终之时,考视其业。离经,谓离析经理,使章句断绝也。辨志,谓辨其志意趣向,习学何经矣。三年视敬业乐群者谓学者入学三年,考校之时,视此学者。敬业,谓艺业长者,敬而亲之。乐群,谓群居朋友善者,愿而乐之。五年视博习亲师者言五年考校之时,视此学者。博习,谓广博学习也。亲师,谓亲爱其师。七年视论学取友者言七年考校之时,视此学者。论学,谓学问向成,论说学之是非。取友,谓选择好人,取之为友。谓之小成者比六年已前,其业稍成,比九年之学,其业小,故曰小成。九年知类通达强立而不反者谓九年考校之时,视此学者。言知义理,事类通达无疑。强立,谓专强独立,不有疑滞。而不反,谓不违失师教之道,谓之大成。此大学之道也者言如此所论,是大学贤圣之道理,

第二章 返本归源：注疏、义理及考据

续表

版 本	注释者	注释内容
《礼记注疏》卷三十六《学记》第十八	（唐）孔颖达	非小学技艺耳。《记》曰：蛾子时术之者谓旧人之《记》，先有此语，记礼者引旧《记》之言，故云蛾子时术之。蚁子小虫，蚍蜉之子，时时术学衔土之事，而成大垤，犹如学者时时学问，而成大道矣。《记》之所云，其此学问之谓乎。 ·注：中犹间也。乡遂大夫间岁则考学者之德行道艺。《周礼》三岁大比乃考焉。《正义》曰：间年，谓下一年、三年、五年、七年之类是也。云：乡遂大夫间岁则考学者，计学者入学多少之间岁，非是乡遂大夫间岁三年入学也。云《周礼》三岁大比乃考焉者，郑引《周礼》三年大比考校，则此中年考校，非《周礼》也。故《周礼·乡人夫职》云：三年大比，而兴贤者能者。皇氏云：此中年考校亦周法，非也。皇氏又以此"中年考校"，谓乡遂学也。下文云一年视离经辨志以下，皆谓国学，亦非也。但应入大学者，自国家考校之耳。其未入大学者，乡遂大夫考校也。 ·注：蛾，蚍蜉也。蚍蜉之子。按《释虫》云：蚍蜉，大蚁。小者蚁。是蚁为蚍蜉大者。又云蚁子，故云蚍蜉之子也。
《礼记集说》卷八十八《学记》第十八（宋）卫湜	（宋）陈祥道	比年者，必再岁也。周官乡大夫，三年大比，则考其德行道艺。则所谓中年者，必三岁也。比年一小聘。三年一大聘，诸侯之于天子也。比年入学，中年考校，学者之于庠序也。盖学者，由积而成，自小而至大。教者，因年而视，自一而至九，皆中年以考校，以校中夫之实也。离经，以审其师授；辨志，以别其趣向。敬业而不慢，则不知燕辟之为可尚。乐群而不厌，则不知燕朋之为可从。博习而详说，则理无不穷；亲师而信道，则功无不倍。学有先后，而知所论；友有损益，而知所取。知类通达，有以尽知之所及；强立不反，有以尽仁之所守。由离经辨志，至于论学取友，则可与适道，而未可与立，学之小成者也。必四进而后视之，知类通达，强立而不反，则可与立矣，学之大成者也。尚何事于视为哉。今夫王道以九变成化，箫韶以九变成乐，则学以九年大成，亦天数之常。为学日益之事也，知类通达而见善明。强立不反，而用心刚。权利不能倾，群众不能移，天下不能荡。夫然后内能定外能应，非夫以善养人而服天下，孰能与此？今夫蛾有君臣之义，言蛾子又有父子之道焉。内则父子，外则君臣，

续表

版本	注释者	注释内容
《礼记集说》卷八十八《学记》第十八（宋）卫湜	（宋）陈祥道	人之大伦也。大学之道，所以明人伦也，故取此以明之。僖公作泮宫于鲁，礼教达而国人从之，德义达而淮夷怀之。武王立辟雍于镐京，自西自东，自南自北，无思不服。其学虽殊，其成功一也。化民易俗始也，化民成俗终也。近者说服远者怀之，教也。近者说远者来，政也。
	（宋）方慤	人不可一日不学，故比年入学，又不可比年而视之。故中年考校，如下所言，皆其事也。离经，考经之文也，离其经矣。因习之以为业，敬业者，修其业而不敢慢也。志既辨，则与之同志者在所乐矣。乐群，居而不厌之谓也。乐群，则上足以亲师，而为之法。上能亲师，则下足以取友，以为之助，故继之以取友。上有师，以为之法；下有友，以为之助。则遵道而行，半涂而废者寡矣。故继之以强立而不反焉，以能强立故不反也。不反，则有进而无退矣。知类通达，则告往知来，闻一知十之谓。自取友以上，固足以为成矣。然或立之不强，有时而反，必待强立而不反，然后足以为大成也。视，与《文王世子》言视学同意。易俗，谓易其污俗也。美俗成，则污俗易矣。俗既易矣，则天下岂有殊俗哉。近者既服，而远者怀之，固其理也。说服者，中心说而诚服也。术者，述其所行之谓也。时者，犹学者之时习也。
	（宋）周谞	观人之有序，故自一年离经辨志，而至于九年知类通达，强立而不反。能离经，然后知业之为可敬。能敬业，然后所习者博。习博，然后能讲学。能讲学，然后知类通达。凡此，皆视其学问者也。内辨其志，然后外乐其群。乐群，然后上能亲师。亲师，然后下能取友。取友，然后能强立而不反。凡此，皆视其德性者也。孟子曰：以善养人，然后能服天下。此所以近者说服，远者怀之。
	（宋）张载	辨志，辨经之志诗之志如何，书之志如何。敬业乐群，学者必有业，尊敬其所业。乐群，谓朋友由博习，而将以反约，事师而至于亲敬，则学之笃而信其道也。论学取友，能讲论其学，而取友必端矣。知类通达，比物丑类，是也。九年者止，言其大略。人性有迟敏，气有昏明，岂可齐也。强立而不反，可与立也。教者，可以无恨矣。化民易俗之道，非学则不能至，此学之大成。蛾子时术之，积功也。

第二章 返本归源：注疏、义理及考据   175

续表

版本	注释者	注释内容
《礼记集说》卷八十八《学记》第十八（宋）卫湜	（宋）陆佃	其视亲师友如此，岂有杀羿之事哉。故曰：尹公之他端人也，其取友必端矣。虽然尚非其至也，谓之小成而已。知类通达，强立而不反。立，所谓知及之，仁能守之，似之矣。蛾，读如字，蛾之子，蚕蠋尔。术，蛾之所为，乃复成垤，可以人而不如乎。且蛾俄而生，俄而死矣，其不苟尚如此。此愚公，所以屈知叟之笑也。
	（宋）朱熹	辨志者，自能分别其心所趋向，如为善、为利，为君子、为小人也。敬业者，专心致志以事其业也。乐群者，乐于取益以辅其仁也。博习者，积累精专，次第而徧也。亲师者，道同德合，爱敬兼尽也。论学者，知言而能论学之是非。取友者，知人而能识人之贤否也。知类通达，闻一知十，能触类而贯通也。强立不反，知止有定，而物不能移也。盖考校之法，逐节之中，先观其学业之浅深，徐察其德行之虚实。读者，宜深味之，乃见进学之验。
	（宋）吕祖谦	离经辨志，谓浃意义。敬业不敢轻易，五年方可。博习未至，此则非圣人之书不敢观，前此非不从师，至此方能亲师。七年见得的当，方可议论是非，决择贤否。
	（宋）辅广	离经，谓分章析句，未有不得其辞而达其意者也。故教学以离经为先。群居所以讲习，乐群则知讲习之说也。亲师，则能自得师也。荀子博习不与师术，盖用于此，然而误矣。此之博习，所谓习者，不一也。夫师道不一，下至农工，皆有师焉。况道艺岂一涂而足？各因其所习而就师可也。岂曰博习，然后可以为师邪？能自得师，然后可以取友，未能得师，则取友或失之滥。论学，谓讲论所学之道，于是，则又可以取友也。亲师易，取友难。师必道艺显著，故亲之为易。若友则凡胜我者，皆可友也。不慎取友则反害其德。能亲师取友以自辅，可谓小成矣。然未保其能强立而不反也。小成，所谓可与适道之时也；大成，则可与立之时也。建国君民，以学为先，是以君子长者之道待斯民也。此所以心说而诚服之欤。彼劫于威而强服者，则以草芥禽兽视其民，其变也可立而待。由是言之，则民之于学固不可已，而教者亦不可以不自反也，不勉己而欲勉人，难矣哉。

续表

版 本	注释者	注释内容
《礼记集说》卷六《学记》第十八	（元）陈 澔	比年，每岁也。每岁皆有入学之人。中年，间一年也。与《小记》中一以上之中同。每间一年而考校其艺之进否也。离经，离绝经书之句读也。辨志，辨别其趋向之邪正也。敬业，则于所习无怠忽。乐群，则于朋徒无睽贰。博习，则不以程度为限制。亲师，则于训诲知嗜好。论学，讲求学问之缊奥也。取友，择取益者而友之也。能如此，是学之小成也。至于九年，则理明义精，触类而长，无所不通，有卓然自立之行，而外物不得以夺之矣，是大成也。朱子曰："这几句，都是上两字说学，下两字说所得处。如离经便是学，辨志是所得处。他仿此。"前言成俗，成其美俗也。此言易俗，变其污俗也。以此大成之士而官使之，其功效如此，是所谓大学教人之道也。蛾子，虫之微者，亦时时述学衔土之事而成大垤，以喻学者由积学而成大道也。此古记之言，故引以证其说。
《礼记纂言》卷三十五《学记》	（元）吴 澄	澄曰：按考校与周官大比不同。考校者，谓九年大成。以前，每间一岁教者，察视其学业之进何如。大比者，谓九年大成之后，每三年，则乡大夫比其德行道艺，而宾兴之也。初入学一年，于岁终视其读经断句，而分别其志之果向学与否。敬业者谓于所读之经，而专心致志。乐群者，如食而已知其味，乐与同居之群共讲肄之，此於三年之岁终察视之。博习谓所学经外，又能泛及它经，传授师说，服膺不失而亲近其师，惟恐或离也，此於五年之岁终察视之。论学谓义理已明，能论说学之是非，识人品高下，而取其善者以为友，此於七年之岁终察视之。以上皆小学之事。九年则十五入大学之次年，自始入小学之年，而通数之为九年也，能知事理，而推其类，由此以通达于彼。犹子贡之闻一知二，此大学致知之功也。强立，谓守之坚固；不反，谓其已能者不退转，此大学力行之效也。若此而教，则可化其民，使之为贤能而移易其俗，人人有士君子之行也。故近而被其教者，能皆心说而服；远而闻其风者，亦且怀而慕之也。
《陈氏礼记集说补正》卷二十二《学记》	（清）纳兰性德	窃案：以蛾为蚁，出于旧注。古人蛾蚁同音，本一字也。故常仪占月，后人讹为常娥。诗菁菁者，莪与乐，且有仪叶，此类甚多，不可枚举。

续表

版 本	注释者	注释内容
《礼记章句》卷十八《学记》	（清）王夫之	比年，每年。中年，间一岁也。一年，考校之始岁。视，亦考也。离，析也，分析文义，知其旨趣也。辨，别也，旌别其志，异於流俗也。敬，信而重之也。乐群，行之和也。博习，旁习於非所授之业，以考同异也。师严而亲之，好学之验也。论学，於学有得而能自为论说也。取友，知择善也。知类，推广其知，以辨事类也。通达者，通所知以达於行也。强立不反，守之固也。小成者，致知之功。大成者，力行之效。承上文而言。广立学校而以时考其成为进退焉，则士劝於善而民知观感，风化行而天下归之矣。《记》，古书名。术，径也。蚁之后行者，踵先行者，接迹相继，则径不迷而远可至。民虽愚而上以教倡之，则顺从而乡道矣。
《续礼记集说》卷六十七《学记》（清）杭世骏	（清）万斯大	比年入学，专言升入国学者。盖十五入大学后，乃中年考校。如是五次乃为大成，而足以化民易俗也。故曰：此大学之道也。考校如主教者之事，而中年考校，则就学者言。盖入学既比年皆有，则考校亦必比年举行。特就其中，分别其一年、三年、五年、七年、九年者而异视之。其未三年七年者，则去年已考，今年姑舍之可也。如此，则虽比年考校在入学者，是二年一受考。故曰：中年考校，考校在禘后。
	（清）姚际恒	《注疏》又以此中年考校，不合《周礼》三岁大比，以为夏殷礼亦谬。蛾子时术之。郑氏谓：蚍蜉之子，时术，蜉之所为，其功乃复成大垤。郝仲兴谓：术述同，化也。蛾生子化虫，虫复化蛾，学能化民亦犹是，皆近凿。愚按此不过犹诗教诲尔子式縠似之之意，大抵古人引经不必尽合本文也。又曰：学一而已，谓之大学者，因九年大成。大学遂於学上加大字以尊之，不得因此言大学，谓又有小学也。不然此何以一、三、五、七、九通谓之大学乎？古人字学乃谓之小学。

续表

版 本	注释者	注释内容
《续礼记集说》卷六十七《学记》（清）杭世骏	（清）姜兆锡	比年，每年也。中与《小记》中"一以上之中"同，犹间也。每岁有入学者，而每间一年，以考校之也。离绝经之句读，辨别志之高下，敬业而习无怠荒，乐群而交无睽二，博习则不限於程，亲师则能专所向，论学以讲求其蕴，取友以择收其益，能如是，是学之小成。至九年，则理明义精，触类贯通，卓然有以自立而外物不得夺矣，是大成也。 又曰：朱子曰，这几句都是上两字说学，下两字说所得处。如离经，便是学辨志，是所得处。他仿此。又曰，考校之法，先观其业之浅深，徐察其德行之虚实。读者宜深味之，乃见进学之验。临川吴氏：按考校与《周官》大比不同。谓九年大成之后，每三年则卿大夫比其德兴道艺而宾兴之也。此谓九年大成。以前每间一岁，教者观察其学何如。此七年以上皆小学之事，九年则十五入大学之次年。自八岁始入小学，而通数之为九年也。 又曰：成俗成其美俗，易俗变其污俗，此大成之学，成己成物之功效，而大学所谓明明德止至善之道也。蛾子虫之微者，亦时时述学衔土以成大垤。喻学者由积学而成大道也，此古记者之言下仿此。
	（清）方苞	临川吴氏，谓七年以上，皆小学之事。九年则入学之次年，自始入小学通数为九年，非也。小学九年始教之数目，七年尚未学书计，可责以离经辨志。盖谓入大学也，经书多十五以前所诵习，故一年内，校其成熟与否。既成熟，则离经而辨其志所趋向耳。以入大学为始，九年而大成，乃中人所难，况可责之成童以后乎？不曰每年，而曰比者，兼明学者各以年时比次而入也。十五入大学，又期年，则志必有所向，而不能自掩矣。为之师者，非徒辨之而已也。使志在利禄，则必告以名义之重；志在艺术，则宜示以小道之轻。必至九年出学始，各以其所就进退弃取之。自一年以至七年，四曰视者，为师者以是布为教，即以是程其学也。九年则不复言视者，知类通达，强立而不反，非教者所能程，惟学者之自致焉耳。《周官》之法，自族师为州长，按时月以书其德行道艺，而后乡大夫宾兴焉。大学之法，自一年至九年，积日累月，以验察之，然后升於司马以辨其材。盖自一命以

续表

版本	注释者	注释内容
《续礼记集说》卷六十七《学记》（清）杭世骏	（清）方苞	上所代者天工，苟非其人，则天职以旷所治者民事，苟非其人则民病也。滋故教之不可以不详，取之不可以不慎也。自唐宋以后，教士以课试之文章，而决以有司俄顷之心目。即所取不失，亦无以知其人贤能，而使之亮天工治民事可乎？又曰：蛾子时术之术，疑即衔字之误。
《礼记集解》卷三十六《学记》第十八	（清）孙希旦	愚谓：敬业、博习，所以专其业於己也。至能论学，则深造以道，而所得於己者深矣。乐群、亲师，所以集其益於人也。至能取友，则中有定识，而所见於人者明矣。离经者，穷理之始，至於知类通达，则格物知至，而精粗无不贯，知之成也。辨志者，力行之端，至於强力不反，则意诚心正，而物欲不能夺，行之成也。此皆明明德之事也。己德既明，然后推己及民，以之化民易俗，而近远莫不归之，则其德化之所及者深，而所被者广，非謏闻动众者所得而侔矣。术，学也。蚍蜉之子，其为力微矣，然时时学术蚍蜉之所为，则成大垤。为学之初，由始学以至於大成，虽若非一蹴之所能，几然为之以渐，而亦无不可至也。 郑氏曰：《周礼》三岁大比乃考焉。孔氏曰：郑引《周礼》，三年大比考校，则此中年考校非周礼也。愚谓：《周礼》三年大比者，兴贤能之期也。此中年考校者，学校中考察之期也，二者各为一事，初不相悖。

教之大伦

[经文] 大学始教，皮弁祭菜，示敬道也。《宵雅》肄三，官其始也。入学鼓箧，孙其业也。夏楚二物，收其威也。未卜禘不视学，游其志也。时观而弗语，存其心也。幼者听而弗问，学不躐等也。此七者，教之大伦也。《记》曰："凡学，官先事，士先志"，其此之谓乎！

[注释]

版本	注释者	注释内容
《礼记注疏》卷三十六《学记》第十八	（汉）郑玄	大学始教，皮弁祭菜，示敬道也皮弁，天子之朝朝服也。祭菜，礼先圣先师。菜，谓芹藻之属。《宵雅》肄三，官其始也宵之言小也。肄，习也。习《小雅》之三，谓《鹿鸣》《四牡》《皇皇者华》也。此皆君臣宴乐相劳苦之诗，为始学者习之，所以劝之以官，且取上下相和厚。入学鼓箧，孙其业也鼓箧，击鼓警众，乃发箧，出所治经业也。孙，犹恭顺也。夏楚二物，收其威也夏，榎也；楚，荆也，二者所以扑挞犯礼者。收，谓收敛整齐之。威，威仪也。《尔雅》云："榎，山檟。"扑，普卜反，《尚书》云："作教刑。"未卜禘，不视学，游其志也禘，大祭也。天子诸侯既祭，乃视学考校，以游暇学者之志意。时观而弗语，存其心也使之悱悱愤愤，然后启发也。幼者听而弗问，学不躐等也学，教也，教之长稚。此七者，教之大伦也伦，理也。自大学始教至此，其义七也。《记》曰："凡学，官先事，士先志"，其此之谓乎官，居官者也。士，学士也。
	（唐）孔颖达	"大学"至"谓乎"正义曰：此一节明天子诸侯教学大理，凡有七种，各依文解之。大学始教者大学，谓天子诸侯使学者入大学，习先王之道矣。熊氏云：始教，谓始立学教。皮弁祭菜者谓天子使有司服皮弁，祭先圣先师以苹藻之菜也。示敬道也者崔氏云：著皮弁，祭菜蔬，并是质素，示学者以谦敬之道矣。 ·注"祭菜"至"先师"。正义曰：熊氏云：以注礼先圣先师之义解经。始教谓始立学也。若学士春始入学，唯得祭先师。故《文王世子》云：春官释奠于其先师，秋冬唯祭先师而已，已不祭先圣，故《大胥》春释菜合舞。郑云：释菜，礼先师，是春始入学，不祭先圣也。皇氏云：以为始教，谓春时学始入学也，其义恐非。《宵雅》肄三，官其始也宵，小也。肄，习也。当祭菜之时，便歌《小雅》，习其三篇《鹿鸣》《四牡》《皇皇者华》，取其上下之官，劝其始学之人，使上下顺序也，故云"官其始也"。亦谓以官劝其始也。 ·注"宵之"至"和厚"。正义曰：宵，音近小，故读从"小"。按《乡饮酒》礼、《燕礼》，皆歌《鹿鸣》《四牡》《皇皇者华》。又襄四年穆叔如晋，歌《小雅》三篇，故知《鹿鸣》《四牡》《皇皇者华》也。云为始学者，习之所以劝之以官者，《小雅》三篇，皆君臣燕乐及相劳苦。今为学者

第二章　返本归源：注疏、义理及考据　　181

续表

版　本	注释者	注释内容
《礼记注疏》卷三十六《学记》第十八	（唐）孔颖达	歌之，欲使学者得为官，与君臣相燕乐，各自劝励，故云"所以劝之以官也"。此云"始者"，谓学者始来入学，故云"始入学习之"也。入学鼓箧，孙其业也入学，谓学士入学之时，大胥之官，先击鼓以召之。学者既至，发其筐箧，以出其书，故云"鼓箧"也。所以然者，欲使学者"孙其业"，谓恭顺其所持经业。 ·注"鼓箧"至"业也"。正义曰：鼓，谓击鼓，故《大胥》云：用乐者，以鼓征学士。《文王世子》云：大昕鼓征，所以警众也。《文王世子》云：谓天子视学之时，击鼓警众也。若是凡常入学用乐，及为祭祀用乐者，以鼓征学士是也。夏楚二物，收其威也学者不勤其业，师则以夏、楚二物以挞扑之。所以然者，欲令学者畏之，收敛其威仪也。 ·注"夏榎"至"礼者"。正义曰：《尔雅·释木》云：榎，山槚。郭景纯云：今之山楸。卢氏：扑作教刑，是扑挞犯礼者。未卜禘，不视学，游其志也皇氏云：禘，大祭，在於夏。天子诸侯视学之时，必在禘祭之后，未卜禘，谓未为禘也。禘是大祭，必先卜，故连言之。是未为禘祭，不视学。所以然者，欲游其学者之志，谓优游纵暇学者之志，不欲急切之。故禘祭之后，乃视学考校优劣焉。 ·注"禘大"至"考校"。正义曰：禘，大祭。《尔雅·释天》文云：天子诸侯既祭，乃视学者，谓於夏祭之时，既为禘祭之后，乃视学考校。当祭之年，故云未卜禘，不视学。若不当禘祭之年，亦待时祭之后，乃视学也。此视学，谓考试学者经业，或君亲往，或使有司为之，非天子大礼视学也。若大礼视学，在仲春、仲秋及季春，故《文王世子》云："凡大合乐，必遂养老。"注云：大合乐，谓春入学舍菜合舞，秋颁学合声。於是时也，天子则视学焉。《月令》"季春大合乐，天子率三公九卿而视学焉"，与此别也。视学既在夏祭之后，则天子春秋视学，亦应在春秋时祭之后。此举"未卜禘，不视学"，则余可知也。熊氏云：此禘谓夏正郊天，视学谓仲春视学。若郊天则不视学。若如熊氏义，礼不王不禘，郑注何得云天子诸侯既祭、乃视学。既连诸侯言之，则此禘非祭天。熊说非也。时观而弗语，存其心也时观，谓教者时时观之，而不丁宁告语。所以然者，欲使学者存其心也。既不告语，学者则心愤愤，口悱悱，然后启之，学者则存其心也。幼者听而弗问教

续表

版 本	注释者	注释内容
《礼记注疏》卷三十六《学记》第十八	（唐）孔颖达	学之法，若有疑滞未晓，必须问师，则幼者但听长者解说，不得辄问。推长者谘问，幼者但听之耳。学不躐等也者学，教也。躐，逾越也。言教此学者，令其谦退，不敢逾越等差。若其幼者辄问，不推长者，则与长者抗行，常有骄矜。今唯使听而不问，故云"学不躐等"也。此七者，教之大伦也者伦，理也。言前七等之事，是教学大理也。"记曰"至"谓乎"，引旧记结上七事。凡学，谓学为官，学为士者。官先事，士先志者若学为官，则先教以居官之事；若学为士，则先喻教以学士之志。故先七事，皆是教学居官及学士者。其此之谓乎者记者所云：其此在上七事之谓乎。
《礼记集说》卷八十八《学记》第十八（宋）卫湜	（宋）张载	皮弁祭菜，始入学教以天子视学之礼，所以表示学者虽天子，尚必敬学，欲使之敬业也。士即仕也，始入学便教以官人之事。盖学也者，君国子民之道也。鼓箧，谓入学，先搜索所藏，防其挟异端邪说，以乱学者也。时观而弗语，默观其人之所为。幼者当问长者，不可躐等，直问其师。官先事，士先志，谓有官者，先教之事；未官者，使正其志为先。此据教之大伦而言也。官先事，官已仕者事，谓先其职事。士先志，观其志之如何。
	（宋）陈祥道	《文王世子》凡学，春官释奠于先师，秋冬亦如之。《周官》大胥掌学士之版，春入学舍菜合舞。盖学者之于先圣先师，大有释奠，小有释菜。释奠以饮为主，而其礼隆；释菜以食为主，而其礼薄。故大学始教，皮弁祭菜，所以示敬而已矣。皮弁，顺物性而制之，则文质具焉。祭菜，苄芹藻而羞之，则诚礼著焉。古者天子以皮弁视朝，而士亦以之为饰。则皮弁上下之通服，而三王共焉者也。始教者服皮弁之服，行祭菜之礼，菜之为物至薄，而诚礼寓焉，则以之致祭也，其敬非自外至，由中出生于心而已，岂非内心以示敬道之意欤。《仪礼》《乡饮酒》《燕礼》，皆工歌《鹿鸣》《四牡》《皇皇者华》。春秋襄四年，穆叔如晋，亦歌是三篇而已。盖《鹿鸣》主于和乐，《四牡》主于君臣，《皇皇者华》主于忠信。习《小雅》之三，则和乐君臣忠信之道不阙，而可以入官从政矣。用是以劝始入学之士，则所入易以深矣。古之教世子，必以礼乐；则其教学士，亦必以礼乐焉。故皮弁祭菜而示之，

续表

版　本	注释者	注释内容
《礼记集说》卷八十八《学记》第十八	（宋）陈祥道	使敬教以礼也；《小雅》肄三而诱之，使劝教以乐也。《周官》小胥，掌学士之征令而比之，觵其怠慢者，征而比之。鼓箧，孙业之谓也。觵其怠慢者，夏、楚收威之谓也。君丧毕之明年，然后卜禘。未卜禘，则不视学。不以凶礼干吉礼也，卜禘犹卜郊于上中下辛之类也。未卜禘，犹所谓寡君之未禘祀也。卜禘尊祖，所以崇本也；视学尊师，所以劝士也。先尊祖后劝士，其序然也。孔子之于门人，退而省其私。不愤则不启，不悱则不发，不以三隅反，则不复，"时观弗语，以存其心"之谓也。未能知生者不得闻知死之说，未能事人者不得闻事鬼之论，"听而弗问，学不躐等"之谓也。先事者非忘志也，急先务而已。先志者非遗事也，特在所后而已。故《周官》考士之法，先功绪，而德行次之。孔子设科之序，先德行而政事次之。
	（宋）卫湜（宋）方悫	皮弁，无经纬之文，织纴之功。祭菜，无牺牲之味，黍稷之实。《宵雅》肄习，必至于三，欲孰故也。习必以雅，欲其正也。止以小雅，欲其有渐也。以其始教，故曰：官其始也，官者主治之谓也。学以孙志为事，故教者必扑之，以收其威也。禘，盖五年之祭。未五年，不视学，所以优游学者之志故也。目中年考校，则再考校，乃当视学之年，五年视学。则再视学，乃当学者大成之年矣。视学见《文王世子》解。以言传道，则学者止得于耳闻；以默识道，则学者乃得于意会。时观而弗语，则欲其默识之存其心，则得于意会矣。观者，不可过也，不可不及也，当其可而已。故以时言之游其志，所以俟其自成。存其心，所以使之自得。庄子曰：美成在久，则"未卜禘，不视学"者，久之谓也。孟子曰：思则得之，则时观而弗语者，思之谓也。夫入道有序，进学有时，所谓等也；居幼而为长者之事，则为躐等矣，谓之伦先后不可乱者。然教亦多术矣，岂止如是，亦其大略尔。夫官所治者事，士所尚者志。方其学居官，则以事为先，方其学为士，则以志为先。故教之大伦为是而已。

续表

版 本	注释者	注释内容
《礼记集说》卷八十八《学记》第十八（宋）卫湜	（宋）吕祖谦	自尧舜三代以来，所以教学者切要工夫，唯是敬之一事最难识。未见师友，未经讲习，先使之皮弁祭菜，肃然此心，是以敬道示之。《宵》旧说以宵为小，大抵经书字不当改。古人采诗夜诵，正是《宵雅》肄三之意。夜间从容无事，讽诵吟咏，善端良心油然而生。初入学未知为学之方，其心茫然。初无所据，使夜间肄习三章之雅。非独旧说，所谓《鹿鸣》《四牡》《皇皇者华》也。但取《雅》之三章，讽诵吟咏，此心遂有所据，所谓官其始也。初入学，凡在学之众，鸣鼓升堂，衣冠济济，肃然在上。新入学者要得出示其所业，向来骄慢怠忽之意都消了，所谓孙其业也。未禘，先视学。遽以万乘之尊临之，学安得不迫切。所以未卜禘，不视学，使人从容优豫，以养其德。既卜禘，而视学，使之不敢自息也。古者教之善处，不在口耳之间，其动容感发之功深矣。故时观而弗语，所以存养其心也。古人为学，盈科而后进，幼者踰节而问，即是躐等。虽曰自求益，亦是犯分，便与为学相悖。七者皆是古者教人大概，后世此理皆亡。七端之教，所谓讲道，不过两事，如其他皆是存养工夫。古人为学十分之中，九分是动容周旋，洒扫应对，一分在诵说。今之学者，全在诵说，入耳出口，了无涵蓄工夫。所谓道听途说，德之弃也。
	（宋）戴 溪	《宵雅》肄三说者，谓始学习此劝之以官，则是王者以利禄诱人也。《语》曰："诵诗三百，授之以政，不达；使于四方，不能专对。虽多，亦奚以为?"古人之学，亦贵于有用尔。学者以学诗为先，所以兴起人心也。人而不孙，不可以为学。入学之初，挟其所有，以求胜于人，则业不进矣。故始入学者，鼓众发箧示其所短，以求教于人。非若后世掩匿所短，畏人之议己；亦非矜夸所长，求人之服己也。孙其业者，言所业不如人，使之知孙也。幼者未足以问，而骤躐等焉，则为不孙弟矣。然学者之问亦难，泛然而问，列事未尽而问，有所挟而问，非所当问而问，皆所不答也。七者之教于学者初，无论辩诵说之功，教以谦敬之道，正其威仪之失，优游其志，虑涵养其心术，而习孰其恭顺之意而已。

续表

版 本	注释者	注释内容
《礼记集说》卷八十八《学记》第十八（宋）卫湜	（宋）辅广	示敬道也，所以使之立为学之诚。官其始也，所以使之知教者之意。学者之诚立，教者之意明，然后可以教之矣。故孙其业，而使之有受道之质。然又虑其怠也，则又收其威，而使之有勉强之意。有受道之质，无怠惰之志，则学者可以进道矣。然又虑教者之亟而不俟，夫学者之自得也。故又五年一视学，使学者之志优游，而无迫急之患。时观而弗语，使学者之心常存，而有愤悱之诚。上无迫切之教，下有愤悱之诚，则不患乎人之不自得已。夫教者固不可亟矣，而学者亦不可以有亟心也，故又终之以学不躐等焉，此其伦序也。七者皆所以正士之志，士则未为官也，志则未见于事也。士而正其志，则官而能其事矣。
	（宋）朱熹	《小雅》肆三，案《乡饮酒》及《燕礼》，皆歌此三篇。笙入乐《南陔》《白华》《华黍》。间歌《鱼丽》，笙《由庚》；歌《南有嘉鱼》，笙《崇丘》；歌《南山有台》，笙《由仪》。《六笙诗》本无词，声亦不传，观示也。谓示以所学之端，绪语告也。
	（宋）马希孟	古之君子，其学也为道而已，岂为官而学哉。然而士之学者，未有不志于行道者也。杨子曰：学之为王者事，其已久矣。则是官其始者，所以为王者事也。凡视学，必于卜禘者，以禘为大祭之礼，所以择士也。若夫时观，则不必以禘祭为节矣。然或曰视，或曰观者，何也？视学，所以考其成德为行也。时观者，观其存于内者而已。成德为行著者也，谓之视焉，见于著者也；有于内隐者也，谓之观焉，见于隐者也。古者三年一祫，五年一禘，盖常礼。比年入学，中年考校，则其所谓中年者，岂皆合于禘祭之岁欤？盖中年而考校者，有司而已。卜禘而视学者，是天子诸侯之事。
	（宋）魏了翁	古者上自朝廷，下及四方之宾燕，凡以为讲道修政之乐，歌则《小雅》之三也。《鹿鸣》以示人善道乐嘉宾之心，《四牡》以勤劳王事养父母之志，《皇皇者华》以布宣主德为使臣之光。故大学之教，自皮弁祭菜以后，即肆此三雅。飨燕射乡，自旅酬奠觯以后，即升此三歌。呜呼！非文武之泽，浃于人也深，其能和平忠厚，使人油油翼翼，咏叹而不能已也如此！

续表

版 本	注释者	注释内容
《礼记集说》卷八十八《学记》第十八（宋）卫湜	（宋）应镛	禘者，春祭之名，见于《王制》《郊特牲》。比年之学，则自正岁始和之后，即已讲祭菜鼓箧之仪。而天子诸侯既毕禘事，乃始视入学考校。盖从容游泳其志，而使之一意于学也。必以五年大禘为说，则视学希阔而学者之志浸弛而荒矣。案《月令》每岁视学者，凡四岂必待五年之久乎，且大禘惟鲁有之。
《礼记集说》卷六《学记》第十八	（元）陈澔	始教，学者入学之初也。有司衣皮弁之服，祭先师以苹藻之菜，示之以尊教道艺也。当祭菜之时，使歌《小雅》中《鹿鸣》《四牡》《皇皇者华》之三篇而肄习之。此三诗皆君臣燕乐相劳苦之辞，盖以居官受任之美，诱谕其初志，故曰官其始也。朱子曰：圣人教人，合下便要他用，便要用贤以治不贤，举能以教不能，所以公卿大夫在下思，各举其职。入学时，大胥之官击鼓以召学士，学士至，则发箧以出其书籍等物，警之以鼓声，使之逊顺之心进其业也。《书》言惟学逊志。夏，榎也。楚，荆也。榎形圆，楚形方，以二物为扑，以警其怠忽者，使之收敛威仪也。禘，五年之大祭也。不五年不视学，所以优游学者之心志也。此又非仲春、仲秋视学之礼，使观而感于心，不言以尽其礼，欲其自得之也，故曰存其心。幼者未必能问，问亦未必要，故但听受师说，而无所请。亦长幼之等当如是，不可躐等也。刘氏曰：自皮弁祭菜至听而弗问，凡七事，皆大学为教之伦。大伦，犹言大节耳。官先事，士先志，窃意官是已仕者，士是未仕者，谓已仕而为学，则先职事之所急，未仕而为学，则未得见诸行事，故先其志之所尚也。子夏曰：仕而优则学，是已居官而为学也。王子垫问士何事，孟子曰：尚志。是未仕而学，则先尚志也。然大学之道，明德新民而已，先志者，所以明德，先事者，所以新民。七事上句皆教者之事，下句皆学者之志。

续表

版　本	注释者	注释内容
《礼记纂言》卷三十五《学记》	（元）吴　澄	澄曰：古者始入学，必释菜於先圣先师，故大学始初之教，有司先服皮弁服，行释菜礼。盖示学者，以敬先圣先师之道也。常服玄冠，今加服皮弁，芹藻之菜，简质而洁，皆示敬也。学者将以居官任事也，诵诗者必欲其达於政而能专对。《小雅》三诗皆言为君使之事使之肄习，盖教以官事於其始也。入学必先击鼓，而后发箧者，欲逊让其志而不忽遽也。扑，作教刑，所以收整其威仪也。禘者，时祭之名，非五年大禘之禘，盖周之春祭名祠。周之前春祭名禘，见《王制》《郊特牲》。或云禘，即祠字之误。视学，谓考试学者经业，或君亲往，或有司为之，非天子大视学之礼也。待时祭后乃视学，不欲急迫，使学者得以优游其志而学也。观，示也。语，告也。时复有以示之耳，弗与之语，使之存其心，以致思也。幼者但听长者讲说，不得辄问。盖教之之法，不可踰越等级也。官谓已仕者，士谓未仕者。已仕者先教之以居官之事，未仕者先教之为士之志。
《续礼记集说》	（明）郝　敬	学不躐等，郑改学为教恐非。
《陈氏礼记集说补正》卷二十二《学记》	（清）纳兰性德	皮弁祭菜，示敬道也。《集说》示之以尊敬道艺。窃案：古者始入学，必释菜於先圣先师。故有司皮弁行释菜礼，示学者以敬先圣先师之道也。《集说》云尊敬道艺，而不及先圣先师与释菜无涉矣。夏、楚二物，收其威也。《集说》以二物为扑，以警其怠忽者，使之收敛威仪。窃案：师道贵严威，夏楚不可废也。故《易》曰：发蒙，利用刑人以正法，若废法则无威，而学者怠玩之心生矣，则收其威者乃振收教者之威，非收敛学者之威仪，旧说恐误。未卜禘，不视学，游其志也。《集说》禘五年之大祭也，不五年不视学，所以优游学者之心志也，此又非仲春仲秋视学之礼。窃案：视学有二，中年考校而视离经辨志，视敬业乐群，视博习亲师，视论学取友者，有司之事也。仲春上丁，帅三公九卿诸侯大夫亲往视习，舞释菜者，天子之事也。有司隔年考校，而非天子每岁仲春鼓励之，则易至于怠废。然必卜春禘而后视学，所以优游学者之心志，而不欲急迫之也。吴氏云：禘者，时祭之名，非五年大禘之禘。盖周之春祭名祠，周之前春祭名禘，见

续表

版本	注释者	注释内容
《陈氏礼记集说补正》卷二十二《学记》	（清）纳兰性德	《王制》《郊特牲》。或云禘即祠字之误。视学，谓考校学者经业，或君亲往，或有司为之，非天子大视学之礼也。愚案：卜禘乃视学，正合《月令》仲春上丁，天子视学之文。吴氏以禘为时祭当矣。但春禘止见《郊特牲》《王制》。春曰礿，夏曰禘，无所谓春禘。又云或君亲往，或有司为之，又自反其说何也。《集说》所云仲秋视学考之，《月令》无其事。岂据《周礼》大胥，秋颁乐合声之语耶！
《礼记章句》卷十八《学记》	（清）王夫之	大学始教，皮弁祭菜，示敬道也。始教，谓始入学。士弁而祭於公。《周礼》春入学，舍菜，大胥典其祀，故服士之祭服。菜，蘋藻之属。舍菜之礼，俎豆具焉，而专言菜者，尚质也。《宵雅》肄三，官其始也。宵雅，小雅。肄，习也。小雅之三，《鹿鸣》《四牡》《皇皇者华》，入学之始先习之。盖此三诗为升歌之乐，而所咏者君臣事使之礼，所以劝进学者，期之以涖官事上之道也。入学鼓箧，孙其业也。鼓箧者，将发箧授经，先鸣鼓整齐其威仪，使相孙让也。夏楚二物，收其威也。夏，与槚同。《尔雅》云：槚，苦荼。盖今之茶茗，其枝条可为杖以扑人。楚，荆条也。收，敛束。威，威仪也。入学则使人执扑杖巡警，以约束学者之威仪。未卜禘不视学，游其志也。禘於烝尝而举必以秋冬。视学，考校之也。间年一考校而又不以春夏，使学者优游成其志业，然后视之，不迫之也。时观而弗语，存其心也。观者，师观省其勤怠也。弗亟语之，必使自得，则存诸心而不忘矣。幼者听而弗问，学不躐等也。学积则自通，遽於问答，将强知其所未及者而忽於近矣。此七者，教之大伦也。伦，理也。记曰：凡学，官先事，士先志。其此之谓乎！学而后入官，则躬试诸行事矣。入学之士尚志为先，七者之伦所以养其志也。

续表

版 本	注释者	注释内容
《续礼记集说》卷六十七《学记》（清）杭世骏	（清）万斯大	禘行於每岁午月，必卜禘后乃视学，使学者得以优游其志，而精其业也。视学何为？考校也，先儒信五年一禘之说，谓不当禘之年，亦待时祭之后。然则何必言卜禘乎？
	（清）姚际恒	禘，大禘，每岁一行，亦即时禘，详《王制》《郊特牲》。祭义谓春禘，《王制》谓夏禘说，各不同。此大概谓春禘也，必卜祭日乃视学者。大合乐将以祭也。陈用之以禘为丧毕之明年，盖泥卜字为说未然。方性夫以为五年，不知此非禘义，详《王制》。且五年一视学，毋乃太疏阔乎？学不躐等之学，如字，郑氏训为教，亦无谓。
	（清）陆奎勋	此亦臆为之说。孔疏：禘在于夏，天子诸侯视学之考校，必在禘祭之后。若不当禘祭之年，亦待时察后乃视学，其说不免骑墙。金华应氏曰：禘者，春祭之名，必以五年大禘为说，则视学希阔而学者之志浸弛而荒矣。据《王制》《郊特牲》，以禘为时祭，然与《记》者游志之言适相反矣。长乐陈氏曰：君丧毕之，明年然后卜禘。未卜禘则不视学，不以凶礼干吉礼也。陈氏于禘祭，胸有卓见，然与《记》者所云不合。汉儒皆主礼律，五年一禘之说，即其所记视学之礼。彼此异同，亦徒无定期也。
	（清）姜兆锡	始教，谓始入大学时也。祭，祭先师也。服，皮弁之服，而祭以苹藻之菜也。肄，习也，习《鹿鸣》《四牡》《皇皇者华》之三篇。尊示之，以尊敬道艺，则学者之诚立。因歌君臣相燕劳之诗，而以居官之义导之，则教者之义明，夫然后可以教也。鼓者，令大行之官击鼓，以召士也。箧者，士既至而发箧，以出其书也。夏楚，二木也，槚圆，楚方。鼓箧以逊顺其志业，犹《书》逊志，时敏之义。夏楚以收敛其威，犹《书》戒休，董威之意，夫然后可与进于道也。禘，五年之大祭也。视，犹省也，省视非朝夕之故。故其志优游而不迫，观感在言语之表，庶其心默识而自得，凡又所以熏陶而渐染之也。听，谓听受；问，谓问难。幼者未必能问，问亦未易知，此又其等不可躐，而因材而笃之也。大伦，犹言大节。官是已仕者，士是未仕者。已仕先其职，未仕先其志。王子垫问曰：士何事？孟子答：以尚志是也。

续表

版本	注释者	注释内容
《续礼记集说》卷六十七《学记》（清）杭世骏	（清）方苞	服以皮弁，示王公所以持国保民者惟道。故敬修焉，而非徒占毕之业，即学者他日以道事君之根源也。祭以芹藻，示先圣先师，所以维世立教者惟道。故敬承焉，而不以鼎烹为隆，即学者终世以道，检身之准则也。 又曰：语默动静，时时有以观示之，而不语以。所以然之，故俾学者存其心，以体道也。 又曰：古者四十而后仕，出学之后，从容蓄德者，近二十年，不宜有未学而仕者。而曰：官先事，何也？盖国子弟及公卿之子有世邑者，或将冠既冠而有封守，则有人民社稷之事。宫正宫伯所掌宿卫之士，庶子则有陛桓周庐之事。司士所作升於司马之士，诸子所作群子及国子之倅，会同宾客则有从王子之事，军旅则有守宫朝及旁境之事。其人虽未为命士而已，各有官守。平居无事，或仍来学於太学、虎门、庠序则就师讲问，必以其职事为先也。
《礼记集解》卷三十六《学记》第十八	（清）孙希旦	愚谓：始立学，必释菜于先圣先师，《文王世子》"始立学者，既兴器用币，然后释菜"是也。先圣先师，乃先世有道德者。皮弁祭菜，所以示学者尊敬道德，使知所以仰慕而兴起也。《诗》者，学者之所弦诵，始入学者，先习《小雅》《鹿鸣》之三篇。盖以此三篇皆君之所以燕乐其臣，而臣之所以服事于君者，故以入官之道示之于入学之始，所以扩充其志意，使知学之当为用于国家也。入学发箧，比击鼓以警告之，所以提撕警觉，使之逊心于学业之中，而不至于外驰也。夏、楚二物，即《虞书》所谓扑作教刑，所以收摄学者威仪，而不至于惰慢。《小胥》云巡舞列而挞其怠慢者是也。禘者，夏祭之名。言"卜禘"者，禘必先卜也。视学，谓考学者之业，即一年视离经辨志，以至于九年视知类通达也。入学在春，而考视则在夏祭之后，所以宽其期，以优游其志意，而使之不至于迫蹙也。凡人之于学，得之也易，则其守之不固，故时时观示，而不辄语以发之，所以使学者存其心，以求之于内，待其自有所得，而后告知也。年有长幼，则学有浅深，故其进而受教于师，使长者谘问，而幼者从旁听之，所以教之使循序而进，而不可踰越等级也。此七者，虽未及乎讲贯服习之事，然振兴鼓舞之方，整齐严肃之意，从容涵养之益，皆在是焉。是设教之大伦也。大伦，犹言大义也。官，已仕者。士，未仕者。官与士之所学，理虽同而分则异，故一以尽其事为先，一以尚其志为先。引此者，以证上文七者皆士先志之事也。

大学之教

[经文] 大学之教也，时教必有正业，退息必有居学。不学操缦，不能安弦；不学博依，不能安诗；不学杂服，不能安礼。不兴其艺，不能乐学。故君子之於学也，藏焉，修焉，息焉，游焉。夫然，故安其学而亲其师，乐其友而信其道，是以虽离师辅而不反也。《兑命》曰："敬孙务时敏，厥修乃来"，其此之谓乎！今之教者，呻其占毕，多其讯言，及于数进，而不顾其安，使人不由其诚，教人不尽其材，其施之也悖，其求之也佛。夫然，故隐其学而疾其师，苦其难而不知其益也。虽终其业，其去之必速。教之不刑，其此之由乎！

[分段注释]

（一）

大学之教也，时教必有正业，退息必有居学。

版 本	注释者	注释内容
《礼记注疏》卷三十六《学记》第十八	（汉）郑 玄	有居，有常居也。
	（唐）孔颖达	"大学"至"谓乎"正义曰：此一节论教学之道，必当优柔宽缓，不假急速，游息孙顺，其学乃成。大学之教也，时者言教学之道，当以时习之。教必有正业者正业，谓先王正典，非诸子百家，是教必用正典教之也。退息必有居者退息，谓学者疲倦而暂休息。有居，谓学者退息，必有常居之处，各与其友同居，得相谘决，不可杂滥也。
《礼记集说》卷八十八《学记》第十八（宋）卫湜	（宋）陈祥道	大学之教也时，所以顺天道。教必有正业，退息必有居，所以尽人道。盖安弦以夏，安《诗》以冬，安《礼》以秋，此所谓时也。教人弦《诗》《礼》学之正，而不以异端，此所谓正业也。退息必有居，教者之事；游焉息焉，学者之事。
	（宋）陆 佃	正业，言时教之所教也。若春诵夏弦，春秋教以《礼》《乐》，冬夏教以《诗》《书》是也。居学，言退息之所学也。若不学操缦，不能安弦；不学博依，不能安《诗》是也。

续表

版本	注释者	注释内容
《礼记集说》卷八十八《学记》第十八（宋）卫湜	（宋）朱熹	今案上句郑注孔疏读"时"字、"居"字句绝，而"学"字自为一句，恐非文意。当以"也"字、"学"字为句绝。时教，如春夏《礼》《乐》，秋冬《诗》《书》之类。居学，谓居其所学。如《易》之言居业，盖常习所习，如下文操缦博依兴艺，藏脩息游之类。所以学者能安其学，而信其道。讲义曰：时教，谓时时教之也道。欲其熟习，故学者贵于时习，而教者亦贵于时教。正业如扬雄曰：君子正而不他。正与他之间，不可不谨其所向。故教者必以先王之正道。退息必有居，非谓有所居止而已也，必有常居焉。所居有常，乃教者所以教，学者所以学。古之人坐则如尸，立则如齐，几杖有铭，盘盂有戒，无非学也，岂以退息而故置之哉。
	（宋）周谞	退息必有居，故身安而心广。
《续礼记集说》卷六十七《学记》（清）杭世骏	（宋）王应麟	朱子曰：古者唯习《诗》《书》《礼》《乐》。如《易》则掌於太卜，《春秋》则掌於史官，学兼通之，不是正业。子思曰：夫子之教，必始於《诗》《书》，而终於《礼》《乐》。杂说，不与焉。
《礼记集说》卷六《学记》第十八	（元）陈澔	旧说，大学之教也时，句绝。退息必有居，句绝。今读时字连下句，学字连上句，谓四时之教，各有正业，如春、秋教以《礼》《乐》，冬、夏教以《诗》《书》，春诵夏弦之类是也。退而燕息，必有燕居之学，如退而省其私，亦足以发是也。弦也，《诗》也，《礼》也，此时教之正业也。操缦、博依、杂服，此退息之居学也。凡为学之道，贵于能安，安则心与理融而成熟矣。然未至于安，则在乎为之不厌，而不可有作辍也。
《礼记纂言》卷三十五《学记》	（元）吴澄	时教，谓春夏秋冬四时之教。业，谓所学之事。正业，谓春学《乐》，夏学《诗》，秋学《礼》，冬读《书》，各当其时，正所当学之事也。退，谓进受正业，既毕而退也。息，谓燕间之时。居学，谓私居所学之事也，非正受业于学官者，如下文，操缦博依之类是也。
《礼记章句》卷十八《学记》	（清）王夫之	时者，有序而不息之谓。居，恒守也。教之必有正业，不因其易晓而躐等以授学者。退息必有恒守，持之勿失，不自谓已喻而置之也。

续表

版本	注释者	注释内容
《续礼记集说》卷六十七《学记》（清）杭世骏	（清）阎若璩	《孔子世家》孔子以《诗》《书》《礼》《乐》教弟子，盖三千焉，此遵乐正之常法。至及门高弟，方授以《易》《春秋》，故曰身通六艺者，七十有二人。
	（清）陆奎勋	家农师首正其句读，而论定於朱子，人谓研经当一遵汉儒，如于"时"字"居"字绝句，有何文义可通。
《礼记集解》卷三十六《学记》第十八	（清）孙希旦	旧读"时"字"居"字句绝，"学"字自为一句，陆氏、朱子读"时教必有正业"为句，"退息必有居学"为句，今从之。朱子曰：时教，如春夏《礼》《乐》，秋冬《诗》《书》之类。居学，谓居其所学，如《易》之言居业，盖常时（习）所习，如下文操缦博依兴艺，藏脩息游之类，所以学者能安其学而信其道。 愚谓：居学，谓私居之所学也。

[分段注释]

（二）

不学操缦，不能安弦；不学博依，不能安诗；不学杂服，不能安礼。不兴其艺，不能乐学。故君子之於学也，藏焉，修焉，息焉，遊焉。夫然，故安其学而亲其师，乐其友而信其道，是以虽离师辅而不反也。《兑命》曰："敬孙务时敏，厥修乃来"，其此之谓乎！

版本	注释者	注释内容
《礼记注疏》卷三十六《学记》第十八	（汉）郑玄	不学操缦，不能安弦操缦，杂弄。不学博依，不能安诗博依，广譬喻也。依或为衣。不学杂服，不能安礼杂服，冕服、皮弁之属。杂或为雅。不兴其艺，不能乐学兴之言喜也，歆也。艺，谓礼、乐、射、御、书、数。故君子之於学也，藏焉，修焉，息焉，遊焉藏，谓怀抱之。修，习也。息，谓作劳休止之为息。遊，谓间暇无事谓之为遊。夫然，故安其学而亲其师，乐其友而信其道。是以虽离师辅而不反。《兑命》曰："敬孙务时敏，厥修乃来"，其此之谓乎！敬孙，敬道孙业也。敏，疾也。厥，其也。学者务及时而疾，其所修之业乃来。

续表

版本	注释者	注释内容
《礼记注疏》卷三十六《学记》第十八	（唐）孔颖达	"大学"至"谓乎"正义曰：此一节论教学之道，必当优柔宽缓，不假急速，游息孙顺，其学乃成。学不学操缦，不能安弦者此以下并正业积渐之事也。此教乐也。乐主和，故在前，然后须以积渐，故操缦为前也。操缦者，杂弄也。弦，琴瑟之属。学之须渐，言人将学琴瑟，若不先学调弦杂弄，则手指不便；手指不便，则不能安正其弦。先学杂弄，然后音曲乃成也。不学博依，不能安诗者此教诗法也。诗是乐歌，故次乐也。博，广也。依，谓依倚也，谓依倚譬喻也。若欲学诗，先依倚广博譬喻。若不学广博譬喻，则不能安善其诗，以诗譬喻故也。不学杂服，不能安礼者此教礼法也。前诗后礼，亦其次也。杂服至皮弁至朝服，玄端服属之类。礼谓礼之经也。《礼经》正体在於服章，以表贵贱。今若欲学礼，而不能明杂衣服，则心不能安善於礼也。不兴其艺，不能乐学者此总结上三事，并先从小起义也。兴，谓歆喜也，故《尔雅》云：歆，喜，兴也。艺，谓操缦、博依、六艺之等。若欲学《诗》《书》正典，意不歆喜其杂艺，则不能耽玩乐於所学之正道。故君子之於学也，藏焉，修焉，息焉，游焉者故，谓因上起下之辞。学虽积渐，故君子之人为学之法，恒使业不离身。藏，谓心常怀抱学业也。修，谓修习不能废也。息，谓作事倦息之时，而亦在学也。游，谓间暇无事游行之时，亦在於学，言君子於学无时暂替也。夫然，故安其学而亲其师者此明亲师爱友也。然，如此也。若能藏、脩、息、游，无时暂替，能如此者，乃能安其所学业。言安学业既深，必知此是深由本师，故至於亲爱师也。乐其友者师既获亲，而同志之友亦被于乐重。然前三年乐群，五年亲师，亲师在乐群之后，而此前亲后乐友者，群即友也，为义然也。前明始学，故乐友在前。此明学业已成，故亲师为首矣。而信其道者其道，己道也。既亲其师乐友，己道深明，心自说信，不复虚妄。一云：信师友之道，前安学，故乃亲师乐友，后乃信道也。是以虽离师辅而不反也者辅，即友也，友主切磋，是辅己之道深远也。离犹违也。己道深明，不复虚妄，心自信之。若假令违离师友，独在一处而讲说，不违反於师友昔日之意旨，此则强立不反也。《兑命》曰者引《尚书》合结之。敬孙务时敏者此句结积习也。当能敬重其道，孙顺学业，而务习其时，疾速行之，故云"敬孙务时敏"。敏，犹疾速也。厥脩乃来者此句结亲师敬道也。厥，其也。若敬孙以时，疾行不废，则其所脩之业乃来。谓所学得成也，所以尊师乐友。其此之谓乎者《兑命》所云，其此经之谓乎。

续表

版 本	注释者	注释内容
《礼记集说》卷八十八《学记》第十八	（宋）张载	古之教人，先使有以乐之者，如操缦博依。如此则心乐，乐则道义生。今无此以致乐，专义理自得以为乐。然学者太苦，思不从容，第恐进锐退速，苦其难，而不知其益，莫能安乐也。服，事也，杂服洒扫应对，投壶沃盥细碎之事。兴艺乐学，兴，起也；艺，礼乐之文，如琴瑟笙磬。古人皆能之，以中制节。射御亦合於礼乐之文，如不失其驰，舍矢如破，驺虞和鸾动，必相应也。书数其用虽小，但施於简策，然莫不出于学。故人有倦时，又用此以遊其志，所以使乐学也。藏，退也。脩则思以得之，日知其所不知也。息，休止也。遊，遊玩也。接物倦则存心讲习，以不忘其故，此即温故而知新也，大要未尝须臾忘也。敬孙务时敏，孙其志于仁，则得仁；孙其志于义，则得义，唯其敏而已。
	（宋）卫湜 (宋)陈祥道	不学操缦，不能安弦，以至不学杂服，不能安礼，学者之於业也。不兴其艺，不能乐学，教者之於人也。缦之为乐，钟师之所职，磬师教而奏之。所谓操缦，则燕乐而已，此固音之所存，而易学者也。凡物，杂为文，色杂为采。古者冠而后服备，未冠则冠衣不纯素，所服采衣之杂服而已，此固礼之所存，而易学者也。安弦而后安诗，乐学诵诗之意也。安诗而后安礼，兴诗立礼之意也。夔教胄子，必始于乐。孔子语学之序，则成於乐。《内则》就外傅，必始於书计。孔子述志道之序，则终於游艺，岂非乐与艺固学之终始欤。君子之於学也，将以致道没身不息而已。故藏焉，以蕴其所已知，月无忘其所能是也。脩焉，以习其所未知，日知其所亡是也。息焉，则所次必於是，若倪宽带经而锄，休息辄诵是也。遊焉，则所造必於是，若孔子出遊於观之上，有志於三代之英是也。君子之於学如此，故能安其学而亲其师，乐其友而信其道矣。今夫美吾身者，学也；成吾性者，道也；模范我者，师也；切磋我者，友也。学待师而后正，性不安学，则疾其师而不亲矣。道待友而后明，情不乐友，则疑其道而不信矣。安学而亲师，则外有正以行；乐友而信道，则中有主以正。若然则虽离师辅，亦确乎强立而不反也。

续表

版本	注释者	注释内容
《礼记集说》卷八十八《学记》第十八（宋）卫湜	（宋）方悫	操之而急，纵之而缓者，操缦之谓也。弦之理亦若是而已。依则依物之理以为言焉，多识於鸟兽草木之名，则博依之谓也。诗之理亦若是而已。服虽杂而繁，亦君子之所不惮焉，以服亦无非理也。艺虽成而下，亦君子之所不废焉，以艺亦无非学也。藏焉，脩焉，所以存其心。息焉，遊焉，所以遊其志。藏则藏於其心，脩则脩於其身。务学不求师，则道孰为之传。独学而无友，则道孰为之辅。是故，虽安其学必亲其师，必乐其友。既乐其友，然后能信其道，其始也。亲师取友，以至於此，其终也。虽离师辅，亦若是而已。孔子曰：以友辅仁。
	（宋）陆佃	操缦，非弦之正事；博依，非诗之正事。依读如字，《书》曰：声依永。
	（宋）朱熹	理会得杂服，则于礼亦思过半矣。且如冕服，是天子祭服。皮弁，是天子朝服。诸侯助祭于天子，则服冕服；自祭于其庙，则服玄冕。大夫助祭于诸侯，则服玄冕；自祭于其庙，则服皮弁。又如天子常朝，则服皮弁；朔旦，则服玄冕。诸侯常服，则服玄端；朔旦，则服皮弁。大夫私朝，亦服玄端；夕，深衣。士，则玄端以祭；上士，玄裳；中士，黄裳；下士，杂裳；庶人，深衣，此所谓杂服也。
	（宋）辅广	博依如陆氏之说，学《诗》然后能多识鸟兽草木之名，谓广譬喻，亦非也。古人因诗而歌，使协声律。而歌有高下清浊，合于宫商则为声。声协律吕，则为律。盖古之学诗者，先学歌诗，使其歌依於声律，故云博依。博谓有其声者，清浊高下不一也。先能歌，然后能安之，而求其义。服，事也。杂服，谓凡礼之事，如三千三百之仪是也。不学操缦，以下皆言艺也。艺谓礼乐射御书数。上言礼乐矣，故下言艺，以总射御书数也。诗亦乐也，故因乐言之。不兴其艺，不能乐学，故学者先教以六艺也。藏犹《诗》所云：中心藏之。脩，谓以身脩之也。藏之，则不须臾而忘；脩之，则不顷刻而废。息亦在於斯，遊亦在於斯。犹言造次必於是，颠沛必於是也。夫然，故能自小成而进於大成，安其学而亲其师，乐其友而信其道，小成也。虽离师辅而不反，大成也。乐，谓心有所爱

第二章 返本归源：注疏、义理及考据 197

续表

版本	注释者	注释内容
《礼记集说》卷八十八《学记》第十八（宋）卫湜	（宋）辅广	羡之意。若子贡所谓赐也，何敢望回。安其学，故亲其师；乐其友，故信其道。如七十子之服孔子。所谓安其学而亲其师，曾子曰：昔者吾友尝从事于斯矣。所谓乐其友而信其道，变友言辅欲见，不假友之辅助而不反也。敬孙务时敏，谓时教必有正业，退息必有居学以下。厥脩乃来，谓安其学而亲其师，乐其友而信其道以下。
	（宋）周谞	藏者，言其学之既得者也。脩者，言其学之未得者也。息对遊，则息为暂，遊为久。言安学而亲师，则知信道而乐友。言乐友而信道，则知亲师而安学。有所藏，有所脩，有所息，有所遊，则其所入者深，故虽离师辅亦不反也。辅也者，盖友有佑助之意。
	（宋）胡铨	学者，君子之所以藏身，犹鱼之藏於水，不可离也。脩犹竹之脩，日加益而不知也。息谓居之安也，遊若遊心於淡之遊。
	（宋）应镛	深考自大学之教至此章，则自比年入学至九年大成，其所学大略可见。盖时教之正业，即所习者经也。至于亲其师乐其友，乃所谓乐群亲师也。至于知类通达，则虽离师辅，而强立不反矣。
《礼记集说》卷六《学记》第十八	（元）陈澔	操缦、博依、杂服，此退息之居学也。凡为学之道，贵于能安，安则心与理融而成熟矣。然未至于安，则在乎为之不厌，而不可有作辍也。操缦，操弄琴瑟之弦也。初学者手与弦未相得，故虽退息时，亦必操弄之不废，乃能习熟而安于弦也。诗人比兴之辞，多依托于物理。而物理至博也，故学《诗》者，但讲之于学校，而不能于退息之际，广求物理之依附者，则无以验其实，而于《诗》之辞，必有疑殆而不安者矣。杂服，冕弁衣裳之类。先王制作，礼各有服，极为繁杂。学者但讲之于学，而不于退息时，游观行礼者之杂服，则无以尽识其制，而于礼之文，必有仿佛而不能安者矣。兴者，意之兴起而不能自己者。艺，即三者之学是也。言退息时，若不兴此三者之艺，则谓之不能好学矣。故君子之于学也，藏焉脩焉之时，必有正业，则所习者专而志不分；息焉遊焉之际，必有居学，则所养者纯而艺愈熟。故其学易成也。朱子曰：古人服各有等降，若理会得杂服，则于礼思过半矣。

续表

版　本	注释者	注释内容
《礼记纂言》卷三十五《学记》	（元）吴　澄	缦亦丝乐之属，盖燕乐也。《周官》钟师磬师，皆掌缦乐。郑氏以操缦为杂弄，安者便习而无所勉强也。弦，琴瑟之属，春时学乐，八音皆学弦者。举八音之一，而言博广也。依，谓歌者必依五声之清浊，而高下其音节，所谓声依永也。诗乐歌之辞，夏时所学也。杂者，诸多不一之名。服，如服劳之服，杂服谓在身所行非一端，如《曲礼》三千之威仪皆是。礼者，经礼三百之节文，秋时所学也。兴，如《诗》六义之兴，引导于前而兴起之也。艺犹技也，即操缦博依杂服等艺，以退息之居学而言也。乐，谓心好之，而耽玩不厌学，即春所学之弦，夏所学之诗，秋所学之礼。此谓既受正业，而退息之时，又有居学之事。学操缦，则习于调弦；学博依，则孰于声歌；学杂服，则孰于威仪。而于弦、于诗、于礼，自然便习而不待勉强矣。盖不兴起于居学之艺，则生疎涩滞，不能耽好正业之学也。藏，谓入学受业时，藏其身于所学之官，若东序、若瞽宗、若上庠等处也。脩，谓治其正业。息，谓退息私居时。游者，玩物适情之谓，学操缦等艺是也。安其学即上文，安弦、安诗、安礼之安。于藏之时脩其业，于息之时游其学，则己之独学独得者，便习无强而安，又且益亲其所从之师。人之同学同得者，欢欣交畅而乐，又且益信其所闻之道。安其学，于亲其师之先；信其道，于乐其友之后。则虽已离去师友，而所守坚固，不复变移也。敬逊，谓宅心惟一，序以进而不伤于迫急。务时敏，谓专力不二。勤勉以求，而不失于怠缓，如此则其所脩，日有新益方来而未已也。
《陈氏礼记集说补正》卷二十二《学记》	（清）纳兰性德	不兴其艺，不能乐学，故君子之於学也。藏焉，修焉，息焉，游焉。《集说》艺，即三者之学是也。言退息时若不兴此三者之艺，则谓之不能好学矣。故君子之於学也，藏焉修焉之时，必有正业，则所习者专而志不分；息焉游焉之际，必有居学，则所养者纯而艺愈熟，故其学易成也。 窃案：《注疏》兴，谓歆喜也。艺，谓操缦博依六艺之等。若欲学诗书正业，意不歆喜其杂艺，则不能耽玩乐於所学之正道。黄叔阳亦曰：操缦博依杂服者艺也，退息之所宜兴者也。弦与诗礼者学也，时教之所宜安者也。惟其退息不兴于艺，斯于时教不能乐而相安。此可见退息居学，有关于时教正业之成否。如此，君子岂容以一息闲乎？是以君子藏身於大学之时，则修治其正业，如弦与诗礼之类，固随时勤厉而不息。退息於燕居之际，则游玩以适情，如操缦博依杂服之类，又随在致力而不惰。今《集说》谓不兴此三者之艺，则谓之不能好学，又藏修息游四字略不分析，舛矣。《注疏》以艺为六艺，藏谓心常怀抱学业，游谓闲暇无事游行，亦非。

续表

版　本	注释者	注释内容
《礼记章句》卷十八《学记》	（清）王夫之	学，言凡学之道也。操，琴瑟曲名。缦，引也，今曲中有慢者，即其义。弦，琴瑟也。操缦皆有词谱，必习记之，而后临叩弦时以意调之，皆敏合也。安者，习於其事而不劳也。依，犹譬也，谓依依以显此也。博依，谓博通於鸟兽、草木、天时、人事之情状也。杂服者，衣冠、器物、进退、登降之数也。兴，尚也。操缦、博依、杂服，皆艺也。诗、礼、乐之精微，非乐学者不能安意而曲体之，然形而上之道，即在形而下之器中，唯兴於艺以尽其条理，则即此名象数之中，义味无穷，自能不已於学而道益显矣。故教之有业，退之有居，必循其序而勉之不息，所谓时也。故君子之於学也，藏焉修焉，息焉游焉。藏，存於心也。修，习於行也。或息或游，而所藏所修者无有忘焉，所谓安也。详说所以反约，为之有恒而不息，则道在己矣。夫然，故安其学而亲其师，乐其友而信其道，是以虽离师辅而不反也。信，诚见而笃守之也。离，远也。辅，友也。反，退也。兑命曰：敬孙务时敏，厥修乃来。其此之谓乎！敬孙，《书》作逊志。孙，有序也。时敏，无时不敏，言不息也。来，集也。
	（清）姚际恒	博依，依字，即《书》声依永之义。杂服，服字，服习之义，谓三百三千杂字所当服习者。
	（清）陆奎勋	郑注冕服皮介之属，不如横渠说服事也，杂服洒扫应对投壶沃盥细碎之事。
《续礼记集说》卷六十七《学记》（清）杭世骏	（清）姜兆锡	旧说大学之教也时，句绝。退息必有居，句绝。陈注定"时"字连下句，谓四时之教，率各有正义。如春秋教以《礼》《乐》，冬夏教以《诗》《书》，是也。学字连上句，谓一时之退息，必有居学。如退而省其私，亦足以发是也。操，弄也。缦亦弦也。博依，谓诗人比兴之词，托于物理而至博。杂服，谓礼文冕弁衣裳之类，繁而且杂也。弦诗礼者，时教之正业，是皆学也。操缦博依杂服者，退息之居学，是乃艺也。学既至则心与理融而安，其有未安，则在兴於此，而为之不厌而已。学操缦则调心手，而安于礼。三者凡皆先兴以学之，而后乐以安之也。故君子于学，藏焉，修焉之谓正业，专习而志不分。息焉，游焉之谓居学，养纯而义愈熟。程子谓：教人未必见意趣，必不乐学，亦此意也。惟如此，故学既安，而

续表

版本	注释者	注释内容
《续礼记集说》卷六十七《学记》（清）杭世骏	（清）姜兆锡	亲师乐友以笃信乎道，彼师友虽离，而道岂有畔哉。敬孙，《书》作逊志，言学须敬逊志。无时而不敏，然后进修之益，如水源源而来也，故引以明之。又曰：朱子曰：古人服各有等降，若理会得杂服，则於礼思过半矣。
	（清）方苞	藏，入学时也。入学之时，则修其正业；退息之时，则游于艺。
《礼记集解》卷三十六《学记》第十八	（清）孙希旦	愚谓居学，谓私居之所学也。依，当如张子读为"声依永"之依。博依，谓杂曲可歌咏者也。杂服，谓私燕之所服，若深衣之属也。操缦，非乐之正也，然不学乎此，则於手指不便习，而不能以安於琴瑟之弦矣。博依，非诗之正也，然不学乎此，则於节奏不娴熟，而不能以安於诗矣。杂服，非礼之重也，然不学乎此，则於仪文不素习，而不能以安於礼矣。乐学，谓乐正学也。弦也，诗也，礼也，皆正学而时教之所学也。操缦也，博依也，杂服也，所谓艺也，皆退息之所学也。正业於人至切，而居学若在可缓，然二者之为，理相通而事相资，有不可以偏废者，故不游之於杂艺以发其欢欣之趣，则不能安於正业而生其玩乐之心也。藏，谓入学受业也。脩，脩正业也。息，退而私居也。游，谓游心於居学也。藏焉必有所脩，息焉必有所游，无在而非义理之养。其求之也博，其入之也深；理浃於心，而又左右逢原之乐；身习於事，而无艰难烦苦之迹。是故内则信乎己之所得，外则乐乎师友之相成，至於学之大成而强立不返也。敬逊，《书》作"逊志"。孙则其心虚而有近裹切己之功。时敏则其业勤而有日新不已之益，故其所脩之道来而不已也。

[分段注释]

（三）

今之教者，呻其占毕，多其讯言，及于数进，而不顾其安，使人不由其诚，教人不尽其材，其施之也悖，其求之也佛。夫然，故隐其学而疾其师，苦其难而不知其益也。虽终其业，其去之必速，教之不刑，其此之由乎！

版本	注释者	注释内容
《礼记注疏》卷三十六《学记》第十八	（汉）郑玄	今之教者，呻其占毕，多其讯呻，吟也。占，视也。简，谓之毕。讯，犹问也。言今之师自不晓经之义，但吟诵其所视简之文，多其难问也。呻，或为慕。讯，或为訾。呻音申，一音亲，吟也。言及于数其发言出说，不首其义，动云"有所法象"而已。进而不顾其安务其所诵多，不惟其未晓。使人不由其诚由，用也。使学者诵之而为之说，不用其诚。教人不尽其材者材，道也，谓师有所隐也。《易》曰"兼三材而两之"，谓天地人之道。其施之也悖，其求之也佛教者言非，则学者失问。夫然，故隐其学而疾其师，苦其难而不知其益也隐，不称扬也。不知其益，若无益然。虽终其业，其去之必速。速，疾也。学不心解，则亡之易。教之不刑，其此之由乎！刑，犹成也。
	（唐）孔颖达	"今之"至"由乎"正义曰：此一节论教者违法，学者所以不成，是今师之失，故云今之教者。呻其占毕者此明师恶也。呻，吟也。占，视也。毕，简也。故《释器》云：简谓之毕。言今之师，不晓经义，但诈吟长咏，以视篇简而已。多其讯者讯，问难也。既自不晓义理，而外不肯默然。故假作问难，诈了多疑，言若己有解之然也。言及于数者数，谓法象。既不解义理，若有所言，而辄诈称有法象也。进而不顾其安者务欲前进诵习，使多而不曾反顾其义理之安，不谓义理危僻而不自知也。使人不由其诚者人，谓学者也。由，用也。诚，忠诚。使学者诵文而已，为之说义，心皆不晓而猛浪，是不用己之忠诚也。教人不尽其材者材，道也。谓己既不晓其义，而纵有所悟者，又不能多，恒恐人胜之。故凡有所知，又为所隐，惜不尽其道也。其施之也悖者谓教者有上五者之短，故施教於人违背其理也。其求之也佛者佛，戾也，教者佛戾也。教者既背违其理，其学者求之则又违戾。受学者心既不解，求问於师，师又不晓，违戾义意也。夫然，故隐其学而疾其师者由教既悖，而受者又违，故受学者弟子不荷师教之德，乃隐没其师之学，而憎疾其师也。苦其难而不知其益也者师说既不晓了，故弟子受之，苦其难。既难不解，故不自知其有益。虽终其业，其去之必速者学者勉力自强，虽得终竟其业，为心不晓解，其亡去之必速疾矣。教之不刑，其此之由乎者刑，犹成也。言师教弟子不成，由此在上诸事，故

续表

版 本	注释者	注释内容
《礼记注疏》卷三十六《学记》第十八	（唐）孔颖达	云其此之由乎。其此之由在上，谓此经文也。以例推之，前文云其此之谓乎，则是他书所云其此经之谓乎。 ·注"其发"至"而已"。正义曰："其发言出说，不有其义"者，首，犹本也。教者为弟子发言出说，不本其义理，谓不解此义之言也。云"动云有所法象而已"者，既不解义理，举动所云则言此义有所法象，犹若一则称配大一、二则称配二仪，但本义不然，浪为配当。 ·注"务其"至"未晓"。正义曰："务其所诵多"者，谓师务欲得所诵使多，释经进也。云不惟其未晓者，惟，思也，不思其诵得未晓解者，释经不顾其安也。 ·注"使学"至"其诚"。正义曰："使学者"解经"使人"也，而"为之说"解经"不用其诚"也。言师为学者而说，不用其忠诚实之心，以心不解，诳惑学者。 ·注"材道"至"之道"。正义曰：郑恐"材"是材艺，故以"材"为道。道，谓道理。言教人道理。引"《易》曰"者，《易·说卦》文也。但伏羲《书》上法天，下法地，中法人，谓之三材。《说卦》云：立天之道，曰阴与阳；立地之道，曰柔与刚；立人之道，曰仁与义，三材各有其两，故云"兼三材而两之"，而有六爻也。郑引之，证材为道也。 ·注"教者"至"失问"。正义曰：教者言非，是其施之也悖；学者失问，是其求之也佛。
《礼记集说》卷八十八《学记》第十八（宋）卫湜	（宋）方悫	以言问之，之谓讯。道之本寓诸理，其末见乎数。言及于数，非所谓教之大伦矣。进而不顾其安，非所谓安其学矣。使人不由其诚，非所谓信其道矣。教人不尽其材，非所谓强而弗抑矣。施之也悖，非所谓不陵节矣。求之也佛，非所谓孙其业矣。隐其学而疾其师，非所谓师逸而功倍，又从而庸之矣。隐，以言其学之不明也。苦其难而不知其益，非所谓和易以思矣。去之必速，非所谓强立而不反矣。
	（宋）朱熹	数，谓形名度数。言及于数，欲以是穷学者之未知，非求其本也。《注疏》法象之说，恐非。若小学之教，盖将使之循习乎洒扫应对之节，与今之教言及于数者其意不同。隐其学，谓以其学为幽隐而难知，如曰二三子以我为隐之意。

第二章 返本归源：注疏、义理及考据　　203

续表

版　本	注释者	注释内容
《礼记集说》卷八十八《学记》第十八（宋）卫湜	（宋）周谞	孔子曰："求也退，故进之。由也兼人，故退之。"盖进之必顾其所安，而使之进也。使漆雕开仕，曰："吾斯之未能信"。孔子说盖使之必由其诚，而不强其中心之所不欲也。於门人问仁问孝之类，其答皆不同，盖教之必尽其材，故所答虽有难易，而未尝不随其材之大小也。后之教人者反此，故曰其施之也悖，其求之也佛。而其教之者卒不见其诚，故曰隐其学而疾其师，苦其难而不知其益，虽终其业而去之必速。
	（宋）辅广	言及于数，所谓记问之师也。呻其占毕，所以形容其貌。多其讯，谓无统类，强聒而泛语之。讯，犹《墓门诗》所谓"歌以讯之"之讯。毛氏曰："讯，告也。"言及于数，则愈下矣。此上言在己之失，此下言教人之失。盈科而后进可也。如是，然后居之安而资之深。若不顾其安否，而强摆以进，此学者所以隐其学，而苦其难也。强摆以进，是使人不由其诚。未及安于此而又进之，是教人不尽其材。此二句所以终上句之义也。材者，可为之资。施与求皆为师之事。施，谓施己之教。求，谓求学者之益。隐，不安之意。《柏舟》之《诗注》云："隐，痛也，痛则不安矣。"安其学故亲其师，则隐其学而疾其师宜矣。所谓虽得之，必失之也。强聒而教之，强摆而进之，则有终其业者矣，然其忘也可立而待也。刑，犹仪刑之刑。教之不刑，犹言教不足为人之仪刑也。
	（宋）张载	人未安之又进之，未喻之又告之，徒使人生此节目。不尽其材，不顾其安，不由其诚，皆是施之妄也。教人至难，必尽人之材，乃不误人。观可及处，然后告之。圣人之明直若庖丁之解牛，皆知其隙，刃投余地，无全牛矣。故使人必由其诚，教人必尽其材。人之材足以有为，但以其不由于诚，则不尽其材。若勉率而为之，则岂有由其诚者哉。
《礼记集说》卷六《学记》第十八	（元）陈澔	呻，吟讽之声也。占，视也。毕，简也。讯，问也。言言今之教人者，但吟讽其所占视之简牍，不能通其缊奥，乃多发问辞，以讯问学者，而所言又不止一端，故云言及于数也。不顾其安，不恤学者之安否也。不由其诚，不肯实用其力也。不尽其材，不能尽其材之长也。夫多其讯而言及于数，则与时教必有正业者异矣。使人不由其诚，教人不尽其材，则与退息必有居学者异矣。惟其如此，是以师之所施者，常至于悖逆；学者之所求，每见其拂戾也。隐其学，不以所学自表见也。终业而又速去之，以其用工间断，卤莽灭裂而不安不乐故也。刑，成也。朱子曰："横渠作简与人，言其子日来诵书不熟且教他熟诵，以尽其诚与材。他解此两句，只作一意解，言人之材足以有为，但以不由于诚，则不尽其材。"

续表

版　本	注释者	注释内容
《礼记纂言》卷三十五《学记》	（元）吴　澄	呻，吟也。占，视也。简，谓之毕。讯，告也。及于，犹曰至于也。数进，谓数数进之。诚，实也。才，谓所能。施，施教也。求，犹责也。隐，谓暗而不明也。悖逆，皆谓反逆而不顺。言今之师诵其所视之简，多其所告之辞，学者未可以进而又进之，不顾其所学已安与否也。实知此一理，而后使之别穷一理，是谓由其诚。能行此一事，而后教之别为一事，是谓尽其材。否则是使之不由其实，教之不尽其能也。不观其已知已能，而进之以未知未能，是其施教于人者，先后失宜，故曰悖。不俟其自知自能，而强之以必知必能，是其求责于人者，浅深莫辨，故曰佛。如是，则莫能明其所受于师之学，不愿亲其师而反疾其师矣。已知已行者未能安则苦其难，进之以其所未可，虽欲益之而彼不能知其益也。纵使强益，俾终受其业，然所知非久，必又昏忘；所行非久，必又遗失，故曰其去之必速。郑氏曰：刑，犹成也，谓教人不成者由此。辅氏曰：刑犹仪刑之刑，其教不足为人之仪刑也。
《陈氏礼记集说补正》卷二十二《学记》	（清）纳兰性德	今之教者，呻其佔毕，多其讯言。及於数进，而不顾其安。《集说》教人者，但吟讽其所佔视之简牍，不能通其蕴奥，乃多发问辞，以讯问学者，而所言又不止一端，故云言及於数，不顾其安，不恤学者之安否也。 窃案：《集说》以多其讯为句，言及於数为句。吴氏以多其讯言为句，及於数进而不顾其安为句。及於，犹言至于。数进，谓数数进之。言今之师，诵其所视之简，多其所告之词，学者未可以进而又进之，不顾其所学已安否也。黄东发《日抄》，又以数为度数之数，云言及度数之末而不於其本。 使人不由其诚，《集说》不由其诚，不肯实用其力也。 窃案：使人不由其诚，以教者言，如《集说》不肯实用其力之云。则反以学者言矣，吴氏云：实知此一理，而后使之别穷一理，是谓由其诚，否则是使之不由其实也。其说为允。 教之不刑。《集说》：刑，成也。 窃案：此本，郑注辅氏云，刑，犹仪刑之刑，其教不足为人之仪刑，亦通。

续表

版本	注释者	注释内容
《礼记章句》卷十八《学记》	（清）王夫之	呻，吟也。佔，视。毕，简。且吟且视，给於口授，心无所得也。讯言，问难之言也。及，犹急也。数进，屡告之不待其习熟也。使，亦教也。诚，信能之也。尽，与盡通，量也。施，授也。求，课也。佛，戾也。隐，含痛意，谓以学为患也。去，忘也。刑，成也。
《续礼记集说》卷六十七《学记》（清）杭世骏	（清）姚际恒	数进，犹数数进。刑，如《诗》百辟其刑之刑。
	（清）陆奎勋	佛之一字，《周颂》佛字仔肩，而外于此。再见然，皆拂字之讹。
	（清）朱轼	文正公数读入声，言字断句最当。
	（清）姜兆锡	呻，吟也。佔，视。毕，简。訊，问也。谓覘视之简牍，讯问之言词也。及，至也。言今之教者，无心得之实务，口授之形，至于数进，而安否莫之恤，则与时教必有正业者异矣。且又不由诚，以示之信。从不尽材，以导之通达，则与退息必有居学者又异矣。是以施者常至悖逆，而求者每见拂戾也。隐则不能以学自见，苦则不免由易而难，终业而又远去之。凡以用工卤莽灭裂之，学而不安不乐故也。刑，成也。
	（清）方苞	不能罕譬而喻，故多其讯。不能约而达，故言及于数。理明则言约而达。若循诵习传，而胸中实无所主。以此待问，则有反覆敷言，游移支蔓，而指意终不可明者，故曰言及于数也。 又曰：若诚心望学者之进，则进之必顾其安。不顾其安即不由其诚，即材之所以不尽也。 又曰：惟教者不顾其安而求之也佛，故学者匿其不知之实而冒为知，匿其不能之实而冒为能，所谓隐其学也。
《礼记集解》卷三十六《学记》第十八	（清）孙希旦	愚谓进，谓进学也。进而不顾其安，谓不量其材之所能受也。使人、教人，皆谓师之施教也。诚，教者之诚。材，学者之材也。多其讯问，而务穷之以其所不知，进而不顾其安，而欲强之以其所未至，则其使人也，不出于爱人之诚矣。呻其所视之简毕，而徒务乎口耳之粗繁，称乎义度数，而不究乎义理之本，则其教人也，不足以尽人之材，而使之有所成就矣。悖、佛，皆谓不顺其道也。不由其诚，不尽其材，则教者之施之也悖，而学者之求之也亦佛，是以其学幽隐而不明，而至于疾其师，徒苦其难而不知其益也。虽勉强卒业，而无自得之实，故其去之必速，则其与强立不反者相去远矣。此教之所以不成也。

大学之法

[经文] 大学之法，禁于未发之谓豫，当其可之谓时，不陵节而施之谓孙，相观而善之谓摩。此四者，教之所由兴也。发然后禁，则扞格而不胜；时过然后学，则勤苦而难成；杂施而不孙，则坏乱而不脩；独学而无友，则孤陋而寡闻。燕朋逆其师，燕辟废其学。此六者，教之所由废也。君子既知教之所由兴，又知教之所由废，然后可以为人师也。

[分段注释]

（一）

大学之法，禁于未发之谓豫，当其可之谓时，不陵节而施之谓孙，相观而善之谓摩。此四者，教之所由兴也。

版本	注释者	注释内容
《礼记注疏》卷三十六《学记》第十八	（汉）郑玄	大学之法，禁于未发之谓豫未发，情欲未生，谓年十五时。当其可之谓时可，谓年二十，时成人。不陵节而施之谓孙不陵节，谓不教长者、才者以小，教幼者、钝者以大也。施，犹教也。孙，顺也。相观而善之谓摩不并问，则教者思专也。摩，相切磋也。此四者教之所由兴也兴，起也。
	（唐）孔颖达	"大学"至"由兴也"正义曰此一节论教之得理，则教兴也。禁于未发之谓豫者发，谓情欲发也。豫，逆也。十五以前，情欲未发，则用意专一，学业易入。为教之道，当逆防未发之前而教之，故云禁于未发之谓豫。当其可之谓时者可，谓年二十之时。言人年至二十，德业已成，言受教之端，是时最可也。不陵节而施之谓孙者陵，犹越也。节，谓年才所堪。施，犹教也。孙，顺也。谓教人之法，当随其年才，若年长而聪明者，则教以大事而多与之；若年幼又顽钝者，当教以小事又与之少，是不越其节分而教之。所谓孙，顺也，从其人而设教也。相观而善之谓摩者善，犹解也。受学之法，言人人竞问，则师思不专，故令弟子共推长者能者一人谘问，余小不能者，但观听长者之问答，而各得知解。此朋友琢磨之益，故谓之摩也。此四者，教之所由兴也者结上四者。兴，起也。四事并是教成之所起也。

第二章　返本归源：注疏、义理及考据　207

续表

版　本	注释者	注释内容
《礼记集说》卷八十八《学记》第十八（宋）卫湜	（宋）陈祥道	邪不闲，则诚有所不存。回不释，则美有所不增。故禁于未发之谓豫，所以救失于未然之前。当其可之谓时，所以长善于可教之际。故当其可以学之之时而达之，可以习之之业易。所谓进德脩业欲及时也，因时而不违，循理而不逆。不责其所不及，不强其所不能。优而柔之，使自求之。厌而饫之，使自趣之，岂不为孙乎？与夫骤而语之，喧德荡志者异矣。教者不陵节而施，则学者见贤思齐，见善相示。不必亲相与言，而同归于善矣，岂不为摩乎？与夫朋友已潘，不胥以谷者异矣。以《内则》推之，七年男女，不同席不共食，十五而就外傅，居宿于外，禁于未发之意也。八年始教之孙，以至二十，教行孝弟，当其可之意也。学乐而后射御，射御而后学礼，舞勺而后舞象，舞象而后舞夏，不陵节而施之意也。三十博学无方，孙友视志，相观而善之意也。教之有由兴，本诸此而已。
	（宋）方　愨	夫既发而后禁，则为无及矣。未发而先禁，乃为有备。幼子常视毋诳，亦可谓之豫矣。未可以教而教，则欲速而不达。可以教而不教，则虽悔而不可追。若十年学书计，十三年舞勺，成童舞象，则可谓之时矣。不陵节而施，则理顺而不悖，故谓之孙。若孔子言可与共学未可与适道，可与立未可与权，则可谓之孙矣。以此之善，而彼之不善，以彼之不善，而见此之善，所谓相观也。有见于上，则知善之可慕。有见于下，则知不善之可戒。荀子所谓见善修然必以自存，见不善愀然必以自省，则可谓之摩矣。夫既有以防其情，又有以成其性；既有以因其才，又有以辅其仁，则教之道尽矣，故曰所由兴也。
	（宋）胡　铨	《易·蒙卦》：初六发蒙，则知未发为童蒙之初也。其志不分，防之宜早。康衡曰：谨防其端，禁于未然。《诗传》人少而端悫，长大无欲。十有五而志于学，三年通一经，三十而五经立。此皆学之时。不陵节，若学诗，学礼之次。
	（宋）朱　熹	禁于未发，但谓豫为之防。其事不一，不必皆谓十五时也。当其可，谓适当其可告之。时，亦不必以年为断。相观而善，但谓观人之能而于已有益，如以两物相摩而各得其助也。

续表

版本	注释者	注释内容
《礼记集说》卷八十八《学记》第十八（宋）卫湜	（宋）张载	当其可者，乘其间而施之，不待彼有求而后教之。又曰不待其问，当其可告之机即告。如孟子曰时雨化之，如天之雨岂待望而后雨，但时可雨即雨。
	（宋）马希孟	自洒扫应对进退，而进于成人者，各有当也。当其可之谓时也。鲤趋而过庭，子曰：学诗乎，又曰学礼乎。不陵节而施之谓孙也。切切偲偲相观而善之谓摩也。
	（宋）陆佃	郑氏谓：可，谓二十成人时。夫谓之可，岂特年二十而已？不陵节，若孔子所以教诸弟子，未有同者也。此之谓孙，孙师之事也，学友之事也。郑氏谓："不并问，则教者思专。"夫所谓相观，岂特不并问而已？
	（宋）戴溪	夫禁于未发之谓豫，当其可之谓时，疑若不可须臾缓也。然不陵节而施之谓孙，相观而善之谓摩，又何其甚缓也。夫君子进德修业欲及时也，过时非也，不及时亦非也。《乾》于九三论君子进德修业，其言曰：知至至之，可与几也；知终终之，可与存也。知所终始，则无过不及之患矣。大抵学者为学始终，节目皆有次第，先传后倦不可诬也。若先后倒置，本末舛逆，学虽勤，无益也。禁于未发，不必谓十五时也。物欲未深，情伪尚浅，则犹可禁也。当其可，不必谓年二十成人时也，适当其机，因而导之，此之谓可。孙之为言，有优游巽入之意焉。摩之为言，有切磋动荡之意焉。人知豫与时之为教，而不知孙与摩之为教也益深。
	（宋）程颐	朋友讲习，更莫如相观而善之功夫为多。
	（宋）沈焕	时过然后学，则勤苦而难成，谓失可教之机也。圣人朝夕视学者，熟矣。投机之会，藏于未形，非圣人谁识之也？夫子于子贡、曾子，不待其问、不俟其请，而遽提其名，语以大道之要。盖夫子默察二子，见道之机以语之。圣人于门弟子，所谓如慈母之哺婴儿，如医师之候病者，无不各中其所欲，内外感应之妙，油然而自得矣。

续表

版本	注释者	注释内容
《礼记集说》卷八十八《学记》第十八（宋）卫湜	（宋）辅广	凡事豫则立，况教人者乎？已犯上矣，而使之无为乱也。已穴坏矣，而使之勿为盗也。既争而教之让，既奢而教之节，难矣。故先王之教人，自能言时，男唯女俞之不同。至七年时，同席共食之不可。其道当然不可谓之太早计也。自子能食，食教以右手，至吾道一以贯之，皆当其可之谓时。颜子曰：夫子循循然善诱人。子曰：赐也，可与言诗，则其所施不陵节而孙可知矣。曾子称颜子、有若，无实若虚，犯而不校，是相观而善也。忠告而善道之，又其次也，强聒而不已，只取辱焉。
《礼记集说》卷六《学记》第十八	（元）陈澔	豫者，先事之谓；时者，不先不后之期也。陵，逾犯也。节，如节候之节。礼有礼节，乐有乐节，人有长幼之节，皆言分限所在。不陵节而施，谓不教幼者以长者之业也。相观而善，如称甲之善，则乙者观而效之，乙有善可称，甲亦如之。孙，以顺言。摩，以相厉而进为言也。
《礼记纂言》卷三十五《学记》	（元）吴澄	澄曰：陵，犹越也。节，如竹之节。俟其能此事，然后又教一事，则为顺，叙而不丛併。相观，谓甲观乙，乙观甲，此有未善观彼所善而效之，则此亦善矣。摩，如两石相摩，互相资借。程子曰：朋友讲习，莫如相观而善之益多。澄谓：此四者，三属于师，一属于友。
《礼记章句》卷十八《学记》	（清）王夫之	未发，谓不善之未有端，以礼约之，则莫之禁而自禁矣。可，谓恰可受教之时也。陵，越也。节者，教者浅深之次第。孙，顺也。相观，谓聚於学以亲友。摩，切近而使喻也。
《续礼记集说》卷六十七《学记》（清）杭世骏	（清）姚际恒	禁未发，谓人凡有邪僻之念，皆须禁之于未发之先。当其可，谓凡教人必适当其可教之时，不可或先或后。如十年学书计，十三舞勺，成童舞象之类。郑氏谓禁于未然，为情欲未生，年十五时。然则年十六，便可听其纵肆而不禁也。谓当其可，为年二十成人时。然则二十之前竟可不学耶，皆说不去。朱仲晦曰，当其可谓适当其可告之时，亦不必以年为断。按下云：时过然后学，则勤苦而难成。明，是指年也。

版本	注释者	注释内容
《续礼记集说》卷六十七《学记》（清）杭世骏	（清）姜兆锡	有先无后，曰豫。不先不后，曰时。孙，以相安言。摩，以相厉言。方氏曰：若《内则》言七年男女，不同席不共食。幼子常视毋诳，可谓之豫矣。若十年读书计，十三舞勺，成童舞象，可谓之时矣。若孔子言，可与共学未可与适道，可与立未可与权之类，可谓之孙矣。若荀子言，见善修然必以自存，见不善愀然必以自省，可谓之摩矣。
	（清）方 苞	旧说当其可谓时，二句义无别。当其可者，十年学书计，十二学乐诵诗。年力可任，则及时而授也。不陵节者，春诵夏弦，秋礼冬书，前业未终不更授以他务也。若杂然并授是陵节，而必至两无所成矣。故曰杂施而不孙，则坏乱而不修。
《礼记集解》卷三十六《学记》第十八	（清）孙希旦	愚谓少成若天性，习惯若自然，豫之谓也。八岁入小学，十五入大学，时之谓也。中人以上，可以语上，中人以下，不可以语上，孙之谓也。夫子以回方赐，而子贡自知其弗如，摩之谓也。

[分段注释]

（二）

发然后禁，则扞格而不胜；时过然后学，则勤苦而难成；杂施而不孙，则坏乱而不修；独学而无友，则孤陋而寡闻。燕朋逆其师，燕辟废其学。此六者，教之所由废也。

[注释]

版本	注释者	注释内容
《礼记注疏》卷三十六《学记》第十八	（汉）郑 玄	发然后禁，则扞格而不胜教不能胜其情欲。时过然后学，则勤苦而难成时过则思放也。杂施而不孙，则坏乱而不修小者不达，大者难识，学者所惑也。独学而无友，则孤陋而寡闻不相观也。燕朋逆其师燕，犹亵也，亵其朋友。燕辟废其学亵师之譬喻。此六者，教之所由废也废，灭。

续表

版 本	注释者	注释内容
《礼记注疏》卷三十六《学记》第十八	（唐）孔颖达	"发然"至"废也"正义曰：此一节论学不依理，教之废耳。发然后禁，则扞格而不胜者发，谓情欲既生也。扞，谓拒扞也。格，谓坚强。若情欲既发而后乃禁，教则扞格於教，教之不复入也。是教弱而欲强，为教不胜矣。时过然后学，则勤苦而难成者时过，谓学时已过，则心情放荡，虽欲追悔欲学，精明已散，徒勤苦四体，终难成也。杂施而不孙，则坏乱而不脩者杂施，谓教杂乱无次越节，则大才轻其小业，小才苦其大业，并是坏乱之法，不可复脩治也。独学而无友，则孤陋而寡闻者独学，谓独自习学而无朋友。言有所疑，无可谘问，则学识孤偏鄙陋，寡有所闻也。燕朋逆其帅者以前四条皆反上教之所兴，此燕朋、燕辟，特加二条，不与上相对。燕朋，谓燕亵朋友，不相尊敬，则违逆师之教道也。燕辟废其学者辟，譬喻也。谓义理钩深，或直言难晓时，须假设譬喻，然可可解。而堕学之徒，好亵慢笑师之譬喻，是废学之道也。此六者，教之所由废也者结上六事，是废学之由。前兴有四，后废有六者，庾云：不亵朋友及师之譬喻，自是学者之常理。若不为燕朋、燕辟，则亦不足以致兴。言若作此燕朋、燕辟，则学废替矣。 ·注"格读"至"之洛"。正义曰：言格是坚强，譬如地之冻，则坚强难入，故云"如冻洛之洛"。但今人谓地坚为洛也。
《礼记集说》卷八十八《学记》第十八（宋）卫湜	（宋）方悫	情发后禁则扞格，言相抵也。相抵，则禁之有所不胜矣。时过后学则勤苦不倦，欲有所成难矣。杂施而至于乱坏，则术业尤由而脩矣。独学无友，则孤而尤与，陋而不广，所闻寡矣。以燕安为朋，而至于逆其师之教。以燕安为辟，而至于废其学之道。若是，则教何自而兴乎！然教之兴止于四，废至于六者，以见教之为难。所由兴者常少，所由废者常多也。
	（宋）周谞	燕安则有亵意。人之所以为朋者，以其同出于师。故尊其朋则为顺其师，而亵其朋乃为逆其师也。学至于难解，然后有用于辟，故亵其辟则为废其学也。

续表

版 本	注释者	注释内容
《礼记集说》卷八十八《学记》第十八（宋）卫湜	（宋）张载	学者当先与朋友讲习，然后问师。若但多问，未尝自得，学者则惰，教者则渎，两失之矣。燕朋不敬其朋友而侮慢之，必不能从师之教理之然也。燕，安也，亵也。亵其友，则慢其师。盖有渐也，安师之辟喻则不能三隅反，何学之有。燕辟，谓燕安乐人之辟喻，不能自得，是废学也。人当思而得之。
	（宋）陆佃	燕朋逆其师之意，燕辟废其学之方。
	（宋）朱熹	燕朋逆其师，《大戴·保傅篇》作左右之习反其师朋，此燕朋是私亵之友。所谓损者三友之类，注说非也。燕辟，但谓私亵之谈无益于学，而反有所害也。
	（宋）戴溪	发然后禁，非不禁也，特禁之不得其要尔。时过然后学，非不学也，特学之不得其道尔。杂施而不孙，则固尝施之矣，施之不得其统，犹不施也。独学则固尝自学矣，而无其友犹不学也。燕遊，私昵之谓也。燕朋谓昵于朋比，如孺子其朋之朋。燕辟谓昵于敖辟，如师也辟之辟。昵于朋比，则人自为学不顾其师。昵于敖辟，则自以为是，不力于学。教之不行，由此之故也。夫人之患在好为人师，而为师最难，其道与天地君父并重，乌可以易为之。夫子曰：温故而知新，可以为师矣。人而可以为师，则中之所存必有大过人者。然而非深识学者之病，无以成阖辟造化之功。故修己者可以尊道，知人者可以明道，设教者不可以不兼备也。
	（宋）辅广	发然后禁，唯孔子之圣，而后可。过而能改，非子路之勇，则不能。舍是，则未有不扞格者也。禁，师之事也；学，弟子事也，互言之尔。如孔子之教，则无不胜。如子路之学，则无不成。先儒之言曰：老而好学尤不易得，人固不可不自勉。学于孔子者，虽鄙如樊迟，有子夏以启发之，则不患其陋而未达，况其余者。相观而善，切切偲偲，则其成德达材可知矣。朋友摄以威仪，而切偲致意，则非燕朋矣。善教者罕譬而喻，孟子之长于譬喻，则非燕辟矣。燕朋则志有所溺，故逆其师之教。燕辟则心有所分，故废其学之业。子曰：群居终日，言不及义，好行小慧，难矣哉！六者杂举师资之病，以见教之废，非独一人之罪也。

第二章 返本归源：注疏、义理及考据 213

续表

版 本	注释者	注释内容
《礼记集说》卷六《学记》第十八	（元）陈 澔	扞，拒扞也。格，读如冻洛之洛，谓如地之冻，坚强难入也。不胜，不能承当其教也。一读为去声，谓教不能胜其为非之心，亦通。杂施，谓躐等陵节。燕私之朋，必不责善，或相与以慢其师。燕游邪僻，必惑外诱，得不废其业乎？此"燕朋""燕辟"之害，皆由于发然后禁以下四者之失，皆与上文四者相反也。
《礼记纂言》卷三十五《学记》	（元）吴 澄	扞格，谓抵拒。胜，犹堪也。燕，犹亵也。辟，犹语也。不禁之于未发，待其已发，然后禁之，则受教者抵拒而不堪其禁制。教之必当其可以受教之时，至于其时已过，则其聪明知虑已不及。昔学之虽勤苦，而难得完成也。学者须是已能一事，然后再学一事。若无节次，杂然施之，而不顺序，则所学多端，必皆隳毁棼乱，而不修治也。学者虽是群居共学，相观而善，互有所益。若独自为学，则孤单僻陋，而所闻者寡。师帅以正者也，若身亲亵慢之朋，则染习不正，必至于违逆其师。学者于无益之言勿听，若耳闻亵慢之语，则无益有损，必至于荒废其学。朱子曰：燕朋，谓私亵之朋，损者三友之类。《大戴记·保傅篇》作左右之习反其师。燕辟，谓私亵之谈无益于学，而反有所害也。澄谓：前四者教所由兴，在师者三，在学者一。后六者教之所由废，在师者三，在学者三。方氏曰：教之兴止于四，废至于六者。以见所由兴者常少，所由废者常多也。
《礼记章句》卷十八《学记》	（清）王夫之	扞格，相牴牾也，情动欲肆，理不足以夺之矣。时过，谓愤悱求通，不因而达之，则沮丧遗忘，虽勤无益也。坏乱，冗废也。燕朋，狎昵游嬉之友。逆其师，不受教也。燕辟，女子小人导以淫泆。
《续礼记集说》卷六十七《学记》（清）杭世骏	（清）姚际恒	格，沮隔也。《汉书》太后议格。郑氏谓读如冻洛之洛，非也。燕辟之辟为邪辟，郑谓辟喻，尤非。
	（清）姜兆锡	扞，拒也。格，枝格也，沮隔之象。旧读为冻洛之洛，又读篱落之落，义皆略同。胜，承也。燕，犹亵也。因燕私之群以肖其师，因燕僻之事以废其学。此二者，又出四者与上文相反使然也。
	（清）方 苞	燕，安也，安於朋比之人，则必至於逆其师。安於邪僻之事，则必至于废其学。

续表

版本	注释者	注释内容
《礼记集解》卷三十六《学记》第十八	（清）孙希旦	愚谓燕辟，如所谓"群居终日，言不及义"也。上言教之所由兴有四，此言教之所由废有六者，盖发然后禁，四者固为教之失其方，而学之无其助。然其天资之高而学之勤者，或犹能奋发以有所成就，若又加以私亵之朋，私亵之谈，则固无望其能勤于学，而虽有美质，亦将渐移於邪僻而不自觉矣，教有不废者哉？

善喻之教

[经文] 君子既知教之所由兴，又知教之所由废，然后可以为人师也。① 故君子之教，喻也：道而弗牵，强而弗抑，开而弗达。道而弗牵则和，强而弗抑则易，开而弗达则思。和、易、以思，可谓善喻矣。

[注释]

版本	注释者	注释内容
《礼记注疏》卷三十六《学记》第十八	（汉）郑玄	君子既知教之所由兴，又知教之所由废，然后可以为人师也。故君子之教，喻也：道而弗牵，强而弗抑，开而弗达。道，示之以道涂也。抑，犹推也。道而弗牵则和，强而弗抑则易，开而弗达则思，和、易、以思，可谓善喻矣。思而得之深。
	（唐）孔颖达	"君子"至"喻矣"正义曰：此一节明君子教人，方便善诱之事。故君子之教喻也，道而弗牵者喻，犹晓也；道，犹示也；牵，谓牵逼。师教既识学之废兴，故教喻有节，使人晓解之法，但广开道示语学理而已。若人苟不晓知，亦不逼急牵令速晓也。强而弗抑者抑，推也。谓师微劝学者，使神识坚强。师当随才而与之，使学者不甚推抑其义而教之。开而弗达者开，谓开发事端，但为学者开发大义头角而已，亦不事

---

① 王夫之在《礼记章句》之中把此句列为第六章的结尾句，但是大多数注释者因尊郑注孔疏之学术传统，而把其置于第七章之首句。本书为了研究的便利，在第六章之中遵照王夫之《礼记章句》之说，把其置于该章之结尾处，而在第七章对其进行注释研究，特此说明。

第二章　返本归源：注疏、义理及考据　　215

续表

版　本	注释者	注释内容
《礼记注疏》卷三十六《学记》第十八	（唐）孔颖达	事使之通达也。道而弗牵则和者此下三句，释上三事之所由也。若人苟不晓而牵逼之，则彼心必生忿恚，师与弟子不复和亲。今若但示正道，宽柔教之，则彼心和而意乃觉悟也。强而弗抑则易者贺氏以为师，但劝强其神识，而不抑之令晓，则受者和易，和易亦易成也。开而弗达则思者但开发义理，而不为通达，使学者用意思念，所得必深，故云则思也。和易以思可谓善喻矣者结上三事之功，若师能教弟子如此三事，则可谓善教喻矣。
《礼记集说》卷八十八《学记》第十八（宋）卫湜	（宋）陈祥道	君子之教人，道而使之和，则所从者乐。强而使之易，则所进者锐。开而使之思，则所得者深。此所以为善喻也。
	（宋）周谞	知其学之所兴者寡，所废者多，则可以为人师矣。道而弗牵者，私淑艾者也。强而弗抑者，尽其材者也。开而弗达者，引而不发也。道而弗牵则和而不暴，强而弗抑则易而不艰，开而弗达则思而不殆，君子之教人，常欲其所得胜所闻。故曰：和易以思，可谓善喻矣。
	（宋）方愨	教主乎道，喻形乎言，然道未尝不资乎言，言未尝不本乎道，教无非喻也，喻无非教也。故下有独言善喻者，或独言善教者，君子之教喻也。道之使有所尚，而弗牵之使从，则人有乐学之心。强之使有所勉，而弗抑之使退，则人无难能之病。开之使有所入，而弗达之使知，则人有自得之益。以此三道而喻人，故曰：可谓善喻矣。若孔子循循然善诱人，所谓道而弗牵也。于互乡童子与其进不与其退，所谓强而弗抑也。举一隅不以三隅反则不复，所谓开而弗达也。
	（宋）戴溪	君子之教，而以喻为言何哉？喻以义理，使之心通意悟，默然自喻，此教之大功也。道而弗牵，强而弗抑，未尝示人以其难。开而弗达，亦未尝示人以其易。不示人以难，则教者有善诱之功，学者有欲罢不能之意。不示人以易，则教者寓愤悱之机，学者有启发之功。大要和易以思，使学者不过用其心，亦非泛然无所用其心，所谓勿正之功盖如此。
	（宋）辅广	知所由兴则行之，知所由废则防之，然后可以为人师。道而弗牵则和，强而弗抑则易，所谓优而柔之，使自求之也。先儒谓至道恳切，固是诚意。若迫切不中理，则反为不诚。教者岂可不知此理哉。开，谓开其端绪。开其端绪，则自不能已于致思，故可以至于自得之地，于教喻而如此，谓之善。

续表

版 本	注释者	注释内容
《礼记集说》卷六《学记》第十八	（元）陈 澔	示之以入道之所由，而不牵率其必进；作兴其志气之所尚，而不沮抑之使退；开其从入之端，而不竟其所通之地。如此，则不扞格而和，不勤苦而易，不杂施以乱其心，有相观以辅其志，而思则得之矣。
《礼记纂言》卷三十五《学记》	（元）吴 澄	喻，以言晓之也。道，谓引导其前。牵，犹拽也。强，谓激勉之。抑，犹逼也。开，谓发其端倪。达，谓通透至于底里。言知前四者，为教之所由以兴；又知前六者，为教之所由以废，则可以为师而教人矣。故其教而晓喻之也，但引导其前使之自进，而不以力拽之以速其进，则受教者不至于乖戾。激勉其志使之自能，而不以力逼之以速其能，则受教者不至于艰难。但开发其端倪，而不尽言以直透至于底里，则受教者必须致思而自得之。于学者之情不乖而和，不难而易，俾思而后得。如此，则可谓善于教而喻人者矣。
《陈氏礼记集说补正》卷二十二《学记》	（清）纳兰性德	道而弗牵，强而弗抑，《集说》示之以入道之所由，而不牵强其必进。作兴其志气之所尚，而不阻抑之使退。窃案：道谓引导其前。牵犹拽也。强，谓激勉之。抑，犹逼也。但引导其前使之自进，而不以力拽之，以速其进，则受教者不至於乖戾。激勉其志使之自能，而不以力逼之，以速其能，则受教者不至於艰难。道非示之以入道，所由之谓。抑非沮抑，使退之谓也。
《礼记章句》卷十八《学记》	（清）王夫之	君子既知教之所由兴，又知教之所由废，然后可以为人师也。崇其所以兴，禁其所以废，师道之所自立也。故君子之教喻也，道而弗牵，强而弗抑，开而弗达。道而弗牵则和，强而弗抑则易，开而弗达则思。和易以思，可谓善喻矣。道，徒到反。易，以豉反。道，引也。牵，强持迫之使行也。强，刚也，谓刚严以涖之也。抑，摧折之也。开者，启其端。达者，尽其说。和，为之有绪而说也。易，师易亲也。思，使自思而得之也。

续表

版本	注释者	注释内容
《续礼记集说》卷六十七《学记》	（清）姚际恒	此段言教法甚精。
	（清）姜兆锡	道，犹引也。牵，犹曳也。强，犹勉也。抑，犹按也。引以所当由而不曳之必进，故和而不戾。勉以所自立，而不按之使止，故易而不苦。启以所从来，而不竟其所往，故思而善入。辅氏谓：优而柔之，使自得之，故谓之善喻也。
	（清）杭世骏	於力行则道以前路，而不牵以迫促之。于立志则强以进取，而不抑以畏沮之。于致知则开其端绪，而不达以使自得之。
	（清）方苞	又曰：牵谓曳之使前也，导以前路而不牵，则知教者望其行而操之，不蘑其愠心，化而为和矣。 又曰：学者之所知不可强，而志则不可强，恺以强教之是也。学者之所行所言可抑，而志则不可抑。强之犹恐其不能进取，而或抑之，则重以为难而沮丧矣。
《礼记集解》卷三十六《学记》第十八	（清）孙希旦	愚谓教唯其豫也，故道之而无牵引之烦而和矣。和者，扞格之反也。教唯其时也，故强之而无屈，抑之患而易矣。易者，勤苦之反也。教唯其孙也，故迎其机以道之，开其端，不遽达其意，而人将思而得之矣。思者，坏乱之反也。盖君子唯知学之所由废兴，故其教喻之善如此。若相观而善，则存乎朋友之益焉。

长善救失

[经文] 学者有四失，教者必知之。人之学也，或失则多，或失则寡，或失则易，或失则止。此四者，心之莫同也。知其心，然后能救其失也。教也者，长善而救其失者也。

[注释]

版本	注释者	注释内容
《礼记注疏》卷三十六《学记》第十八	（汉）郑玄	学者有四失，教者必知之。人之学也，或失则多，或失则寡，或失则易，或失则止。此四者，心之莫同也。失于多，谓才少者。失于寡，谓才多者。失于易，谓好问不识者。失于止，谓好思不问者。知其心，然后能救其失也。救其失者，多与易则抑之，寡与止则进之。
	（唐）孔颖达	"学者"至"者也"正义曰：此一节明教者识学者之心，而救其失也。故云学者有四失，教者必先知之。人之学也，或失则多者一失也。假若有人才识浅小，而所学贪多，则终无所成，是失于多也。或失则寡者二失也。或有人才识深大，而所学务少，徒有器调，而终成狭局，是失于寡少也。或失则易者三失也。至道深远，非凡浅所能，而人不知思求，唯好泛滥外问，是失在轻易于妙道，故云或失则易，此是学而不思则罔。或失则止者四失也。人心未晓知，而不肯咨问，惟但止住而自思之，终不能达其理，此失在于自止也。此是思而不学则殆。此四者，心之莫同也者结前四失，是由人心之异故也。知其心，然后能救其失也者结救失四事。师既前识其四心之不同，故后乃能随失而救之也。教也者，长善而救其失者也者使学者和易以思是长善，使学者无此四者之失是救失，唯善教者能知之。
《礼记集说》卷八十八《学记》第十八（宋）卫湜	（宋）张载	失之多过也，失之寡不及也，止有两端无三也。凡学者不是过即是不及，无过与不及乃是中矣。失则多，谓才小者卒然不能会归，故失于烦多。若子夏是也。子夏之学，自洒扫应对之末，至博学而笃志，切问而近思，其学最实。失于寡者，以才多易晓达，而不精密。若子张窥见夫子近上一节不复勤求力行，又问善人之道，意谓善人可不学而至。孔子告以必践履善人之事，乃能至善人之地。曾子亦曰：堂堂乎张也，难与并为仁矣。易者，轻易也，与寡相近，以为易知，更不复研究。子路事多，近之止画也。苦其难而不进，冉求事近之。学者之四失，为人则失多，好高则失寡，不察则失易，畏难则失止。

续表

版　本	注释者	注释内容
《礼记集说》卷八十八《学记》第十八（宋）卫湜	（宋）吕祖谦	大抵治学者之病，须是先知他病处。所谓学者四失，随其气禀厚薄清浊判断不出四端。或失则多，才有余者。或失则寡，才不足者。或失则易，俊快者。或失则止，钝滞者。大抵四者，所为心之莫同也。病各自别，知其心然后能救其失也。要识他病处，失在多寡易止。辟如医者用药，知得阴阳虚实，方始随症补泻针灼。若错施之，教者学者皆劳而无功。只看孔子教人四者之病，随症用药，曲得其妙。且如子路所失者多，孔子未尝不裁减。由也兼人，故退之。知他多病，而低救之。或失之寡，孔门如柴愚、参鲁、雍也，仁而不佞，就他资质上所失在寡。孔子之教，就他寡处，博之以文，约之以礼，各到成立。或失则易，如子贡亿则屡中，与夫方人之病，孔子未尝不深惩而痛抑之。如云夫我则不暇，皆使之难，不使之易。或失则止，孔子之门如冉求之自画，孔子未尝不诱掖，而进之小以成小，大以成大。若不识学者之病，倒去他病上加添，无缘得成就。子路之失多更若进之，所谓有余不敢尽工夫，子路何缘得入。推此类言之其他，无不如此。教也者长善而救其失者。为学之道，扶持长养人之善端，救人之偏失。孔子之教，皆在一部《论语》中。如君子哉，若人尚德哉，若人大哉问，善哉问之类，无非长善。如责以朽木不可雕，粪土之墙不可圬之类，无非救其失。
	（宋）陈祥道	失之多者，孔子谓之狂。失之寡者，孔子谓之简。古之教者，观性以知心，因心以求。失多者约之以礼，寡者博之以文。易者抑之以自反，止者勉之以自强，此长善救失之道也。且善譬则苗也，失譬则莠也。欲长善者必救其失，欲长苗者必去其莠。彼闵其苗之不长而揠之者，其智不已疏乎！
	（宋）周谞	或失则多者，知之所以过。或失则寡者，愚之所以不及。或失则易者，贤之所以过。或失则止者，不肖之所以不及也。
	（宋）方慤	失虽见乎外，而所存本乎心。故知其心于内，然后可以救其失于外也。人之性莫不有善，苟无教以长之，则善浸以消。人之心不能无失，苟无教以救之，则失或为害。

续表

版本	注释者	注释内容
《礼记集说》卷八十八《学记》第十八（宋）卫湜	（宋）戴溪	夫人资禀各有所偏，虽伯夷柳下惠不能免也。其平日所践履，终身所成就，皆于其所偏者重，况于学者乎。学者四失，其意皆自以为善，而不知其非。失之多者，博采以为功。失之寡者，约取以为精。失之易者，泛应而不能致思。失之止者，小成而莫肯前进。所贵于学问者，谓其能化气禀之偏。学者每患于不自知，故有赖于教者之功。盖自知甚难，自上知下甚易。设教而不知学者之失，知其失而不知救学者之过，皆非所以为教也。
	（宋）辅广	必知之言，不可不知也。不言失之多，而言失则多者。盖多寡易止，有时为当。然若一于此则为失也，故云则焉。博之失则多，陋之失则寡，勇之失则易，愚之失则止。内有所溺然后失形于外，不正其心而治其外未之能也。失由心生，善本性有，教人者长其固有之善而已，救其失则非知其心有所不能及。
	（宋）陆佃	长善而救其失，将顺其善而匡救其失也。
《礼记集说》卷六《学记》第十八	（元）陈澔	方氏曰：或失则多者，知之所以过。或失则寡者，愚之所以不及。或失则易，贤者之所以过。或失则止，不肖者之所以不及。多闻见而适乎邪道，多之失也。寡闻见而无约无卓，寡之失也。子路好勇过，我无所取材，易之失也。冉求之今女画，止之失也。约我以礼，所以救其失之多；博我以文，所以救其失之寡；兼人则退之，所以救其失之易；退则进之，所以救其失之止也。
《礼记纂言》卷三十五《学记》	（元）吴澄	延平周氏曰：失则多者，知之所以过。失则寡者，愚之所以不及。失则易者，贤之所以过。失则止者，不肖之所以不及。东莱吕氏曰：多才有余者，寡才不足者，易俊快者，止钝迟者，四者心之莫同，病各自别，知其心然后能救其失。譬如医者要识他病，处方始随症用药，若不识学者之病，去它病上加添无缘得成就。长乐陈氏曰：多者约之以礼，寡者博之以文，易者抑之以自反，止者勉之以自强，此救其失也。澄曰：学者有所善，则教之者使之增益加进以长其善，学者有所失则教者使之减省除去以救其失，此一节皆言学者之失所当救者。

续表

版本	注释者	注释内容
《礼记章句》卷十八《学记》	（清）王夫之	学者有四失，教者必知之。人之学也，或失则多，或失则寡，或失则易，或失则止，此四者心之莫同也。多，汎记而不精也。寡，专持而不广也。易，果为而不知难也。止，循分而不能进也。心，谓情质也。知其心，然后能救其失也。教也者，长善而救其失者也。多寡易止虽各有失，而多者便於博，寡者易以专，易者勇於行，止者安其序，亦各有善焉。救其失，则善长矣。
《续礼记集说》卷六十七《学记》（清）杭世骏	（清）姜兆锡	方氏曰：失则多，知之过；失则寡，愚之不及；失则易，贤之过；失则止，不肖之不及。多闻见而岐多之失也，寡闻见而陋寡之失也，子路好勇而过易之失也，冉求说道而画止之失也。博我以文，约我以礼，兼人故退之，退故进之，则长善而救其失矣。
《礼记集解》卷三十六《学记》第十八	（清）孙希旦	愚谓失则多，谓多学而识而未能贯通，若子贡。失则寡，谓志意高远而略于事焉，若曾晳。失则易，谓无所取裁，若子路。失则止，谓畏难自画，若冉有。多者欲其至于会通，寡者欲其进于笃实，易者欲其精于所知，止者欲其勉于所行。

继志之教

[经文] 善歌者，使人继其声。善教者，使人继其志。其言也，约而达，微而藏，罕譬而喻，可谓继志矣。

[注释]

版 本	注释者	注释内容
《礼记注疏》卷三十六《学记》第十八	（汉）郑玄	善歌者，使人继其声。善教者，使人继其志。言为之善者，则后人乐放效。其言也，约而达，微而臧，罕譬而喻，可谓继志矣。师说之明，则弟子好述之，其言少而解。臧，善也。
	（唐）孔颖达	"善歌"至"志矣"正义曰：此一节论教者若善，则能使学者继其志於其师也。言学者继师之志，《记》者以善歌而比喻之，故云善歌者使人继其声。善歌，谓音声和美，感动於人心，令使听者继续其声也。善教者使人继其志者设譬既毕，故述其事，而言善教者必能使后人继其志，如善歌之人能以乐继其声，如今人传继周、孔是也。其言也，约而达者此释所以可继之事。言善为教者，出言寡约，而义理显达易解之。微而臧者微，谓幽微。臧，善也。谓义理微妙，而说之精善也。罕譬而喻者罕，少也。喻，晓也。其譬罕少而听者皆晓。可谓继志矣者能为教如上，则可使后人继其志意。不继声而继志者，本为志设，故不继声也。
《礼记集说》卷八十八《学记》第十八（宋）卫湜	（宋）张载	继其志，谓教者使学者继其志，循循然善诱是继志也。善歌者，亦使学歌者自继其声，高下得相继。使人继其志，继学之志也，使人心不能已。善教者也，志常继则罕譬切喻。言易入，则复而臧。
	（宋）陈祥道	声之不可继者非善歌，志之不可继者非善教。盖高明以绝物，则不足以为善。《中庸》以导物，然后为善也。夫详而不约，而后能达；显而不微，而后能臧；多譬而不罕，然后能喻，此理之常也。今也约而能达，微而能臧，罕譬而能喻。则是约而人知其要，微而人知其妙，罕譬而人知其简，可谓继志矣。盖约与微，所以明道。罕譬，所以明物。道至于难明，则又明物以显之，此所以为善也。又《乐书》曰：善歌者直已而陈德，未尝无可继之声。善教者易直以开道，未尝无可继之志。其声为可继，则气盛而化神。其志为可继，则德盛而教尊。其故何哉？其为言也，约而达，微而臧，罕譬而喻故也。
	（宋）方慤	天下之理，太高则与物绝，而人莫能继矣；太卑则与物袭，而人不足继矣，惟得中则为可继焉！夫言苟务多，则人以为惑而不达矣；言苟好大，则人以为迂而不臧矣；言苟多譬，则人以为僻而不喻矣。若然则教者虽有其志，学者焉能继之哉！

第二章 返本归源：注疏、义理及考据 223

续表

版本	注释者	注释内容
《礼记集说》卷八十八《学记》第十八（宋）卫湜	（宋）陆佃	歌不贵苟难，则易于继其声；教不贵苟难，则易于继其志。若佛老言理则妙矣，以为善教则未也。故昔贤论此，以为无之则昧理，有之则害教，不可谓微而臧也。约而臧，微而达，则罕譬而喻矣。
	（宋）朱熹	继声继志者，皆谓微发其端，而不究其说，使人有所玩索而自得之也。约而达，微而臧，罕譬而喻。三者皆不务多，言而使人自得之意。
	（宋）戴溪	善歌艺也，犹使人继其声；善教者，不可使人继其志乎！然继志之学，不在言语之间，曰约曰微曰罕譬，其为辞甚简。曰达曰臧曰喻，其见理甚明。教者之辞简，学者之理明，若此可谓能继志矣。
	（宋）辅广	若夫子之举一隅，孟子之引而不发，所谓善教也。不以三隅反，跃如也，则能继其志矣。约而达，微而臧，罕譬而喻，则人有自得之地矣。然则孟子之譬喻，非与向时不同也。孟子于战国，大道既隐之时，与其君臣言论，又非其素所讲学也，故不得不假譬以晓之。然孟子固曰，予岂好辨哉？予不得已也。可谓继志矣者，省文也。盖言如此，则可谓能使人继志矣。
	（宋）吕祖谦	约而达，教者之言甚约，然而本末贯彻，本末不达。微而臧，教者之言甚微，然而渊深粹美，其味无穷。罕譬而喻，大抵曲为之喻，使学者自得于言意之表，如此可谓善继志矣。大抵圣贤之教，引而不发，非是阻节。学者若开户倒囊尽其底蕴以告之，学者不去思量，不去玩味，其流弊多是口耳之学。惟是引而不发示其端，而不尽使人万绎千思，及功深力到，义理自涣冰释，怡然理顺。《学记》教人皆是三代教人之法，如孔子洙泗之教。孟子在战国，风气既降，气质既薄，三代之教已是尽用不得。今看《论语》少者一二语，多者不过三四语。孟子往往至千百言，所谓约而达，到孟子已自用不得如。予岂好辨哉？予不得已也。而孔子则罕言利与命与仁。夫子之言性天道，不可得而闻。到孟子已自用剖析精微示人，如论性直指之为善，如论浩然之气皆是分明说破。所谓微而臧，到孟子已自用不得。孔子不愤不启，不悱不发，所谓譬喻，见于《论语》者少。若孟子每事譬喻，亦是不得已。传注者谓其长于譬喻，当时罕譬而喻又用不得。然而，孟子观会通以行典礼于此，自立规模所以为孟子。如多寡易止，则止是就一人身上看，孟子改规模是统天下看。

续表

版本	注释者	注释内容
《礼记集说》卷八十八《学记》第十八（宋）卫湜	（宋）李格非	欲其求而后应，故其言常约。欲其思而后得，故其义常微。言之所不能及，义之所不能明，故达之以譬。譬者，理之所在也，理欲其自穷，故罕譬。言虽近，而指不可不远。故其言约，其义微，其譬罕指远。故虽约而达，虽微而臧，虽罕譬而喻也。子曰：夫《易》其称名也小，其取类也大。其旨远，其辞文，其言曲而中，其事肆而隐。其称名小取类大，则罕譬而喻也。其旨远，其辞文，则微而臧也。曲而中，则约而达。
	（宋）黄震	学之序能辨志，然后能逊志，能逊志然后能继志。辨志求道之时也，逊志从道之时也，继志会道之时也。志於道则无累，志於仁则无恶。
《续礼记集说》卷六十七《学记》（清）杭世骏	（宋）王应麟	弟子累其师，李斯韩非之于荀卿也。弟子贤於师，虞植郑元之於马融也。
《礼记集说》卷六《学记》第十八	（元）陈澔	约而达，辞简而意明也。微而臧，言不峻而善则明也。罕譬而喻，比方之辞少而感动之意深也。继志，谓能使学者之志与师无间也。
《礼记纂言》卷三十五《学记》	（元）吴澄	朱子曰：继声继志者，皆谓微发其端而不究其说，使人有所玩索而自得之也。约而达，微而臧，罕譬而喻，三者皆不务多言而使人自得之意。澄曰：善于歌者，倡起其声而不终曲，使人和而叹之，以继续其声，然后歌者之声终。善于教者，开示其志而不尽言，使人思而绎之以继续其志，然后教者之志尽。故教者之言，虽至约不繁，而能使人通之。虽至微不显，而能使人善之。虽少所取譬，而能使人晓之。达之为通，如樊迟未达之达。臧之为善，如王曰善哉言乎之善。喻之为晓。如夷子怃然曰命之矣是也。三者皆不尽言，而使学者自思绎而得之者。约微罕喻，教者之不尽言也。达臧喻，学者之能自得也。如此可谓，能使人继其志者矣。

第二章　返本归源：注疏、义理及考据　　225

续表

版　本	注释者	注释内容
《陈氏礼记集说补正》卷二十二《学记》	（清）纳兰性德	微而臧。《集说》言不峻而善则明也。 窃案：臧如《诗》视尔不臧之。臧，谓善之也。教者之言，虽至微不显，而能人使善。如孟子陈王政，而齐王曰善哉言乎。陆贾每奏一篇，汉高未尝不称善是也。观上约而达，下罕譬而喻，亦谓使人达之喻之。
《礼记章句》卷十八《学记》	（清）王夫之	善歌者使人继其声，善教者使人继其志。继，续也，启其端而使彼续成之也。志，思也。其言也，约而达，微而臧，罕譬而喻，可谓继志矣。言，教者之训辞也。约，简也。达，可通于大全也。微，不显说也。臧，美也，谓精美有义味也。罕譬，不多为譬释也。喻，晓也。大旨已晓了也。以此三者立言，则为可继，以待学者之自求，所以引人之志於无穷也。
《续礼记集说》卷六十七《学记》（清）杭世骏	（清）姚际恒	善歌者，使人继其声，妙喻绝工。
	（清）姜兆锡	继，承也。约而达，则言不烦而已明。微而臧，则言不峻而自善。罕譬而喻，则言略有所比方而可晓。如是，故学者与教者其志相承而无间也。
	（清）方苞	管弦律度成数可循，而善歌者则必有心通神遇之妙，使闻者入耳而动心，然后有继其音者。术业记问法有定，而善教者则必有深造自得之处，使学者惬心而向道，然后有继其志者。故尽乎师道者，惟孔孟，次则程朱。是以其教，至今不废，而志可继也。 又曰：微者，微词相感动，无容正言极谕也。臧者，即人之心闻者，皆知其善也。
《礼记集解》卷三十六《学记》第十八	（清）孙希旦	教如字，一本作学，胡孝反。 朱子曰：继声、继志皆谓微发其端而不究其说，使人有所玩索而自得之也。约而达，微而臧，罕譬而喻，皆不务多言而使人自得之意。 吴氏澄曰：教者之言，虽至约不烦，而能使人通之，虽至微不显，而能使人善之，虽少有所譬，而能使人晓之。约、微、罕譬，皆教者之不尽言也。达、臧、喻，学者之能自得也。如此，可谓能使人继其志者矣。

第三节　为学之道

择师当慎

[经文] 君子知至学之难易，而知其美恶，然后能博喻；能博喻，然后能为师；能为师，然后能为长；能为长，然后能为君。故师也者所以学为君也。是故择师不可不慎也。《记》曰："三王四代唯其师"，其此之谓乎！

[注释]

版　本	注释者	注释内容
	（汉） 郑　玄	君子知至学之难易，而知其美恶，然后能博喻；能博喻，然后能为师；能为师，然后能为长；能为长，然后能为君。美恶，说之是非也。故师也者，所以学为君也弟子学於师，学为君。是故择师不可不慎也师善则善。《记》曰："三王、四代唯其师"，此之谓乎！四代：虞、夏、殷、周。
《礼记注疏》 卷三十六 《学记》 第十八	（唐） 孔颖达	"君子"至"谓乎"正义曰：此一节明为师法。君子，谓师也。教人至极之美，可以为君长之事。君子知至学之难易者三王、四代所以敬师，随器与之至学之易，随失而救之至学之难。而知其美恶者罕譬而喻，言约而达，是为美。反此，则为恶也。然后能博喻者博喻，广晓也。若知四事为主，触类长之，后乃得为广有晓解也。能博喻，然后能为师者前能广解，后乃可为人作师也。能为师，然后能为长者为师是学优，学优宜仕，故能为一官之长也。能为长，然后能为君者既能治一官之长有功，能为一国之君也。故师也者所以学为君也《宵雅》肄三，官其始也。师既有君德，则弟子就师可学为君之德，故前云：君子如欲化民成俗，其必由学乎！即是学能为君也。是故择师不可不慎也者师善，则能教弟子，弟子则能为君，故弟子必宜慎择其师，不可取恶师也。《记》曰：三王四代唯其师者引旧《记》结此。择师之重也。三王，谓夏、殷、周，四代则加虞也。言三王、四代虽皆圣人，而无不择师为慎，故云唯其师。庚云：举四代以兼包三王，所以重言者以成其辞耳。言人之从师自古而然，师善则己善。其此之谓乎者《记》者证前云择师不可不慎，即此唯其师之谓也。

版本	注释者	注释内容
《礼记集说》卷八十八《学记》第十八（宋）卫湜	（宋）张载	知学者至于学之难易，及知其资质才性之美恶。知至学之难易，知德也。知其美恶，知人也。知其人且知德，故能教人使入德。仲尼所以问同而答异，以教人者必知至学之难易，知人之美恶。当知谁可先传此，谁将后倦此。若洒扫应对乃幼而孙弟之事，长后教之人必倦弊。唯圣人于大德有始有卒。故事无大小，莫不处极。今始学之人，未必能继，妄以大道教之，是诬也。学也者，所以学为君也。古者虽匹夫，若学则必先学正心诚意治国平天下之事，此则以道言之也。师也者，所以学为君也。学者，教也，所以为教者莫非王道。王道则非君道，而何施于为政，其所以辅佐于其君者，亦孰非君道。
	（宋）陈祥道	学有精粗，则其至有难易。质有美恶，则其喻有浅深。知美而喻之，则有以长人之善而达才。知恶而喻之，则有以救人之失而成德。《诗》曰：克明克类，克长克君。君子知至学之难易，以至能博喻，所谓克明也。能博喻然后能为师，所谓克类也。能为师然后能为长，所谓克长也。能为长然后能为君，所谓克君也。古之为学，必自有虞氏始，而择师亦如之是法，始乎伏义，成乎尧，备于有虞氏，而夏殷周特因之而。已故先三王而四代次之，主三王兼用虞氏故也。
	（宋）周谞	知其至学之难易者，言其才。而知其美恶者，言其性。知其才知其性，然后能不以一类喻之。能不以一类喻之，然后能为师。师者，有为长之道；长者，有为君之道。
	（宋）方悫	扬子云：学者所以求为君子。盖君子者人之成名，虽圣人亦不过君子而已。必知其事之难易，才之美恶，然后能博喻。于人喻之为义，以理喻人，而人之所以喻而晓也。师之为义，以道帅人，而人之所以帅而从也。且师有道者也，长有位者也，君有土者也。有其道然后可以有其位，有其位然后可以有其土。君虽有土，非有道，不足以得之。曰师也者，所以学为君也。学宜读曰敦。敦，教也。虽尊而为君，亦师之所教焉，故择师不可不慎也。三王者，禹汤文武也。四代者，虞夏殷周也。指其人则曰王，指其世则曰代。先言王而后言代者，有其人乃有其世故也。扬子曰：学之为王者事，其已久矣。尧舜禹汤文武，汲汲好学，如此谁独无师乎。若舜之于务成昭，禹之于西王国，汤之于伊尹，文王之于臧丈人，武王之于太公望，则三王四代之师固可见矣。

续表

版本	注释者	注释内容
《礼记集说》卷八十八《学记》第十八（宋）卫湜	（宋）李格非	知至学之难易者，循理以造道者也。知其美恶者，穷理以得道者也。故曰：然后能博喻，能博喻则可以反说约，而众之所依附。故曰：然后能为长。长者，有长人之道者也。能为长则可以出令正众，故曰然后能为君。君者，出令以正众者也。故《易乾》之九二，见龙在田，君德也。而曰：学以聚之，问以辩之，宽以居之，仁以行之。宽者居上之道，仁者长人之道。居上长人之道，必自乎学而已。
	（宋）辅广	人之至于学也，顺理则易，逆理则难。习是则美，习非则恶。知其理之顺逆，习之是非，然后能广博开喻学者，而可以为人师也。能为师然后可以为人君，则君之为道可知矣。彼其以刑法制民，而不本之教化者，其君去道远矣。武王曰：天佑下民，作之君作之师。若武王者，可谓知君道矣。禹汤文武，其师善矣。若四代之君，或善或否，皆系其师之如何，此墓门之诗所由作也。
	（宋）陆佃	《周官》以九两系邦国之民，一曰牧，以地得民；二曰长，以贵得民；三曰师，以贤得民。长即此所谓长，师即此所谓师，牧亦即此所谓君也。《雍也》可使南面，盖学之力欤。若颜渊问为邦。子曰：行夏之时，乘殷之辂，服周之冕，乐则韶舞，进于是矣。彼千乘之国，可使治其赋。千室之邑，百乘之家，可使为之宰。束带立于朝，可使与宾客，言尚未足以。语此唯其师，言顾其师如何耳？
	（宋）朱熹	今详经文，但能为师以教人，则能为君以治人耳，择师不可不慎。言能为君者，其人难得，故不可不择也。
	（宋）戴溪	君师长三者虽不同，皆以教化其民。然不明乎义理，不察乎人心，虽欲施实德于民，不可得也。是故君子先知其理之难易，而又知其人之美恶，然后能旁取曲譬，以开导人心，然后可以为师矣。出而长民，上而为君，复以斯理教民为善，夫岂有二道哉？大抵君子为学，贵于有用也。有民，人有社稷，则有君国子民之道焉。是以仲弓可使南面，而子路冉有自谓治国。故师也者，所以学为君也，恶可不谨择其人哉！三王四代，皆以择师为重，况其下者乎？
	（宋）应镛	洞达人情事理，然后可以教人。能教人则亦可以服人而为长，能服人则亦可以治人而为君。

续表

版　本	注释者	注释内容
《礼记集说》卷六《学记》第十八	（元）陈　澔	至学，至于学也。钝者至之难，敏者至之易，质美者向道，不美者叛道。知乎此，然后能博喻，谓循循善诱，不拘一涂也。《周官·太宰》长以贵得名，师以贤得民。长者一官之长，君则一国之君也。言为君之道，皆自务学充之，三王四代之所以治，以能作之君，作之师尔。周子曰：师道立则善人多，善人多，则朝廷正而天下治矣。
《礼记纂言》卷三十五《学记》	（元）吴　澄	张子曰：知学者至于学之难易，及知其资质之美恶，故能教人。长乐陈氏曰：学有精粗，故其至有难易；质有美恶，则其喻有浅深；知美而喻之，则有以长人之善；知恶而喻之，则有以救人之失。澄曰：知其难易美恶，故能随其高下浅深而喻之，各有攸当不局于一途，所谓博喻也。教人能各得其宜，则治人亦能各得其宜。故能为教人之师者，小而一官之长，大而一国之君，皆能为之也。朱子曰：能为师以教人，则能为君以治人，择师不可以不慎。言能为君者，其人难得，故不可不择也。孔氏曰：师有君德，弟子就师学为君之德，故宜慎择其师。三王，谓夏、殷、周，四代，则加虞。虽皆圣人无不择师为慎，故云唯其师。引旧《记》，结此择师之重也。
《续礼记集说》卷六十七《学记》（清）杭世骏	（清）顾炎武	三代之世，凡民之俊秀，皆入大学。而教之以治国平天下之事。孔子之於弟子也，四代之礼乐以告颜渊，五至三无以告子夏。而又曰：雍也可使南面。然则内而圣，外而王，无异道矣。其系《易》也曰：《九二曰》见龙在田，利见大人。何谓也？子曰：龙德而正中者也。庸言之信，庸行之谨，闲邪存其诚，善世而不伐，德博而化。《易》曰：见龙在田，利见大人，君德也。君子学以聚之，问以辨之，宽以居之，仁以行之。《易》曰：见龙在田，利见大人，君德也。故曰师也者，学为君也。

续表

版　本	注释者	注释内容
《礼记章句》卷十八《学记》	（清）王夫之	至学，谓至于所学之道也。难易者，斯道大小显微之序也。美恶，学者材质之差也。博喻，谓所喻者众也。长，官之正长。知道之序而尽人之材，则因机设教而人无不可喻者矣。以之为长为君，而建官宜民，程材器使，皆此道耳。君长之道，皆於师道取则焉。故自天子之元子至凡民之俊秀，欲明君长之德者，得所师而取法不远，是以王者择师以立教，则子孙臣庶则而效之，而治隆俗美也。四代，虞、夏、商、周。惟其，慎择之辞。此章承上章师道之大而言择师之当慎。自此以下六章皆言亲师为学之道，学者之事也。
《续礼记集说》卷六十七《学记》（清）杭世骏	（清）姚际恒	从师推说到为长为君，一滚说来又承以师也者，所以学为君也。意谓师何以为君，盖所学为君之理以教人君也，是故择师不可不慎。故人君说引《记》曰：三王四代唯其师，以见自古帝王皆有师之意，此节本是一气旨亦明白。解者多自作支离，如师也者，所以学为君也。郑氏曰：弟子学于师，学为君，甚迂。张子厚以学为教太直，致非记文意。三王四代唯其师，陈可大曰：三王四代之所以治，能作之君，作之师，则是又谓人君能为师，与前后择师尊师之义不侔矣。
	（清）姜兆锡	至学，谓至于学也。知至学之易而知其美，知至学之难而知其恶。即知其心，然后能救其失之意。博喻，循循善诱非一途也，即使人继其志之意。《周官·太宰》长以贵得民，师以贤得民。长者一官之长，君则一国之君。盖作君作师之道，分殊而理一。周子谓师道立则善人多，善人多则朝廷正，而天下治，亦此一意也。又曰此以上，释言教学之用也。
	（清）方　苞	凡为长者于所属之吏，必知其职业之难易，并知其材质之美恶，然后能使喻己之志。如臂指之使而事，不旷于所治之民，必知其生理之难易，并知其习俗之美恶，然后能使喻。上之教如风，草之偃而化可成。至于君不过所属所治者愈多，而所喻愈博其道，实无二也。

版　本	注释者	注释内容
《礼记集解》卷三十六《学记》第十八	（清）孙希旦	愚谓至学之难易，谓学者入道之深浅次第。美恶，谓人之材质不同：无失者为美，有失者为恶也。博喻，谓因学者之材质而告之，而广博譬喻，不拘一涂也。长，谓乡大夫、州长、党正之属。《周礼》所谓使民兴贤，出使长之是也。长与君，皆有教民之责，故能为师然后能为长，能为君也。能为师者难其人，故择之不可不慎也。夏、商、周为三王，并虞为四代。唯其师者，唯以择师为重也。

尊师敬学

[经文] 凡学之道，严师为难。师严然后道尊，道尊然后民知敬学。是故君之所不臣于其臣者二：当其为尸，则弗臣也；当其为师，则弗臣也。大学之礼，虽诏于天子无北面，所以尊师也。

[注释]

版　本	注释者	注释内容
《礼记注疏》卷三十六《学记》第十八	（汉）郑玄	凡学之道，严师为难。严，尊敬也。师严然后道尊，道尊然后民知敬学。是故君之所不臣于其臣者二：当其为尸，则弗臣也；当其为师，则弗臣也。尸，主也，为祭主也。大学之礼，虽诏于天子无北面，所以尊师也。尊师重道焉，不使处臣位也。武王践阼，召师尚父而问焉，曰："昔黄帝、颛顼之道存乎意，亦忽不可得见与？"师尚父曰："在《丹书》，王欲闻之，则斋矣。"王斋三日，端冕，师尚父亦端冕，奉书而入，负屏而立。王下堂南面而立。师尚父曰："先王之道不北面。"王行西、折而南，东面而立，师尚父西面道书之言。
	（唐）孔颖达	"凡学"至"师也"正义曰：此一节论师德既善，虽天子以下，必须尊师。是故君之所不臣于其臣者二者二，谓当其为尸及师，则不臣也。此文义在于师，并言尸者，欲见尊师与尸同。当其为尸，则弗臣也者若不当其时，则臣之。案《钩命决》云：暂所不臣者五，谓师也，三老也，五更也，祭尸也，大将军也。此五者，天子诸侯同之。此唯云尸与师者，此经本意据尊师为重，与尸相似，故特言之。所以唯举此二者，

续表

版 本	注释者	注释内容
《礼记注疏》卷三十六《学记》第十八	（唐）孔颖达	余不言也。又按《钩命决》云：天子常所不臣者三，唯二王之后、妻之父母、夷狄之君。不臣二王之后者，为观其法度，故尊其子孙也。不臣妻之父母者，亲与其妻共事先祖，欲其欢心。不臣夷狄之君者，此政教所不加，谦不臣也。诸侯无此礼。大学之礼，虽诏于天子无北面，所以尊师也者此证尊师之义也。此人既重，故更言大学也。昭，告也。虽天子至尊，当告授之时，天子不使师北面，所以尊师故也。 ·注"尊师"至"之言"。正义曰："武王践阼"以下，皆《大戴礼·武王践阼篇》也。云"黄帝、颛顼之道存乎意，亦忽不可得见与"者，武王言黄帝、颛顼之道恒在于意，言意恒念之，但其道超忽已远，亦恍惚不可得见与。与，语辞。今检《大戴礼》唯云"帝颛顼之道"，无"黄"字，或郑见古本，不与今同，或后人足"黄"字耳。云《丹书》者，师说云："赤雀所衔丹书也。"云"端冕"者，谓衮冕也，其衣正幅与玄端同，故云"端冕"。故皇氏云"武王端冕"，谓衮冕也。《乐记》"魏文侯端冕"，谓玄冕也。云"师尚父亦端冕"者，案《大戴礼》无此文，郑所加。也云"西折而南，东面"者，案《大戴礼》唯云"折而东面"，此"西折而南"，"南"字亦郑所加。云"师尚父西面道之言"者，皇氏云："王在宾位，师尚父主位，故西面。"王庭之位，若寻常师徒之教，则师东面，弟子西面，与此异也。其"丹书"之言，案《大戴礼》云："其书之言曰：敬胜怠者强，怠胜敬者亡。"《端书》云："敬胜怠者吉，怠胜敬者灭，义胜欲者从，欲胜义者凶"，与《瑞书》同矣。凡事不强则柱，不敬则不正。柱者灭废，敬者万事。以仁得之，以仁守之，其量百世。以仁得之，以不仁守之，其量十世。以不仁得之，以不仁守之，必倾其世。王闻书之言，惕然若惧，退而为戒，书于席之四端为铭，及几、鉴、盂、盘、楹、杖、带、履、剑、矛为铭，铭皆各有语，在《大戴礼》也。

续表

版 本	注释者	注释内容
《礼记集说》卷八十八《学记》第十八（宋）卫湜	（宋）周敦颐	师道立，则善人多。善人多，则朝廷正，而天下化矣。
	（宋）张　载	王人将王命，乃在诸侯之上。非尊是人，盖尊命也。匹夫传道，虽天子无北面，亦非尊是人，盖尊道也。王者事天如事君，故为师弗臣。不必师傅之官，但问所不知，皆师之道，便不以臣礼处之。
	（宋）方　慤	严，即尊也。严师，即虽诏于天子，无北面是矣。以一人之贵，而师匹夫之贱；以四海之富，而师环堵之贫，此严师所以为难也。严师者，人严之也。人严其师，则师道严矣。师所以传道，故师严然后道尊。学所以为道，故道尊然后民知敬学。以神言之，故为尸则弗臣。以道言之，故为师则弗臣。此篇，有曰大学之道，有曰大学之教，有曰大学之法，有曰大学之礼，何也？盖道以言其位，教以言其术，法以言其治，礼以言其文。
	（宋）戴　溪	此一段为人君尊师，言非学者事也。以人君而尊师，若此学者可知矣。大抵古人行礼，有教化存焉。严师固所以尊道，尊道则民知敬，率天下之人而皆知敬学。天下岂不大治。是故，先王养老尊贤之义，非特为其人也，皆所以令众庶见也。夫君之尊天也，而君之于臣有答拜之礼。臣之卑地也，而臣之于君有无北面之义。然则古人于君臣之际，亦渊乎其有意矣。尊君卑臣，其殆始于后世乎！上下旷阔而交泰之情疏，堂陛尊严而臣邻之意薄。先王之时，仕而未有禄者。君有馈焉曰献，使焉曰寡君，而况于尊师乎？
	（宋）辅　广	凡学之道，则非独君也。严师为难，盖言尽严师之道为难耳，非心悦诚服致敬尽礼，如七十子之于孔子不可也。能尽严师之道，则师始严。师所以传道，师严则道自尊。道未尝不尊也，因其尊而尊之，则系人之严师也。师严道尊，然后斯民皆将兴起于学。是故，古之人君，必自其师以致其诚敬也。道尊然后民知敬学，所以极言之也。
	（宋）李　觏	善之本在教，教之本在师。师者，所以制民命，其可以非其人哉？古者家有塾，党有庠，术有序，国有学，为民立师也。学校废，师不命于上，而学者自择焉。识不至，择不精，是能言之类，莫不可师也。然则父儒而子跖，朝华而暮戎，何足怪哉？

续表

版本	注释者	注释内容
《礼记集说》卷六《学记》第十八	（元）陈澔	严师，如《孝经》严父之义，谓尊礼严重之也。无北面，不处之以臣位也。 石梁王氏曰："'诏于天子无北面'，注引武王践阼，出《大戴礼》。"
《礼记纂言》卷三十五《学记》	（元）吴澄	郑氏曰：严，尊敬也。武王践阼问：黄帝、颛顼之道存乎。师尚父曰：在《丹书》。王斋三日，端冕，师尚父亦端冕，奉书而入，负屏而立。王下堂南面。师尚父曰：先王之道不北面。王行西、折而南，东面而立，师尚父西面道书之言。孔氏曰：虽天子必尊师，并言尸者，欲见尊师与尸同也。诏，诰也。天子虽至尊，当告诏之时，不使师北面。永嘉戴氏曰：此为人君尊师，言以人君而尊师，若此学者可知矣。古人行礼，有教化存焉。严师所以尊道，尊道则民知敬学。帅天下之人，而皆知敬学，天下岂不大治。故先王养老尊贤之义，非特为其人也，所以令众庶见也。庆源辅氏曰：凡学之道，则非独君也，严师为难，盖言尽严师之道为难尔。能尽严师之道，则师始严。师所以传道，师严则道自尊，道未尝不尊，因其尊而尊之，则系乎人之严师也。
《礼记章句》卷十八《学记》	（清）王夫之	凡学之道，严师为难。严，尊敬也。唯尊德乐道者，乃能忘势而尊师，是以难也。师严然后道尊，道尊然后民知敬学。民，人也。敬，重也。是故君之所不臣于其臣者二：当其为尸，则弗臣也；当其为师，则弗臣也。大学之礼，虽诏于天子，无北面，所以尊师也。诏，告也。天子入大学而亲有所问，则东面，师西面，所谓弗臣也。天子尊之於上，其下莫敢不尊矣。
《续礼记集说》卷六十七《学记》（清）杭世骏	（清）姜兆锡	严师，如《孝经》严父之义，尊敬之意也。无北面，不处以臣位也。师尚父陈《丹书》，王南面而立，尚父谓先王之道，无北面是也。见《大戴礼记》又曰：此言尊师之礼，以明教之意也。

续表

版本	注释者	注释内容
《礼记集解》卷三十六《学记》第十八	(清)孙希旦	郑氏曰：严，尊敬也。诏于天子，无北面。尊师重道，不使处臣位也。武王践阼，召师尚父而问焉，曰：昔黄帝、颛顼之道存乎意，亦忽不可得见与？师尚父曰：在《丹书》。王欲闻之，则斋矣。王斋三日，端冕，师尚父亦端冕，孔疏云：师尚父亦端冕，《大戴礼》无此文，郑所加也。奉书而入，负屏而立。王下堂，南面而立，师尚父曰：先王之道不北面。王行西折而南，疏云："南"字亦郑所加。今按：今《大戴礼》与郑氏所引悉同，盖后人因郑注增之，非孔所见也。东面而立，师尚父西面道书之言。

进学之道

[经文] 善学者，师逸而功倍，又从而庸之。不善学者，师勤而功半，又从而怨之。善问者如攻坚木，先其易者，后其节目，及其久也，相说以解。不善问者反此。善待问者如撞钟，叩之以小者则小鸣，叩之以大者则大鸣，待其从容，然后尽其声。不善答问者反此。此皆进学之道也。

[注释]

版本	注释者	注释内容
《礼记注疏》卷三十六《学记》第十八	(汉)郑玄	善学者，师逸而功倍，又从而庸之。不善学者，师勤而功半，又从而怨之。从，随也。庸，功也。功之，受其道，有功於己。善问者如攻坚木，先其易者，后其节目，及其久也，相说以解。不善问者反此。言先易后难，以渐入。说，音悦。善待问者如撞钟，叩之以小者则小鸣，叩之以大者则大鸣，待其从容，然后尽其声。不善答问者反此。从，读如"富父春戈"之春。春容，谓重撞击也。始者一声而已。学者既开其端意，进而复问，乃极说之，如撞钟之成声矣。此皆进学之道也。此皆善问善答也。

续表

版 本	注释者	注释内容
《礼记注疏》卷三十六《学记》第十八	（唐）孔颖达	"善学"至"道也"正义曰：此一节明善学及善问，并善答不善答之事。善学者，师逸而功倍者受者聪明易入，是为学之善，故师体逸豫，而弟子所解又倍於他人也。又从而庸之者庸，亦功也。所得既倍於他人，故恒言我师特加功於我者，是从而功之也。不善学者，师勤而功半者此明劣者也。己既暗钝，故师体勤苦，而功裁半於他人也。又从而怨之者己既暗钝，而不自责己不明，乃反怨於师，独不尽意於我也。善问者如攻坚木，先其易者，后其节目者此明能问者。问，谓论难也。攻，治也。言善问之人，如匠善攻治坚木，先斫治其濡易之处，然后斫其节目。其所问师之时，亦先问其易，后问其难也。及其久也，相说以解者言问者顺理，答者分明，故及其经久，师徒其相爱说，以解义理。不善问者反此者若暗劣不解问之人，则与能问者意反也。谓先问其难，心且不解，则答问之人，不相喜说，义又不通也。故云反此矣。善待问者如撞钟，叩之以小者则小鸣，叩之以大者则大鸣者向明问，此明答也。以为设喻譬，善能答问难者，如钟之应撞，撞小则小鸣应之，撞大则大鸣应之。能答问者，亦随彼所问事之大小而答之。待其从容，然后尽其声又以钟为喻也。不善答问者反此者谓不善答他所问，则反此。上来之事，或问小而答大，或问大而答小，或暂问而说尽，此皆无益於所问，故云不善答问者反此。此皆进学之道也者言上善问善答，此皆进益学者之道也。 ·注"从谓"至"之舂"。正义曰：舂，谓击也，以为声之形容。言钟之为体，必待其击。每一舂而为一容，然后尽其声。言善答者，亦待其一问然后一答，乃后尽说义理也。按《左传》文：十一年冬，叔孙得臣败狄於咸，获长狄侨如，富父终甥以戈，舂长狄喉而杀之，是也。
《礼记集说》卷八十八《学记》第十八（宋）卫湜	（宋）周谞	善学者不自以为功，不善学者不自以为过。善问者知先后之序，善待问者小以成小，大以成大。
	（宋）方悫	颜渊闻一以知十，子贡告往而知来，所谓师逸而功倍也。颜渊曰："夫子奔逸绝尘，而回瞠乎，若在其后。"子贡则曰："夫子之不可及也，犹天之不可阶而升。"所谓又从而庸之也，以其有功於我，我故庸之有德於我，我故德之也。节则木理之

第二章 返本归源：注疏、义理及考据 237

续表

版本	注释者	注释内容
《礼记集说》卷八十八《学记》第十八（宋）卫湜	（宋）方愨	刚者，《说卦》所谓为坚多节是矣。目则木理之精者，弓人所谓斫目必荼是矣，皆其至坚难攻之处也。苟先其易攻之处，则其难者亦相说以解矣。欲其因徼以入乎妙，由浅以极其深故也。从，非牵也。容，非迫也。待其从容，然后尽其声，则随其所感而为之应，进之以渐而不以顿故也。善问者则足以进己之学，善待问者则足以进人之学，故曰皆进学之道。
	（宋）马希孟	博学而笃志，所谓善学也。善学者务其本，务本则道立。故其为教也，长善而已，不必救其失，故师逸而功倍。切问而近思，所谓善问也。於吾言无所不说，所谓相说以解也。
	（宋）胡铨	庸，谓用。师之道见於日用也。怨，若陈子禽毁仲尼。钟随叩而应，能待问者，亦随问而答。从容，谓再三叩也。《间传》云：大功之哭，三曲而偯。偯，声余从容也。尽其声，谓无隐也。如以筳撞钟而应之以大，盖不善答问者。
	（宋）朱熹	善问者如攻坚木，先其易者，后其节目，非特善问。读书求义理之法皆然。置其难处，先理会其易处，易处通则坚节自迎刃而解矣。若先其难者，则刃顿斧伤而木终不可攻。纵使能攻而费工竭力，无自然说而解之之效，终亦无益於事也。相说而解，说只当如字，而解音解，盖义理相说之久，其难处自然触发解散也。 又曰：从容，注说非是，正谓声之余韵，从容而将尽者也。言必答尽所问之意，然后止也。
	（宋）戴溪	此一段为学者言也。不善教而非学者，则教者固失矣。不善学而咎其师，亦非教者罪也。夫子曰：予欲无言。《论语》亦曰：子所雅言诗书执礼。盖圣人欲以无言教学者，不得已形於言。亦曰：诗书执礼而已，师何其逸也。七十子之徒，中心悦而诚服，其有功於学者。若此，古人乐得天下英才而教育之为是也。庄周之学，未必出於子夏。李斯之罪，岂尽出於荀卿。今谓庄周者，推原所自归过子夏。罪李斯者，以荀卿为诛首。然则取友必端，为师者其难哉。 古人论学必继以问，故曰学问。《中庸》曰：博学之，审问之。《论语》曰：博学而笃志，切问而近思，盖学者以问为功，疑思问，问思难，故问者进德之阶也。然非学者善问，教者善答，则虽问无益也。善问者如攻坚木，去其枝叶，寻

续表

版 本	注释者	注释内容
《礼记集说》卷八十八《学记》第十八（宋）卫湜	（宋）戴溪	其脉理，难易节目皆有次第，而不求欲速之功。善待问者，如撞钟。公而无我，虚而善应，洪纤高下，随叩而答，从容而后尽其声。如此，则进学之道也。
	（宋）辅广	颜子曰："夫子循循然善诱人，博我以文，约我以礼，欲罢不能，既竭吾才，如有所立卓尔。虽欲从之，末由也已。"所谓"又从而庸之也"。公孙丑曰："道若登天，然似不可及也。何不使彼为可几及，而日孳孳也。"所谓"又从而怨之也"。今之治木者犹然，柔者既去，然后坚者可脱而解矣。故曰相说以解。音悦恐非。说则以学者言矣，以后譬观之不然。撞钟者以莛撞之则其声小，以楹撞之则其声大，声之大小虽不同，然必待问者之从容，然后尽其声焉。若亟撞之，则未有能尽其声者也。夫子之答门弟子，固未尝同也。然非礼勿视、勿听、勿言、勿动之言，必发於请问其目之后。自古皆有死，民无信不立之说，必待其问於斯二者何先，然后语之也。问者答者皆得其理，然后学者有可进之道也，一或不善则失是矣。然则学者之无功，又非特不善学者之罪也。
	（宋）陆佃	说，息也。言师弟子相与委，蜕于言意之表。从，读如从容之从。昔子路初见孔子，以为不若己。居二年，以为与己等。居三年，然后知不如，若此可谓从容矣。老子所谓为学日益是欤。
	（宋）张载	问学亦须发端，不发端则无以起论议。盖道若大路，如不因端，则指何者为先。须是攻坚而不入，有疑而未判者，如此发问乃有得也。善待问者如撞钟，洪钟未尝有声，由叩乃有声。圣人未尝有知，由问而有知。答问者必知问之所由，故所答从所问，言各有所当也。大鸣小鸣，因所叩也。不必数数告语，待其来问至当皆实见处故易，以喻所谓待其从容，然后尽其声。
《礼记集说》卷六《学记》第十八	（元）陈澔	庸，功也，感师之有功于己也。相说以解，旧读说为悦，今从朱子说读如字。疏曰："从读为舂者，舂，谓击也，以为声之形容。言钟之为体，必待其击，每一舂而为一容，然后尽其声。善答者，亦待其一问，然后一答，乃尽说义理也。"愚谓从容，言优游不迫之意。不急疾击之，则钟声之小大长短得以自尽，故以为善答之意。朱子曰："说字，人以为悦，恐只是说字。先其易处，难处且放下，少间见多了，自然相证而解，解物为解，自解释为解，恐是相证而晓解也。"

续表

版　本	注释者	注释内容
《礼记纂言》卷三十五《学记》	（元）吴　澄	郑氏曰：从，随也。庸，功也。孔氏曰：善学者，谓聪明易入，师逸豫，而己之所解又倍于他人。恒言师特加功于己。不善学者，己暗钝，故师勤苦，而功裁半于它人，又怨师不尽意于我也。方氏曰：以其有功于我，故庸之。庆源辅氏曰：颜子曰：夫子循循然善诱人，博我以文，约我以礼，欲罢不能，既竭吾才，如有所立卓尔。虽欲从之，末由也已，所谓又从而庸之也。公孙丑曰：道若登天，然似不可及也。何不使彼为可几及，而日孳孳也，所谓又从而怨之。说，如字，旧音悦。朱子曰：善问者如攻坚木，先其易者，后其节目，非特善问。读书求义理之法皆然，置其难处，先理会其易处，易处通则坚节自迎刃而解矣。若先其难者，则刃顿斧伤而木终不可攻。纵使能攻而费工竭力，无自然说而解之之功，终亦无益于事也。盖义理相说之久，其难处自能触发解散也。从容，谓声之余韵，从容而将尽者也。言必答尽所问之意，然后止也。方氏曰：节木理之刚者，《说卦》所谓坚多节是矣。目，木理之精者，弓人所谓斫目必荼是矣，皆至坚难攻之处也，苟先其易攻之处，则其难者亦相说以解矣。从，非牵也。容，非迫也。待其从容然后尽其声，则随其所感而为之应，进之以渐而不以顿也。善问者则足以进己之学，善待问者则足以进人之学，故曰皆讲学之道。
《陈氏礼记集说补正》卷二十二《学记》	（清）纳兰性德	后其节目，《集说》无解。窃案"节目"二字有辨。方氏云：节如木理之刚者，《说卦》所谓为坚多节是矣。目则木理之精者，弓人所谓斫目必荼是矣，皆其至坚难攻之处也。 待其从容，然后尽其声。《集说》疏曰：从，读为舂，谓击也。以为声之从容，言钟之为体，必待其击。每一舂而为一容，然后尽其声。愚谓从容，言优游不迫之意。不急疾击之，则钟声之大小、长短得以自尽，故以为善答之喻。 窃案：以从为舂，固非矣。然不疾击之说，亦未为得也。盖待其从容之其，与卜尽其声之其，皆指钟言。则从容应为钟声之余韵，犹瑟之铿尔也。朱子云：从容钟声之余韵，从容而将尽者也。言必答尽所问之意然后止，斯言得之矣。

续表

版　本	注释者	注释内容
《礼记章句》卷十八《学记》	（清）王夫之	善学者师逸而功倍，又从而庸之；不善学者师勤而功半，又从而怨之。归功曰庸。怨者，怨其督责。善问者如攻坚木，先其易者，后其节目；及其久也，相说以解。不善问者反此。易者，梳理易析处。节目，木枝节所自出，坚撑处也。说，谓节目随开而脱也。解，判也。喻善问者因言以知意，即显以察微，渐渍之久而大疑自决。若择隐奥者以为诘难之端，而轻其浅易者为不足问，是不诚於求知而躐等以矜善问，终於迷而已，程子所谓拣难处问者也。善待问者如撞钟，叩之以小者则小鸣，叩之以大者则大鸣，待其从容然后尽其声。不善答问者反此。待，应也。从容，犹言良久。声，余韵也。因问而答，大者不吝，小者不滥，而意味有余，使人思而得之，引伸於无穷。此皆进学之道也。善问善答，则学日进矣。
《续礼记集说》卷六十七《学记》（清）杭世骏	（清）姚际恒	相说以解，说字当如旧解，音悦。所谓於吾言无所不说是也。悦而后解，此善摹学者神情处。朱仲晦以为如字义，便索然矣。从容，郑氏谓舂容。舂，为击。容，为声之，形容谓之重撞击，殊迂。胡邦衡谓从容为再三叩，亦不协。朱仲晦谓从容为声之余韵，从容而将尽言，必答尽所问之意然后止，此解于正意譬意，语气皆不甚协。且待其待字，即上待问待字，其字是指问者，今皆失之。陈可大谓不急疾击之，则钟声大小长短，得以自尽，亦非是。此言善答之意，如其说又入善问中去矣。愚按：待其从容然后尽其声者承上言。钟於大小之叩即鸣，如此然必待撞钟者从容少间，然后得尽其声。犹善待问者从容少间寻思有得，然后尽其余蕴以告也。
	（清）陆奎勋	方氏云：节谓木理之刚者，《说卦》坚多节是也。目谓木理之精者，弓人斫目必荼是也。余谓目亦坚处何必言精。相说以解，尚是喻语。说，常音脱。
	（清）姜兆锡	庸，功也，谓感其有功也。问，问于师也。说，为悦者，谓师徒共相爱悦以解义理也。读如字者，谓先问其易者，难处且放下，少间见得多，自相证而晓解也。从，为舂者，谓击也。钟之为体，每一舂而为一容，然后尽其声。善答者亦待其一问而为一答，然后尽其理也。读音聪者，从容乃优游不迫之意。不急击之，则钟声之大小、长短得以自尽也。今按朱子陈氏，为得之。 又曰：此言进学之道，以明学之事。而待问一条，则以善问并及之也。

续表

版　本	注释者	注释内容
《续礼记集说》卷六十七《学记》（清）杭世骏	（清）方　苞	木之有节处，以目最坚而难攻。相说以解，即以攻木言。与庄子所谓斫轮，徐则甘而不固，甘字义略同。盖攻而不入，如相苦者。及顺理而解，如相说也。待其从容，仍以钟声言，不应攻木，杂出《正义》，且后其节目，语意亦未终。相说以解，下承以不善问者反此，则非谓相证而晓解明矣。又曰：从容，悠裕也，必悠裕，声乃得尽。《尚书》从容，以和。
《礼记集解》卷三十六《学记》第十八	（清）孙希旦	愚谓功之，谓归功于师也。节目，木之坚而难攻处。《易说·卦》曰：其於木也，为坚多节。说，当读为脱。相说以解，谓彼此相离脱而解也。从容，义如从容之道，从容以和。钟虽叩之而无不鸣，然必撞之者不急迫，从容间歇，而后其余声乃尽，若急迫叩之，则钟声有不能尽者矣。善待问者，於学者之问无不答，若钟之小叩小鸣，大叩大鸣，然必问者不急迫，从容间暇，然后尽发其旨意，若急迫问之，则教者有不尽告者矣。非其於学者有所靳也，盖非从容则无沈潜详审之意，而不足以为领受之地故也。

舍之之学

[经文] 记问之学，不足以为人师，必也其听语乎。力不能问，然后语之，语之而不知，虽舍之可也。

[注释]

版　本	注释者	注释内容
《礼记注疏》卷三十六《学记》第十八	（汉）郑　玄	记问之学，不足以为人师记问，谓豫诵杂难、杂说，至讲时为学者论之。此或时，师不心解，或学者所未能问。必也其听语乎必待其问乃说。力不能问，然后语之，语之而不知，虽舍之可也舍之须后。

续表

版 本	注释者	注释内容
《礼记注疏》卷三十六《学记》第十八	（唐）孔颖达	"记问之"至"舍之可也"正义曰：此一节论教者不可为记问之学。又教人之时，不善教学者，谓心未解其义，而但逆记他人杂问，而谓之解。至临时为人解说，则先述其所记而示人，以其不解，无益学者，故云不足以为人师。必也其听语乎者听语，谓听其问者之语。既不可记问，遂说教人之时，必待学者之问，听受其所问之语，然后依问为说之也。力不能问，然后语之者若受业者才力苟不能见问，待愤愤悱悱之间，则师然后乃示语之矣。语之而不知，虽舍之可也者弟子既不能问，因而语之，语之不能知，且舍住，待后别更语之可也。
《礼记集说》卷八十八《学记》第十八（宋）卫湜	（宋）程 颐	记问文章，不足以为人师，以其所学者外也，所谓师者何也？曰：理也，义也。
	（宋）方 慤	记者，得诸言，而非得诸心。问者资诸人，而非资诸己，是特学者之事。若夫教者，则得之于心，而寓之于言，取之于己，而传之于人者也。听语者，听其所问，然后语之以言也。彼无问，则我无言矣。《易》曰：匪我求童蒙，童蒙求我，其听语之谓乎？教人之道，固听其所问，然后语之以言。至于力所不能问者，教者将舍之乎？亦曰：语之而不知，然后舍之而已。听所问，而语之者，教者之义也。力不能问，而语之者，教者之仁也。
	（宋）陆 佃	听之而觉，语之而知，非记问之学也。力不能问，然后语之，非不欲问也，力不能问耳。子曰：吾有知乎哉，无知也。有鄙夫问于我，空空如也，我叩其两端而竭焉。
	（宋）李格非	记问者，记而得问之谓也。夫人之才性，有明暗之殊，而其学有浅深之异。或学博矣而约有所不能，知体矣而用有所不备，可告之详者。不待三隅而反，可告之略者。不叩其两端而竭，滞学而不知本，则语之以贯于心。务本而不知学，则语之以求于学。此所谓听语也。可与言而不与言失人，故才有不足，而志至焉者，斯可告矣。故曰：力不能问，然后语之，孔子之于鄙夫近是焉。至于才不足而志不至，则不可告也。故曰：语之而不知，虽舍之可也。孔子之于孺悲近是矣，此君子之所谓不屑教者也。力不能问而后语之，所以不失人。语之而不知，则舍之，所以不失言也。夫君子之教人，或听之，或语之，或舍之，其欲成之一也。

续表

版　本	注释者	注释内容
《礼记集说》卷八十八《学记》第十八（宋）卫湜	（宋）戴　溪	昔人有言，经师易得，人师难遇。若记问之学，足以为人师，则学者求诸简编可也，何以师为？是故阖辟造化之功，全在教语唯诺之间。其力能问者，因问以致启发之功。其不能问者，告语以开其欲问之意。力不能问而语，语之而彼不知，则教者无所施其力矣，虽舍之可也。舍之以须其后，犹为不弃也。世人皆知诵说之为学，而不知游息之为学；皆知答问之为教，而不知不屑之为教。此教学之所以难也。
	（宋）辅　广	记问之学，如前呻其占毕，多其讯言，及于数是也。记问之学，据己所有者，以告人。听语者，因人之所疑，以启之，孟子所谓知言是矣。诐辞知其所蔽，淫辞知其所陷，邪辞知其所离，遁辞知其所穷，此非心与道一，而尺度权衡之在我者，不足以与此也，知言则其义精矣。彼有质朴而讷于言，虽有所欲问而力不能发者，必有以知其情，不待其问而语之。如孔子曰：吾道，一以贯之是也。如此而语之，未有不知者也。故曾子一唯之外，口耳俱丧。若夫虽欲语之，而彼无以受之，则止而不以告。非谓其既语，而彼亦不知乃已也。
《礼记集说》卷六《学记》第十八	（元）陈　澔	记问，谓记诵古书以待学者之问也。以此为学，无得于心，而所知有限，故不足以为人师。听语，听学者所问之语也。不能问则告之，不知而舍，以其终不可入德也。不以三隅反则不复，亦此意。
《礼记纂言》卷三十五《学记》	（元）吴　澄	语，去声。舍，上声。因上文善答问，不善答问而又言此。郑氏曰：记问，谓豫诵杂难杂说，至讲时，为学者论之。或师不心解，或学者所未能问。听语，必待其问，乃说之，舍之须后。孔氏曰：记问谓逆记它人杂问，听问谓听问者之语，依问为说也。受业者，才力不能见问，待其愤悱之间，然后语之。语之不能知，且舍住，待后更语之也。庆源辅氏曰：记问之学，据已所有以告人，听语者因人之所疑以启之。

续表

版本	注释者	注释内容
《礼记章句》卷十八《学记》	（清）王夫之	记问之学，不足以为人师，必也其听语乎！记问者，无察识之实，憒於次序，述诵以教人，倾尽而止。唯己学已明，则审知学者所至之浅深，听其所问之语而因量以善诱之也。力不能问，然后语之，语之而不知，虽舍之可也。力不能问者，不知疑也。舍，置也。言师必因材而授，不可则止，以警学者之自勉。
《续礼记集说》卷六十七《学记》（清）杭世骏	（清）姚际恒	记问之学，谓其学徒揣人所应问者，以记诵之而已。此其人无得于心，而所知有限。所谓呻佔毕多讯问者也，故不足以为人师。听语，则但听问者之语，而皆有以教。或口欲言不能问者，乃不待问而语之。其又不知，则舍之耳，亦不悱不发，不以三隅反，则不复之意。凡此，即所谓从容也。又曰此申言教也。
《礼记集解》卷三十六《学记》第十八	（清）孙希旦	愚谓听语，谓听学者之问，而因而语之，所谓小叩小鸣，大叩大鸣是也。此唯学有心得，而义理充足者，然后能之。然教者之语，虽因乎学者之问，而亦有不待其问而语之者。盖其心有愤悱，而力不能问，然后语以发之。语之而不知，则又当舍之，以俟其后也。《论语》不愤不启，不悱不发，举一隅不以三隅反，则不复也，即此义也。

有志于学

[经文] 良冶之子，必学为裘；良弓之子，必学为箕；始驾马者反之，车在马前。君子察于此三者，可以有志于学矣。

[注释]

第二章 返本归源：注疏、义理及考据

版本	注释者	注释内容
《礼记注疏》卷三十六《学记》第十八	（汉）郑玄	良冶之子，必学为裘仍见其家锢补穿凿之器也。补器者，其金柔乃合，有似於为裘。良弓之子，必学为箕仍见其家桡角干也。桡角干者，其材宜调，调乃三体相胜，有似於为杨柳之箕。始驾马者反之，车在马前以言仍见则贯，即事易也。始驾者，一本作"始驾马者"。君子察於此三者，可以有志於学矣仍读先王之道，则为来事不惑。
	（唐）孔颖达	"良冶"至"於学矣"正义曰：此一节论学者数见数习，其学则善，故三譬之。良冶之子，必学为裘者此为第一譬。良，善也。冶，谓铸冶也。裘，谓衣裘也。言积习善冶之家，其子弟见其父兄世业陶铸金铁，便之柔合，以补治破器，皆令全好，故此子弟仍能学为袍裘，补续兽皮，片片相合，以至完全也。良弓之子，必学为箕者此第二譬，亦世业者。箕，柳箕也。言善为弓之家，使干角挠屈，调和成其弓，故其子弟亦睹其父兄世业，仍学取柳和软挠之成箕也。始驾马者反之，车在马前者此第三譬，明新习者也。始驾者，谓马子始学驾车之时。反之者，驾马之法。大马本驾在车前，今将马子系随车后而行，故云"反之，车在马前"，所以然者，此驹既未曾驾车，若忽驾之，必当惊奔，今以大马牵车於前，而系驹於后，使此驹日日见车之行，其驹惯习而后驾之，不复惊也。言学者亦须先教小事操缦之属，然后乃示其业，则道乃易成也。君子察於此三者，可以有志於学矣者结上三事。三事皆须积习，非一日所成，君子察此三事之由，则可有志於学矣。
《礼记集说》卷八十八《学记》第十八（宋）卫湜	（宋）张载	良冶之子，不见异物，而迁裘当为球，沙土之范模。
	（宋）陈祥道	裘非一腋之所能成，理非一物之所能备，故为裘所以譬明理也。箕待揉然后成，性待修然后善，故为箕所以譬修性也。马观于车然后可以驾，行识于所往而后能行，故驾马所以譬其善行也。盖明理而后能修性，能修性然后能见于行，君子察十此二者，可以有志十学矣。
	（宋）周谞	为裘，则所资者不一，所资者不一，故象其道问学。为箕，则所因者自然，所因者自然，故象其尊德性。车在马前，有观而化之之意。君子察此三者，则可以有志于学矣。

续表

版　本	注释者	注释内容
《礼记集说》卷八十八《学记》第十八（宋）卫湜	（宋）李格非	合皮以为裘，合金以为器，其合则同，而裘有异于冶。析柳以为箕，析木以为弓，其析则同，而弓有异于箕。学者自粗而入精，故学冶者先为裘，学弓者先为箕。始驾马者，未尝驭者也，故车在马前，趋有近于驭。故始驾马者先观趋，此为学之次也。至于钟鼎之齐，不可以为斤斧大刃之齐，不可以为鉴燧以之为器，则新而无穷，敝而无恶。以之为刃，则倨而可入，勾而可决，长外而坚，短内而疾。以之为钟，则薄厚之所震动，清浊之所由出，侈弇之所由兴皆有说。以之为量，则可以权，可以准，可以釜，莫不有法。以之为甲，则其里易，其胀直，囊之而约，举之而丰，衣之而无齼，此冶之良也。冶至于良，则非为裘者之所能知也。析干必伦，析角无邪，斫目必荼其液，厚其节间，方其峻，高其榹，长其畏，薄其敝，其和至于无灂，其应至于无已，此弓之良也。弓至于良，则非为箕者之所能至也。得之于衔，应之于辔，得之于辔，应之于手，得之于手，应之于心，不以目视，不以策驱，进退履绳尺，而周旋中规矩。舆轮之外可使无余辙，马蹄之外可使无余地，此御之良也。驭至于良，则非趋者之所能任也。虽然学冶必始于裘，学弓必始于箕，学驭必始于趋，盖其学有渐次耳。故曰：君子察于此三者，可以有志于学矣。
	（宋）戴　溪	夫子曰：性相近也，习相远也。夫三子言性，止曰性而已。独夫子性习兼言之，此其所以善论性也。夫人性，不甚相远。善恶之分，全系乎习。习与性成，久而自然。人知其为性，不知其为习也。良冶之子必学为裘，良弓之子必学为箕，人情皆然也。始驾马者反之，车在马前，物理亦然也。少而习之，长而安焉。耳目见闻，转移心志，而不自知。是故，学者贵乎习也。观听以习其外，涵泳以习其内。德之不进，未之有也。故曰：丽泽兑，君子以朋友讲习，为兑。此时习之所以说也。
	（宋）辅　广	良冶之子，必学为裘。良弓之子，必学为箕。至于马之子，则不能然也。虽然苟有以调习之，则亦无不能也，此见人兽之异。君子而能察夫弓冶之贱，必学为箕裘之业。马之子异于人矣，而有以调习之，亦皆安于牵驾之事，则可以有志于学矣。盖学乃君子当为之事也，可以勉之之辞。

续表

版 本	注释者	注释内容
《续礼记集说》卷六十七《学记》（清）杭世骏	（宋）应 辅	冶铸难精，而裘软易纫。弓劲难调，而箕曲易制。车重难驾，而马反则易驯。皆自易而至于难，自粗而至于精。习之有渐，而不可骤进。学之以类，而不可泛求，是之谓有志矣。
	（宋）王应麟	《列子》云：古诗云，良弓之子必先为箕，良冶之子必先为裘。张湛注云，学者必先攻其所易，然后能继其所难。
《礼记集说》卷六《学记》第十八	（元）陈 澔	疏曰：善冶之家，其子弟见其父兄陶熔金铁，使之柔合以补治破器，故此子弟能学为袍裘，补续兽皮，片片相合，以至完全也。箕，柳箕也。善为弓之家，使干角挠屈，调和成弓，故其子弟亦观其父兄世业，学取柳条和软挠之成箕也。马子始学驾车之时，大马驾在车前，将马子系随车后而行，故示反之。所以然者，此驹未曾驾车，若忽驾之必惊奔。今以大马牵车于前，而系驹于后，使日日见车之行，惯习而后驾之，不复惊矣。言学者亦须先教小事操缦之属，然后乃示其业，则易成也。应氏曰：冶矿难精，而裘软易纫；弓劲难调，而箕曲易制；车重难驾，而马反则易驯。皆自易而至于难，自粗而至于精。习之有渐，而不可骤进。学之以类，而不可泛求，是之谓有志矣。
《礼记纂言》卷三十五《学记》	（元）吴 澄	郑氏曰：必学为裘，仍见其家锢补穿凿之器也，补器者，其金柔乃合有似于为裘。必学为箕，仍见其家挠角干也，挠角干者，其材宜调调乃三体相胜，有似于为杨柳之箕也。孔氏曰：学者数见数习则善，故三譬之良善也。冶，铸冶也，善冶之家子弟，见其父兄世业使金铁柔合以补破器，皆令全好，故学为裘补续兽皮片片相合以至完全也。为弓之家，使角干挠屈调和成弓，故其子弟亦学取柳和柔挠之成箕也。驾马之法，大马本驾在车前，今马子始学驾车，系随车后而行。故云反之，车在马前，所以然者，此驹未曾驾车，若忽驾之必惊奔，今以大马牵车于前，使驹日日见车之行，惯习而后驾之，则不惊也。学者亦须先教小事，如操缦之属，然后示其业，则易成也。上三事皆须积习，非一日所成，君子察此，则可有志于学也。

版 本	注释者	注释内容
《礼记章句》卷十八《学记》	（清）王夫之	冶裘之事，镕合以底於完；弓箕之事，娇柔以适於用；始学御者，马反向舆，曳车却行，使易就御而不骋。察於此而知，识小以成大，变质以合理，乡道以闲邪，虽未能即合辙於古人，而就其所能以拟议之，则不迷其方而为之有渐其於学也，有日孳孳而不能已者矣。
《续礼记集说》卷六十七《学记》（清）杭世骏	（清）姚际恒	纯乎，善喻绝妙。
	（清）姜兆锡	疏曰：善冶之家，其子弟见其陶镕金铁补合成器，必学取兽皮连缀成裘，以学乎冶。善弓之家，其子弟见其挠屈干角调和成弓，必学取柳条屈曲成箕，以学乎弓。驹始驾马，更不驾在车前，惟反系车后，使日见驰驱骤，以学乎驾而已。言学者须先教之小者、浅者。裘软易纫，弓劲难调，而箕曲易制，车重难驾，而马反易驯，皆自易而难，自粗而精，以渐而不骤，有类而不泛，以为志学之喻也。又曰：此申言学也。
《礼记集解》卷三十六《学记》第十八	（清）孙希旦	愚谓良冶之子之能为裘也，良弓之子之能为箕也，马之能驾车也。此三者，非皆生而能之，由于见闻习熟而驯而致之也。然则君子之於道，苟时习而不已，岂有不能至之理哉？故察於此而可以有志於学矣。

宗师明道

[经文] 古之学者，比物醜类。鼓无当于五声，五声弗得不和；水无当于五色，五色弗得不章；学无当于五官，五官弗得不治；师无当于五服，五服弗得不亲。

[注释]

第二章 返本归源：注疏、义理及考据　249

版　本	注释者	注释内容
《礼记注疏》卷三十六《学记》第十八	（汉）郑　玄	古之学者，比物丑类。以此相况而为之，丑犹比也。鼓无当于五声，五声弗得不和；水无当于五色，五色弗得不章；学无当于五官，五官弗得不治；师无当于五服，五服弗得不亲。当犹主也。五服，斩衰至缌麻之亲。
《礼记注疏》卷三十六《学记》第十八	（唐）孔颖达	"古之"至"不亲"正义曰：此一节论弟子当亲师之事，各依文解之。比物丑类者既明学者仍见旧事，又须以时事相比方也。物，事也。言古之学者，比方其事以丑类，谓以同类之事相比方，则事学乃易成。既云古学如斯，则今学岂不然。鼓无当于五声，五声弗得不和者此经论师道之要，以余事譬之。此以下四章，皆上比物丑类也。鼓，革也。当，主也。五声：宫、商、角、徵、羽。言鼓之为声，不宫不商，故言无当于五声，而宫商等之。五声不得鼓，则无谐和之节，故云"弗得不和"也。所以五声必鼓者为俱，是声类也。若奏五声，必求鼓以和之而已，即是比类也。水无当于五色，五色弗得不章者水谓清水也。五色：青、赤、黄、白、黑。章，明也。言清水无色，不在五色之限，无主青黄，而五色画缋者，不得水则不分明，故云弗得不章。五色是其水之出也，故五色须水，亦其类也。学无当于五官，五官弗得不治者本学先王之道也。五官：金、木、水、火、土之官。夫学为官之理，本求博闻强识，非主于一官，而五官不得学，则不能治，故云弗得不治也。故化民成俗，必由学乎！能为师，然后能为君长，故官是学之类也。师无当于五服，五服弗得不亲者师，教之师也。五服：斩衰也，齐衰也，大功也，小功也，缌麻也。师于弟子，不当五服之一也，而弟子之家，若无师教诲，则五服之情，不相和亲也，故云弗得不亲。是师情有在，三年之义，故亦与亲为类。
《礼记集说》卷八十八《学记》第十八（宋）卫湜	（宋）张　载	比物丑类，须学者至明乃能之。五官弗得不治，施于天官，而天官治施于地官，而地官治不主于一官。
	（宋）陈祥道	类者，物之所同也。丑之为言众也。理有所不显，则比物以明之。物有所不一，则丑类以尽之。夫然后因理以明道，而善乎学矣。夫声中于宫，触于角，验于徵，章于商，宇于羽，其声浊者尊，其声清者卑，非得鼓为之，君而唱节之，则五声虽奏而不和者有矣。夫色青于震，白于兑，赤于离，黑于坎，黄于坤，相有以章，相无以晦，非得水为之主而润色之，

续表

版　本	注释者	注释内容
《礼记集说》卷八十八《学记》第十八（宋）卫湜	（宋）陈祥道	则五色虽施而不章者有矣。耳目口鼻形能各有接，而不相能者是之谓五官，心居中虚以治五官是之谓天君，盖五官不思而蔽于物，物交物则引之而已。善假学以治之，使目非是无欲见，斯彻而为明矣；使耳非是无欲闻，斯彻而为聪矣；使口非是无欲言，斯隶乎善矣；使心非是无欲虑，斯凝于神矣。五服也，或以恩以义而制，或以节以权而制，升数有多寡，岁月有久近，凡称情为之隆杀而已。非假师以训迪之，则五服之制不明于天下，而学士大夫欲短丧者有之。此百姓不亲，五品不逊，所以有待契之敷教也。总而论之，鼓非与乎五声，而五声待之而和；水非与乎五色，而五色待之而章；学非与乎五官，而五官待之而治；师非与乎五服，而五服待之而亲。是五声、五色、五官、五服虽不同，而同于有之以为利。鼓也，水也，学也，师也虽不一，而一于得之以为用。然则古之学者，比物丑类，而精微之意，有寓于是。非夫穷理之至者，孰能与此记之。论学多譬喻以明之。言玉不琢，不成器，取其有质者言之；善问者如攻坚木，取其有理者言之；嘉肴，取其有味者言之；钟鼓，取其有声者言之；川与水，取其有本者言之；官与服，取其在身者言之；蛾子与马，取其动物言之；弓冶与车，取其成器言之。盖君子知至学之难易，而知其美恶，然后能博喻，能博喻，然后能为师。
	（宋）戴　溪	比物丑类，本不足以为学。然察于万物，而见理之当。然则心通意晓有所信，而必为此教者，所以贵于博喻也。天下之理，固有不相为，而实相用者。如鼓之于五声，水之于五色，是也。学何有于五官，然视听言貌思，非学则不得其正。师何与于五服，然五服隆杀，非师则恩义不笃。学者苟知五声，非得鼓则声不和；五色，非得水则色不章。将以治五官安得不从事于学，将以亲五服安得不有赖于师邪？
	（宋）方　慤	五声之清浊，固所以相和也。然非鼓以作之，则弗得其和而乖矣。五色之浅深，固所以成章也。然非水以润之，则弗得其章而隐矣。五官之异用，固所以相治也。然非学以明之，则弗得其治而乱矣。五服之异等，固所以相亲也。然非师以教之，则弗得其亲而疏矣。以鼓况学，以水况师，五声以之况五官，五色以之况五服，是皆比物丑类之道也。
	（宋）应　镛	声以鼓而震，色以水而发，身以学而治，族以师而亲，皆若缓而甚急，若不相关，而不可废也。

版 本	注释者	注释内容
《礼记集说》卷六《学记》第十八	（元）陈澔	比物丑类，谓以同类之事相比方也。当，犹主也。鼓声不宫不商，于五声本无所主，然而五声不得鼓，则无谐和之节。水无色，不在五色之列，而缋画者不得水，则不章明。五官，身口耳目心之所职，即《洪范》之五事也。学于吾身五者之官，本无所当，而五官不得学则不能治。师于弟子不当五服之一，而弟子若无师之教诲，则五服之属不相和亲。陈氏曰：类者，物之所同，丑之为言众也。理有所不显，则比物以明之；物有所不一，则丑类以尽之。然后因理以明道，而善乎学矣。总而论之，鼓非与乎五声，而五声待之而和；水非与乎五色，而五色待之而章；学非与乎五官，而五官待之而治；师非与乎五服，而五服待之而亲。是五声、五色、五官、五服虽不同，而同于有之以为利；鼓也、水也、学也、师也虽不一，而一于无之以为用。然则古之学者比物丑类，而精微之意有寓于是，非夫穷理之至者孰能与此？
《礼记纂言》卷三十五《学记》	（元）吴澄	郑氏曰：丑犹比也。比物丑类以事相况。澄曰：言此以申上文，箕裘、弓冶、驾马三者之譬。鼓革音之乐，当犹主也。凡乐金石丝竹匏土，各具宫、商、角、徵、羽。五声惟革音于五声之内，不偏主于一声，然五声之乐若无革音则不相协，合是鼓者五声之本也。水谓清水，凡绘画之采各分青、赤、黄、白、黑五色，惟水于五色之中，不偏主于一色，然五色之采苟非水渍，则不可彰，施是水者五色之本也。治官、礼官、政官、刑官、事官五官之职，各有所治，惟司徒以德行道义教民于五官，所治无所不学不专主于学何官也，然非为学之人则不能治，五官之治是学者五官之本也。斩衰、齐衰、大功、小功、缌麻五等之服，各有所亲师，虽尊丧之，若丧父而无服不主于服何服也，然非得师之教则不能亲，五服之亲是师者五服之本也。
《礼记章句》卷十八《学记》	（清）王夫之	醜，齐也，因声色而知学与师之重，所谓比物醜类也。鼓，谓考击之也。水，调涂之也，鼓之所以宣五声之和，水之所以成五色之章，质因其自然，而为之者人力也。五官，耳聪、目明、貌恭、言从、思睿也。天之所赋，虽各效其灵，而非学则无以尽其材而不淫於妄也。五服，斩、齐衰，大、小功，缌也。亲师明道而后能尽伦也。徐氏口：古之学者，比方事物而齐其类，如知五声於鼓，五色於水，必得之而后和与明。则知五官於学，五服于师，必得之而后治与明也。而君子得不志学而求师哉？此盖借以喻学与师之当务，而结之也。

续表

版　本	注释者	注释内容
	（清）姚际恒	学於五官，师於五服，必皆承上五字，说来颇似不切合。然於不切合之中仍有可切合者，此则先秦之妙笔也，所谓以词采胜者在此。
	（清）朱　轼	贾疏谕五官，金木火水土之官也。张横渠谓：施於天官而天官治，施於地官而地官治，不主於一官也。长乐陈氏则以五官为人身五事，未知孰是。
《续礼记集说》卷六十七《学记》（清）杭世骏	（清）姜兆锡	比方醜同也，理有所不显，则比其物以明之。物有所不一，则醜其类以约之也。当，犹主也。五官即《洪范》五事，五服谓丧服五世也。鼓以节乐而已，故於五声无主；水以和色而已，故於五色无主，然弗得则不谐而章明也。况学与师，可以其无主，而听之乎。徐氏曰：古之学者，比方事物而齐其类，如知五声於鼓，五色於水，必得之而后和与明。则知五官於学，五服于师，必得之而后治与明也。而君子得不志学而求师哉？此盖借以喻学与师之当务，而结之也。何氏曰：举四者以见我所比方之物，类与我所欲明之理。本无专主业，而天下精微之理，有寓于事物中而不得则不明者。此所以当旁通以引申之，而学乃善也。愚按本节旧说多未明，惟徐氏何氏上下义始贯然。徐氏以二条与二条意在言中，而何氏以四条应首二句意在言外。盖徐氏为得之。
	（清）方　苞	执一物以求其理，未必能尽事物之理也。比方众物，则彼此互证，而理无不尽矣。下四者，皆外若无涉，而中实相资之。喻穷理者知此，然后能参伍众理，以尽其变也。
《礼记集解》卷三十六《学记》第十八	（清）孙希旦	愚谓：比物丑类一句，与下文义不相属，朱子以为有阙文，是也。自鼓无当于五声以下，则言学当尊师之意，以上三事引起下一事也。夫五服之亲，骨肉也。然非有师以讲明其理，则或有不知其当亲者，或有知其当亲而所以亲之非道者。人伦赖师而后明，此师之所以无当于五服，而实为在三之一者也。

第四节　为学务本

[经文] 君子曰：大德不官，大道不器，大信不约，大时不齐。察于此四者，可以有志于本矣。三王之祭川也，皆先河而后海，或源也，或委也，此之谓务本。

[注释]

版　本	注释者	注释内容
	（汉）郑　玄	君子曰：大德不官谓君也。大道不器谓圣人之道，不如器施於一物。大信不约谓若尧命十舜，无盟约。大时不齐或时以生，或时以死。齐如字。察於此四者，可以有志於学矣本立而道生。言以学为本，则其德於民无不化，於俗无不成。三王之祭川也，皆先河而后海，或源也，或委也，此之谓务本源，泉所出也。委，流所聚也。始出一勺，卒成不测。
《礼记注疏》卷三十六《学记》第十八	（唐）孔颖达	"君子"至"务本"正义曰：此一节论学为众事之本。君子曰者《记》者引君子之言，故云君子曰也。大德不官者大德，谓圣人之德也。官，谓分职在位者。圣人在上，垂拱无为，不治一官，故云大德不官也，不官而为诸官之本。大道不器者大道，亦谓圣人之道也。器，谓物堪用者，夫器各施其用，而圣人之道弘大，无所不施，故云不器，不器而为诸器之本也。《论语》云君子不器，又云孔于博学而无所成名是也。大信不约者大信，谓圣人之信也。约，谓期要也。大信，不言而信。孔子曰："予欲无言，天何言哉，四时行焉。"不言而信，是大信也。大信本不为细言约誓，故云不约也，不约而为诸约之本。大时不齐者大时，谓天时也。齐，谓一时同也。天生杀，不共在一时。犹春夏华卉自生，荠麦自死；秋冬草木自死，而荠麦自生，故云不齐也，不齐为诸之本也。察於此四者，可以有志於学矣者结之也。若能察此在上四者之事，则人当志学为本也。庾云：四者，谓不官为群官之本，不器为群器之本，不约为群约之本，不齐为群齐之本。言四者莫不有本，人亦以学为本也。三王之祭川也，皆先河而后海，或源也，或委也者言三王祭百川之时，皆先祭河而后祭海也。或先祭其源，或后祭其委，河为海本，源为委本，皆曰川也，故总云三王之祭川。源、委，谓河海之外，诸大川也。

续表

版　本	注释者	注释内容
《礼记注疏》卷三十六《学记》第十八	（唐）孔颖达	此之谓务本者先祭本，是务重其本也。本小而后至大，是小为大本。先学然后至圣，是学为圣本也。 ·注"谓若"至"盟约"。正义曰：案桓公三年夏，齐侯、卫侯胥命于蒲。左氏云：不盟也。杜云：不歃血也。案：彼直以言语相告命，非大信之事，引之者，取其不盟之一边，而与此不约相当，故引证。 ·注"源泉"至"不测"。正义曰：皇氏以为河海之外，源之与委也。今依用焉。或解云：源则河也，委则海也。申明先河而后海，义亦通矣。云始出一勺，卒成不测者，《中庸》篇云：水一勺之多，及其不测，鲛龙生焉。是其始一勺也，后至不测也。犹言学初为积渐，后成圣贤也。
《礼记集说》卷八十八《学记》第十八	（宋）陈祥道	大德无事於事，故不官。大道妙於无体，故不器。大信无必而唯义所在，故不约。大时无固而唯变是适，故不齐。由德以至道，则入神而无为。由信以至时，则致用而无不为。此四者先后之序也，不官不器者，道德之本，而入於器主於事者，皆道德之末。不约不齐者，时信之本，而言必信行必果者，皆时信之末。犹之河与源者，海与委之本。海与委者，河与源之末。末虽君子之所不忘，而本则君子之所志。是故末之所不忘，则存乎学。本之所志，则存乎道。学则日益，道则日损，夫推本之事至於此，则君子之道成矣。
	（宋）卫湜	大德不官，不拘于所守也。大道不器，不拘于所用也。大信不约，不拘于所期也。大时不齐，不拘于所遇也。德之大者，无入而不自得。若孔子可以仕则仕，可以止则止是矣。道之大者，无往而不通。若孔子小以成小，大以成大是矣。信之大者，则无可无不可。若孔子不言而信是矣。时之大者，则唯理之适。若孔子圣之时是矣。唯其不官，故无所不官。唯其不器，故无所不器。唯其不约，故无所不约。唯其不齐，故无所不齐。此其所以谓之大，而为之本。河也，海也，源也，委也，名虽不同，合而言之，皆集众流而已，故总以为祭川焉。孟子言源泉混混，不舍昼夜，有本者如是，此以祭川况务本固所宜矣。
	（宋）方慤	

第二章 返本归源：注疏、义理及考据

续表

版 本	注释者	注释内容
《礼记集说》卷八十八《学记》第十八（宋）卫湜	（宋）陆佃	大德大道，大信大时，凡所道之事。於学之终篇言此者，将以道学也。老子曰：绝学无忧。夫守古人之糟粕，而不能远离者，犹虫镂诗书。不能自化，安能化民。不能自成，安能成俗。有见於学，又有见於本，可谓君子矣。作《记》者，以是终焉。以此彼不知因心会道，而溺於末流之弊者，学之失也。源所出者河是已，委所归者海是已。《尔雅》曰：河出昆仑虚，色白。所渠并千七百一川，色黄。百里以小曲，千里一曲一直。盖君子之於学，无以贯之，则无源无以聚之则无委，无源非也，无委亦非也。故曰：以予为多学而识之者，与予一以贯之。又曰寡闻无约也，寡见无卓也。然三王祭川，皆先河而后海，则先后缓急可知。故曰：形度数古人有之，而非所以先也。
	（宋）朱熹	注说非是。但言大德者，不但能专一官之事，若荀子所谓精於道者，兼物物也。大信不约，谓如天地四时，不言而信者也。先河后海者，以其或是源故先之，或是委故后之。疏有二说，此说是也。
	（宋）辅广	学固不可无渐，教固不可无等，然亦不可不使之知其本也。故举此四者，使之察之而有所志焉。可以者，勉辞也。此与《中庸》云：上天之载，无声无臭，同意。祭川亦比物之意，由是观之，则学者固不可不知所谓本也。
	（宋）沈焕	学记之末，圣人始以此四者示学者。大意欲学者离言语，舍形迹，而求大本也。大则不可以一端名一曲，取造形而悟，绝物离迹而立於独矣。此正是学者事。
	（宋）沈清臣	海者，源也。河者，委也。昔有人问，何以谓海为源。应之曰，海者水之所会也。其河之所流者，皆其泉脉也。譬之人之一身元气，则其海也。其经络则其河也。元气不充实，则经络不运行矣，谓经络为源则非也，谓元气为委则非也。郑氏谓，源者泉所出，委者流所聚，盖不知吾之说也。然则所谓先河而后海者，以河之近，故先祭之；海之远，故后祭之，非固后之也。亦务其本者，当如是也。

续表

版　本	注释者	注释内容
《礼记集说》卷八十八《学记》第十八（宋）卫湜	（宋）戴　溪	官，如礼乐明备天地官矣之官。器，如形而下者谓之器之器。不约，如上古结绳之信。大时，如尧舜揖逊，汤武征伐之时，皆深造本原不累形迹。君子察此，岂得不用志於本源之学。自教学而至於罔觉，自文章而至於不可得闻，前日所谓善学善问，至此皆不足道矣。又曰：河流入海，三王祭川，先小后大，重本也。《学记》之论，由末以造本；《大学》之论自本以徂末，其为教则一也。
《礼记集说》卷六《学记》第十八	（元）陈　澔	大德、大道、大信，皆指圣人而言。大时，天时也。不官，不拘一职之任也。不器，无施而不可也。不约，不在期约之末也。元化周流，一气屈伸，不可以截然分求之，故方荣之时而有枯者焉，寂之时而有敷者焉。惟其不齐，是以不可穷。凡此四者，皆以本原盛大而体无不具，故变通不拘而用无不周也。君子察于此，可以有志于学而洪其本矣。河为海之源，海乃河之委，承上文志于本而言。水之为物，盈科而后进，放乎四海，有本者如是也。君子之于学，不成章不达，故先务本。
《礼记纂言》卷三十五《学记》	（元）吴　澄	既言四事之有其本，又以君子曰：申明其义。小德亦有可取，如官之各有所职，德之大者，无所不宜，非如一官之但专一职而已，故曰不官。小道亦有可观，如器之各有所用，道之大者，无所不可，非如一器之但适一用而已，故曰不器。人之有信，许诺盟誓，事事必须要约，此信之小者，尔圣贤心德相乎相契是谓大信。何以要约为哉？天之有时，春夏秋冬，岁岁无不齐同，此时之小者，尔古今气运，或治或乱，是谓大时，岂可以齐同测哉？然则，不官者官之本，不器者器之本，不约者约之本，不齐者齐之本。君子察此则可以有志于本也。河海皆川也，水之来处曰源，水之聚处曰委。夏商周三王之世，其祭川也，皆先祭河而后祭海。盖以其或为源或为委故也。河在海之上流为川之源，故先之。海受河之下，流为川之委，故后之。源，即本也。此又言，本之当先。以申上文，大德大道大信大时之意。

续表

版　本	注释者	注释内容
《陈氏礼记集说补正》卷二十二《学记》	（清）纳兰性德	大时不齐，《集说》元化流行，一气屈伸，不可截然分限求之，故方荣之时而有枯者焉，寂之时而有敷者焉。 窃案：郑注或以时生，或以时死。孔疏大时谓天时也。齐谓一时同也，天生杀，不共在一时。犹春夏花卉自生，荠麦自死，秋冬草木死而荠麦自生，故云不齐，不齐为诸齐之本也。《集说》从之。吴氏又云天之有时，春夏秋冬岁之齐同，此时之小者尔。古今气运或治或乱是为大时，岂可齐同测哉。然则不齐，齐之本也。《注疏》《集说》主一岁之时言，吴氏主万古之时言，皆属天道，与上大德不官三句不类。惟黄氏《日抄》载戴岷隐说，谓大时如尧舜揖逊、汤武征代之时，所以不齐，独属人事，与旧解异。 察於此四者，可以有志於本矣。《集说》可以有志于学而洪其本矣。 窃案：上文可以有志于学，承学为箕、学为裘、车在马前，而言君子察于此三者，可以有志于学，以三者皆学之事也。此云察于此四者，可以有志于本，以大道、大德、大信、大时四者皆有其本也。《集说》谓可以有志于学而洪其本，迂曲之甚。
《礼记章句》卷十八《学记》	（清）王夫之	君子曰：大德不官。大德者，人官之本，涵於未发，以为视听言动之，则不倚於官也。大道不器。大道者，事物之本，为事物之所共由，散於有形而为器，而不滞於一器也。大信不约。大信者，信在言前，不言而信固存，不待期约之结也。大时不齐。齐有恒期而无参差也。圣人之时，因时而处中，无画一之理而同归一致，如天之有四时寒暑，参差变化，无一定之期而自不爽，盖时为齐之本，而齐不可以为时也。察於此四者，可以有志于学矣。四者之理，居静以御动，不为而成功，唯其有本也。学能知本，则修之在躬，存之在心，虽未发见於事物，亟著於功效，而应事接物之道即此而具，盖明其德以修身，而齐家、治国、平天下之理不外是矣。三王之祭川也，皆先河而后海，或源也、或委也，此之谓务本。河，海之源也。海，河之委也。源虽小而必先之，重本也。故守约而施博，君子之学，求诸己而已矣。 此篇所言，皆亲师讲艺之事，而终之以务本，所以见古人为学，求之己者，但尽其下学之事，而理明行笃，则天德王道即此而上连焉。盖与《大学》至善知本之旨相为符合，而后世窃佛、老之说以文其虚枵狂诞之恶者，亦鉴於此而可知其妄矣

续表

版本	注释者	注释内容
《续礼记集说》卷六十七《学记》（清）杭世骏	（清）姚际恒	大时不齐，大意谓天时循环迭运而不齐。大时从主宰处言之，所以与大德等共谓之本，使学者察此，以知本也。郑氏以物之生死言不齐，未免偏狭，且有增添之弊，或以揖让征伐言之，则于本为之义，更无着落矣。
	（清）陆奎勋	旧说皆指天道，惟戴岷隐云：如尧舜揖逊，汤武征伐之时，所以不齐与上三句一律，其说较胜。
	（清）姜兆锡	大德、大道、大信皆指圣人而言。大时，谓天时也。德以体，言内也。道以用，言外也。官言司，器言用也。不约，言不必信，惟义所在也。不齐，气化周流其变无穷也。凡此四者皆根本，盛大而体无不具，故流行通变，而用无不周。此君子察此必学，以裕其本，而后能希圣达天也。源，即本也。河为海之源，故先之；海为河之委，故后之。圣王之务本如此，而君子之于学也，不成章不达，其有舍此他务者哉。吴氏曰：祭川先河而后海者，以或为源或为委故尔。以申上文，大德、大道、大信、大时之意也。愚按：篇中备言建国君民教学为先之意，而教固为学而设者也。此章推言学之为本，虽不更言教，而教在其中矣。盖学者圣神之道德所由出，而天地之化育所自参，业能志乎本，则学以致道，而明新止至善之极无外於此，盖总三纲领而统言之者也。《记》者以是终篇立教者，与为学者共盍自省焉。
	（清）方苞	上节求之於万殊，以观其会通。此节探之於一本，以成变化也。
《礼记集解》卷三十六《学记》第十八	（清）孙希旦	朱子曰：大德不官，言大德者，不但能专一官之事，如荀子所谓精於道者，兼物物也。大信不约，谓如天地四时，不言而信者也。愚谓：德以人之所得而言，道则指其自然之本体也。大德不官，言圣人之德盛大，不但偏治一官之事也。大道不器，言大道之体，不偏主一器。《易》所谓形而上者谓之道，形而下者谓之器也。大信不约，谓至诚感物，不待有所要约，而人无不信之，若所谓誓告不及五帝，盟会不及三王也。大时不齐，谓天之四时，寒暑错行，未尝齐一，而卒未尝有所违也。此引君子之言，本主於大德不官，以明学必务本之意，而兼及於其下三者，犹上章言师无当於五服，五服弗得不亲，而兼及於五色，五声之属也。盖大德者，务乎学之本者也；才效一官者，专乎学之末者也。德成而上，艺成而下；行成而先，事成而后。得其本者，可

续表

版　本	注释者	注释内容
《礼记集解》卷三十六《学记》第十八	（清）孙希旦	以该末；而逐於末者，不足以达本。故君子必有志于学，而学必有志于本。大学之道，使人明德以新民，而家以之齐，国以之治，天下以之平。此学之所以可贵也。不然，而役役於一长一技之末，虽终其身从事於学，亦岂足以化民而成俗哉！愚谓：疏引黄氏之说云：河海之外，源之与委。此一说也。又引或解云：源则河，委则海。此又一说也。祥经文之意，源、委即指河海，非谓河海外别有源、委也。水之源可以至委，而委不可以达源，犹学之本可以兼末，而末不可以达本。故三王之祭川，必先河而后海，而君子之为学，亦必先本而后末也。

附录 《学记》代表性研究[*]

第一部分 《学记》代表性研究：民国时期的期刊论文

1913 年

作　者	论文题目	内容摘要	期刊名称
王树枏	学记笺证	《学记笺证》正文四卷，分"笺"和"证"两部分，"笺"为注释，"证"为考证（考证部分主要探求古代文献所载的"先王教民之大略"，并与当时各国学校的"教育之法"相证）（注：《学记笺证》为民国时期第一篇专门注释和考证《学记》的学术论文，并在1914年编撰出版）	中国学报 第5、6期

1919 年

作　者	论文题目	内容摘要	期刊名称
王仁俊	礼记篇目考	论文从八个方面对《礼记》的篇目数量及作者进行了考证：一、孔子以前所引之篇目考；二、孔子所定之礼篇目考；三、孔子所定之礼篇目有本于周礼考；四、礼记有即释仪礼之篇目考；五、二戴传礼篇目考；六、二戴篇目互同考；七、大戴逸篇目考；八、小戴逸句篇目考。	国故 第1期

---

[*] 本书所摘录的代表性论文是作者在能力范围之内所能查找到的现存论文之中的代表性成果。

1923年

作　者	论文题目	内容摘要	期刊名称
厉时中	学记释义	论文对《学记》全文进行释义的基础之上，特别指出"家塾节"就是现代学制。作者在《学记释义》标题下特别标注：学制者，记学制之教法，及受教者之法。虞廷五伦五教，立万世之教法。六经言教，都不外此。礼乐射御书数艺学也，近世科学此频也。家塾节正是学制。	哲报第2卷第19、20期
陈启天	学记通义	论文从"前论—著者、本论—内容、后论—价值"三个方面对《学记》进行研究，重点对《学记》六个方面的内容进行论述：教学的目的与必要性、教学的关系与要义、教育制度、教学法、训育、师道。并在论文结论中指出《学记》之价值：在二千年前的中国已有这种教育学，在中国教育学史甚至在世界教育学史上不能不占一个重要的位置了。（注：《学记通义》为民国时期第一篇专门研究《学记》教育思想的论文专著）	少年中国第4卷第6期

1924年

作　者	论文题目	内容摘要	期刊名称
杭海槎	小戴记学庸二篇互证	论文从"至善"修学宗旨对《学记》与《中庸》在修己与治人两个方面的共同特征进行了论证。	国学丛刊第2卷第2期
	要籍解题及其读法	论文从六个方面对《礼记》进行研究：读礼记法、礼记内容之分析、礼记之编纂者及删定者、礼记之价值、礼记之名称及篇目存佚及礼记之原料及其时代等。	清华周刊（书报介绍副刊）第8期

1927 年

作　者	论文题目	内容摘要	期刊名称
佟松荫	学记教学谊	论文从"教之大伦""学为君""教学为先""化民成俗"等四个方面,对《学记》教学思想进行研究。	东北大学周刊 第22期

1930 年

作　者	论文题目	内容摘要	期刊名称
凯　旋	学记中之教学法释义	论文从绪言、学记中教学法之释义、结论三个方面,对《学记》教育思想进行研究。其中学记中教学法之释义为论文的主体部分,作者从教师、学生、教学语言、功课、教授等五个方面进行研究。并在结论部分指出:以上所云现代教学之法则,皆可引学记中之语句证明之。可见吾国古代亦无形中有教学法之典型。	民光 第3期

1933 年

作　者	论文题目	内容摘要	期刊名称
唐文治	礼记大义自序	论文对"国体何以立礼""礼者,体也"进行了阐释。并引诸家礼说的争议(包括郑玄、万斯大、王夫之)论"礼教"的适用性。	国学论衡 第2期
戴镜澂	序文——小戴礼学记曰	论文对《小戴礼记》中的"比年入学,中年考校""不兴其艺,不能乐学"进行了注释、考证,并分析其与各国教育之间的相关联系。	苏中校刊 第74、75期

1934 年

作者	论文题目	内容摘要	期刊名称
梁训礼	学记批评	论文从四个方面对《学记》所包含不适合于当时学校教育的教育内容加以批评和检讨，包括学之目的及古代的学制、为学之道、施教之道、学与教两方面之道。	十一中校刊第 4—6 期
高鹤年	学记新诠	甲午中日战争以后中国知识分子"毫无主见"的东仿西摹，导致中国教育宗旨、课程脱离国内实际情况，许多学者提出要实施"中国的教育"。论文以《学记》篇为例，将《学记》要义与现代教育原理加以比较分析，并指出《学记》对教育的认识、学制系统、教学方法、尊师四个方面符合现代教育原理，也存在三个与现代教育不相吻合的方面。论文最后指出，我们固然不可以在故纸堆里寻求现代教育原理与方法，但是也不能抹杀祖先已有的教育学说。	青岛教育第 1 卷第 11 期

1935 年

作者	论文题目	内容摘要	期刊名称
章廷俊	《学记》的教育制度与教学法则之剖析	论文主要对《学记》中所包含的教育制度与教学法则进行了分析，全文分为三个部分。第一部分是从塾庠序学、修业与年限的关系、成绩的考核对教育制度进行剖析；第二部分主要从教的意义、教与学的关系、施教的原则、教授的方法四个方面对教学法则进行了论述；第三部分从学的重要性、学习的原则、学习的方法三个方面对学习法则进行了分析。《学记》中思想及观点实多合乎今日的新教育原理，具有为西洋教育学者未曾道及者。	政衡月刊第 6 期

续表

作者	论文题目	内容摘要	期刊名称
贝琪	学记通诠	论文认为《学记》全文可以分为四个段落，每个段落具有不同的要旨。第一个段落自"发虑宪求善良"至"学学半其此之谓乎"，要旨为总述立教立学及教学相长之概，为一篇之总冒；第二个段落自"古之教者家有塾党有庠"至"官先事士先志其此之谓乎"，要旨为分叙仪制规则而就详于学校，逐年考校之方法；第三个段落自"大学之教也"至"所以尊师也"，要旨为专论人师施教时所应知者，即今所谓教授法；第四个段落自"善学者师逸而功倍"至"此之谓务本"，要旨为指示学者以研治之方，先后本末循序而进。	国学论衡第6期
董文煜	礼记学记篇今释	论文主要论述了《礼记·学记》的现代教育价值，以现代之教学法对《学记》进行疏释，并提取其所蕴含的现代教育原理——包括教育目的、教学法、教师与学生素质、教学手段、教学方法、学习程序、教学原则、教育作用、理学与教育学的关系、《学记》与赫尔巴特的兴趣说的联系。（作者在文中指出，《学记》以今文释之，则师范教育是也。）	光华大学半月刊第3卷第7期
谢震亚	《学记》篇中的儒家教学法	论文主要阐释《学记》中所体现的秦汉时期儒家所提倡的教学法，具体从教学的宗旨、教学的重视、七个教学原理、自修的需要、教学最忌的事情、考试法、训育原则、六条戒律、学者的四失、理想的教学法等十个方面，来具体分析《学记》篇中的儒家教学法。	闽海教育第1期

1936 年

作 者	论文题目	内容摘要	期刊名称
李源澄	小戴礼记补注叙录	论文对礼记辑成时代进行考察，通过对戴圣、戴德、隋志及汉志的考察，确认小戴49篇即为戴圣所自订，大戴85篇即为戴德所整。并详细考察了礼记各篇成书时代，礼记的性质及其治记之法。	学术世界 第1期

1939 年

作 者	论文题目	内容摘要	期刊名称
东 屋	学记之学年	论文对《学记》中的学年进行了考证，在借鉴前人对《学记》中之学年考释研究的基础之上，表达作者对学年考校制度的学术体认。	教育学报（北京）第1期

1940 年

作 者	论文题目	内容摘要	期刊名称
介 民	研究礼记之方法	论文认为研究《礼记》主要有两种方法：第一，材料之整理；第二，科学之研究。其中：科学之研究包括比较的研究、批判的研究和纯礼记的研究。	华南公论 第2卷 第4期
吕思勉	论二戴记（上中下）	论文主要对小戴礼记各篇的来源和作者进行了较为详细的考证。	群雅 第5、6期
蔡介民	礼记成书时代再考	论文对《礼记》成书时代进行考证的基础之上，对《礼记》成书说进行分析：一、《礼记》为二戴所传述说；二、《礼记》为二戴据古礼所删成说；三、《礼记》为孔子门徒所共撰说；四、《礼记》为二戴据曲台记所删成说；五、《礼记》为西汉初诸儒所撰集说。	新东方 第5期

作　者	论文题目	内容摘要	期刊名称
坚　壁	古书新读《学记》	《学记》是一篇论述教育问题的文字，论述了教育目的、当时的教育制度、教育方法、择师与尊师，得出了几个要点：一、教育与政治是不可分割的，教育简直是统治阶级的精神武器；二、在教育过程里学习的不是生产的技能，而是抽象性的原则性的知识，这种知识当然最适合政治；三、因为教育内容是抽象原则性的知识，所以执教的时候，不得不讲求琐屑的方法；四、教育不但与政治有关系，与宗教也有联系；五、学校机构固然重要，但教师的作用最为重要。最后提出《学记》是很好的中国封建社会教育史料。	青年（上海）第6期
邱　椿	《学记》在教学法的理论上之贡献	论文主要论述了《学记》在教学法上的两大贡献，分为积极方面和消极方面。在积极方面，《学记》的著者提供了优良教学法上的九个基本原则：教学相长、作业与游戏的均衡、坏习惯的养成之防止、最好的学习时间之选择、心理和伦理的历程之遵循、朋友的互相观摩、有辅导的自动、个性的适应、诱发思想的答问。在消极方面，主要对注入式教学法的特征和弊端进行了分析。	国立北京大学国学季刊第6卷第3期

1941 年

作　者	论文题目	内容摘要	期刊名称
蔡介民	礼记续说	论文是对《礼记通论》一书的补充研究，主要研究内容为：名注评述、古今评判、大戴礼论、逸礼论、法律论、政治论、音乐论、养老论、时俗论、育子论、语言论、饮食论、宾主论、进献论、执奉论、伤吊论、男女论、容貌论、趋行论等十九个方面。	新东方第2卷第6期
胡　毅	学记中的教师谈	论文在提出《学记》之中蕴含的三种教师观——做学问不是读死书、对教学的后果进行反思、教师应注重教学方法的基础之上，对《学记》之中的三种教师观进行研究。	教育通讯（汉口）第30期

续表

作　者	论文题目	内容摘要	期刊名称
周士荃	《学记》与《大学》相发明说	论述了《学记》和《大学》的关系，《大学》使得学者可窥见入德之门，《学记》则提供了古者学校教人传道授受之序，与其得失兴废之由的基础，两者中很多内容可以参考而互证，可以使教者得训导之法，学者识奋进之途。	国学丛刊第 4 期
蔡介民	礼记教学论	《三礼研究》	教育学报第 7 期

1946 年

作　者	论文题目	内容摘要	期刊名称
周捷高	学记中的教学原理	论文从教学目标、教法、教材、教师、学生、考核等六个方面，论述了《学记》中所蕴含的教学原理。作者在结论中认为：今以现代科学教学之观点，将学记之全篇作分析，不仅目的与方法等等看法尽符于今日教学的观点，且如考核学习结果办法等，亦属今日学校教学之所不能及，今后的考试方法，尚须接受学记之理论指导，方可求得根本之改造。	教育与科学第 2 卷第 8 期

1947 年

作　者	论文题目	内容摘要	期刊名称
郑其龙	《学记》中的教学原理与方法	作者认为《学记》是我国古籍中论述教学原理及方法最精详的篇章。文章首先从对"化民成俗其必由学乎"和"建国君民，教学为先"的分析入手，提出教学的目的与必要；其次，提出教学应具备的条件——优良的师资，最后论述《学记》中蕴含六项重要教学原则：顺性诱导提倡学生自动、因材施教适应学者个性、作息互用扩大教学范围、问答得体促进学者了解、布置环境便利群性发展、及时教学顾及心理程序。	读书通讯第 134 期

第二部分 《学记》代表性研究：新中国成立后的期刊论文

1956 年

作　者	论文题目	内容摘要	期刊名称
沈灌群	学记——中国古代学校的教育和教学经验总结	论文主要从教学方面、教育问题、教师问题等三个方面，阐释了《学记》所总结的先辈教育工作者的宝贵经验。作者在对《学记》所包含教学理论内容研究的基础之上，认为《学记》——在秦汉以后 2000 多年中国封建教育实践中，正是极有指导意义的文件。（注：《学记——中国古代学校的教育和教学经验总结》为新中国成立后第一篇专门研究《学记》教育思想的论文专著）	华东师范大学学报第 4 期

1961 年

作　者	论文题目	内容摘要	期刊名称
方铭	学记简论	论文主要从"学记"写作的时代背景、"学记"的主要内容、批判地学习"学记"三个方面展开研究。其中："学记"的主要内容包括三个方面：第一是教育作用与教育目的，第二是教育制度与学校管理，第三是教育与教学的基本原则和方法。论文认为应以马克思列宁主义的具体分析，区别《学记》的精华和糟粕，对于当前教育工作的实践和教育学的新探索，还是有一定帮助的。我们应当批判地学习和继承它。	安徽日报4 月 21 日

1962 年

作　者	论文题目	内容摘要	期刊名称
尹德新	学记中的教学思想	论文认为《学记》总结了先秦儒家的教育思想，特别是教学经验，概括地论述了教育的目的、作用、学制、教师和学生的学习等一系列问题。《学记》中的教学原则包括：禁于未发、及时施教、循序渐进、启发诱导、长善救失。此外，《学记》在教学工作上也抓到了几个关键性问题：像教与学的关系问题、学习中个人与集体的问题、教学的最终目的问题等，而且对这些问题的看法也接近客观实际。	北京日报 1月4日

1974 年

作　者	论文题目	内容摘要	期刊名称
刘辉汉	儒家反动教育思想的代表作——学记	论文认为，《学记》是被推翻的奴隶主阶级利用教育这个工具进行反革命复辟的宣言书。它从教育的目的、教育的内容、师生关系乃至教育方法等各个方面向新兴地主阶级的教育制度进行了全面的反攻倒算。这是当时社会阶级斗争在教育战线的反映。被打倒的阶级决不甘心于他们的失败，总是妄图利用教育这块阵地进行反革命复辟。历史的经验是这样，现实的阶级斗争也是如此，我们必须树立"长期作战"的思想，深入、普及、持久地批林批孔，批判修正主义教育路线的回潮，把无产阶级教育革命进行到底，使教育真正成为巩固无产阶级专政的工具。	山西师范学院学报 第3期
罗程平	批判孔孟反动教育思想的代表作——学记	作者认为，《学记》所宣扬孔孟的反动教育思想，主要表现为：第一，把教育作为复辟奴隶制的工具；第二，颂古非今；第三，鼓吹"闭门修养"；第四，宣扬"师道尊严"。《学记》所宣扬的这些孔孟反动教育思想，是历代反动统治阶级利用教育为其反动政治路线服务的思想武器。事实充分说明，在教育阵地上，围绕着教育要不要革命，走什么道路、依靠什么人等问题展开的斗争，历来都是十分激烈的，斗争的实质，是使教育为哪一个阶级的政治服务。	教育革命参考资料（广东师范学院学报）第11期

1975 年

作者	论文题目	内容摘要	期刊名称
陈信泰	《学记》是复辟奴隶制的反动教育纲领	论文从教育方针、教学内容、教学方法、师生关系等四个方面对《学记》所包含的教育内容进行深入的批判，并认为《学记》从其阶级本质上，已经构成了一个以复辟奴隶制和维护反动社会制度为宗旨的反动的教育纲领。	破与立第 3 期

1979 年

作者	论文题目	内容摘要	期刊名称
戴绩威	《学记》在中国古代教育理论上的成就	《学记》是记述我国古代教育最早的一篇专门著作。它从教育理论到教育实际，从教育目的到教育内容，从教师到学生等方面，既有正面的阐述也有反面的揭露，是中国古代的一篇比较完整、系统的教育作品。研究《学记》特别是研究《学记》的教学理论，取其精华，去其糟粕，对我国古代文化教育进行马克思主义的探讨和中国教育史的学习不无帮助；对繁荣我国社会主义的教育事业，"促进我国具有民族风格的富有时代特点的社会主义文化的发展"，更有一定的借鉴作用；对"四人帮"毁灭文化遗产的罪恶行径，也是一种批判。	西南师范大学学报（人文社科版）第 2 期
马纪兴	《学记》中的教学论思想	《学记》是我国战国末年著名的教育专著，全篇仅一千二百多字，对教育作用、教育制度、教学原则和教学方法等问题都有精辟的论述。《学记》中的教学论，运用浅显而生动的比喻，论述了一些深刻的原理。《学记》的教学论是建立在"学而知之"哲学观点之上的。"玉不琢，不成器，人不学，不知道"。思孟学派把人比喻成是可以雕琢的玉石，只有通过学习，才能使之成为精美的玉器。虽有天赋，不经学习，是不会懂道理有知识的。这不仅肯定了学习实践活动在个人成长过程中的作用，而且也肯定人们受教育的必要性、可能性。"学而知之"不仅在当时针对"生而知之"是一个大进步，在今天也是有借鉴作用的。	人民教育第 11 期

续表

作者	论文题目	内容摘要	期刊名称
杨太康	我国教育史上的一份珍贵遗产——《学记》	作者认为，《学记》一文，就是我国教育史上一份珍贵的遗产。它总结发展了先秦儒家的教育思想和办学经验，是我国教育史上系统地最早论述教育的专著。它从教育的目的作用，学校的设置和要求，教学原则一直讲到教学方法，提出了好多宝贵的教育经验，因而，是教育工作者值得一读的好文章。	山西师范学院学报（社科）第1期
陈铁镔	我国古代第一部教育专著《学记》初探	论文主要从《学记》名称的由来、教育的社会作用和目的、"教学相长"的道理、正业与居学相辅、豫时逊摩的教育原则、重视教学中的启发诱导、注重教师在教育中的主导作用和尊师重教、学生成绩的考核等方面，对《学记》所包含的教育思想进行详细的探索。	锦州师范学院学报（哲社）第4期
孟传书	谈谈《学记》中几个教学原则	《学记》是两千多年前我国古代最早的一篇教育专著。作者认为，为了使教者在教学中使学生"安其学"，"施"和"求"都符合实际，教学获得成功，《学记》在总结经验的基础上从反正两方面论述了以下教学原则："禁于未发"原则，也叫"豫"；掌握时机原则；循序渐进原则；互相观摩原则；长善救失原则；因材施教原则。《学记》认为，这些教学原则，是"教之所由兴""教之所由废"的关键。贯穿在这些教学原则中的一个总的指导思想就是"喻"，即启发诱导。	天津教育第10期
林士良	《学记》浅析	论文认为，《学记》是被封建社会的统治阶级奉为教育纲领的。它对教育的目的任务的阐述，对教育内容以及某些教育方法的阐述，都是从统治阶级的利益出发，我们必须扬弃。但是，它对教育提出的某些原则和方法，是对先辈多年来教育经验的总结，其中有些符合客观事物的发展规律，值得我们借鉴。	广西民族学院学报（社科）第2期

续表

作　者	论文题目	内容摘要	期刊名称
凌圣翰	《学记》的教育思想	作者认为，《学记》所论述的学校教育，虽然主要是封建贵族子弟专利的"大学"教育，但是它对教育目的、任务和作用，学校制度，视导和考察制度，教育、教学原则和方法，教师的地位和作用等，都有比较深刻的阐明，可以说是古代教育学的雏形。从现在的教育观点来看，《学记》的许多有益的见解，虽然相隔两千多年，但是并没有失去它的意义。	广西民族学院学报（社科）第2期
周德昌	中国古代著名的教育论著——《学记》	论文认为，《学记》是我国古代的一篇著名的教育论文。它比较系统和全面地总结和概括了先秦私学的教育、教学的主要经验，内容十分丰富。自然，《学记》的作者由于历史的、阶级的局限，其教育、教学观点既有精华，也有糟粕。	广东教育第9期

1980 年

作　者	论文题目	内容摘要	期刊名称
张从信	"学记"中教育与教学的基本原则	论文认为，《学记》是我国甚至也是世界教育史上最早的一篇教育专著。《学记》在尖锐批判当时教育弊端和缺点的同时，积极提出自己的主张，其中有关教育与教学的基本原则论述，特别值得研究和借鉴。《学记》提出的教育与教学原则为：教学相长、启发性原则、藏息相辅原则、预防性原则、及时性原则、适应性原则、观摩性原则、长善救失原则。	云南教育第1期
喻宝善	《学记》中的教育心理学问题试探	《学记》全面论述了教育的目的、任务和作用，学校的设置及要求，教与学的相互作用，正课学习与课外作业的相互结合，成绩考查，教育教学成功与失败的缘由，启发诱导的方法，教师的地位和作用及尊师重道的必要性等一系列问题。其中最精辟的是教育教学的理论和方法。论文认为，《学记》之中对于教育心理学问题的探讨主要表现为：（一）"学而知之"是《学记》教育教学理论的基础；（二）根据学生年龄心理特征掌握循序渐进和量力性原则；（三）根据学生年龄特征和个别心理特征运用启发式的教学艺术；（四）掌握学生的思想变化，"禁于未发"。	湘潭师范学院学报（社科）第3期

1981 年

作者	论文题目	内容摘要	期刊名称
齐树森	《〈学记〉译述》辩疑	论文认为傅任敢先生在其论著《〈学记〉译述》之中,对《学记》全文做了对译、注释和阐述,达到了"参之他经,证以成训"的研究功效。但《〈学记〉译述》之中,在某些译文、断句及述义中存在需要斟酌探讨的问题,论文就其中存在的较为突出的问题进行学术探索,其目的在于通过共同探讨使《学记》译文日趋完善。	内蒙古民族师院学报(社会科学版)第7期
杨鑫辉	《学记》心理学思想初探	《学记》是中国教育史上最早系统地论述教育理论的专著,可视为先秦儒家教育思想的总结。论文试图对《学记》中所包含的心理学思想加以概括和阐述,并对产生这些思想的出发点(思想渊源)作初步的探讨。论文认为,《学记》中主要包含的心理学思想为:重视感官作用、强调启发思维、注重个性特征、主张及时而教、关注教师心理等。	江西师院学报(哲社版)第1期
王大中	《学记》初探	作者认为,"学记"之"学",即教育、教学之"学","学记"即我国封建社会教育、教学理论和经验的记录、纪实。包括现代教育学体例中的总论、教育论、教学论等几部分,可以说是一部言简意赅的中国古代的第一部教育学,也是世界教育史上记录学校教育经验、研讨教育理论与教学方法的名篇。论文从关于《学记》的背景、作者及地位,关于《学记》的内容归类与浅析等两个部分进行《学记》研究。	沈阳师范学院学报(哲社)第2期
赵鹤龄	从智能培养的角度看《学记》的思想	作者认为,《学记》以培养大成人才为目标的教育思想的重要一面,是关于人的智能培养问题。《学记》之中关于人的智能培养的思想为:第一,培养智能的一般原理;第二,培养智能的教学原则;第三,对教师的要求。	北方论丛第6期

1982 年

作者	论文题目	内容摘要	期刊名称
李邦国	《学记》的心理学和哲学思想	论文认为《学记》是我国古代教育经验的总结，对教育的任务、教育制度、教学原则、教学方法，对教师的要求以及教育行政管理等一系列问题，都作了精辟的论述。论文主要对《学记》之中所包含的丰富的心理学和哲学思想进行论述，认为《学记》是以朴素的唯物主义认识论和辩证法思想作指导，并依据当时的心理学知识，研究总结了我国古代教育教学的经验，不但具有丰富的教育学思想，而且具有丰富的心理学和哲学思想，在教育史和心理学史上有其光辉的一页。	黄石师范学院学报（哲社）第2期
周祺家	《学记》蠡测	《学记》是我国历史上最早而又完备的一篇教育专著，是儒家论大学教育的文章，从教育目的、学校制度、教学原则到教学方法等，都进行了比较充分的论述。作者认为，《学记》在教学论和教师论方面有更多深刻的意涵，论文主要针对教学论和教师论进行研究。	中州学刊 第1期
詹启东	《学记》中的教学原则述评	《学记》不仅在我国，也是在世界最早出现的自成体系的教育专著。《学记》的教育目标是培养："知类通达，强立而不反"的"大成"人才。为培养"知类通达"的"大成"人才，《学记》列举并论述了及时施教、循序渐进、因材施教、教学相长、藏息相辅、相观而善、启发诱导等教学原则。	上饶师专学报第3期

1983 年

作者	论文题目	内容摘要	期刊名称
张瑞璠	中国古代的教育与《学记》	作者认为《学记》是名副其实的儒家的教育经典。中国古代教育是以儒家思想为主线的，《学记》以儒家观点总结了战国以往的教育经验，特别是总结了战国时期百家争鸣的成果，所以它才能够有这么丰富的内容和这么高的水平。论文从《学记》的成书年代和主要内容两个方面展开研究，并在主要内容部分从论教育的作用、关于学制系统、论教学原则和方法、论教师等四个方面展开研究。	教育科研情况交流 第5期

1984 年

作　者	论文题目	内容摘要	期刊名称
谭惟翰	"学学半"及其他——《学记》和教学思路	作者认为在提倡发挥教师的积极性和学生的积极性的时候，可以从《学记》所论述的教学原则和方法中找到印证。《学记》之中提出"学学半"宝贵的教学经验，说明了在教学过程中，教与学不仅相互依存，而且相互促进，是一个问题的两个方面。论文基于以上认识，对《学记》中涉及教学思路的部分段落进行了论述。	中学语文第 6 期
高时良	谈谈《学记》的教学思想	作者认为《学记》总结了先秦官学，尤其是私学教育和教学的经验，对教育的作用、目的和任务，教育和教学制度、内容、原则和方法，教师的地位和职责，师生、同学之间在教育、教学过程中的相互关系，等等，做出简赅的理论概论，揭示了某些教育和教学的普遍规律。论文指出《学记》在教育史上影响较大的是它的教学思想，尤其是对教师和学生、学校教学的组织形式、教学相长的命题、倡导启发式教学方法、注重学生的个性差异和因材施教等方面，都有重要的学术思想贡献。	人民教育第 11 期

1985 年

作　者	论文题目	内容摘要	期刊名称
何　朴	《学记》中关于教学方法的论述	《学记》是《礼记》四十九篇中的一篇，它是我国先秦儒家教育思想和办学经验的总结。这篇文章全文不过一千二百二十九个字，但内容博大精深，较全面、系统地介绍了我国古代教育和教学。论文对《学记》之中所蕴含的主要教学方法——诱导法、问答法、练习法、讲述法进行研究。	河北师范大学学报第 3 期

1988 年

作　者	论文题目	内容摘要	期刊名称
刘守钦	《学记》是我国最早的教育学专著	作者认为《学记》是我国也是世界上最早的一部教育专著，是先秦儒家教学思想的总结，虽然打上了历史的阶级烙印，但也有不少地方揭示了人类教育的一般规律，至今也还是可以借鉴的。《学记》比较系统地论述了教育的地位和作用，在教育学上也是有着不朽篇章的。论文从教育的地位和作用、学校制度、教学原则和教学方法等方面，分析论述了《学记》之中所包含的教育思想。	鄂西大学学报（社科版）第1期
赵乃贤	简议《学记》中的"教学相长"	《学记》是我国古代最早出现的一部教育理论专著，是前人留给我们的一份珍贵的教育遗产。它提出的许多教育、教学原则，都在一定程度上揭示了教育、教学工作的规律，特别是它提出的"教学相长"这一具有朴素的唯物辩证法的光辉命题，更属世界教育史上首创。论文就是基于上述认识，对"教学相长"原义和意义及其发展作简要评述。	辽宁教育学院学报（社科版）第4期

1989 年

作　者	论文题目	内容摘要	期刊名称
陈高岑	《学记》疏义	《学记》是我国和世界最早的、体系相当严整的教育文献。它是《礼记》四十九篇中的一篇。作者不详。郭沫若认为是战国末年孟子的学生乐正克所作。《学记》总计不过一千二百二十九字，却把教育和政治的关系，教育的作用、目的和任务，学校教育制度和视导制度，教育、教学的内容、原则和方法，教师的地位、作用和应具备的条件，教育和教学过程中的师生关系等都作了比较系统的阐述。笔者为了师范院校各个专业系科的学生、中师校学生和一般的中小学教师同人都能读懂《学记》，以利于继承和发扬我国光辉灿烂的教育遗产，扬弃教育遗产中的糟粕，采用以下方法，对《学记》作一番梳理：（一）不旁征博引，罗列各家之说，而就历代注家中比较一致的看法，注释又比较确切者，择善而从，或就笔者浅见，即使和声者，但确属"阳春白雪"者也采用之；有的地方也提出了个人的看法，以供参考。（二）对于较难理解的词句，尽可能运用古汉语的语法词义进行分析，使读者较易理解，也有利于求得译文比较符合原义。（三）试用现代教育学知识对《学记》分节进行概括的评价，立"按语"一项，俾醒眉目。	南充师院学报（哲学社会科学版）第1期

1990 年

作　者	论文题目	内容摘要	期刊名称
陈　辉	《学记》教与学思想探微	《学记》是《礼记》中有关教育的一篇专论，它的一个巨大贡献就是揭示了教与学对立统一的辩证关系，提出了"教学相长"的著名论断。论文从教师和学生两个方面来论述"教学相长"，在教师方面：1. 教师要具有真才实学；2. 教师要具有"善教"的本领；3. 教师要具有"善喻"的能力。在学生方面：1. 树立远大志向，锻炼自己的意志；2. 要具有一定的思维能力；3. 学习要系统而循序渐进。总之，《学记》所阐述的教与学、"教学相长"原理是中国古代教育实践经验的概括和总结，对中国长期封建社会的教学思想有着重大的影响。	四川师范学院学报（高教研究专号）第 3 期
孙亚玲	《学记》四题——论《学记》中的教学论思想	《学记》产生于先秦时期，据考证由孟子的弟子乐正克所著。是迄今为止世界上最早的一部教学论专著。这篇只有一千二百多字的著作对我国先秦时期的教育教学理论和教学实践作了高度的概括和总结，并从理论高度揭示了教学规律。重读《学记》不仅为了弘扬民族文化，而且对于我们当前的教学实践也有现实意义。论文主要从四个方面论述《学记》中的教学论思想。一、"教学相长"——教与学矛盾的基本辩证关系；二、教师——教与学矛盾的主要方面；三、学生——学习的主体；四、"豫、时、孙、摩"——教学的原则。	云南教育学院学报 第 4 期
范树成	浅析《学记》中关于启发式教学的思想	启发式教学是我国古代教学的一个优良传统，我国古代教育家孔子最早从理论上对启发式教学作了精辟论述。《学记》继承发展了孔子的启发式教学思想，并作了比较深刻的阐述。论文从对注入式教学的批判、实行启发式教学的前提、启发式教学的原则、启发式教学的方法等四个方面，对《学记》中的启发式教学思想进行研究。	河北师范大学学报（社科版）第 2 期

续表

作 者	论文题目	内容摘要	期刊名称
魏丽茹	《学记》教育心理学思想之管见	《学记》是世界上最早的一部教育学专著。它从教育目的、教育制度、教学内容、教学方法以及教师、学生等诸方面阐述了教育心理学思想，它所涉及的许多理论带有普遍的规律性。论文站在教育心理学的角度，从教师的心理品质及职业素养、依据学生心理进行教学等两个主要方面，分析了《学记》之中所体现的教育心理学思想。	河北师范大学学报（社科版）第2期

1991 年

作 者	论文题目	内容摘要	期刊名称
许梦瀛	《学记》的教学论与教师论	《学记》是我国最早的教育学专著，对中国及世界教育思想均有深远影响。论文在近年来国内有关《学记》研究成果的基础上着重就教学论和教师论作了比较深入的探讨，批判吸取关于启发教学和尊师重教方面的进步思想，以丰富具有中国特色的教育学内容。	河南师范大学学报（哲学社会科学版）第2期
杜德栎	《学记》学习原则浅析	《学记》以先秦儒家学派的学习经验为基础，第一次比较完备地提出了立志不反、勤学、循序渐进、藏息相辅、取友观摩等学习原则，为学生如何学和教师如何教提供了理论依据。	陕西师大学报（哲社）第4期
邹玉现	略论《学记》教学原则及其渊源	论文认为《学记》是我国古代教育史中体系完整的教育专著，并就《学记》所阐发的教学相长、启发诱导、长善救失、循序渐进、相观而善的教学原则与孔子教学思想的渊源关系作了论述。《学记》所阐发的教学原则，客观反映了古今教学的普遍规律，已成为现代"教学论"中的重要组成部分，对我国历代教育都曾产生过极大影响。	山西大学学报（哲社）第4期

1994 年

作　者	论文题目	内容摘要	期刊名称
邬　智	《学记》之学生观初探	《学记》是我国乃至世界上最早的一部教育文献。全文虽只有1229个字，但却对教育的作用、目的、制度、教学原则、方法、学校管理、师生关系等作出了言简意赅的理论概括。研究中国的教育，不可能不研究《学记》。近年来，不少学者虽从不同角度，诸如教学思想、教育心理学思想、非智力因素观、德育及德育方法论等角度对《学记》进行了广泛的研究，对《学记》学生观方面的研究却很薄弱，甚至未涉及。论文主要从道德修养、学业两个方面，剖析了《学记》之中所蕴含的学生观。	西南师范大学学报（哲学社会科学版）第4期
刘永康	论《学记》的择师观	《学记》用"三王四代唯其师"的史实告诫人们"择师不可不慎"。应该用什么样的标准来择师，《学记》为我们提出了"善教者使人继其志"；"记问之学，不足以为人师，必也其听语"；"既知教之所由兴，又知教之所由废，然后可以为师"；"能博喻然后能为师"等四个基本观点，这对我们今天加强师资队伍的建设颇有启迪。	四川师范大学学报（社会科学版）第1期

1995 年

作　者	论文题目	内容摘要	期刊名称
徐　骅	《学记》的现实性	《学记》作为世界教育史上最早出现的专论教育的著作，在两千多年后的今天，仍具有很强的现实性。教育是一种广泛的社会现象，应切切实实成为全社会的事。但时至今日，教书仍被视为不实惠的职业，读书仍被看成不划算的选择，原因何在？我想除了为眼前利益所蒙蔽，人们忽略了教育的长远效应，关键还在于教育本身的诸多问题，特别是制约教育发展的师资队伍的建设状况。论文结合《学记》的教育思想，对于如何加强师资队伍建设提出了具体措施：第一，教师首先必须精通业务，并在教学实践中不断充实、提高；第二，教师必须懂得教育理论，了解学生心理，遵循教育规律；第三，教师还必须掌握教学技巧，善于启发诱导。	上海大学学报（社会科学版）第2期

续表

作者	论文题目	内容摘要	期刊名称
凌枫芝	《学记》中教师心理学思想探索	《学记》是我国和世界教育史上第一部系统的教育学专著，其间也蕴含着丰富的教育心理学思想。本文仅从教师的作用和地位、教师的基本条件及尊师的必要三方面探讨《学记》中的教师心理学思想。	云南师范大学哲学社会科学学报 第1期
覃照	《学记》教学管理思想探微	论文认为《学记》之中蕴含着丰富的教学管理思想：第一，提出了培养"圣人"的教学管理目标；第二，拟定了一个从地方到中央的学制系统及十六年制的大学教学计划；第三，提出了以"化民易俗"为目的的教学内容；第四，重视教学的常规管理，提出了一些很有价值的教学原则和方法；第五，重视教学质量的管理，加强对教学质量的考核评价；第六，重视对教师和学生的管理，对教师和学生提出了明确的要求。	教育科学 第3期

1997 年

作者	论文题目	内容摘要	期刊名称
肖世民	《学记》与思孟学派——兼论《学记》的文化追求	《学记》是我国先秦时期儒家学派按照自己的世界观和方法论总结出来的教育经验和理论概括，是古代我国和世界最早的、体系相当完整的教育文献，它的内容阐明了教育和政治的关系，教育的作用、目的和任务；教育和教学制度、内容、原则和方法；教师和在教育、教学过程中的师生关系，学生之间的相互关系等。我国早期的经典著作，如《论语》《孟子》《荀子》《墨子》中，都保存着相当丰富的教育遗产，但它们都不是专门的教育著作，而是零星地同政治、经济、伦理等理论糅合在一起，作为哲学的命题而提出来。只有《学记》是首先以独立的思想形态，可以说作为萌芽时期的教育学流传于世。《学记》从性善论的哲学观点和"致中和"的哲学目标出发来考察人的智慧发展和主体精神的发挥，无疑具有其历史的进步意义和文化的继承价值。	教育科研通讯 第5期

作　者	论文题目	内容摘要	期刊名称
杨　晓	试论《学记》的学习发展观	《学记》作为世界上第一部系统、严整、既有理论又广泛涉及教育实践的教育著作，对教学相长、因材施教、启发诱导等学习发展观作了深刻论述。论文根据中国历代学者对《学记》的注疏，阐述《学记》的学习发展观。	辽宁师范大学学报（社科版）第5期

1998年

作　者	论文题目	内容摘要	期刊名称
李海涛	论《学记》的思想内容与结构体系	论文从两个方面进行了论述：一、两辞书对《学记》词条解释的差异及问题；二、《学记》的思想内容与结构体系研究。《学记》以简赅的文字、生动的比喻、系统而全面地阐明了教育的目的和作用、教育和教学制度、教学的原则与方法、教师的选择和使用、学习方法的研究和指导、教材的钻研和处理，以及知识学习与实践训练、能力培养的关系等，提出了"务本"兴教的主张。	成都大学学报（社科版）第3期
张秀红	论《学记》所反映的教学辩证法思想	《学记》作为我国古代一部较早的教育学著作，其中关于教学辩证法的思想是非常深刻的，如教与修、善教与继志、长善与救失、藏与息、善喻与知教，官先事与士先志等的教学辩证思想，符合教学的规律，也为后世的教育工作者所沿用、补充和发展。	河南大学学报（社科版）第6期

2001 年

作　者	论文题目	内容摘要	期刊名称
吴永熙 张德启	从《学记》及"诱思探究"教学理论谈可持续发展教育	要在教育中实施可持续发展战略，使学生的个性、特长获得全面发展，就必须对学生进行有计划、有目的的整体性和系统性教育，正如我国《学记》中所说："一年视离经辨志，三年视敬业乐群，五年视博习亲师，七年视论学取友，谓之小成，九年知类通达，强立而不反，谓之大成。" 关注人的存在，促进人的发展是教育的根本宗旨。同时，将人的发展放在第一位是必需的。因此，从人的全面发展的角度来制定教学大纲，从整体出发确定不同学习阶段的内容，这样有利于从整体上控制教育进程，促进教育各组成部分的和谐推进与发展。	教育发展研究 第 9 期

2002 年

作　者	论文题目	内容摘要	期刊名称
张传燧 周文和	《学记》教学艺术思想探微	《学记》是世界上最早出现的教学论专著，其文字简约而教学论思想丰富。特别是它所提出的"善教""善学"的教学艺术思想非常有价值，以往的研究者鲜有论及。因此，对其"善教""善学"教学艺术思想进行深入发掘探析，不仅具有重要理论价值，而且对于改进当今课堂教学不尽如人意的状况、提高教学质量，也具有重要的现实借鉴价值。	教育评论 第 5 期
宋宁娜	《学记》所表现的中国古代教学论水准	《学记》概括和总结了中国古代的教学经验，主要反映了儒家思孟学派的观点，同时又吸收了诸子百家的思想，继承和代表了中国传统的教育理念。《学记》系统地阐述了古代教学的思想、制度和原则，可以说是古代世界最早、体系最严整的教学论著作，曾对周边国家的文化教育起过重要影响，至今仍闪耀着智慧的光芒。	苏州大学学报（哲学社会科学版）第 2 期

续表

作者	论文题目	内容摘要	期刊名称
王艳红	浅析《学记》中"喻"的教育思想	《学记》是我国教育史上的第一部较系统严谨的专门论述教育教学的理论著作。它论述了教育的实施、教学原则、教学方法等。其中"喻"的教育艺术为最。不仅继承了孔子的启发诱导教学指导思想,更进一步论证了启发诱导的目的与方法,隐含着目的论与方法论统一的思想。	山西高等学校社会科学学报 第12期

2003年

作者	论文题目	内容摘要	期刊名称
杨胜才	《学记》中的为学之道论析	文章认为,《学记》中的为学之道主要包括:为学,须以德为本;为学,必先立志;提倡勤思、多问,独立思考;要求择友而学,量力而行,循序渐进;注重课前课后、课内课外的互补性学习,把思、习、行有机地结合起来;注意融会贯通、博专结合;学会尊师等。	中南民族大学学报(人文社科版)第4期
刘素英	浅议《学记》的现实意义	从办教育、搞教学的角度看,五经中的《礼记·学记》篇至今仍有一定的现实意义。其中因材施教、有的放矢、教学相长等教学方式仍不失学习、借鉴的价值。	陕西师范大学学报(哲学社会科学版)第32卷
汪子为	《学记》教育思想新探	战国末期乐正克所作的《学记》,总结了自上古以来教育的实践经验,从教与学紧密结合的过程出发,阐述了教育的意义、任务、途径,教学的方针、原则和方法,以及有关"师道"的问题。	江汉论坛 第10期

2004 年

作者	论文题目	内容摘要	期刊名称
陈桂生	《学记》纲要	《学记》形成于汉代太学出现以前。其中关于大学的构想，为战国至秦汉间关于完整的教育实体的预想。本文力求排除以后来的经验忖度以前事物的阅读障碍，通过对《学记》结构的分析和对其中若干概念、命题的考辨，以尽可能辨明这一难得的教育文本的原义。具体包括"学"理、"学"规、"教"型（法）、"师"道、"学"道五个概念和命题。	华东师范大学学报（教育科学版）第 3 期

2005 年

作者	论文题目	内容摘要	期刊名称
张自慧	从《礼记·学记》看为师之道	《礼记·学记》作为先贤圣哲们阐述为师之道的经典之作，把教育作为"建国君民"之本；把教师作为教育、教学之本；把了解和把握教育教学规律、掌握并运用教学方法和艺术作为教师必备的素质，把爱生敬业、教书育人、为人师表作为师德的基本要求。《礼记·学记》的启示：大学之师应为"经师""人师""仁爱之师""善教之师"。	现代大学教育第 5 期

2006 年

作者	论文题目	内容摘要	期刊名称
吴积雷	《学记》中的启发教学思想探微	《学记》是我国、也是世界教育史上一篇重要的教育文献，其中所提到的启发教育思想在当今的教育实践中依然有很强的借鉴作用。《学记》启发教学的内涵实质是"喻"，"喻"对教学原则、教师表述、教学方法都做了具体要求。教师要善于启发学生、爱护学生、了解学生，灵活机动地运用教学方法。	内蒙古师范大学学报（教育科学版）第 7 期
孙景龙	《学记》注释探疑	《学记》是我国古代一篇重要的教育文献，它较全面地阐述了我国古代的教育思想，时隔两千多年，仍具有重大的理论研究价值和实践指导意义。由于语言简约和文字的多义性造成了理解的分歧。为了充分继承这份宝贵的教育遗产，吸取其精华，构建我们民族的语文教育学，在文字上首先弄清《学记》的意义，就显得特别重要。	中国教育学刊第 7 期

2008 年

作　者	论文题目	内容摘要	期刊名称
詹　瑜	《学记》缘何名曰"学"记	《学记》之所以名曰"学"记，主要是由于：其一，汉字的"教"是源于"学"的；其二，先秦教育家"以学为本，因学论教"的学本论思想对《学记》作者所产生的影响；其三，从内容来分析，"以学为本，因学论教"是《学记》教学思想的精华。	宝鸡文理学院学报（社会科学版）第 6 期

2009 年

作　者	论文题目	内容摘要	期刊名称
乐爱国 冯　兵	《礼记·学记》的教育伦理思想及其现代启示	《礼记·学记》是我国最早的教育专论，具有丰富的教育伦理思想，主要内容体现在四个方面：师道之尊、教学之伦、为师之德、从学之道。针对当前高等教育领域中师生关系的种种不和谐现象，《学记》的教育伦理思想可以在社会环境、教师伦理和学生学习伦理建设方面，为解决这一教育伦理的时代课题提供有益的启示。	西南民族大学学报（人文社科版）第 8 期
袁健惠	《礼记·学记》中歧义断句的语法视角考证	《礼记·学记》中的"大学之教"部分，各家在断句和注解方面都存在歧见。对于任何文献而言，其语言必定刻有其所处时代的烙印，对其作语言层面的分析不能离开其所处历史时期的语言面貌。据此，以《礼记》《孟子》和《春秋繁露》为语料，结合《礼记·学记》的内容和篇章结构特点对该句作出重新标注，可使各家的对错得失得到一个较为公正的评判。	山东师范大学学报（人文社会科学版）第 4 期
雷传平	《学记》中"志"的教学思想阐释	《学记》是先秦儒家学派教育思想和教育经验的高度概括，是中国教育史上最早比较系统地论述教学理论的专著。纵观《学记》全文，共有六处提到"志"的问题，根据不同的语境和语意，我们可以把《学记》中的"志"分别理解为"志向""志愿""意志"等意思。其中，"辨志""继志""有志于学"是《学记》关于"志"的教学思想的精华体现。	当代教育科学第 15 期

续表

作者	论文题目	内容摘要	期刊名称
张海燕	从《学记》看先秦诸子的教育思想	《学记》总结了先秦诸子的教育思想，肯定了教育的地位和作用，肯定了教师的地位和作用，并提出了教师的素质要求，认识到教育是教学相长的过程，进而相对完整地阐述了教育教学中应遵循的原则和方法。	管子学刊第3期
陈丛兰	论《学记》教学目的之三重践履	《学记》是中国教育史上第一部系统论述教学理论的论文。其教学以"立人"为目的，并具体展开为"乐学""乐群"之情感的培养，"立志""强立"之意志的塑造，"穷理""尽性"之道德的完善等不同层面的三重践履。在逻辑上将儒家所追求的人格完善规定为情感、意志与理性的全面发展，使教学在本质上成为一种德性的生活。	船山学刊第3期

2010年

作者	论文题目	内容摘要	期刊名称
郭齐家	《学记》与素质教育	《学记》是《小戴礼记》49篇中的一篇。《学记》成书于战国后期，是先秦时期儒家教育经验与教育思想的总结。《学记》是中国古代教育文献中最早、体系比较严整而又极有价值的一篇，是我国教育史上的一份极为珍贵的遗产；也是世界教育史上最早出现的自成体系的教育学专著，是人类的共同财富，更是我中华民族的骄傲。《学记》在具体分析教学中成功与失败的经验的基础上，总结出了一系列教育与教学的原则方法——教学相长、藏息相辅、预时孙摩、善喻、长善救失，这是《学记》的精华所在，也是当今全力推进素质教育应认真参考、细心体会的。	今日教育Z1期
杨柳新	《学记》中的古典儒家教育哲学	《学记》是我国现存最早的专门论述教育问题的经典文献，论文将《学记》放在整个古典儒家思想的背景中来考察，诠释了其中所反映的古典儒家教育哲学思想的主要内容及其现代价值。中国古典儒家教育哲学思想具有一个完整的逻辑结构，"学"和"教"两大范畴是这一结构的两个核心。"学"体现了"为己之学"与"大学之道"的统一，其目的既是为了知"道"，又是为了"建国君民"和"化民成俗"。"教"则包含着礼乐教化的教育制度、教学相长的教学方法与师严道尊的教育伦理三个方面的内容。	兰州学刊第8期

2011 年

作　者	论文题目	内容摘要	期刊名称
彭慧	《礼记·学记》"离经辨志"释义辨疑	《礼记·学记》中云："比年入学，中年考校。一年视离经辨志，三年视敬业乐群。"对于句中"离经辨志"的含义，郑玄以为："离经，断句绝也。辨志，谓别其心意所趋向也。"后世学者承其绪余，又相继发表了不同的见解。在考察众说的基础上，论文对各家疏解中"辨志"的不同释义进行比较分析，阐明"辨志"之"辨"当为学生向内"自辨"而非考官从旁"外辨"，在此基础上，结合前人对"离经"的理解，进一步讨论了郑注"断句绝"的疏失，指出其意或许应为"离析经理"。	郑州大学学报（哲学社会科学版）第 5 期
郑旭辉 陈笃彬	《学记》：教与学价值取向的和谐	教与学价值取向的和谐直接决定着教育系统的功能，影响着人才培养的效率。《学记》中蕴含着深刻的教与学价值取向和谐的思想，在农业经济社会有效地推进社会的进步。而在当前中国大学中的教与学在价值取向上却存在着多元化，并由此而导致教学地位和过程的不和谐，应当适当整合教与学的价值取向。	福州大学学报（哲学社会科学版）第 4 期
康晓燕	初探《学记》中的"务本"思想	《学记》是世界上最早的一篇专门论述教育教学问题的论著，比所谓"为教育开辟端绪的教育学著作"《大教学论》早 1800 年。《学记》共 20 节，最后一节"君子曰：大德不官，大道不器……此之谓务本"中所言"务本"，不仅指教学中要抓住本质规律，而且升华到修身养性问题；小仪总囊全文，而且起到首尾呼应的效果，使文章内容更加深刻，结构更加严谨，可谓"点睛之笔"。论文从《学记》"务本"思想的特征和内容两个方面展开研究，试图挖掘"务本"思想的精髓。	福建论坛·人文社会科学版（专刊）

2012 年

作 者	论文题目	内容摘要	期刊名称
李保强 薄存旭	"教学相长"本义复归及其教师专业发展价值	"教学相长"思想载于《礼记·学记》中，作为教师个体自我发展的规律而提出。"教学相长"本义并非指教师与学生两个主体的相互砥砺，而是指单一主体"学"与"教"两种行为的交互作用，借以促进其自身发展。"教学相长"依然活跃在当今教育学话语体系中，但其语义所指业已发生部分移位。复归并重申其本义，不仅对教师专业发展研究有重要的指导意义，亦可为教师专业发展行动提供坚实的理论支撑。论文从"教学相长"思想的历史渊源与语义传承、"教学相长"本义的当代境遇与复归缘由、复归"教学相长"本义的教师专业发展价值三个方面，展开"教学相长"本义复归及其教师专业发展价值的研究。	教育研究 第6期
田国励	《学记》作者考	《学记》是我国古代教育思想史上一部极为重要的文献资料。它从教育目的、教学方法、教与学的辩证关系等方面入手，有着深刻而精辟的论述。《学记》现已被认为是我国第一部论述教育问题的专著，并备受重视。但对于《学记》本身的认识，却知之甚少。本文就将以《学记》的作者与年代为出发点，对《学记》与我国古代教育思想的发展做一番解释。	高等理科教育第5期

2014 年

作 者	论文题目	内容摘要	期刊名称
王守雪	《学记》"敬业乐群"新释	"敬业乐群"是中国古代教育中一个重要命题。它的意义指向应有三个要点：其一，强调儒家经典作为教育内容的崇高地位；其二，强调人与人之间的和合伦理作为教育目标的重要价值；其三，强调"群居切磋"、多方参与的学习方法对于学习的重要意义。然而，随着现代职业教育的开展，此一命题被割裂孤立加以曲解，其本来意蕴渐趋模糊。本文正本清源，重新加以解释，开掘"敬业乐群"的理论价值，以及对于当前教师教育学习共同体的建构可能具有的启发意义。	殷都学刊 第1期

续表

作者	论文题目	内容摘要	期刊名称
林海可 李 龙	教育技术学视野中的《礼记·学记》教育思想与方法	《礼记·学记》是我国最早、最系统、最完整的一部教育专著。它不仅包含着丰富的教育思想，也蕴含着与教育相伴而生并始终与教育共存的教育技术的思想。本文从教育技术学的角度阐释了《礼记·学记》中的蕴含的教与学的对立统一思想、教育评价的绩效与系统思想、家庭辅助教育思想、教学设计思想和启发式教学思想等教育思想和方法及其对现实教育技术应用与发展的启示。	内蒙古师范大学学报（教育科学版）第12期

2015 年

作者	论文题目	内容摘要	期刊名称
张自慧	《礼记·学记》之教育伦理思想探赜	《礼记》是我国礼文化的重要经典，其《学记》篇作为我国最早的教育专论，蕴含着师道之尊、教学之序、为师之德、为学之道等丰富的教育伦理思想，这些思想中的精华成分具有跨越时空的普适价值。针对当前教育领域种种不和谐的关系和现象，《学记》之教育伦理思想对教育生态坏境、教师伦理、师生关系和学生成人成才有着重要的启迪和借鉴意义。	船山学刊第6期
聂 涛	试论《学记》与儒家传统人文学术的重建	儒家传统人文学术以修身、齐家、治国、平天下为基本目标，重点在人生实践而不是知识体系。如何在现代重建儒家传统人文学术成为中国崛起的当务之急。论文就《学记》所见，围绕为学之"道"与为学之"术"两个方面，首先应明白儒家传统人文学术的终极指向，即为学之"道"的内涵，从而通过"志""信""乐"与学不躐等、博约相济、为学次第等为学之"术"形成传统学术的正信与正见，最后开展"正行"的重建之路。	文化学刊第1期
张智勇	重论西方学者对《学记》的研究	对《学记》这篇重要而又特殊的教育专论，国内学者的研究已相当丰富，但对国外学者的研究情况我们却知之甚少，本文对此专门整理，试着勾画出西方学者对《学记》研究的概貌。需要说明的是，这一研究的成果曾在《教育史研究》1994年第2期刊出，在原文基础上，现增补一些新的材料，重新予以论列。	教育史研究第1期

2016 年

作　者	论文题目	内容摘要	期刊名称
陈 举	"传道"与"卫道"的统合——《学记》价值教育思想及体系	《学记》是《礼记》中关于教育活动礼仪与典章制度的一篇论著，其中的"教学相长"原则早已成为教育者的教育理念。《学记》通过"传道"与"卫道"的统合实现了中国传统社会价值观念的传承与发展，维持了社会思想道德价值的绵延。探析《学记》中价值教育思想与实践方式，坚持和而不同的理念审视其内在合理性，可以为当前价值教育使命寻找民族文化之根。	现代教育论丛第6期
孙刚成 温保保	《学记》之学的教育学分析	《学记》是我国先秦时期的一篇重要的教育文献，教育界的学者也把它当作教育专著来看待，以此来说明其对后世教育的重要贡献。《学记》之所以称之为《学记》，是因为其把"学"作为根本或者核心，由此导出"教"的重要性。学与教的主体，并没有脱离实际或者说割裂，而是基于主体的"君子"。作为"君子"既要"学"也要"教"。"学"为根本，"教"为促进，使君子达到"大成"服务于儒家的终极目的"化民成俗"。学与教是教育问题的两个方面，它们之间的关系是辩证统一的教与学关系，二者共同作用于"君子"。对于"君子"来说，角色的转换则是对"学"与"教"的辩证关系的更好阐述，同时也说明君子的"务本"在于"学"，"教"则在于促进。	教学研究第2期
田保华 余孟孟	从学记看道德课堂的内涵与精神	"道德课堂"是郑州市倾力打造的一种高品质课堂形态。道德课堂"合乎道、至于德"的内涵不仅和《学记》的基本精神相一致，而且其成长性、情感性、开放性和文化性和《学记》的教育思想相融相通。《学记》对道德课堂建构的启示主要表现在如下四个方面：三维目标的整合问题、课堂教学的高效性问题、教师的专业化成长问题和评价体系的建构问题。	课程·教材·教法第1期

续表

作者	论文题目	内容摘要	期刊名称
高红菊	刘光蕡《学记臆解》教育思想探微	刘光蕡的《学记臆解》借解释《学记》阐发了他的教育思想。他认为："化民成俗"是教育的根本目的；全民教育是化民成俗的重要途径；教育内容应该与时俱进、切合实际；学校并非唯一的学习场所，人们应该终身学习。	安康学院学报第1期
郭孟伟	生成论教学理念：《学记》之现代意蕴	《学记》是中国古代的教育学经典，蕴含着丰富的现代教学观念因素。"大道不器"体现了事物发展的无限可能性，是生成论教学理念的形上依据，"道而弗牵"强调了教师教学的启发性原则，"藏修息游"强调了学生学习的体验性原则，而"教学相长"强调了教与学的动态生成。	长春师范大学学报第9期
陶生魁	王树楠的《学记》注释成就	王树楠的《学记笺证》逐字逐句对《学记》进行了解释，在众多的《学记》注本中，是一部很有特色的著作。从内容上看，《笺证》涉及了解释词义、分析句读、说明修饰、分析篇章等方面的内容。《笺证》或是正前人，或创发新说，对于今天理解《学记》原旨具有很大的帮助作用。	渭南师范学院学报第15期
冯丕红	《礼记·学记》中"学"的意涵及现代启示	"学乃教之本"是理解《学记》主旨的正确道路，《学记》中"学"的内涵要在该语境中才能被准确把握。"善学则逸教"是《学记》中"学"的基本意涵。"善学"有条件，"逸教"也非无"教"，而是指教师应为促成或保护学生"善学"状态而积极作为。针对时下"以教代学"乱象，《学记》中"学"给予我们三方面启示：首先，理性认识"教"与"学"的关系，树立"因学论教"的教育理念；其次，"教"应服务于"学"且以"长善救失"为宗旨；最后，国家、学校及教师当为学生"善学"创造良好的条件。	大学教育科学第6期

2017 年

作　者	论文题目	内容摘要	期刊名称
孙　杰	《学记》文本评述术语的发生学研究	中国学术范式历经从传统学术范式向现代学术范式的历史变迁，《学记》文本评述术语在不同的学术范式下呈现出不同的学术旨趣。在经学时代，以"学"为核心的话语体系，《学记》文本评述术语呈现出由"道"至"义、序、由"再至"法"之间的操作转换，并最终以"道"的实现作为教育的圭臬；在过渡时代，经学在从"国故"向"国学"的自我学术救赎之中隐身于"现代学科"之内，《学记》文本评述术语呈现出教科书化的时代特征，并正在试图用新的学术术语为经学重新立法；在学科时代，以"教"为核心的话语体系的形成，《学记》文本评述术语呈现出学科化和制度化的特点。《学记》文本评述术语的历史变迁，为我们实现新、旧学术范式之间的学术交流和对话，提供了可资借鉴的文本范例。	西北师大学报（社会科学版）第 3 期
李存山	儒家传统教育的宗旨和方法——《礼记·学记》述评	《礼记·学记》是先秦儒家的作品，是孔门"七十子后学"专讲教育的文献，而其所讲的教育是涵括了普遍的人生修养和社会治理的"大教育"。《学记》把"化民成俗"即普遍提升社会成员的人文素质、道德修养，从而形成良好的社会风俗作为教育的宗旨，同时也就强调了教育在个人修身和治国理政中的"为先""为本"的重要地位。《学记》还特别强调教育方法的重要及师道的尊严，它所讲的教育方法在古今教育中有一定的普遍意义，而在当前讨论"如何读经"时也有重要的现实意义。	齐鲁学刊第 3 期

续表

作　者	论文题目	内容摘要	期刊名称
谌安荣 张　攀	教学之兴废：《学记》关于教学规律的探索及其价值	《学记》是对先秦儒家教学论思想的理论总结，对教学成功与失败的规律进行了高度概括。认为"豫、时、孙、摩"，是教学取得成功的必要条件。相反，"发然后禁""时过然后学""杂施而不孙""独学而无友""燕朋"与"燕辟"，教学就会失败。《学记》关于教学兴废规律的思想，具有一定的先进性、科学性、系统性、本土性和原则性等特征，对今天教学理论特别是本土教学理论的建设与教学实践的探索，具有非常重要的意义。	湖南科技大学学报（社会科学版）第6期
郭晓东	《学记》与中国古代教育之道	《学记》是《礼记》中的一篇，是中国古代最早系统讨论教育思想的重要文献。它一方面论述了办学兴教的意义，同时对教育的基本原则与方法以及导致教学成败诸因素等作了系统的讨论，并进而对教师的作用及对老师的要求等作了深入的阐发。《学记》不仅深刻地影响到中国古代两千余年的教育实践，而且对当代的教育仍然具有重要的借鉴意义。	大学教育科学第6期

第三部分　《学记》代表性研究：硕士博士论文

2006 年

作　者	王红军
论文题目	《学记》"喻"教育思想的现代启示
内容摘要	现代教育改革需要教育传统的滋养，当前，重新认识和解读传统教育经典显得很有意义和价值。《学记》是我国最早的一部教育专著，它丰富的教育思想对后代产生了巨大影响。从它问世以来，众多学者研究它，开掘其中的矿藏。"喻"教育思想就是其中的精华之一，对它进行重新阐释和解读，赋予它新的含义，与当前的教育理念接轨，从而推动时下的教育改革。"喻"字面义就是比喻，晓谕，启发等。作为一种修辞方法，它可以增强语言的形象性，使学生更易接受抽象的概念。作为一种思维方式，可同类相比，由彼此，使各种事物建立广泛联系。作为一种教学方法，启发诱导，发挥学生

作 者	王红军
内容摘要	的主动性。启发的过程是对话的过程，因为人本身就是一种言语性存在，就有平等的学生观。对话要有问题作支撑，"喻"教育思想要求善问善答。当前课堂问答情况问题很多，有相当多的困扰因素。"喻"要抓住时机，相机而行。同时又与案例教学理念有很多共同之处：首先，两者都注重联系生活实践，带"做中学"的意味；其次，二者均侧重教学反思；再次，"喻"的师友益学观与案例教学注重交往、讨论的特点相通。学习的对象是动态的、生长的，与他人交流是学习的良好途径之一。总之，"喻"教育思想意蕴丰富深刻，值得探究。
论文来源	西南大学硕士论文

2007年

作 者	谌安荣
论文题目	阐释与反思：《学记》教学哲学思想研究
内容摘要	《学记》是对我国先秦时期儒家教育教学经验的理论总结与概括。其教学论思想不仅对我国封建社会的教育教学产生了深远的影响，而且对当代的教育教学理论的建设与教育教学改革具有非常现实的借鉴价值。本文从教学目的论、教学本质论、教学规律论、教学艺术论以及教学理想境界的追求等方面对《学记》教学哲学思想进行了深入的发掘与论述。从教学目的论方面来看，《学记》提出了"建国君民"的社会建构目的与"化民成俗"的个体建构目的相统一的思想。一方面，"建国君民"的实质内涵在于教学的目的要实现社会建构。另一方面，"化民成俗"的实质内涵在于通过教学使个体文化化，从而实现个体建构。社会建构要以个体建构为基础。通过教学建构的个体应具备德性修养、智慧品格和艺术化的人生这一目的的实现又要以个体的学习为前提，"学道"成为个体自我完善的必经之途。本文认为，在教学的价值取向上，《学记》既非社会本位论，亦非个人本位论，而是强调个体目的与社会目的的有机统一。在教学本质观上，《学记》反对注入式，提倡启发式，主张教与学并重，提倡师与生互动，认为教学的过程是教学主体沟通、对话与互动的过程。本文认为，《学记》从人的能动性的角度强调了教学的主体性本质，确立了人的主体性在教学过程中的能动作用，揭示了教学过程中教师主导作用和学生能动性的辩证关系。教学规律方面，《学记》总结概括了教学成功与失败的原因，提出了教学之"兴"与"废"的规律问

续表

作　者	湛安荣
内容摘要	题，认为只有做到"豫""时""孙""摩"，教学才能取得成功，否则就会失败。论文对其思想渊源与历史影响及其当代价值进行分析的基础上，进一步从心理学、哲学、社会学、教育学等角度论证了其思想的理论合理性与当代价值。教学艺术方面，《学记》提出了"善教"与"善学"的教学艺术思想。教师方面，要讲究"喻"之启发诱导、"言"之简明扼要、"继其志"之身教，以及"善问"与"善待问"的问题教学艺术。学生方面，掌握"摩""时""听""乐"等学习的方法与艺术。本文在分析其思想的基础上，论述了其思想对于我国当代教学改革的现实意义。《学记》认为和谐是教学要追求的理想境界。和谐的教学要做到教与学的和谐共生、师与生的和谐共处、生与生的和谐共进，最后实现个体与社会的和谐发展。
论文来源	湖南师范大学博士论文

2008 年

作　者	王天平
论文题目	《学记》中教学制度思想研究
内容摘要	从规则和规范的角度出发，教学制度是教学主体在长期教学实践中产生的关于教学行为的规范体系，引导教学主体形成具有某种特色的教学行为方式。《学记》是我国古代最早的一部教育文献，包含了丰富的教学思想，其中教学制度思想是《学记》中教学思想的一个重要组成部分。本文尝试从规则和规范的角度发掘这一宝贵的教学思想史资源，结合新课程改革，深化对我国古代教学制度思想的认识，丰富教学制度的理论研究，也希望为我国当前的现代教学制度改革提出一些有价值的建议。全文分为五部分：第一部分，导论。简述本研究的由来，分析和总结研究现状，阐释研究的思路和方法，说明研究的价值和意义。第二部分，教学制度阐释。教学制度作为教学行为的规范体系，不是一种外在的、强加于教学主体的制度，而是一种产生于教学活动的内生性资源，与教育制度、教学组织、教学管理等范畴联系密切，具有价值性、公共性、稳定性、强制性和内生性等特征。从教学制度的内部关系和实施方式的角度出发，教学制度可分为正式教学制度和非正式教学制度。根据教学制度的制定过程和形成方式，教学制度可以分为内在教学制度和外在教学制度。参照教育制度的历史发展过程，教学制度可以分为自在性教学制度、强制性教学制度和自主性教学制度。根据教学制度的抽象程度，教学制度的基本内容包含教学根本制度、教学基本制度和教学具体制度，其中教

作 者	王天平
内容摘要	学具体制度又包含教学主体的行为规范、学校教学行为规范和教学外部管理规范。第三部分，《学记》中关于教学制度思想的基本观点。《学记》中的教学根本制度主要包含于"建国君民"和"化民成俗"的教学目的之中，《学记》中的教学基本制度以个别教学制度为主，辅之以班组教学制度、复式教学制度等。《学记》中的教学具体制度是本文的核心内容。教学主体的行为规范是教师"能教"和"善教"，学生"善学"和"乐学"，师生关系达到以"和"为准绳，生生关系实现"论学取友"。学校教学行为规范主要有教学组织的规范、课程设置、教学管理制度等。此外，教学外部主要有教学评价制度、私教学督导制度。《学记》中教学制度思想具有公共性、系统性、稳定性、强制性和人文性等特征。第四部分，《学记》中教学制度思想的现代意蕴。从现代教学制度创新的角度看，《学记》中教学制度思想对现代教师培训制度、教学管理制度、教学评价制度、课程标准的设置等方面具有启发性。而对于学校文化重建，《学记》中教学制度思想有利于人们审视教师行为规范，提升教师文化的自主性，通过"论学取友"，促进学生文化的回归，注重课程设置的人文性，找寻缺失的人文精神。最后，对于课堂教学变革，《学记》中教学制度思想可以让人们反观教学组织形式，激发其应有的活力，利用以"和"为准则的师生关系，尽力构建"和谐课堂"，促进师生共同发展。第五部分，结束语。反思前文，总结所得与不足，提出今后进一步研究的方向。
论文来源	西南大学硕士论文

2016 年

作 者	李文怡
论文题目	念终始典于学——《学记》对《大学》之道的实践构思
内容摘要	《大学》与《学记》关系密切，都论述了儒家"修身""治国""平天下"的美好愿景。《大学》提出了一种培育"内圣外王"之贤人的思路，《学记》则将这种思路进一步扩充变成了一种系统化的大学构想。《大学》中提出了"八条目"，其中"格物""致知""诚意""正心""修身"为内明之学；"齐家""治国""平天下"为外用之教。同样的，《学记》中也提出了贤人应当"知道""教学半""学为君"，其中"知道"对应《大学》中的内明之道，包括"格物""致知""诚意""正心""修身"；"教学半""学为君"则

续表

作　者	李文怡
内容摘要	对应《大学》中的外用之道，包括"齐家""治国""平天下"。除此之外，《学记》还提出了践行这种内明之学、外用之教的实践构思，本文在第二、三章节给予了详细论述。践行"内明之学"则包括学者如何学，《学记》提出了"豫""时""孙""摩"的内明方法与"藏焉，修焉，息焉，游焉"的内明原则。践行"外用之教"则包括了师者如何教，国君如何为一国之君。为师者应当善喻其志，应当以身作则；为君者则应当善择师，应当尊师重道。《学记》进一步指出为师之道和为君之道有其相通之处，提出了《学记》是一种《大学》之道的实践哲学，用实践的思维方式解答了什么是《大学》之道。
论文来源	华南理工大学硕士论文

后　　记

　　本书为国家社会科学基金"十二五"规划2015年度教育学一般课题《中国古代教育学范畴发生史：以〈学记〉为中心》（BOA150030）的研究成果。

　　本书以《教学相长：〈学记〉历代注释的整理与研究》为题，旨在通过整理历代学者们从汉代至近现代的《学记》诠释文本的基础之上，为研究《学记》诠释文本的思想内涵变迁提供必要的学术基础。本书主要分为两大部分，一是从追本溯源层面考释《学记》作者、注释者和注释版本，一是从返本归源层面整理《学记》文本的注疏、义理及考据的学术变迁。

　　本书的第一部分：主要集中于《学记》作者、注释者和注释版本的考释。首先，从溯源性、学科性和专门性三个层面对《学记》作者进行考释，目的就在于对《学记》作者论争之源流问题进行学术性和专门性的梳理。其次，考释《学记》注释者目的在于，探寻各个历史阶段具有代表性的《礼记》著作，并以此为中心来考释西汉至清代《学记》注释者的师友渊源及其学术传承。最后，《学记》注释版本考释分为两大类，一类是古代社会存在于《礼记》整体文本之中的《学记》注释版本，另一类是近代社会以《学记》单行本为版本的注释版本。《礼记》整体文本中的《学记》注释版本，是中国古代社会从汉代至清代（道咸年间）以来的通行版本，近现代社会以来还存在包含于《礼记》整本之中的《学记》注释版本。从清末至近代包括现代社会以来，以刘光蕡《学记臆解》的出版为标志，形成了脱离于《礼记》的专门注释《学记》的单行本。同样，由于中西文化之间学术交流和研究的需要，出现了以译介《礼记》整本为版本的《学记》英文译介本，以及单独译介《学记》的单行英文译介本。以日本学者谷口武为代表的《学记论考》，形成了以日文为译介本的《学记》单行本。《学记》注释版本的考释研究，就是从版本、序言、体例、评价四个方面对两种类型的诠释文本来展开。本书的第二部分：主要是集中于《学记》文本的注疏、义理及考据研究。首先，采用王夫之《礼记章句》中将《学记》全文划分为四部分共十六章的标准，把《学记》全文分为四节（因本书写作的需要将四部分改为四节），其中第一节（第一章）、第二节（第二章至第九章）、第三节（第十章至第十五章）、第四节（第十六章）。其次，收集和整理对各章进行注释的对应文本内容，并按照古代学者注释《学记》文本的先后顺序进行排列，从而梳理出汉代至清代学者对每章内容注释的学术思想变迁。最后，在对各章内容进行文本校对的基础之上展开点校工作，以此整理出具有代表性的《学记》内容诠释文本。本研究的附录部分，主要是学术期刊中的《学记》代表性研究，整理了民国时期和新中国成立以来（1949—2018）的《学记》研究代表性论文，并从作者、论文题目、内容摘要、期刊名称等四个方面进行了梳理研究。总之，《学记》历代注释的整理与研究，就是对《礼记·学记》整体版本、《学记》单行版本以及《学记》研究论文三个方面的学术内容，进行系统性的全貌式的整理与研究，以期实现整体史观指导下展开教育文献学研究的学术尝试和学术旨趣。

　　本书以《教学相长：〈学记〉历代注释的整理与研究》为题，得到了教育史研究领域各位先生的指导和帮助，特别是在中国教育学会教育史分会第十七届年会在太原（2016年）举办之际，本人就相关问题请教了诸多教育史领域的专家和学者，使得自己对本课题主要研究内容有了更为深入的思考。同样，山西大学教育科学学院各位领导和同仁也给予了自己无限的关爱和帮助。刘庆昌教授亦师亦友的关心和指导，让本人的课题研究具有了教育学的思辨色彩；侯怀银教授从教育史学层面的指点和帮助，让本人在课题研究中有了更为清晰的认识和领悟；本人的同事兼朋友郑玉飞副教授，以问题交流的方式关心和关注课题研究，让本人在研究过程之中充满了奋斗的动力和勇气……当然，更加需要感谢的是"同室领导"——韩树林书记，对本人学术研究的暖心支持和无形鼓励。正是因为有了众多先生、同仁的关心和帮助，才有了课题研究的小小成果；正是因为有了无数双关爱的眼睛，才为本人的学术研究指明了前进的道路和方向。

本书以《学记》为中心展开历代注释的整理与研究，更需要感谢本人的同门和家人。正如刘立德师兄所说，我们是一家人。王门给予了我几乎全部的学术动力和学术关爱，徐勇师兄、刘立德师兄、周慧梅师姐、陈自鹏师兄的教导和帮助至今仍在，感谢他们，感谢他们一如既往地关怀。当然，更加需要感谢的是，我的家人对我学习、生活、工作一如既往地关心、帮助和支持，我的爱人刘莉萍女士是我人生中唯一的粉丝，是她成就了我今天的一切；我的宝贝女儿孙悠然小朋友，是我一生的骄傲，看着女儿悠然自得地快乐生活，自己的内心无比的幸福和自豪。

记得2008年博士毕业离开北京时，那是一个雨夜。现在2018年的晚上，又是一个雨夜。十年前自己是流着不舍的眼泪告别王炳照先生与同门师兄弟，十年后的今天自己仍能触摸到十年前的眼泪。

十年一瞬间。

在这雨夜的一瞬间，自己仿佛又看到了王炳照先生。泪流满面。

先生说：要寻找把教育学托上天空的彩云。

而自己愿意成为一个守望彩云的后继者。

愿那片彩云随心愿飘起，升起在这十年后的雨夜……

孙杰
山西大学教育科学学院
2018年8月